国家社科基金
GUOJIA SHEKE JIJIN HOUQI ZIZHU XIANGMU
后期资助项目

天理教事件与清中叶的
政治、学术与社会

The Tianli Sect Incident and the Politics,
Academy and Society in the Mid-Qing

张瑞龙　著

中华书局
ZHONGHUA BOOK COMPANY

图书在版编目(CIP)数据

天理教事件与清中叶的政治、学术与社会/张瑞龙著.—北京：中华书局,2014.5(2024.4 重印)

（国家社科基金后期资助项目）

ISBN 978-7-101-10150-8

Ⅰ.天… Ⅱ.张… Ⅲ.天理教–史料–中国–清代

Ⅳ.K249.305

中国版本图书馆 CIP 数据核字(2014)第 088205 号

书　　名	天理教事件与清中叶的政治、学术与社会	
著　　者	张瑞龙	
丛 书 名	国家社科基金后期资助项目	
责任编辑	罗华彤	
责任印制	陈丽娜	
出版发行	中华书局	
	（北京市丰台区太平桥西里 38 号　100073）	
	http://www.zhbc.com.cn	
	E-mail:zhbc@zhbc.com.cn	
印　　刷	三河市中晟雅豪印务有限公司	
版　　次	2014 年 5 月第 1 版	
	2024 年 4 月第 2 次印刷	
规　　格	开本/710×1000 毫米　1/16	
	印张 21¼　插页 2　字数 400 千字	
国际书号	ISBN 978-7-101-10150-8	
定　　价	65.00 元	

国家社科基金后期资助项目
出版说明

后期资助项目是国家社科基金设立的一类重要项目，旨在鼓励广大社科研究者潜心治学，支持基础研究多出优秀成果。它是经过严格评审，从接近完成的科研成果中遴选立项的。为扩大后期资助项目的影响，更好地推动学术发展，促进成果转化，全国哲学社会科学规划办公室按照"统一设计、统一标识、统一版式、形成系列"的总体要求，组织出版国家社科基金后期资助项目成果。

全国哲学社会科学规划办公室

目　录

第一章　绪论

第一节　选题旨趣

从世界历史的范围看,十九世纪上半期也就是清朝中叶嘉庆、道光两朝(1796—1850)不仅是清代由盛转衰的关键,也是中国与西方各国的历史发展迅速拉开差距的重要时期。但与清前期康乾盛世的研究和以鸦片战争作为中国近代史开端的晚清史研究取得的丰硕成果相比,学界对这一时期的研究便显得尤为薄弱。那么,在遭遇西方列强侵略前的半个多世纪,清帝国统治面临的危机和挑战是什么?朝野上下为此采取了哪些变革努力和应对举措?这与清中叶的政治、学术与社会产生怎样的关联、因应与互动?对后来历史的发展又有怎样的影响和意义?

关于清嘉道间的整体历史态势,学界常称之为"中衰"或"守文"。[①] 的确,以历史发展的"后见之明"看,嘉庆帝即位那年爆发的白莲教起义[②],就像标志性事件一样划开了乾隆和嘉庆、道光两朝,尽管其时作为乾隆时期象征的太上皇乾隆帝仍然实权在握。因为接下来发生的不仅是这场在帝国统治腹地持续八年的镇压白莲教起义的军事战争,还有嘉庆四至十四年长达十余年的闽、浙、粤"海盗""剿匪",再接下来就是嘉庆十八年爆发的直接进攻帝国统治心脏——紫禁城的天理教事件,以及道光前期西北边疆的张格尔叛乱和后期东南海疆的中英鸦片战争,在这一时期即将结束时爆发的太平天国起义,其对清朝统治的打击和中国历史发展的影响更不待言。这一系列的起义、战争以及夹杂在其间大大小小的民变,使嘉道两朝五十五年与此前开疆拓土的乾隆朝六十年形成鲜明对比;加之内治方面前面半

---

① 参见萧一山:《清代通史》卷中,页 209—352,879—904,北京:中华书局,1986 年。孟森:《清史讲义》,页 311—417,北京:中华书局,2006 年。

② 本书所称的"白莲教",乃沿用明清官方的普通称呼,并非专指这一民间秘密宗教。实际上,"白莲教"在元代盛行,但明代以来这种白莲教已基本绝迹,清代民间秘密教派更罕有自称白莲教者。

个多世纪的郅治昌隆与后面半个多世纪的灾害频仍,以及河患、漕运、盐政等方面的捉襟见肘,就更有理由相信,嘉庆初年的白莲教起义就是划开这两个历史时期的标志性事件。

但这是史家基于历史发展的"后见之明"得出的观感,若回到历史场景,就会发现在时人心目中,真正划开这两个时代的标志性事件,反而不是这场持续八年之久、蔓延五省的白莲教起义,而是嘉庆十八年发生的七十余名天理教教徒进攻紫禁城的天理教事件。这不仅是因为白莲教起义平定后,嘉庆帝再三表示"从此海寓敉宁",与天下臣民"共享升平之福",意味着乾隆朝那种太平盛世又可在"当代"延续。① 也不只是因为嘉庆十六年(1811)帝颁《御制守成论》,使这种赓续前朝"盛世"之政的想法成为当朝的施政宗旨,而所谓"勤修欲废之章程,莫为无益之新图"的"守成大旨",②更让我们看到白莲教起义并未使统治者意识到前朝盛世的结束和内外交困、积弊丛生的衰乱之世的到来。更重要的,还是因为天理教事件对朝野造成的震撼。

的确,天理教事件本身并不大。嘉庆十八年(1813)九月十五日发生的这场七十余名天理教教徒攻打紫禁城的战斗持续不到一天半就结束,起义首领林清也在两天后被捕,地方上的起义也仅历时三月,波及十数县。但它直接进攻帝国统治心脏的发生方式和为响应教义经卷中"劫数"的起义动机,却引起统治者对"叛乱"发生原因的反思和检讨。它在当时引发的两种历史记忆——近则十年前刚刚结束的那场长达八年之久的川、陕、楚等五省白莲教起义,远则导致明亡的张献忠、李自成起义,又使天理教事件在当时的震撼和影响远远超过了事件本身,具有某种象征意义。这种象征意义就在于,它促使朝野上下明确意识到前朝盛世的结束和积弊丛生的衰微之世的到来。为此,作为官方的清廷采取了一系列调整统治政策的变革措施,而这些措施与事件本身又引起知识界的广泛关注和深刻思考,其内容更涉及吏治民生、文化政策、社会控制、法律教育、士习风俗、学术思想乃至清廷立国的祖宗之法等各个领域。

---

① 《清仁宗实录(二)》卷 106,嘉庆七年十二月癸丑,页 421;卷 116,嘉庆八年七月丁未,页551—552;卷 134,嘉庆九年九月辛卯,页 821—822,北京:中华书局,1986 年。

② 嘉庆帝:《御制守成论》,《御制文二集》卷 9,页 12—14,嘉庆间武英殿刻本,故宫博物院编:《故宫珍本丛刊》第 580 册影印,页 190—191,海口:海南出版社,2000 年;《大清仁宗睿皇帝圣训》卷15《法祖》,页 17—18,《十朝圣训》,清刻本。

　　鉴于清中叶嘉道间历史的研究,多侧重于前期的白莲教起义和嘉庆亲政、和珅案,以及后期的鸦片战争等,对中期尤其是嘉道之际的历史较少关注。[①] 且关于天理教事件的研究,也通常被纳入农民起义、农民战争或民间秘密宗教的视角下考察,鲜有关注其与清中叶政治、学术与社会的复杂关系。故本研究以天理教事件为中心,探讨在西方列强侵略前的半个多世纪,帝国朝野上下如何因天理教事件意识到现实统治局势之严峻和为此采取的变革举措,以及其与清中叶的政治、学术和社会的关联、因应与互动。

第二节　研究回顾

　　由于本研究涉及了天理教事件以及清中叶嘉道间的政治、学术与社会等多个领域,其与本研究的关系亦轻重不一,故很难就所有相关领域的已有成果,做全面系统的梳理和分析。天理教事件是本研究的核心问题,相关研究成果也最为集中,故先就该领域的已有研究做系统讨论。清中叶嘉道间的学术和思想,是本研究重点讨论的另一主要内容,但研究成果极为分散,若不做系统的梳理和分析,将很难全面掌握已有研究状况,故这一部分将重点探讨此问题。至于政治、法律等方面的研究状况,则详见各相关章节。需要说明的是,本研究中的"社会",主要强调社会史的研究方法和研究意识的实际运用,而非对这一时期社会状况的具体探讨。

一、关于天理教事件的研究回顾

　　尽管在原始资料的纂辑、整理方面,学界关于天理教起义的研究无法与白莲教起义相比,[②]但就具体研究而言,仍取得了丰硕成果,并形成以下

---

　　① 参见(日)稻叶君山:《清朝全史》下卷一,页18—34,38—53;下卷二,页24—58,上海:上海社会科学院出版社,2006年;萧一山:《清代通史》卷中,页255—352,879—1002。孟森:《清史讲义》,页311—417;(美)费正清、刘广京编:《剑桥中国晚清史(1800—1911)》上卷,页109—136,155—204,北京:中国社会科学出版社,2007年;戴逸主编《简明清史》第二册,页382—485,北京,人民出版社,2002年。

　　② 关于白莲教起义的资料有:蒋维明《川湖陕白莲教起义资料辑录》(成都:四川人民出版社,1980年)、中国社会科学院历史研究所清史室、资料室编《清中期五省白莲教起义资料》(共五册)(南京:江苏人民出版社,1981,1982年)、中国人民大学历史系、中国第一历史档案馆合编《清代农民战争史资料选编》第五、六两册(北京:中国人民大学出版社1983,1990年)。关于天理教起义的资料,尚未见整理出版,《清代农民战争史资料选编》第八册中有天理教起义资料,但此书亦未出版。

两种传统：

一、农民起义和农民战争的研究范式，着重于从阶级斗争形式和社会政治、经济大势分析起义的原因、性质、目的和历史作用，强调对起义领导者的历史评价和阶级身份的界定、起义口号和组织纲领的定性分析等，注重从起义者方面叙述历史。主要成果有：胡大冈《林清李文成起义》、李祖德《林清与京畿天理教暴动》、李尚英《紫禁城之变》、《清代政治与民间宗教》等。①

二、民间宗教信仰和秘密结社视角的研究。它注重对天理教本身起源、演变的分析梳理，对宗教经卷、内部组织、教义教规和仪式以及信教民众等的研究考察。主要成果有：韩书瑞《千年末世之乱：1813 年八卦教起义》（Susan Naquin：*Millenarian Rebellion in China：The Eight Trigrams Uprising of* 1813）、李尚英《天理教新探》、喻松青《明清白莲教研究》、《天理教探研》、马西沙《清代八卦教》、庄吉发《真空家乡：清代民间秘密宗教史研究》、宋军《清代弘阳教研究》等。②

当然，二者也有交叉之处，如韩书瑞《千年末世之乱：1813 年八卦教起义》、喻松青《明清白莲教研究》、马西沙《清代八卦教》、宋军《清代弘阳教研究》等就兼及二者。这两种研究传统有一共同特点，就是注重从被压迫者或宗教信仰者的角度探讨，这对研究天理教及起义本身无疑具有重要意义。但如果将视角转向镇压起义者的一方——清朝官府和不属于双方而

---

① 胡大冈：《林清李文成起义》，北京：中华书局，1964 年；李祖德：《林清与京畿天理教暴动》，中国农民战争史研究会编：《中国农民战争史研究集刊》第 3 辑，页 148—168，上海：上海人民出版社，1983 年；李尚英：《紫禁城之变》，北京：紫禁城出版社，1990 年；李尚英：《清代政治与民间宗教》，北京：中国工人出版社，2002 年。其他还有：中共滑县县委宣传部、开封师范学院大批判组：《天理教农民起义及其反孔斗争》（《河南大学学报（社会科学版）》1975 年第 1 期）、李尚英：《论天理教起义的性质和目的》（《中国社会科学院研究生院学报》1985 年第 6 期）、《白莲教起义和天理教起义的比较研究》（《中国社会科学院研究生院学报》1988 年第 3 期）、冯佐哲、李尚英：《嘉庆年间紫禁城里的一场战斗》（《故宫博物院院刊》1981 年第 2 期）、《冯克善出走考辨》（《历史档案》1981 年第 3 期）等。

② Susan Naquin（韩书瑞）：*Millenarian Rebellion in China：The Eight Trigrams Uprising of* 1813. New Haven：Yale University Press，1976（中译本：《千年末世之乱：1813 年八卦教起义》，陈仲丹译，南京：江苏人民出版社，2012 年）；李尚英：《天理教新探》，《华南师范大学学报（社会科学版）》1981 年第 4 期；喻松青：《明清白莲教研究》、《天理教探研》，均载氏著《明清白莲教研究》，成都：四川人民出版社，1987 年；马西沙：《清代八卦教》，北京：中国人民大学出版社，1989 年；庄吉发：《真空家乡：清代民间秘密宗教史研究》，台北：文史哲出版社，2002 年；宋军：《清代弘阳教研究》，北京：社会科学文献出版社，2002 年。

处在观察者角度的士人，就会发现这两种研究传统对此都有不同程度的忽略。

值得注意的是，2004 年李尚英发表的《从镇压天理教起义看清代地方行政组织的作用》，已注意从政府运作和应对的角度考察天理教事件，但这方面的论著并不多见。[①] 故本研究将注重从官方和士人的角度，考察天理教事件消息的传播及其对朝野的震撼，以及天理教事件引起的清中叶统治秩序和统治政策的调整等。

二、"嘉道"学术时段下的清中叶学术思想研究回顾

不同于乾嘉（1736—1820）学术时段下注重考察清代汉学考据的渊源、流变，嘉道（1796—1850）作为考察清中叶学术思想的另一学术时段，它注重考察的是这一时期的学术、思想与当时的政治形势、社会问题等外部历史环境的关联、因应与互动。由于这方面的成果极为分散，故下文集中对二十世纪初以来，嘉道学术时段下的清中叶学术思想研究做一系统梳理，主要着眼于学术时段、研究方法、学术精神和学术内容等方面的考察，并就其中存在的问题略作探讨。

（一）嘉道学术时段的提出与二十世纪上半期的嘉道学术思想研究

在现代清学史上，最早提出以"嘉道"作为独立学术时段来考察清中叶学术的，是在 1907 年。这一年，研究经学史的皮锡瑞（1850—1908）将清代经学分为三个时期，其第三个时期就是嘉道，他认为这个时期的代表经学是"西汉今文之学"，特点是"讲求今文大义微言"。[②] 同年，梳理清代汉学流变的刘师培（1884—1919），也将"嘉道之际"看作一独立学术时段。在他看来，清代汉学考证发展的第三期"丛缀派"和第四期"虚诬派"，主要就是嘉道时期的学术特征："丛缀派"，"溯古学之真传，然所得至微，未能深造而有得"；"虚诬派"，"其说颇返于怀疑，然运之于虚，而不能证之以实；或言之成理，而不能持之有故"。而"嘉道之际"则是这两派学术并存、交替的时期。称："嘉道之际，丛缀之学，多出于文士。继则大江以南，工文之士，以小慧自矜，乃杂治西汉今文学，旁采谶纬，以为名高。"不过，刘氏虽对汉学

---

① 李尚英：《从镇压天理教起义看清代地方行政组织的作用》，《河南大学学报》2004 年第 3 期，页 72—74。

② 皮锡瑞著、周予同注释：《经学历史》（1907），页 250，北京：中华书局，2004 年。

"虚诬派"的评价甚低，但却指出其学术精神是"致用"，尽管是批评式的"外托致用之名，中蹈揣摩之习，经术支离，以兹为甚"。① 皮、刘二氏将嘉道作为一个时段，主要着眼于学术自身的内在演变，并根据学术自身的特点判断。就其研究而言，则仅是简单地勾勒、描述和判断，未做进一步探讨。

1920 年，梁启超考察清代学术变迁的外部环境，注意到"嘉道以还，积威日弛，人心已渐获解放，而当文恬武嬉之既极，稍有识者，咸知大乱之将至"，将嘉道同其他的历史时段区分开来。② 1923 至 1925 年间，梁氏讲授《中国近三百年学术史》，进一步从政治史与学术史相结合的角度，提出将"嘉庆、道光两朝"看作一个时段，并做了较为详细的论述，云：

> 到嘉庆、道光两朝，乾隆帝种下的恶因，次第要食其报。川、湖、陕的教匪，甘、新的回乱，浙、闽的海寇，一波未平，一波又起。跟着便是鸦片战争，受国际上莫大的屈辱。在这种阴郁不宁的状态中，度过嘉、道两朝四十五年。那时候……大部分学者依然继续他们考证的工作，但"绝对不问政治"的态度，已经稍变。如大经学家王怀祖念孙抗疏弹劾和珅，大史学家洪稚存亮吉应诏直言，以至遣戍。这种举动，在明朝学者只算家常茶饭，在清朝学者真是麟角凤毛了。

他认为这一时期的代表性学术是"新兴之常州学派"，其精神是"经世致用"，称：

> 欲知思潮之暗地推移，最要注意的是新兴之常州学派。常州派有两个源头，一是经学，二是文学，后来渐合为一。他们的经学是公羊家经说——用特别眼光去研究孔子的《春秋》，由庄方耕存与、刘申受逢禄开派。他们的文学是阳湖派古文——从桐城派转手而加以解放，由张皋文惠言、李申耆兆洛开派。两派合起来产生出一种新精神，就是想在乾、嘉间考证学的基础之上建设顺、康间"经世致用"之学。代表这种精神的人是龚定庵自珍和魏默深源。

---

① 刘师培：《近代汉学变迁论》(1907)，李妙根编、朱维铮校：《刘师培辛亥前文选》，页 178—179，北京：三联书店，1998 年。

② 梁启超著、朱维铮导读：《清代学术概论》，页 71，上海：上海古籍出版社，1998 年。

原因是：

> 头一件，考证古典的工作，大部分被前辈做完了，后起的人想开辟新田地，只好走别的路。第二件，当时政治现象，令人感觉不安，一面政府钳制的权威也陵替了，所以思想渐渐解放，对于政治及社会的批评也渐渐起来了。①

最后，梁氏还特别指出，常州今文学派"在嘉、道间，不过一枝'别动队'。学界的大势力仍在'考证学正统派'手中。这枝别动队的成绩，也幼稚得很"。②

这是梁氏此书中对嘉道两朝学术的集中讨论，内容则仅及常州今文经学，但从书中其他对嘉道两朝的片断论述看，可知其内容当不止于此。如论清代地理学称，"第三期为道咸间，以考古的精神推及边徼，寖假更推及于域外，则初期致用之精神渐次复活"，"海禁大开，交涉多故，渐感于知彼知己之不可以已，于是谈瀛之客，颇出于士大夫间矣。盖道光中叶以后，地理学之趋向一变，其重心盖由古而趋今，由内而趋外"，边徼或域外地理学，遂成"道光间显学"。③ 同样的内容在《清代学术概论》则作："自乾隆后，边徼多事，嘉道间学者渐留意西北新疆、青海、西藏、蒙古诸地理……渐引起研究元史的兴味，至晚清尤盛。"④ 又如，论历算之学云："嘉庆、道光、咸丰三朝约四五十年间，因古算书整理就绪之结果，引起许多创造发明，完成学问独立之业。其代表人物有汪孝婴莱、李四香锐、董方立祐诚、罗茗香士琳等。"⑤ 故尽管梁氏此书是未完成之作，但仍可从其对嘉道两朝学术的片断论述中，窥见大致轮廓：学术内容包括常州今文经学、边徼及域外地理学、历算学等，学术精神则是经世致用，在研究方法上也不是传统的那种就学术论学术，而是注重政治与学术的相互影响。这是在"嘉道"学术时段下，对嘉道两朝学术研究的首次规划。后人关于这一领域的研究，无论在学术

---

① 梁启超：《中国近三百年学术史》，朱维铮校注：《梁启超论清学史二种》，页 118—119，上海：复旦大学出版社，1985 年。

② 梁启超：《中国近三百年学术史》，页 119。

③ 梁启超：《中国近三百年学术史》，页 459、464。

④ 梁启超：《清代学术概论》，页 56。

⑤ 梁启超：《中国近三百年学术史》，页 482。

内容还是研究方法上，大致不出其范围。遗憾的是，我们没有看到他在嘉道这一学术时段划分下对学术思想的具体研究。

1935—1937年间，孟森综合政治、军事、经济等各方面的特征，将嘉道看作一个时段，并以"嘉道守文"综括这个时代的特点。不过，由于其研究侧重于政治史、军事史和经济史，故对嘉道两朝的学术着墨不多，仅对道光朝的士习和风尚略有讨论，内容也偏重于这一时期学者对盐政、河工、漕运等问题的关注。①

1937年，钱穆（1895—1990）在其出版的《中国近三百年学术史》中也将嘉道作为一个学术时段，称：

> 嘉道之际，在上之压力已衰，而在下之衰运亦见。汉学家正统如阮伯元、焦里堂、凌次仲皆途穷将变之候也。起而变之者，始于议政事，继以论风俗，终于思人才，极于正学术，则龚定庵、曾涤生、陈兰甫其选也。然而皆无以大变乎其旧，则亦无以挽世运于复隆。②

该书第十、十一两章，就是对嘉道时期学术思想的具体研究。其研究和涉及的人物，第十章有焦循、阮元、凌廷堪、许宗彦、方东树，第十一章有庄述祖、恽敬、刘逢禄、宋翔凤、魏源、龚自珍、戴望、沈垚、潘德舆、张海珊、陈寿祺，基本上奠定了此后关于这一时期研究的人物谱系。具体内容则包括了汉学考据、常州今文经学、宋学、汉宋之争以及经学研究者对当时社会风俗、学术问题的关注和讨论等。就这一时期的经学研究内容而言，远远突破了皮锡瑞、刘师培、梁启超等仅关注这一时期的今文经学和汉学考据的讨论。③ 对这一时期学术精神特点的总结，钱氏又在梁启超所言"经世致用"基础上，按先后次第进一步细化为"始于议政事，继以论风俗，终于思人才，极于正学术"等四方面的内容。可以说，这是首次对嘉道两朝学术思想的系统研究，也是到目前为止，嘉道时期经学研究领域最全面的著作。后

---

① 孟森：《清史讲义》第四章《嘉道守文》，页366—367。据尚小明先生研究该章及第五章"咸同之转危为安"，均作于1935—1937年间，该书初版于1947年，由中国文化服务社排印出版。参见尚小明：《孟森北大授课讲义三种编撰考》，《史学史研究》2006年第4期，页53。

② 钱穆：《中国近三百年学术史》"自序"，页3，北京：商务印书馆，1997年。

③ 钱穆：《中国近三百年学术史》，页499—630。

来关于这一时期的经学研究,所涉及的学术人物,讨论的学术问题,基本上都在钱氏此书范围内。近年来虽然在某些问题如常州今文经学的研究方面,远远超出了钱穆当年的水平,但从整体上来说,仍然未超越钱氏此书。

由于钱穆该书以"新学案体"的体例撰写,研究对象又多侧重于这一时期的经学人物,故对梁启超提出的该时期边徼及域外地理学、历算学等经学之外的内容则完全没有涉及。不过,这也是钱穆之后该领域研究的最大突破。只是这些领域的研究和突破,是在另一个学术时段——"道咸以降"下取得的。

1919 年,王国维(1877—1927)在《沈乙庵先生七十寿序》中提出"道咸以降之学新"的著名论断,他说:"道咸以降,涂辙稍变,言经者及今文,考叟者兼辽、金、元,治地理者逮四裔,务为前人所不为。虽承乾嘉专门之学,然亦逆睹世变,有国初诸老经世之志。"从时间断限、学术内容和学术精神等三方面,界定道咸以降之"新学"。王氏认为这一时期的学术精神是有"经世之志",其中以今文经学尤为突出,所谓"道咸以降,学者尚承乾嘉之风,然其时政治风俗已渐变于昔,国势亦稍稍不振,士大夫有忧之而不知所出,乃或讬于先秦西汉之学,以图变革一切"是也。① 值得注意的是,他在学术内容上并没有提及西学,而是主要就中国传统学术而论,包括今文经学、辽宋金元史和四裔地理。这与梁启超后来在《中国三百年学术史》中所论嘉道两朝的学术内容极为相似,不同的是梁氏又加上了域外地理学和历算学,也就是当时所谓的"西学"。不过,王国维该文只是断语式的勾勒和描述,并没有详细展开,王氏后来也没有就此问题做进一步的讨论。学界关于这一问题的详细研究,则是 1950 年前后的齐思和。

这里有必要提一下,楚金 1941 年发表的《道光学术》一文。该文意在"阐发吾国近世学术变迁之原",言"道光一朝不只有清兴亡之关键,实秦以来陈陈相因之局一大结束。怒潮吞吐,至今未已"。② 其意似以"道咸以降"为一学术时段。不同的是,在政治时势及社会生活等外部历史环境方

---

① 王国维:《沈乙庵先生七十寿序》,《观堂集林》卷 19,谢维扬等主编:《王国维全集》第 8 卷,页 618—619,杭州:浙江教育出版社,2010 年。

② 楚金:《道光学术》,《中和月刊》第 2 卷第 1 期(1941 年 1 月)。引文为楚金《道光学术余义》对《道光学术》一文的总结,见《中和月刊》第 5 卷第 9 期(1944 年 9 月);均载存粹学社编:《中国近三百年学术思想论集》,页 341—357、355,香港:崇文书店,1971 年。

面，以"嘉道"作为一个时段，云：

> 乾隆之末，纲纪已弛，乱萌已兆。嘉庆承以宽仁，仅而能平三省教
> 匪之变。然官常歍乱，民俗惽淫，久已失承平之度，海疆之祸，即由此
> 而生。至道光二十年后，中英战起，事变纷乘，臕臕周原，遂为海波所
> 激荡，而不复保其宁静，此百年间乃摧毁二千年文化之时期，其旧者逐
> 渐动摇而蜕化，而新者则未及建设也。
>
> 试闭目凝神以设想嘉道间之社会生活，其时最显著之变化，在沿
> 江海一带，为洋货之流行，洋银之充斥，是为西洋经济侵略之见端。而
> 人民风俗，则吸食鸦片，尤为精神麻醉之始，淳朴勤俭之美德，先民所
> 以诏示后昆者，自兹失其所守。推而至于内外官吏，或以因循畏葸，为
> 守身之大经；或以骄奢淫逸，为遣日之良法。读书士子则埋首帖括，醉
> 心科名；农商百工，则迫于官威，逃死无所，加之生齿日繁，生计渐蹙，
> 不复能各安乡里。凡此种种，皆当时之乱征。虽一二忧时之士，见之
> 而莫如何也。

学术上，则仍以"乾嘉"为一时期，云："乾嘉之间，文治盛矣。然汉学诸公，
所孳孳者，未能越乎名利之羁鞅，或于致君泽物，未甚讲求；或于立身行己，
未尽醇备，学则精而政治渐偷，人才渐窳矣。"[①]

文章认为道光朝学术风气有四变，分别是"融合汉宋"、"掌故经济之
学"、"边疆舆地之学"和"西学"，其代表人物为"为汉宋兼融之学者，其端启
于李申耆（兆洛），而终于陈兰甫（澧）；为掌故经济之学者，始于包慎伯（世
臣），而龚定庵（自珍）之流推而衍之；为边疆舆地之学者，张石州（穆）、何愿
船（秋涛）、魏默深（源）皆其至者；而天算器象之学者，虽不具赫赫名，而其
人亦接踵起焉"。[②] 这就在王国维、梁启超所论"嘉道"或"道咸以降"的学
术内容上，增加了"融合汉宋"和"掌故经济"，同时也明确提出"西学"之目。

值得注意的是，该文论"融合汉宋"，专注宋学受到重新关注，言"汉学
家之庸陋颟顸，甚至贪浊缪悖，反不如不知学问之辈。盖汉学既成滥调，乃

---

① 楚金：《道光学术》，存粹学社编：《中国近三百年学术思想论集》，页341、342。

② 楚金：《道光学术》，存粹学社编：《中国近三百年学术思想论集》，页342—343。

思向所唾弃之宋儒,实有不可磨灭者在,故融合汉宋"。其代表人物则为唐鉴,云:

> 道学宗传,自清初陆陇其、张伯行诸公而后,阒然不闻镗鞳宏声者已久,至唐确慎(鉴)始以专主程朱,躬行实践,施于有政,播为学风。盖上承陆、张之绪,而下启曾(国藩)、罗(泽南)之规,其识量魄力之玄远,影响士大夫风气至深,诚有过乎人者……其所主张,不仅在一身之修养,而在乎守道救时,明乎此,而后知道光理学异于清初理学。而道光理学乃应艰难之时势而产生。其提倡理学之宗旨,乃所以救艰难之时势者也。①

对道光朝理学(宋学)之性质、宗旨作明确界定,亦为此前学者所无。

该文及《道光学术余义》研究的道光朝人物有:唐鉴、程恩泽、徐松、魏源、张穆、何秋涛、龚自珍、沈垚、潘德舆、鲁一同、俞正燮、陈寿祺、陈乔枞、张际亮、包世臣、凌曙、吴兰修、梁廷枏、钱仪吉、曾国藩、冯桂芬、陈澧、黄式三、黄以周、夏燮、丁晏、胡承珙、朱鈋、陈奂、朱骏声、刘文淇、柳兴恩、董祐诚、翟云升等。其中虽不乏属道咸以降的历史人物,但这一人物谱系则远较后来的研究丰富。

1949年,齐思和(1907—1980)发表《近百年来中国史学之发展》一文,该文及1950年发表的《魏源与晚清学风》都是对王国维"道咸以降之学新"之说的详细论证。《近百年来中国史学之发展》论道光以后学术的新风气,称:

> 道光以后,学术的新风气是谈富强,讲经世。在经学方面,由训诂、典章、名物之学,转而讲微言大义,以求通经致用,遂要讲今文,要讲通汉、宋。在史学方面,由考订校勘转而趋于研求本朝的掌故,并求边疆地理,特别是西北史地以谋筹边,研究外国史以谋对外。②

① 楚金:《道光学术》,存粹学社编:《中国近三百年学术思想论集》,页342、344。
② 齐思和:《近百年来中国史学之发展》,《燕京社会学报》第2卷(1949年10月),页9。后改题为《晚清史学的发展》,载氏著《中国史探研》,页340—357,北京:中华书局,1981年。

他认为这种学术的新风气——即精神是"谈富强,讲经世",内容包括今文经学、汉宋调和、本朝掌故、边疆地理(西北史地)和外国史地。这在王国维所论道咸以降之"新学"内容的基础上,又增加了"本朝掌故"、"汉宋调和"与"外国史地"。由于齐氏该文主要处理的是晚清以后史学的变迁,故对道光时期的学术,仅是简单地勾勒,未作深入探讨。不过,这些内容在《魏源与晚清学风》一文中得到充分展开,由于魏源(1794—1857)的生活年代是在嘉、道、咸三朝,故其讨论的内容也多在这一时期。

　　《魏源与晚清学风》一文的主要目的有二:一是表彰经世之学,称:"道咸以来,变乱叠起,国渐贫弱。学者又好言经世,以图富强,厌弃考证,以为无用",而"自来言清代学术者,皆以汉学为主流,薄视经世派,以为肤浅"。道咸以来经世之学的代表人物魏源,也"或厕诸刘、龚之间,或附见于文苑之末,皆以文士或章句之儒视之"。且"晚清学术界之风气,倡经世以谋富强,讲掌故以明国是,崇今文以谈变法,究舆地以筹边防。凡此数学,魏氏或倡导之,或光大之。汇众流于江河,为群望之所归。岂非一代之大儒,新学之蚕丛哉?顾世尚未有论列之者",故撰文表彰之。二是反对以今文经学为主体来论述晚清学术,他针对"迩来论次晚清学术者,多以今文学派为主流,其说始自梁启超之《清代学术概论》。梁氏身与变法运动之役,于其师友在当时学术地位,不免夸饰",提出"实则晚清学术,以经世为主"。称晚清今文学派"亦在其通经致用,质文改制耳","其外若包世臣之专讲经世,何秋涛、李文田之治西北史地,并为晚清学术界之代表人物,安在其专门今文哉?"主张道咸以降之学术是"经世派",其内容除今文经学外,还包括"经世之学"、本朝掌故学、边疆与域外史地(即西北史地和外国史地)。①

　　虽然,齐氏对梁启超所论嘉道以来的学术内容有所误解,如梁氏并非仅关注今文经学,他也提到"边徼及域外地理学"(亦即齐氏所说的"边疆与域外史地学"),甚至还有齐氏所未提到的历算学。但齐思和从这一时期的学术精神着眼,称道咸以降之学术为"经世派",并将其提升为与顾炎武所代表的清初"实学派"、戴震所代表的乾嘉"考据派"并列的学术派别,具有同等重要的地位,则为齐氏的一大创见。② 1980 年代以来海外及国内学界

---

① 齐思和:《魏源与晚清学风》,原载《燕京学报》第 39 期(1950 年 12 月,页 177—226),《中国史探研》,页 314、339,326—336。

② 齐文颖:《中国史探研·前言》,页 10,石家庄:河北教育出版社,2000 年。

兴起的中国近世"经世思想"研究热潮,实导源于此。[①]另外,齐氏将"本朝掌故之学"列为这一时期学术的重要内容,将其从楚金所言的"掌故经济之学"中单独拈出,是为他的另一创见。

具体到对嘉道时期学术思想的研究,齐氏除对魏源在今文经学、西北史地、东南海疆及本朝史等方面的学术贡献有深入的研究外,还对嘉道时期其他学者如龚自珍、包世臣、周济、李兆洛、邹汉勋等多有论列。[②]虽然着墨不多,也谈不上深入研究,但他涉及的这些人物,多在钱穆《中国近三百年学术史》第十、十一两章所列的人物谱系之外者,也有为此前其他学者所未涉及者。

综括二十世纪上半期学界对嘉道时期学术思想的研究,可以得出以下结论:

一、最先提出将嘉道作为一独立学术时段来考察清中叶学术思想的,是皮锡瑞和刘师培。1907年,他们各自在研究中提出和运用了这一学术时段,并对这一时期的今文经学和汉学考据("丛缀派")做了一定研究。

二、从研究方法、学术内容和学术精神等方面全面规划嘉道两朝学术思想研究的,是梁启超。1923—1925年间,梁氏讲授《中国近三百年学术史》,从政治与学术相结合的角度,将嘉道两朝看作一个时段,认为该时期的学术精神是"经世致用",内容包括常州今文经学、边徼及域外地理学、历算学等,大致奠定了这一领域的研究范围。在1937年钱穆出版《中国近三百年学术史》前,嘉道学术时段下的清中叶学术思想史研究,讨论最多的是这一时期的今文经学,但也仅是通论式的勾勒、描述,远谈不上深入研究,其他领域也仅停留在提出论题的层面。钱氏此书的出版则改变了这一状况,该书第十、十一两章主要就是对嘉道时期的经学研究。钱氏不但将梁启超提出的"经世致用"学术精神,按先后次第进一步细化为"始于议政事,继以论风俗,终于思人才,极于正学术"四个方面,并将其贯穿于对该时期的汉学考据、今文经学、宋学和汉宋之争等多个领域的研究。这是首次对

---

① 值得注意的是,专门探讨经世问题研究状况的丘为君、张运宗《战后台湾学界对经世问题的探讨与反省》一文(载《新史学》第7卷第2期,页181—229,1996年6月),讨论对象虽以战后的台湾学界为主,但既提到战前的钱穆《中国近三百年学术史》,也提到战后美国学者魏斐德、日本学者山井涌等,却唯独没有提到齐思和及其这两篇文章。

② 齐思和:《中国史探研》,页337—339,340—357。

嘉道两朝学术思想的系统研究，也是到目前为止，嘉道时期经学研究领域最全面的著作，后来关于该时期经学研究的人物谱系亦由此奠定。

三、至于对嘉道时期其他学术内容的初步研究，则是楚金和齐思和。他们的研究虽未在"嘉道"而是在"道咸以降"的学术时段下进行，但却在学术内容和人物谱系上充实、丰富了嘉道时期的学术思想研究。齐思和提出以"经世派"概括"道咸以降"的学术，对后来关于嘉道时期学术思想的研究产生了深远影响。

总之，二十世纪上半期关于嘉道学术时段下的清中叶学术思想研究，其最大贡献就是从学术时段、研究方法、学术精神及学术内容等方面提出、界定了该时期的学术思想史研究。具体到各个领域的研究，则以经学即今文经学、汉学考据等成绩最大，而他如边疆及域外史地、本朝史学等则处于提出问题和初步研究的阶段。此后关于这一时期学术想研究的范围，基本由此奠定。

（二）二十世纪下半期台湾学界"经世"主题下的嘉道学术思想研究

尽管在学术时段上，道光朝通常被纳入"道咸以降"。但无论"道咸以降"学术时段下对道光朝的学术思想研究，还是仍以"嘉道"作为独立时段对该时期学术思想的研究，其学术内容和学术精神大致仍不出二十世纪上半期关于嘉道时期学术思想研究的范围，具体成果则表现为对二十世纪上半期提出诸问题的进一步研究、拓展和深化。即学术内容上表现在对今文经学、汉学考据、边疆与域外史地等领域的研究，学术精神上则表现为"经世之学"或"经世思想"等研究热潮的兴起。

1950 年代以来，学界以"嘉道"作为学术时段的清中叶学术思想研究，主要是在"经世"主题下取得，这也是不同于二十世纪上半期嘉道学术思想研究的一大特点。由于经世思想的研究内容颇为广泛，几乎涉及了嘉道时期学术思想研究的各个领域，故对 1950 年代以来学界关于嘉道时期学术思想研究的考察，将以"经世"主题下对该时期的学术思想研究为主。

1950 年后的很长一段时间，中国大陆学术界关于嘉道时期的学术思想研究多以鸦片战争前后为界，嘉道两朝极少被视作一独立学术时段，而是被分别置于"乾嘉"和"道咸以降"（或"晚清"、"近代"等）两个学术时段下进行。这与其时中国大陆学界建设马克思主义史学，近代史分期上以发生于道光二十年（1840）的鸦片战争为开端有很大关系。具体到嘉道时期的学术研究,则除对今文经学及龚自珍、魏源、林则徐等人物稍有研究外,也多侧重于讨论这一时期的社会性质,即中国社会如何由封建社会向半封建半殖民地社会过渡。这一状况要到 1980 年代中后期才有改观,逐渐回归二十世纪上半期的研究传统。不过,在此期间台湾学术界关于嘉道时期的学术思想研究则延续了此前的传统。

台湾学界最能绍述二十世纪上半期关于嘉道时期学术思想研究传统的,当推 1974 年陆宝千发表的《嘉道史学——从考据到经世》一文。陆氏此文是对齐思和在"道咸以降"学术时段下对该时期学术思想研究的扩展和延伸。该文不仅在时间段上提前至嘉庆朝,在研究广度和深度上也有相当大的突破,就涉及嘉道时期的人物而言,有汪辉祖、严如煜、祁韵士、徐松、沈垚、张穆、俞正燮、钱仪吉、徐继畬、何秋涛、李兆洛、包世臣、周济、姚莹、魏源、龚自珍、梁廷枏、夏燮、汤鹏、阮元等,大大丰富了这一时期研究的人物谱系。就论述内容而言,则有对齐思和提出的"本朝掌故学"研究的石展——对记载当时战事的严如煜《三省苗防备览》的研究,有对西北边防的关注如沈垚《新疆私议》、龚自珍《西域置行省议》及徐松、祁韵士、张穆、钱仪吉、何秋涛等对西北史地的研究,有徐继畬、魏源、姚莹对东南海疆及域外史地的关注等。

就研究主旨而言,陆宝千此文从史学经世的角度考察这一时期"经世致用"的学术精神,所谓"夫史以经世,承平之时,其效弗彰;兆萌衰乱,厥用始显。盖施政者欲得损益之术,望治者预筹徙薪之谋,势皆鉴于前代也"。其论西北史地及域外史地之学无不以此为旨归。此外,该文对李兆洛的地理学、包世臣的经济之学,周济《晋略》、沈钦韩《两汉书疏证》、汤鹏《浮邱子》等对当世之务的关注,也从经世致用角度进行研究。[①] 该文在研究范围和研究内容上,丰富和划定了嘉道时期经学之外学术思想研究的人物谱系;研究主旨上,则将前人关于这一时期"经世致用"的学术精神,具体为"史学经世"。这些都对此后台湾学界关于嘉道时期的学术思想研究产生了重要影响,因为此前的 1972 年春,刘广京在台北近代史所做"咸同中兴与传统经世思想之穷途"的演讲,提出从中国传统思想内部寻找走向"近

---

① 陆宝千:《嘉道史学——从考据到经世》,《"中央研究院"近代史研究所集刊》第 4 分(下),页 523—550,1974 年 12 月;后收入陆著《清代思想史》,页 277—322,台北:广文书局,1983 年。

代"的"基因",探讨中国传统的经世思想与晚清"自强"、"变法"的关系,开启台湾学界关于中国近世经世思想问题的研究,而此文恰在此后发表,其探讨的时间段也正是"近代"以前的嘉道时期。[①]

尽管齐思和早在 1950 年前后就提出将"道咸以降"的新学风称之为"经世派",但以"经世"问题为主旨,考察"嘉道"或"道咸以降"的清代学术已迟在二、三十年之后。1981 年刘广京以《十九世纪初叶中国知识分子——魏源与包世臣》为题,整理发表其 1978 年 9 月讨论魏源与包世臣经世之学的"晚清维新思想新论"演讲。[②] 这大概是台湾学界第一篇以"经世"思想为主题,考察嘉道时期学术思想的论文,尽管其目的在于证明"中国近代史上之不断创新,并非仅由外来之刺激,而实有其自发之精神与思想为其基础","中国传统知识分子有其自发之实事求是之态度与自基本思想上创新之精神"。[③] 但他对嘉道时期讲经世之学的包世臣的深入研究,则填补了这一领域的空白。由于此文旨在寻找近代自强、维新思想的中国传统资源,故对嘉道时期的历史背景鲜有论述。不过,这也是台湾学界在"近世中国经世思想"主题下,研究嘉道时期学术思想存在的普遍问题。

1982 年,王聿均发表的《清代中叶士大夫之忧患意识》一文,也是在"经世"主题下对嘉道时期学术思想的研究。该文明确以嘉道两朝界定清代中叶,称:"所谓清代中叶,以乾隆末期开其端,降至咸丰初年;其间尤着重于嘉道两朝。这个时期,是剧烈的转变时期,外力的挑战已见端倪,内部的动乱也日趋严重,在在引起知识分子的关怀。"文中虽云讨论"仅限于嘉道以还的今文学家",但实际上则以龚自珍、魏源以及非今文经学家的包世臣、姚莹等四人为主,并从儒家思想传统的"忧患意识"视角,对今文经学、经世之学、海防(东南海疆及域外史地)、塞防(西北史地)等内容做集中探讨,认为"清代中叶士大夫的忧患意识,源自于传统的儒家文化","一切的

---

① 丘为君、张运宗:《战后台湾学界对经世问题的探讨与反省》,《新史学》第 7 卷第 2 期,页 183,1996 年 6 月;王聿均:《清代中叶士大夫之忧患意识》,《"中央研究院"近代史研究所集刊》第 11 期,页 3,注⑨,1982 年 7 月。

② 王聿均:《清代中叶士大夫之忧患意识》,页 3,注⑨;刘广京:《十九世纪初叶中国知识分子——魏源与包世臣》,《国际汉学会议论文集·历史考古组》,页 995—1030,台北:"中央研究院",1981 年。

③ 刘广京:《十九世纪初叶中国知识分子——魏源与包世臣》,《国际汉学会议论文集·历史考古组》,页 995、1030。

经世思想、海防思想、塞防思想、维新思想,皆由此而产生。忧患意识的郁结勃发,是根本的原动力,靠着它推陈出新,接纳新思想、新观念,以开创新局"。① 其主旨仍是从中国传统内部寻找近代变革维新思想的渊源。

1980 年代中期台湾学界在"经世"主题下对嘉道时期学术思想的研究,集中体现在 1984 年 4 月出版的《近世中国经世思想研讨会论文集》一书。1983 年 8 月,台北"中央研究院"近代史研究所召开"近世中国经世思想研讨会",其背景在吕实强的大会《开幕词》及刘广京《近世中国经世思想研讨会论文集·序》中皆有明确说明。

吕实强解释召开经世思想讨论会的缘由说,台北"中央研究院"近代史所成立前后,美国出版了两部在当时影响很大的著作,即 1954 年费正清的《中国对西方的反应》和 1957 年芮玛丽的《同治中兴》。费书认为"中国的近代历史的发展,不管是维新运动(包括自强运动、变法运动、立宪运动)以至于革命运动等所有的变动,都是受到西方特别是欧洲及美国撞击的影响。假使没有这些撞击的话,中国大概不会发生多大的变化。换句话说,所有的维新与革命,都是因受到撞击而引起的;中国的历史是被动的,中国的改革、维新也是被动的"。《同治中兴》一书的结论也是"中国儒家思想虽然很好,但却无法适应近代化","儒家传统与制度中,没有通往近代化之路。换句话说,在中国儒家传统之下是没有办法近代化的"。鉴于多年来中国的近代史研究被困在这种外来的影响与本国传统无能为力的框架之中,及"晚近"有人开始把中国近代史从鸦片战争提前到明清之际,对许多经世学家开始加以留意,深感中国传统的本身还是有其维新的动力。于是"本着以本国,即中华文化传统的立场做近代史的研究"召开此次会议。②

刘广京则针对"一般讲中国近代史,多半自鸦片战争讲起",中国近代史的主题就是"中国对西方的反应"的研究现状,强调中国近代史作为中国史一部分的延续性和中国本身的主体性。他说:"鸦片战争以后的历史,毕竟是鸦片战争以前历史的延续","中国人毕竟是中国人,中国社会毕竟是中国社会,中国的经济、文化、思想、学术、行政、政治自有历史悠久、性格独

① 王聿均:《清代中叶士大夫之忧患意识》,《"中央研究院"近代史研究所集刊》第 11 期,页 1、10,1982 年 7 月。

② 吕实强:《开幕词》,页 1—2,"中央研究院"近代史研究所编:《近世中国经世思想研讨会论文集》,台北:"中央研究院"近代史研究所,1984 年 4 月。

特的基础"。为此,他提出"研究十九、二十世纪的中国历史,必须以十七、十八世纪的中国为背景",说:"如果能够看清鸦片战争以前中国社会、经济、文化、思想、学术、行政、政治的根柢和趋势,对于鸦片战争以后的历史也就可以加深认识了。"在总结论文集中所收嘉道时期学术思想研究的成果后,刘氏特别指出嘉道时期经世思想与中国近代自强、变法、革命等一脉相承的内在联系,他说:"自十九世纪初叶开始的清代经世思想,就其价值观念及其对现实历史的贡献而言,可以自两方面来看。一方面是贺长龄、魏源'经世之学'所开的风气,因西方的刺激而发展为'中学为体,西学为用'的自强思想。另一方面,则是嘉道年间变法思想锲而不舍的延续,到了十九世纪最后十年,在今文经学的护符下,与正统经学和政治思想公开挑战,有助于戊戌变法和辛亥革命。"①从而将嘉道时期的学术思想纳入中国近代史的研究领域。

就《论文集》所收研究嘉道时期论文的类目看,有"经史舆地之学与经世思想"、"忧患意识与今文经学"、"寻求效验与'经世之学'"、"科技经世与体用思想"四类,其规模与梁启超关于嘉道时期学术思想研究的设计大致相同。具体论文有王聿均《徐松的经世思想》、王尔敏《姚莹之经世思想及其对域外地志之探究》,王家俭《洪北江的后患意识》、艾尔曼《常州今文学派:初步的反省》(The ch'ang-chou New Text School : Preliminary Reflections)、孙广德《龚自珍的经世思想》、周启荣《从"狂言"到"微言"——论龚自珍的经世思想与经今文学》、吴卓棟(Judith Whitbeck)《从考证到经世:龚自珍以及十九世纪初中国士大夫志向的转变》,刘广京《魏源之哲学与经世思想》、魏秀梅《贺长龄的经世思想》,以及王萍《清代历算学的传承与蜕变》等。这些论文以专题方式研究嘉道时期的历史人物,如徐松、姚莹、贺长龄(1785—1848)三人,均为此前略有涉及而未深入研究者,有开创之功。如魏秀梅在详细研究贺长龄政绩的同时,还讨论了程朱理学及阳明学对贺氏经世思想的影响,虽然稍嫌简略,但尤其值得关注,因为嘉道时期程朱理学及阳明学在当时思想界的状况,确为前人所忽略。② 同时龚自珍、魏源也被放到不同的视角中加以关注,如吴卓棟的论文就不同于以往

---

① 刘广京:《近世中国经世思想研讨会论文集·序》,页1、8。
② 魏秀梅:《贺长龄的经世思想》,《近世中国经世思想研讨会论文集》,页 395—399。

仅关注龚自珍(1792—1841)成年以后的研究,而是更注重考察龚氏早年
(1819 年,龚自珍 28 岁以前),尤其是其师友辈在嘉庆四年(1799)和珅死
后,关于政府吏治改革的论争,以及这些论争对龚氏本人与当时学界的影
响。尽管论述线索略显单一,但这种从政治史的背景考察思想论争的方法
和视角则尤其值得注意。① 另外,王萍的论文对嘉道时期许宗彦制"浑金
球"、李兆洛制"天球铜仪"、"日月行度铜仪"、程恩泽修复"古仪器"、刘衡制
"测量用的句股尺及制晷用的算尺"等的研究,亦为此前研究所未及。②

　　"经世"主题下对嘉道时期学术思想研究的另一重要成就,就是对贺长
龄、魏源编辑,道光六年出版的《皇朝经世文编》的研究。这方面的重要成
果有 1985 年黄克武的硕士论文《〈皇朝经世文编〉"学术"、"治体"部分思想
之分析》,及 1986 年刘广京、周启荣发表的《〈皇朝经世文编〉关于"经世之
学"的理论》。黄文打散各篇《皇朝经世文编》所收各文的界限,用归纳法描
述、分析"学术"、"治体"两部分的思想内涵,认为其经世思想部分导源于先
秦儒家与宋明理学思想,且主张以宋学为本、汉学为末的调和论。刘、周二
氏则将"经世之学"作为一门与"汉学"、"宋学"分庭抗礼的学问来研究,认
为《皇朝经世文编》的经世之学,可视为《大学》八条目的具体发挥。③ 紧接
着 1986 年 9 月黄克武又发表《〈经世文编〉与中国近代经世思想研究》,从
研究方法上对这些论文做了研究和总结。这些都是对嘉道时期学术思想
的深入考察,为进一步研究该时期的学术思想做了很好的示范。

　　另外,1986 年 12 月李国祁发表《道咸同时期我国的经世致用思想》,
文中"道光年间经世致用之学"一节,对魏源和龚自珍的学术思想做了深入
研究。④ 1990 年 12 月,林满红发表《古文与经世:十九世纪初叶中国两派
经世思想的分殊基础》,以 1814—1850 年间白银短缺货币危机时,参与讨
论和建议的人为例,分为道德派和务实派。指出道光年间的经世思想的确

---

　　①　吴卓棣(Judith Whitbeck):《从考经到经世:龚自珍以及十九世纪初中国士大夫志向的转
变》,《近世中国经世思想研讨会论文集》,页 341—352,并参王家俭的评论,页 353—354。
　　②　王萍:《清代历算学的传承与蜕变》,《近世中国经世思想研讨会论文集》,页 496—498。
　　③　黄克武:《〈皇朝经世文编〉"学术"、"治体"部分思想之分析》,台湾师范大学历史研究所硕
士论文,1985 年 6 月;刘广京、周启荣:《〈皇朝经世文编〉关于"经世之学"的理论》,《"中央研究院"
近代史研究所集刊》第 15 期(上),页 33—99,1986 年 6 月。并参黄克武:《经世文编与中国近代经
世思想研究》,《近代中国史研究通讯》第 2 期,页 89—94,1986 年 9 月。
　　④　李国祁:《道咸同时期我国的经世致用思想》,《"中央研究院"近代史研究所集刊》第 15 期
(下),页 17—65,20—30,1986 年 12 月。

是一种追求变革的思想，但并非所有的经世思想都与今文经学有关联，与之有关联的这派（务实派）经世思想只追求局部与渐进的变革；而道德派追求整体与激进变革的经世思想则与桐城古文派较有关联。文中所涉及的人物，如道德派王鎏、孙鼎臣、徐鼒、谢阶树、成毅、杨象济、吴嘉宾，务实派许楣、许梿、英和、丁履恒等也多为这一时期的学术思想史中较少提及者。[①]

　　以上是台湾学界在"经世"主题下，关于嘉道时期学术思想的研究。值得注意的是，这些研究不但在学术时段上大致以"嘉道"作为一个时期，在具体内容上也对这一时期的学术思想研究有很大拓展和深入。

　　（三）二十世纪下半期大陆学界"经世"主题下的嘉道学术思想研究

　　大陆学界在"经世"主题下对嘉道时期的学术思想研究，确切地说应始于 1987 年冯天瑜发表的《道光咸丰年间的经世实学》一文。尽管早在 1985 年董蔡时就发表了以嘉道为时段的《试论嘉道年间经世学派的崛起及其流派的思想特点》，沈渭滨也在这年发表了以经世为主题的《论鸦片战争前后林则徐的经世思想》，但就文章内容而言，则当推冯氏此文。该文主题标识的时间虽然是道咸两朝，但具体内容则溯及嘉庆朝，文章认为道咸经世实学的具体内容有四：一、讥切时政，诋排专制，倡言变法；二、研讨漕运、海运、盐法、河工、农事等"大政"；三、探究边疆史地以筹边防，"谈瀛海故实"以谋御外；四、探讨本朝掌故，纂修当代史。[②] 与齐思和《魏源与晚清学风》中所说的今文经学、经世之学、西北及域外史地、本朝掌故学等四方面的内容大致相当，这也标志着大陆学术界关于这一时期的学术思想研究开始向民国学术传统回归。冯氏将道咸经世实学看作中国"近代早期"特定的文化形态，认为它不具备近代"新学"的基本属性，尚未进入近代新学的轨范之内，但确是近代"新学"赖以产生的直接的民族文化土壤。给经世实学这样特殊的历史定位，这是他不同于齐氏之处。同样在 1987 年，朱新镛发表研究嘉庆、道光年间广东经世致用学派的《论鸦片战争前夕广东的经世致用学派》，对这个地方性学派的形成、基本学术思想及其成员的活动做了深

---

　　①　林满红：《古文与经世：十九世纪初叶中国两派经世思想的分殊基础》，《国立台湾大学历史学系学报》第 15 期，页 239—262，1990 年 12 月。

　　②　董蔡时：《试论嘉道年间经世学派的崛起及其流派的思想特点》，《苏州大学学报（哲学社会科学版）》1985 年第 1 期，页 97—104；沈渭滨：《论鸦片战争前后林则徐的经世思想》，《历史教学》1985 年第 9 期，页 2—7；冯天瑜：《道光咸丰年间的经世实学》，《历史研究》1987 年第 4 期，页 138—152。

入探讨。[①]

　　此后，又有冯天瑜《"著书慷慨识忧时"——魏源的经世实学成就刍议》(1988)、《试论道咸间经世派的"开眼看世界"》(1991)，汪林茂《论道光朝经世思潮的不同流派》(1989)、马汝珩、张世明《嘉道咸时期边疆史地学的繁荣与经世致用思潮的复兴》(1992)、李志茗《清嘉道年间的经世思想》(1998)、李喜所《鸦片战争前的今文经学与经世致用思潮》(1998)、黄长义《从考据到经世:嘉道之际的学术转向》(1999)等论文涉及嘉道年间的经世之学。[②] 就其内容而言，仍不出前人界定的今文经学、边疆(西北)及域外史地等几个领域。其他这类论文尚多，但以概论、通论性的为主，真正深入这一时代，做细致探究的论著尚不多见。

　　2002年，台湾和大陆学界同时出版了两部有关嘉道经世之学的总结性论著，一是彭明辉《晚清的经世史学》，其研究主旨强调经世致用精神，书中第二章"从元史研究到边疆史地"、第四章"探问经史以求新索"、第五章"开眼看世界:外国史地引介"，就是对嘉道时期史地之学的研究。就涉及该时期的历史人物和著作而言，较之此前并无太大突破，其贡献在于充分总结了前人的研究成果，并在此基础上有所深入。[③] 二是冯天瑜、黄长义《晚清经世实学》，该书第一章"19世纪上半叶的'世运潜移'与学术丕变"，第二章"道咸年间的议政风尚与变法呐喊"，第三、四章"道咸年间的'实证之学'"，第五章"道咸年间经世派的史地学"，分别将冯天瑜《道光咸丰年间的经世实学》一文中的观点，从史料、史事方面进一步扩充论证。在内容上也拓展至宋学复兴、汉宋之争及漕、盐、河、农事、鸦片、货币、人口等多方面的问题，进行细致论证。可以说这是大陆学界到目前为止关于嘉道时期经

---

　　① 朱新镛:《论鸦片战争前夕广东的经世致用学派》，《广东社会科学》1987年第3期，页29—36。

　　② 冯天瑜:《"著书慷慨识忧时"——魏源的经世实学成就刍议》，《江汉论坛》1988年第3期，页53—58;《试论道咸间经世派的"开眼看世界"》，《近代史研究》1991年第2期，页18—30。汪林茂:《论道光朝经世思潮的不同流派》，《学术研究》1989年第5期;马汝珩、张世明:《嘉道咸时期边疆史地学的繁荣与经世致用思潮的复兴》，《中国边疆史地研究》1992年第1期，页14—28;李志茗:《清嘉道年间的经世思想》，《华中师范大学学报(人文社会科学版)》1998年第2期，页77—83;李喜所:《鸦片战争前的今文经学与经世致用思潮》，《社会科学研究》1998年第4期，页102—109;黄长义:《从考据到经世:嘉道之际的学术转向》，《武汉大学学报(人文社会科学版)》1999年第3期，页75—80。

　　③ 彭明辉:《晚清的经世史学》，页27—62,113—145,189—217,台北:麦田出版,2002年。

世之学研究最全面的著作。[①]

最近的研究则逐渐突破前人界定的今文经学、边疆及域外史地等几方面的内容,开始从其他角度考察嘉道时期经世思想,有段超《陶澍与嘉道经世思想研究》(2001)、曾光光《桐城派与嘉道时期的经世致用思潮》(2003),刘兰肖《李兆洛与嘉道经世学风》(2006)等。[②] 陈连营《论嘉道时期经世思潮的兴起》(2003)一文,用很大篇幅论述经世思潮兴起的原因,认为清朝到嘉道时期已面临"全面的统治危机"。主要表现在:一、经济发展的迟缓与民生凋敝,二、民族危机与鸦片问题,三、吏治腐败问题的空前严重化,四、封建财政制度的崩溃,五、军备的全面废弛。认为经世思潮的兴起并非以乾嘉学术的衰落为前提,而恰恰是乾嘉学术不断发展的结果。该文讨论的人物有洪亮吉、恽敬、张惠言、李兆洛、管同、方东树、潘德舆、沈垚、包世臣、张穆等,超出了同时期中国大陆学者讨论该问题的一般论著。[③] 李细珠《试论嘉道以来经世思潮勃兴的传统思想资源》(2005),则强调嘉道作为一个学术时段的特点,称:"嘉道以来……中国思想传统从整体上面临着挑战,这种挑战来自西方,也来自中国本土。这是一个时代性的大变局。"并在此基础上考察嘉道经世思潮的思想资源:"嘉道以来经世思潮的勃兴正是对此时代变局的回应。这种回应来自中国本土思想传统,是多元的,不是单一性的。除……今文经学以外,其他学术流派,包括儒学内部的乾嘉汉学、浙东史学、桐城派古文学、程朱理学、陆王心学,以及诸子学,甚至佛学与道教思想,也都为当时经世思潮的勃兴提供了思想资料。"[④]这些从外部历史环境来考察学术思想的研究思路则值得重视。

另外,特别值得注意的是罗检秋 2005 年发表的《嘉道年间京师士人修禊雅集与经世意识的觉醒》一文。该文在研究内容上完全突破了前人关于这一领域的界定,他通过对嘉道时期明显增多的士人修禊、雅集等集

① 冯天瑜、黄长义:《晚清经世实学》,页 46—311,上海:上海社会科学院出版社,2002 年。

② 段超《陶澍与嘉道经世思想研究》,北京:中国社会科学出版社,2001 年;曾光光:《桐城派与嘉道时期的经世致用思潮》,《江淮论坛》2003 年第 5 期,页 110—114;刘兰肖:《李兆洛与嘉道经世学风》,《西南师范大学学报(人文社会科学版)》2006 年第 4 期,页 47—50。

③ 陈连营:《论嘉道时期经世思潮的兴起》,朱诚如、王天有主编:《明清论丛》第 4 辑,页281—303,北京:紫禁城出版社,2003 年。

④ 李细珠:《试论嘉道以来经世思潮勃兴的传统思想资源》,《广东社会科学》2005 年第 3 期,页 110—117。

会的研究,考察这些具有政治内涵和学术自觉的集会如何成为经世意识的重要媒介,进而揭示少数士人的经世意识如何通过士人交游引发学风转变。文章将嘉道年间士人的修禊雅集分为"嘉庆初年至道光初年以'宣南诗社'、'苏斋'诗会为代表的士人雅集修禊"、"道光九年至二十年以'江亭'为中心的修禊雅集活动"和"自道光二十三年以'顾祠'为中心的修禊活动"三个阶段,认为"嘉道年间,潜伏的社会危机逐渐显露,敏感于时的士大夫开始关注社会问题,一些宋学家及少数汉学家也明确或委婉地不满烦琐考据",于是"最初主要流播于宋学群体及少数汉学家的经世意识经过频繁的修禊雅集,逐渐得到学术主流群体的认同,士林风气为之一变,一些有识之士还将经世思想付诸实行"。"随着经世意识的传播,广大士人的治学取向也逐渐发生深刻变化。在江南,经世派宋学与取向相似的今文学结合起来,推动常州学派及整个汉学加速向讲求义理和经世致用方向发展。而在京师,研究边疆史地之学蔚然成风,汉学的经世色彩明显增强,嘉道学术随之发生了深刻变化"。[①] 在研究资料上,除我们熟悉的翁方纲、陶澍、林则徐、胡承珙、张穆等学术思想家、政治家外,还将李彦章、潘曾沂、刘嗣绾、朱绶、吴嵩梁、董国华、钱仪吉、顾莼、朱琦、陈用光、黄爵滋、徐宝善、潘德舆、张际亮、陈庆镛、何绍基、苗夔、程恩泽等传统学术思想研究中不太重视的诗人、文人和一般政治人物,纳入研究视野,利用诗歌唱和等资料,研究经世意识的传播。其史料发掘力度,远远超过前人的研究。

对比中国大陆与台湾学界"经世"主题下的嘉道时期学术思想研究,不难发现台湾学界的研究,往往将其纳入近代史的范畴。以台湾 1980 年代中期兴起的近世中国经世思想研究为例,首先召开"近世中国经世思想研讨会"的单位是台北近代史所,论文发表的刊物则是《"中央研究院"近代史研究所集刊》,具体到这一主题下嘉道时期的研究者,如刘广京、王家俭、王尔敏、王聿均等也多是长期从事近代史(或晚清史)研究的学者。这使他们关于嘉道时期学术思想的研究,多侧重于寻找、发掘具有"近代性"或可导致"近代性"产生的"积极"因素,至于那些没有"近代性"或"反近代性"的

---

① 罗检秋:《嘉道年间京师士人修禊雅集与经世意识的觉醒》,郑大华、邹小站主编:《西方思想在近代中国》,页 292—317,北京:社会科学文献出版社,2005 年 12 月。

"消极"因素则被忽略,不脱"在中国发现历史"的色彩。当然,这一倾向在中国大陆学界的研究中也同样存在。但近年来这种趋向开始改变,如罗检秋等人的研究便能深入这一历史时期,发掘历史资料,那种意图鲜明的"在中国发现历史"的色彩也逐渐淡化。

"经世"主题下关于嘉道时期学术思想研究的一大特点,就是时间上以"嘉道"作为独立学术时段,甚至那些以"道咸"或"道咸以降"为学术时段的论著,内容也往往上溯及嘉庆朝的人物、著作,涉及二十世纪上半期关于嘉道时期学术思想研究的方方面面。1950 年代后以"嘉道"作为学术时段,对该时期学术思想研究的主要成就便是在"经世"主题下取得。

(四)"经世"之外:其他以嘉道为学术时段的清中叶学术思想研究

"经世"之外,其他以"嘉道"作为学术时段研究清中叶学术思想史的,则为边疆及域外史地研究。当然,这也是"经世"主题下关于嘉道时期学术思想研究的重要内容,其主要成果已在上文述及。此外,有郭双林教授《论清代嘉道年间的西北舆地学》(1993)及《西潮激荡下的晚清地理学》(2000)一书的相关章节。与以往注重史学自身演变不同,郭教授的研究将视角转向地理学学科的演变,并从研究重心、目的和研究方法等方面对嘉道时期的舆地学做了新的探讨。在研究重心上,他从西北边疆地理学研究的兴盛、中俄边疆地理研究开始抬头和东南海疆及域外地理研究的酝酿等三方面,证实了梁启超等人关于这一时期地理学由内地转向边疆,由古代转向当代的观点。研究目的上,指出这一时期的地理学由此前的诠经读史,变为经世致用;研究方法上,认为实地考察的方法日渐得到恢复,并受到人们的重视。在涉及的历史人物方面,郭教授特别指出伊犁将军松筠在嘉庆年间(1820 年前)主持新疆史地研究的重要贡献,这些都在一定程度上补充、突破了前人的研究。① 此后又有黄长义《嘉道之际域外史地学的兴起》(2000)、贾建飞《论松筠与晚清西北史地学的兴起》(2004)、郭丽萍《祁韵士与嘉道西北史地研究》(2004)、《显学的背后:沈垚西北史地学述论》(2005)等以嘉道作为学术时段,研究边疆(西北)及域外史地的论著,细致、深化了

----

① 郭双林:《论清代嘉道年间的西北舆地学》,《河南大学学报》1993 年第 1 期,页 39—46;郭双林:《西潮激荡下的晚清地理学》,页 78—91,北京:北京大学出版社,2000 年。

前人的相关研究。①

今文经学是嘉道时期学术思想研究的另一重要内容,虽然多数研究论著不以"嘉道"作为学术时段,但其研究内容则多涉及嘉道时期的著作和人物。

1950 年代后关于嘉道时期今文经学的研究,很长时间延续了梁启超、钱穆等过于注重龚自珍、魏源二人的研究传统。台湾学界此方面的倾向,可以从 1980 年代中期"经世"主题下关于嘉道时期今文经学的研究看出。大陆学者则有杨向奎《清代的今文经学》(1979),该文涉及嘉道时期的今文经学家有刘逢禄、凌曙、龚自珍、魏源四人,龚、魏之外,刘逢禄、凌曙开始受到关注。但 1989 年出版的汤志钧《近代经学与政治》,对嘉道时期的今文经学家仍以龚自珍、魏源为主,至于其他今文经学家仅对刘逢禄、宋翔凤略有提及。②

首先打破这种研究格局的是美国学者艾尔曼,1979 年他发表的《学海堂与今文经学在广州的兴起》一文,以学海堂这一学术机构为例研究今文经学在广东的兴起,突破了以学人为主的传统"学案体"研究方式。③ 1990 年,他又出版研究常州今文学派的力作——《经学、政治和宗族——中华帝国晚期常州今文学派研究》。该书不同于梁启超以来研究清代今文经学关注"龚魏"到"康梁"的线性叙事,而是将研究视角转向"龚、魏"之前的"庄、刘",把常州今文经学的产生与演变,置于其时清帝国的政治生活、庄刘两大家族的政治命运、科举经历等政治史、家族史和社会史的具体历史场景加以考察,认为常州今文经学的产生与乾隆晚年和珅当政有密切关系。具体到嘉道时期的今文经学,该书第六、七两章对庄述祖、刘逢禄、庄有可、庄绥甲、宋翔凤等这一时期的今文经学家做了详细研究。1998 年,该书中文

---

① 黄长义:《嘉道之际域外史地学的兴起》,《中南民族学院学报(人文社会科学版)》2000 年第 3 期,页 70—75;贾建飞:《论松筠与晚清西北史地学的兴起》,《中国边疆史地研究》2004 年第 1 期,页 96—101;郭丽萍:《祁韵士与嘉道西北史地研究》,《北京理工大学学报(社会科学版)》2004 年第 6 期,页 79—82;郭丽萍:《显学的背后:沈垚西北史地学述论》,《中国边疆史地研究》2005 年第 1 期,页 95—104。又,1950 年代以来关于祁韵士及西北史地的研究,似以师道刚《西北地志学研究的开创者——祁韵士》(《晋阳学刊》1980 年第 1 期,页 63—76)为最早。

② 杨向奎:《清代的今文经学》,《清史论丛》1979 年第 1 期,收入氏著《绎史斋学术论文集》,页 325—389,上海:上海人民出版社,1983 年。杨著《清儒学案新编》一书关于嘉道时期今文经学家的人物谱系,在承袭该文的基础上又加上了宋翔凤,《申受于庭学案》、《晓楼学案》、《定庵学案》、《古微学案》就是对这五位学者的研究(杨向奎:《清儒学案新编》第 4 卷,页 38—81、108—27,济南:山东人民出版社,1994 年)。汤志钧:《近代经学与政治》,页 86—125,北京:中华书局,1989 年。

③ 艾尔曼著、车行健译:《学海堂与今文经学在广州的兴起》,《湖南大学学报(社会科学版)》2006 年第 2 期,页 13—20;原载《清史问题》第 4 卷第 2 期,1979 年 12 月。

版在大陆出版,在学界引起很大反响。① 在此期间,中国学者也逐渐关注龚、魏之外的其他嘉道时期今文经学家,具体成果有陆振岳《刘逢禄的公羊学》(1992)、钟彩钧《宋翔凤学术及思想概述》(1992)、吴义雄《清代中叶今文经学派学术思想论略》(1993)、黄爱平《刘逢禄与清代今文经学》(1995)、陈鹏鸣《宋翔凤与今文经学》(1996)、路新生《宋翔凤学论》(1997)、陈其泰《清代公羊学》(1997)等。② 2000 年以后,又有陈鹏鸣《宋翔凤经学思想研究》(2001)、罗检秋《从清代汉宋关系看今文经学的兴起》(2004)、钟玉发《阮元与清代今文经学》(2004)、黄开国、鲁智金《庄述祖的经学思想》(2006)等论著从不同角度深入这一领域的研究。③

　　近年特别值得注意的是台湾学者蔡长林的一系列研究,有《清代今文学派发展的两条路向》(1994)、《评介艾尔曼〈经学、政治和宗族——中华帝国晚期常州今文学派研究〉》(1999)、《常州庄氏学术新论》(2000)、《论常州学派研究之新方向》(2002)等。蔡氏最大的贡献在于从科举考试所标榜的致用儒学——即"科举儒学"的角度,探讨庄氏家族学术的底蕴,指出庄存与的学术根源来自为准备科举考试的博雅文人之学,故其经说充满议论及强烈的用世目的。这与章太炎论文士与经儒交恶,文士"耻不习经",而出现文士说经的常州今文学有相似之处。④ 同时,他认为晚清以来"崇尚论政"的今文经学意识在庄氏家学萌芽,实始于庄述祖与当时考据家论学时,为维护庄氏家学强调的圣王天道所做的主观考据之中。这些研究在很大程度上订正了梁启超以来晚清今文经学"援《公羊》论政"的研究传统。其

---

① 艾尔曼著、赵刚译:《经学、政治和宗族——中华帝国晚期常州今文学派研究》,页 129—178,南京:江苏人民出版社,1998 年。

② 陆振岳:《刘逢禄的公羊学》,《苏州大学学报(哲学社会科学版)》1992 年第 3 期,页 115—121;钟彩钧:《宋翔凤学术及思想概述》,《清代经学国际研讨会论文集》,页 353—381,台北:"中央研究院"中国文哲所,1992 年;黄爱平:《刘逢禄与清代今文经学》,《清史研究》1995 年第 1 期,页 102—110;陈鹏鸣:《宋翔凤与今文经学》,台北:《中国书目季刊》第 30 卷第 3 期,页 12—23,1996 年 12 月;路新生:《宋翔凤学论》,《孔孟学报》第 73 期,1997 年 3 月,175—198;陈其泰:《清代公羊学》,北京:东方出版社,1997 年。

③ 陈鹏鸣:《宋翔凤经学思想研究》,《中华文化论坛》2001 年第 4 期,页 100—106;罗检秋:《从清代汉宋关系看今文经学的兴起》,《近代史研究》2004 年第 1 期,页 1—45;钟玉发:《阮元与清代今文经学》,《史学月刊》2004 年第 9 期,页 52—56;黄开国、鲁智金:《庄述祖的经学思想》,《杭州师范学院学报(社会科学版)》2006 年第 3 期,页 23—27。

④ 章太炎:《訄书》(重订本)"清儒篇",《章太炎全集(三)》,页 158,上海:上海人民出版社,1984 年。

《论清中叶常州学者对考据学的不同态度及其意义》则对嘉道时期的两位重要学者臧庸、李兆洛做了深入研究。[①]艾尔曼、蔡长林的这些研究，无论在研究方法、史料取材还是具体观点上，都在不同程度上突破了此前的研究传统，其政治史、社会史与学术思想史相结合的研究方法，尤其值得关注。

嘉道间的士习士风，也是"嘉道"学术时段下关注的重要内容。早在1907年，刘师培论清代士习"多病"，即以嘉道作为一个时段，他论这一时期常州学者刘逢禄、宋翔凤、沈钦韩等人的品行，说："刘工慕势，宋亦奢淫，旁逮沈钦韩之流，均以菲食恶衣为耻。常州二董，亦屈志于房臣，趋炎之技，沉湎之情，士节之衰，于斯而极。"称周济、张琦、包世臣、魏源、刘逢禄等人的经济之学、词章之学与今文经学，则言："夫考证词章之学，挟以依人，仅身伺倡优之列；一言经济，则位列宾师。世之饰巧智以逐浮利者，孰不乐从魏、包之后乎？然辗转稗贩，心愈巧而术愈疏……而治今文之学者，若刘逢禄、陈立，又议礼断狱，比传经谊，上炫达僚，旁招众誉。然此特巧宦之捷途。其枉道依合，信乎贾、董之罪人矣！"评祁韵士、徐松、张穆、何秋涛等人的西北史地及域外地理学，许桂林、罗士琳的数学，王筠、许瀚《说文》学，又说："所治之学，随达官趋向为转移，列籍弟子，视为至荣。外示寂寞之名，中蹈揣摩之习。然拙钝不足以炫俗，故钓利之术，亦迥逊包、魏。"[②]开启对嘉道间士习士风的讨论。其后，钱穆《中国近三百年学术史》第十一章"沈子敦"、"潘四农"两节，于此二人及陈寿祺、鲁一同关于嘉道时期士习、风俗的讨论也再三述及。[③]

1950年代以来，以嘉道为学术时段考察这一时期士习、士风，似以龚书铎《清嘉道年间的士习和经世派》（1981）一文最早。该文章认为嘉道间士习衰恶的主要特征有二：一是无实无用，二是唯利是求。士习衰恶与风气败坏交互为因，导致吏治腐朽，人才枯竭。而科举制度、考据之风盛行，则是人才日下的另一原因。与刘师培等在反满革命目的下，仅从负面评价

---

①　蔡长林：《清代今文学派发展的两条路向》，《经学研究论丛》第1辑，页227—255，台北：圣环图书公司，1994年；《评介艾尔曼〈经学、政治和宗族——中华帝国晚期常州今文学派研究〉》，《国际汉学论丛》第1辑，页19—46，台北：学生书局，1999年；《常州庄氏学术新论》，台湾大学中国文学研究所博士论文，2000年；《论常州学派研究之新方向》，《中国文哲研究集刊》第21期，页339—370，2002年9月；《论清中叶常州学者对考据学的不同态度及其意义——以臧庸与李兆洛为讨论中心》，《中国文哲研究集刊》第23期，页263—303，2003年9月。

②　刘师培：《清儒得失论》，李妙根编、朱维铮校：《刘师培辛亥前文选》，页171—172。

③　钱穆：《中国近三百年学术史》，页617—630。

嘉道士习士风不同,该文还指出其时士风的另一面,即针对士习衰恶之风而主张正人心、挽风俗、造就人才、改革朝政等经世致用学风的兴起。文章涉及的人物有陈寿祺、姚莹、管同、刘开、沈垚、包世臣、李兆洛、潘德舆、邓显鹤、鲁一同、龚自珍、魏源、林昌彝等,较之此前有所突破。① 此后关爱和《清代嘉道之际学风士风的转换与文学主潮》(1991),则以经世致用思潮影响下的文学创作主题为例,描述这一时期议论军国、臧否政事、慷慨论天下事的文学主潮的形成与发展,从正面探讨嘉道之际的士习学风。②

　　2003 年,有两篇研究嘉道时期士习士风的论文值得重视。一是严寿澂《道光朝士风与学术转向——读沈垚〈落帆楼文集〉》。该文对道光朝士习学风的消极、积极两方面都有深入研究。文章以沈垚《落帆楼文集》中的三卷尺牍为中心,旁参当时及前后士人的议论,勾勒当时官方士习的种种弊端、士人对此的感受与议论,考察清代学术由汉返宋,自经史转而为经世学术的转向,认为"嘉道以降学术转向的多种趋势,皆可见于子敦之身"。他说:"汉学的衰替实远在洪杨以前,宋学却并未因此而振起,经世之学亦未见兴盛,经今文学也不见得有多大的影响,至少在主持风会的京师是如此。新兴的学问只是金石考据。"认为:"学术之衰的根本原因在士风的偷惰",而"士风偷惰的原因,则应当追溯到清廷禁止士人议政的家法","因长期钳制而士风委靡,因士风委靡而人才不振。人才既不振,各种学问便同趋于苟且。考证学或汉学衰替的主要原因,或在于此"。同时,他指出其时学术、士风的另一面:"所谓同治中兴的人材,其培植也正在于士风如此委靡的道光年间。"他说:"嘉庆以后,文网渐弛,虽然京师腐败习气日深,但外省的有识之士,因言论自由空间的增加而渐能登高而呼,转移风气。宋学的再度振起、经世之学的兴盛、春秋公羊学的提倡等等,都是此一背景下的产物。另一问题是,道咸以降的学术,由经史再转向经世,发动的契机不在京师大老,亦不在艾尔曼所说的书院,而在大员,尤其是外省督抚的幕府。"③这些看法对学界流行的观点都有订正意义。

---

　　① 龚书铎:《清嘉道年间的士习和经世派》,载《中华学术论文集》,页 189—206,北京:中华书局,1981 年。

　　② 关爱和:《清代嘉道之际学风士风的转换与文学主潮》,《中州学刊》1991 年第 3 期,页 96—100。

　　③ 严寿澂:《道光朝士风与学术转向——读沈垚〈落帆楼文集〉》,《中华文史论丛》第 71 辑,页 41—43,上海:上海古籍出版社,2003 年。

另一篇是魏泉《"宣南诗社"与嘉道之际的士风》。该文通过考察以"宣南诗社"为中心的京师汉族士大夫各种交游、雅集,指出嘉道之际以"宣南诗社"成员为代表的汉族官僚,在国势日衰之际,伴随经世致用思想和学风的兴起,获得了被重用的机遇和施展经世抱负的空间。文章认为"宣南诗社"成员在京的诗文交游与在外的为官建树,对嘉道之际士风的转移,汉族士大夫"行省官僚"的崛起,经世致用的学风等,都有重要影响。[①] 这些研究都突破了以往对这一时期士习士风言论做"通论式"述评的研究方式,而是深入其中以微观的个案研究,考察士习与学术的转向及对当时行政的影响等,无论是具体结论还是研究方法,都值得注意。

汉宋之争,是嘉道时期学术思想研究的另一重要内容。由于汉学与宋学的关系(汉宋之争与汉宋调和)一直是清代学术史研究中备受关注的重要问题,故通论有清一代汉宋关系的研究颇多。具体到以"嘉道"为学术时段,考察这一时期汉宋之争的,似以胡思庸《鸦片战争前夕的"汉宋之争"》(1981)为先。该文主要以这一时期成书的两部汉宋之争的著作——江藩《国朝汉学师承记》、方东树《汉学商兑》为研究对象,对二书均持贬抑态度,认为嘉道时期的汉宋之争,"固然标志着'汉学专制'局面的崩溃,但宋学也远非胜利者",汉、宋之外,"新的学派、新的思想正在萌动"。[②] 此后,黄爱平《〈汉学师承记〉与〈汉学商兑〉——兼论清代中叶的汉宋之争》(1996)、尚小明《门户之争,还是汉宋兼采?——析方东树〈汉学商兑〉之立意》(2001)、张淑红《〈汉学商兑〉与清中叶的汉、宋之争》(2004)、李帆《论清代嘉道之际的汉宋之争与汉宋兼采》(2006)等研究嘉道时期汉宋之争的论文,也多围绕江、方二书进行探讨。[③] 这些论文从不同方面深化了对嘉道间汉宋之争的认识,但在史料取材、研究方法和视角方面仍有较大的突破空间。

---

① 魏泉:《"宣南诗社"与嘉道之际的士风》,2003 年 10 月"北京:都市想象与文化记忆"国际学术研讨会论文,载陈平原、王德威编《北京:都市想象与文化记忆》,页 49—73,北京:北京大学出版社,2005 年。

② 胡思庸:《鸦片战争前夕的"汉宋之争"》,《史学月刊》1981 年第 4 期,页 49—53。

③ 黄爱平:《〈汉学师承记〉与〈汉学商兑〉——兼论清代中叶的汉宋之争》,《中国文化研究》1996 年第 4 期,页 44—49;尚小明:《门户之争,还是汉宋兼采?——析方东树〈汉学商兑〉之立意》,《思想战线》2001 年第 1 期,页 139—140;张淑红:《〈汉学商兑〉与清中叶的汉、宋之争》,《南开学报(哲学社会科学版)》2004 年第 1 期,页 37—45;李帆:《论清代嘉道之际的汉宋之争与汉宋兼采》,《求是学刊》2006 年第 5 期,页 124—131。

（五）嘉道学术思想研究中存在的问题

嘉道学术时段下的清代学术思想研究，为我们考察清中叶的学术思想提供了"乾嘉"以外的另一学术时段。这一时段下的学术思想研究，补充了"乾嘉"论述下缺席的内容，使我们对清中叶学术思想史的研究趋于全面、深入。但目前嘉道时期的学术思想研究还存在以下问题：

首先，研究成果的呈现方式，论文居多，专著或学位论文较少。一般而言，论文形式的研究，容易使对某一问题或专题的研究更为深入，而专著则可以对这一领域的多个问题做较为全面的探讨。但就近年以"嘉道"作为时段的学术思想史论文而言，却是通论性的宏观探讨居多，微观式的细致研究太少。其实从上述综述不难看出，真正能够发掘新史料，提出新问题，得出新结论，对已有研究有所规正的成果，如1980年代中期台湾学界在经世主题下关于嘉道时期学术思想的研究，以及近年严寿澂《道光朝士风与学术转向——读沈垚〈落帆楼文集〉》、罗检秋《嘉道年间京师士人修禊雅集与经世意识的觉醒》等都是非常细致的微观研究。专著或学位论文，尚不多见。这就使得关于这一领域的研究尚未出现即使是"一家之言"式的较为全面的探讨。

第二，时间断限不明。很多以"嘉道"作为学术时段命名的论著，往往将并非主要生活在嘉道时期的人物或该时期出现的著作，作为主要内容来论述。具体到实际研究中，则很少有人对嘉道五十余年间的学术思想做进一步的分期、讨论，仿佛这半个多世纪的学术思想是铁板一块，没有什么变化。征引史料时，也很少注意文本出现的时间及语境中的意义，把时间上前后不相关或史料本身指涉的原本不相关的主题连在一起论述，造成对史料的误读和时间脉络的混乱。或者研究对象确实生活在这一历史时期，但由于其主要活动年代往往贯穿嘉道两朝，具体论述时又不太注重标注或考证所用史料的具体时间，致使我们不仅难以从这些研究中看出征引对象自身学术先后的变化，更难以从中窥见这五十余年中不同时期发生的政治、军事、经济、社会等重大历史事件与其时学术和思想间的关联、因应与互动。

第三，研究方法上，虽然梁启超早在二十世纪二十年代就提出政治史与学术史相结合的方法，并且从这一角度提出将"嘉道"作为一个学术时段，但目前关于嘉道间学术思想的研究，则除艾尔曼《经学、政治和宗族》等少数论著外,仍不脱就学术思想史论学术思想史的窠臼,极少注意外部社会、政治等具体历史环境对学术思想产生的影响。即使有关于政治、社会等历史环境的叙述,也多是粗线条勾勒,与所探讨的学术内容基本无关,难以看出学术思想与社会历史环境之间的关联。其他运用社会史、家族史、社会生活史等与学术史相结合的方式研究嘉道时期学术思想,虽取得一定进展,但从整体上而言,仍无实质性改观。

第四,学术内容上,从二十世纪上半期梁启超等界定嘉道时期学术思想的内容开始,关于这一时期学术思想的研究,最缺的一环就是对嘉道间清廷文化政策的研究。时至今日,这一领域的研究几乎无人涉足。这就使许多学术问题的论争,得不到进一步的研究和更深一层的解释。如嘉道时期愈演愈烈的汉宋之争,是否可从清廷文化政策的转变来解释?因为自乾隆二十一年(1756),乾隆帝首次在仲春经筵上对朱子的《四书章句集注》提出质疑后,在迄于乾隆六十年(1795)的三十二次经筵讲学中竟有十七次对朱子之学提出质疑,有时甚至是明显地斥责和攻击,清廷贬抑理学、崇奖汉学考据的意图不言自明。[①] 但到道光二年(1822),清廷又诏理学名臣刘宗周从祀孔庙,这是继乾隆二年(1737)以吴澄复祀孔庙后八十五年来的首次从祀孔庙之举。此后,道光朝以理学名臣入祀孔庙的活动甚为频繁:三年汤斌,五年黄道周,六年陆贽、吕坤,八年孙奇逢,二十三年文天祥,二十九年谢良佐。[②] 三十年中共有七次八人从祀孔庙,其中道光前十年就有五次六人从祀,此时清廷尊崇理学的意图亦不言而明。那么,嘉道间激烈的汉宋之争,能否从这一角度解释?其他此类问题尚多。

第五,就学术精神而言,自梁启超等提出以"经世"概括嘉道时期的学术精神,此后的研究对此亦极为关注,并将其具体、细化,贯穿到这一时期的学术思想研究中。甚至1950年代以来关于嘉道时期学术思想研究的主要成果,就是在"经世"主题下取得,这对深化嘉道时期的学术思想研究无疑具有重要意义。不过,这些研究尤其是1950年代后"经世"主题下的嘉道学术思想研究,又存在以下问题:首先,在很长一段时间内,这些研究由于自觉不自觉地出于寻找近代变革的内在资源的目的,导致它所注重的不

---

① 陈祖武、朱彤窗:《乾嘉学派研究》,页6—7、11—12,石家庄:河北人民出版社,2005年。
② 陈康祺:《郎潜纪闻初笔》卷3"从祀圣庙"条,页60,北京:中华书局,1984年;赵尔巽等:《清史稿》卷84"礼三·先师孔子",页2536—2537,北京:中华书局,1977年。

是经世思想如何与当时的政治、社会等现实问题的关联、因应与互动,而是强调其作为思想资源在后世可能产生的作用和影响。即以后来历史发展的"后见之明",追溯这些经世思想的历史意义,实则对这些思想在其历史场景中所以产生,以及发生的作用和影响很少触及。其次,经世主题下的嘉道学术思想研究,由于过于注重具有"近代性"的学术思想,致使一方面忽略了那些后人看来不具"近代性",甚至看似"陈腐",但确实是回应当时现实问题的学说,另一方面也将本不具有"经世"色彩的学术思想赋予了"经世"的意义,导致经世思想研究范围的人为扩大,甚至给人以经世思想是这一时期主流学术思想的错觉。最后,由于过分强调经世思想,这一时期经世之外其他学术思想的重要内容,没有得到足够重视。更重要的是,经世思想的特点首先是对当时政治、社会等现实问题的回应,但就目前关于嘉道时期经世思想出现原因的探讨而言,大多仍是对这一时期社会性质和政治、社会等问题的粗线条勾勒和描述,远没有深入这一时代,回到历史场景,对这些学术思想所以产生的原因及当时的社会历史环境做具体而微的细致考察。

有鉴于此,本文将以嘉庆十八年(1813)发生的天理教事件为切入点,本着回到历史场景的原则,运用政治史、社会史、学术史和思想史等多种方法,力图真正地深入这个时代,考察天理教事件与清中叶政治、学术和思想的关联、因应与互动,以期对嘉道时期的学术思想做进一步的探讨。

第三节　研究构思

有学者称天理教事件前承川楚白莲教起义,后接太平天国革命运动,并由此强调其历史意义。[①] 这种说法虽不免"后见之明"式的追溯,却颇能道出这一事件因唤起时人对白莲教起义的记忆而扩大其在当时的影响。的确,白莲教起义的规模虽大,持续时间虽久,但对嘉庆皇帝来说,更多的是一场民变,朝廷所做的也只是尽快实现军事平叛,因而它并未涉及或引起清廷太多的政策变动,甚至即使清廷接受了起义者"官逼民反"的口号,

---

① 　孟森:《清史讲义》,页361;铢庵(瞿兑之):《杶庐所闻录·林清之变》,《申报月刊》第4卷第12期,页106,1935年12月15日。

也未展开大规模的吏治整顿。镇压起义后,更没有所谓的危机感,反而认为当时已经"海宇敉宁,永销兵革",不但毫无彻底消除民变等方面的政策调整,反而表示要"守成",要"敬守成宪","勤修欲废之章程,莫为无益之新图",使"丕基至于万世"。[①]

但天理教事件不同,它首先让人想起十年前刚结束的那场持续八年之久的白莲教起义,这场起义留给嘉庆朝君臣、士民的印象过于深刻,加上未来事件发展的不可预测性,天理教事件确实震撼朝野上下,并引起持续关注。它似乎预示着持续百余年的康乾盛世的结束和一个新的时代的来临,只是这个时代拥有的不再是盛世的繁华,而是它的隐忧和暴露、积累下来的各种矛盾、危机和动荡不安。

天理教事件的发生方式是直接进攻帝国的统治心脏——紫禁城,目标直指皇帝宝座。与白莲教起义"反满兴汉"等针对民族压迫的政治性口号和宣传"官逼民反"等为民请命的借口不同,天理教起事只是为了应验该教经卷中的"劫数",除此之外,再无其他政治性口号。这种简单而明确的目标,直接引起清廷统治者的高度警惕。嘉庆自言天理教起义"较诸川陕教匪,似小而实大",原因是"昔之刘之协等皆以'官逼民反'为词,今之林清等竟欲谋危社稷,分占郡县"。[②] 为此,嘉庆反思、检讨天理教事件发生的原因,并为根除事件发生的根源,展开一系列统治政策的调整。这些反思和政策调整以吏治整顿为开端,主要有以下四方面相互关联的内容:

第一,官员不任事,因循息顽,导致天理教事件,因而整顿吏治,反思官员的升迁、培养方式。

第二,民众信仰"邪教",以至于胆敢进攻皇宫,导致关注和反思风俗问题。朝廷在制定惩处"邪教"相关法律的同时,也加强对民众的宣传教育,强化学政对地方的教化之责。

第三,士人是官员的主要来源,又有教化民众、移风易俗之责。吏治和风俗方面出现问题,导致对士人的培养方式、士习士风等的反思和考察。

第四,对士人讳言时事、埋头学问、不问政事等风气的思考,导致朝廷

---

① 嘉庆帝:《御制守成论》,《御制文二集》卷9,页12—14,故宫博物院编:《故宫珍本丛刊》第580册影印《清仁宗御制文集》本,页190—191。

② 嘉庆帝:《钦定平定教匪纪略》,《御制文二集》卷14,页21,故宫博物院编:《故宫珍本丛刊》第580册影印《清仁宗御制文集》本,页240。

反思造成这种风气的文化政策,并进行相应的调整。

　　最后,天理教事件发生的嘉庆十八年是清廷例行的乡试之年。顺天乡试,俗称"北闱",因其录取名额较多、较其他地方易中等原因,吸引各地贡监生来京参考。这样,发生在九月十五日的天理教教徒进攻皇宫的事件,自然引起这些参加乡试士子的关注。又由于次年(十九年,1814)是例行会试之年。各地举子会聚京师,天理教事件也自然成为他们关注的话题,加之此次及下次(二十二年,1817)的殿试策论都有关于如何根除天理教等"邪教"叛乱的问题,这些都导致了天理教事件消息在各地广为传播,并引起知识界的广泛关注。知识界对天理教事件的反思,内容广泛,有对当时学术主流形态汉学考据的批评,有对程朱理学的重新提倡等。值得注意的是,他们对士习士风的反思,更溯及清廷的祖宗之法,并对清廷祖宗之法藉以建立的背景——明代的风俗、士习,进行重新定位和评价。这种对明代士习、风俗的重新发掘和想象,又成为批评和变革当时学术、风俗的重要背景和历史资源。这些都在不同程度上影响了嘉道之际学术思想的转向,并对道光朝的士习士风和学术思想,产生重要影响。

　　这样,本研究就包括以下几方面的内容。首先,考察天理教事件消息的传播,以及对朝野的震撼,尤其是对知识界的影响。其次,探讨天理教事件引发的清廷统治秩序和统治政策的调整,如政治方面的整饬吏治,法律和教育方面为根除"邪教"所做的各种努力,文化政策方面由尊崇汉学考据到提倡理学的转变等等。最后,讨论天理教事件与嘉道之际学术和思想的转向,如士习士风的转变,学术精神方面经世致用的复现,以及由对汉学考据的批评引发的学术多元发展趋向——提倡理学、汉宋调和、今文经学兴起等等。

　　本书附录部分,探讨二十世纪流传最广的谣言——"闰八月不祥"之说的由来及其与天理教起事的关联,认为此谣言就出现在天理教起义失败后,并从闰八月和《(嘉定)御定万年书》、时宪书等前人较少关注的角度和史料,叙述嘉庆十八年天理教起事的经过,讨论嘉庆十八年不闰八月的真相,进而探讨在晚清时局动荡尤其是在庚子之变的背景下,闰八月不祥之说如何被渲染、扩大,成为二十世纪流传最广的谣言。

　　需要说明的是,书中对天理教事件、天理教起义的不同称呼,均视具体情况而定。大致说来,天理教事件主要是指嘉庆十八年九月十五日天理教教徒攻打紫禁城的事件，史称"癸酉之变"或"禁门之变"；天理教起义则包含了天理教在河南、直隶和山东等地的起事和活动，时间跨度亦较长。

第四节　关于研究方法的说明

关于清代学术史和思想史研究的方法，大致可以分为以下几类：

一、政治史的研究取向。它注重外部政治环境、政治制度或政治事件对学术思想的影响。二十世纪初，首次对清代学术思想史进行系统梳理的章太炎《清儒篇》，已充分注意到清代政治高压政策对清代学术思想发展的影响，如称清廷"多忌，故歌诗文史楛；愚民，故经世先王之志衰"，且在章氏看来，清代学术就是在这种"家有智慧，大凑于说经，亦以纾死"的政治环境下发展出来的。[①] 不过，他的说明仅限于这种印象式的描述，并未做进一步探究。故真正从整体上论述清代政治环境对学术影响的，应是 1920 年代的梁启超。梁氏《中国近三百年学术史》第二至四章，专论《清代学术变迁与政治的影响》，从政治与学术相结合的角度，将有清一代分为不同的历史时期，综论不同时期的政治形势及其影响下的学术变迁，有助于我们更具体地考察清代学术思想的整体面貌。[②] 继梁氏之后，从微观角度详细探讨清代政治对当时学术影响的，当推艾尔曼先生（Benjamin A. Elman）的《经学、政治和宗族——中华帝国晚期常州今文学派研究》。[③] 该书以乾隆后期活跃在政治舞台上的和珅操控下的政局为切入点，详细考察常州庄氏家族今文经学的兴起与当时现实政治的关联，动态地呈现了清代政治形势与当时学术、家族间的互动和影响。在传统社会，由于学术、思想与政治之间有千丝万缕的联系，且任何学术思想史首先是历史，故充分注意到外部政治环境与当时学术、思想间的内在关联，是历史地考察某个时期学术思想的首要条件。

二、社会史的研究方法。它注重考察学术生存、发展的外部社会环境，

---

① 章太炎：《訄书》（重订本）"清儒篇"，《章太炎全集（三）》，页 155。

② 梁启超：《中国近三百年学术史》，页 103—125。

③ Benjamin A. Elman: *Classicism，politics，and kinship：the Chang-chou school of new text Confucianism in late imperial China*，University of California Press，1990. 艾尔曼著、赵刚译：《经学、政治和宗族——中华帝国晚期常州今文学派研究》，南京：江苏人民出版社，1998 年。

及其与学术内容之间的关联。梁启超《清代学术概论》关于清代"学者社会"的论述，便大致勾勒了这种研究的轮廓。① 但真正有意识地贯彻这种研究思路，运用社会史的方法研究清代学术史者，则是艾尔曼的《从理学到朴学》。② 此书无论在研究方法还是论述范围都在梁启超《清代学术概论》的基础上有了极大拓展，几乎涉及运用社会史的方法研究清代学术史的方方面面，如学术信息的交流传递、学术成果的发布刊刻、学者研究的经济来源等。但由于涉及的时段太长、问题过多，很多问题也仅限于粗线条的勾勒和描述，并没有在大规模发掘新史料的基础上做进一步地研究和分析。如关于清代官方和半官方资助学人的问题，该书只有 10 页的论述，而尚小明先生先后推出的两部专书《学人游幕与清代学术》和《清代士人游幕表》才将官员幕府赞助学人的情况基本梳理清楚，至于商人幕府赞助学术的状况情况尚待进一步研究。③ 故书中讨论的诸多问题，仍需要做更深入的探讨。④ 近年关于这种研究方法的突破，主要是王汎森先生强调从社会生活史层面研究学术思想史，王先生《日谱与明末清初的思想家》等文就是成功运用这种研究方法的有益探讨。⑤ 将社会史或生活史的方法引入学术思想史研究，有利于我们更清楚地认识到学术生存、发展的外部环境，及学术自身发展演变的社会机制，使学术思想史的研究尽可能地回到当时的历史场景，避免那种不同程度地将其从具体历史时空下不断抽离的抽象论述。

　　三、学术史和思想史的研究方法。这是清代学术思想史研究中最传统也是最重要的方法，就清代学术思想史的研究而言，似乎可做这样的粗疏比附，即梁启超《中国近三百年学术史》是研究清代学术史的代表，而钱穆的同名作则是研究清代思想史的典范。关于后者，又有余英时先生《从宋

---

　　① 梁启超：《清代学术概论》，页 64—66。

　　② Benjamin A. Elman: *From Philosophy to Philology*, Harvard University Press, 1984. 艾尔曼著、赵刚译：《从理学到朴学》，南京：江苏人民出版社，1995 年。

　　③ 尚小明：《学人游幕与清代学术》，北京：社会科学文献出版社，1999 年；尚小明：《清代士人游幕表》，北京：中华书局，2005 年。

　　④ 如近年关于书信往来等学术资讯传递的研究，参见张瑞龙：《书信往来与清代学术——以清中叶学者书信往来为中心的考察》，香港《九州学林》第 7 卷第 2 期，页 140—204，2009 年夏季。

　　⑤ 王汎森：《晚明清初思想十论》，页 117—185，上海：复旦大学出版社，2004 年；张瑞龙：《评王汎森〈晚明清初思想十论〉》，《学术界》2006 年第 3 期，页 296—301。

明儒学的发展论清代思想史》、《清代思想史的一个新解释》及《清代学术思想史重要观念通释》等关于"内在理路"说的论文,强调清代学术在儒学发展史上的地位。① 近年张寿安女士《以礼代理:凌廷堪与清中叶儒学思想之转变》及《十八世纪礼学考证的思想活力——礼教论争与秩序重省》,也强调清人看似纯考证性著作背后的思想意义。②

从研究意识上看,回到当时的历史场景应是近年学术思想史研究的重要突破,因为这在很大程度上避免了以已知历史发展的"后见之明"去判断、评述或化约历史发展的多样性和复杂性,王汎森先生将其称之为"事件发展的逻辑"。关于这一点,他有这样的精彩说明:"在历史的发展过程中,同时存在的是许许多多互相竞逐的因子,只有其中的少数因子与后来的事件发生关联,而其他的因子的歧出性与复杂性,就常常被忽略以至似乎完全不曾存在过了。如何将它们各种互相竞逐的论述之间的竞争性及复杂性发掘出来,解放出来,是一件值得重视的工作",应该"努力回到最初的'无知之幕',一步一步展向未来"。③ 这一原则应是我们在具体研究中时刻警惕和提醒自己的。

由于任何历史事件在其历史场景中都作为一个整体出现,故任何单一方法的运用,呈现的都是某一侧面。当年震撼朝野的天理教事件,在当时的政治、法律、教育、学术和思想等多个领域都引起过较大反应,这就为我们在研究方法上综合运用政治史、社会史、学术史和思想史等多种方法提供了可能。如:运用政治史的方法研究清廷在天理教事件发生后采取的一系列统治政策的调整,用社会史的方法考察天理教事件消息的传播及其对朝野的震撼,用政治史、社会史、学术史和思想史相结合的方法综合考察天理教事件与嘉道之际学术和思想转向的关联、因应与互动等。力图使政治事件与当时社会、学术与思想的有机互动,得到具体而微的呈现,尽量避免就学术史论学术史,忽略学术思想产生、存在的具体社会历史环境的局限,或落入那种把对外部政治、社会环境的讨论变成是对社会性质的定位或宏

---

① 均载余英时:《中国思想传统的现代诠释》,页171—296,南京:江苏人民出版社,1998年。

② 张寿安:《以礼代理:凌廷堪与清中叶儒学思想之转变》,台北:"中央研究院"近代史所专刊,1994年;《十八世纪礼学考证的思想活力——礼教论争与秩序重省》,台北:"中央研究院"近代史所专刊,2001年。

③ 王汎森:《中国近代思想文化史研究的若干思考》,页183,《新史学》第14卷第4期,2003年12月。

大历史背景描述的窠臼。

第五节　史料分类与用途说明

由于天理教事件在本研究中处于中心位置,故关于天理教事件的文献单列一类,其他史料则稍加分类,依次说明。

一、关于天理教事件的基本文献

1."林清教案"档案(军机处录副奏折·农民运动类·秘密结社项)。这是清廷处理天理教事件的相关奏折、审讯口供的原始记录,是关于天理教事件的最基本文献。它不仅可以帮助我们了解天理教起事的各种准备工作和具体发动过程,还可以了解当时中下层社会的复杂面相、民间秘密宗教的传教、习教方式,以及教首和教众复杂的个人和社会生活,更能让我们了解清廷处理天理教事件的具体进展以及每日因获悉各种有关天理教起事的复杂资讯,采取的各种应对措施等。它最能帮助我们回到具体历史场景,体会历史事件的复杂性。

2. 托津等纂《钦定平定教匪纪略》四十二卷。天理教事件后,清廷根据谕旨、奏折及犯人口供等原始档案组织修纂,嘉庆二十二年成书。内容按日编次,始于嘉庆十八年九月十二日,终于二十一年六月,是关于天理教事件最系统的文献资料,也是记载官方作为的基本资料汇编。它的优点是详细著录了天理教起事和官方镇压的各种资料,且有很多材料因相关档案散佚,成为仅存的记载。缺点是二十一年六月后与天理教事件相关及天理教事件引起的朝廷各种统治政策和应对措施的调整等资料,未加著录。

3. 昭梿《啸亭杂录》卷六"癸酉之变"条和"滑县之捷"条。昭梿本人亲自参加了九月十五日至十六日紫禁城内对攻入禁门的天理教教徒的镇压,这是他根据本人的目击见闻和当时流传的关于天理教事件的各种说法记录的。它在某种程度上反映了上层官员所了解的天理教事件的面貌,可补档案及官方记载之不足。

4. 兰簃外史纂《靖逆记》六卷,江苏镇洋举人盛大士(1771—1838)撰。天理教起义甫被镇压,盛大士便藉赴京应会试之便,绕道河南、山东等天理教起事各地,采访当地关于天理教起义的传闻,并于赴京后积极打听京城流传的天理教事件的各种说法，纂录此书，同时还参考了官方颁布的《钦定平定教匪纪略》。该书甫问世，便被江南多家书坊印售，在当时流传极广，它在某种程度上可以帮助我们了解当时民间流传的天理教事件的状况。

此外，如《清仁宗实录》、嘉庆和光绪两次纂修《钦定大清会典事例》等官书也有相关记载，尤其是《清仁宗实录》不但收录了有关天理教事件的各种资料，可与《钦定平定教匪纪略》的记载对勘，而那些与天理教事件不太直接相关的资料，如朝廷统治政策的调整等，多为《钦定平定教匪纪略》所未载，是研究天理教事件后官方作为的主要资料来源。其他分散在年谱、笔记、文集等资料中有关天理教事件的记载，亦多方刻意搜集。

二、档案和官书

1. 档案是官方政务运行和政令颁布的原始文献，既是对历史事实的最初记录，又参与历史自身的演进发展，是历史研究的最基本文献。嘉庆、道光两朝的上谕档和军机处录副奏折，是了解这一时期政务运行的基本资料。而上谕档中皇帝朱笔删改、增添的原始记录，又是了解帝王个人意见和心情的真实记录，不同于后来纂修的《实录》等官书中抹掉这类痕迹的记载，它更能透露出政务决策和具体运行某些细节。天理教事件与清中叶的吏治整顿等研究，便主要依靠这类文献。

2. 起居注是记载皇帝每日言行和日常政务的原始资料，它透露出在实际历史演进过程中，每天皇帝和朝廷实际上最关注的事务。与实录对比，还可帮助我们了解对于每一天的朝中事务，当时记载和后世记录的差别，也是帮助我们回到历史场景、观察朝政的重要文献。嘉庆朝起居注是帮助我们观察这一时期朝政的重要资料。

3. "实录"系统记载某位皇帝在位期间官方政令发布的文献，它成书于该帝去世后，由其继任者组织相关人员编纂。故除有关皇位继承、宫廷斗争等刻意隐讳的材料外，有关国家政令、朝廷典章的记载，多真实可信。其按日编次的编纂体例，又构成这一时期的基本时间架构。嘉庆、道光两朝的《清实录》，即《清仁宗实录》和《清宣宗实录》，是了解这一时期官方行为的基本资料，也是研究嘉道两朝清廷官方政策的主要资料。

4. "圣训"是实录纂修完毕后，以实录资料为主，分门别类加以编次，并增入皇帝诗文集等资料，可以补实录之不足。优点是可以很清楚地按专题了解每位帝王统治期间的相关政策及作为，缺点是时间标识不够清晰和系统,材料辑录方面不如实录那样完整。清朝"圣训"共有十朝,统称《十朝圣训》,其中嘉庆、道光两朝的圣训——《大清仁宗睿皇帝圣训》和《大清宣宗成皇帝圣训》,是从专题方面了解这一时期相关政策的主要资料,也是研究这一时期官方政策资料的重要来源。

5.《钦定大清会典》和《钦定大清会典事例》,会典尤其是会典事例分门别类地记载各种制度的具体内容及其制定、实施和变革的重要资料和相关史事,是了解一个时期制度环境的重要资料。不仅如此,《事例》中载录的很多资料,由于相关资料散佚,还可补档案、实录之缺,具有重要史料价值。缺点是在时间标识上不如实录等具体、精确。记录嘉道时期相关典章制度和相关事例的会典和会典事例有嘉庆和光绪两次纂修本,由于嘉庆时期纂修本不可能有道光朝的记载,故材料使用视具体情况,兼用二者。

三、传记

嘉道时期的人物传记,主要有《清史列传》、《国朝耆献类徵(初编)》、《清史稿》及钱仪吉纂《碑传集》、缪荃孙辑《续碑传集》、闵尔昌辑《碑传集补》等。由于各种碑传集中所收碑传,多为传主后人、亲友及弟子等所撰,是第一手资料,史料价值远远高于后来重撰者。故有碑传者先据以碑传资料。《清史列传》对官员履历及作为的记载远比《清史稿》等后来重修者丰富,故同类史料以《清史列传》为主。其他有关清代人物的传记,多使用台湾周骏富主编《清代传记丛刊》(台北:明文书局,1989年),该丛刊所附《人名索引》及房兆楹、杜联喆编《三十三种清代传记综合引得》,杨廷福、杨同甫编《清人室名别称字号索引》为查找传主资料提供了很大方便。

四、年谱

年谱按年编次,记载谱主每年所在的地域、交游及作为等多方面的资料。就时间架构而言,与实录相比,它为我们呈现了活动于这一时间架构中的士人、官员等不同历史人物活动的编年性资料,其与实录等资料互相交错,又为我们勾勒出一个立体的学术史及与之相关的政治史、社会史等多方面资料建构的生动图像。不仅如此,谱主个人的自编年谱不仅可以作为个人回忆录来用,其取材又往往本于个人日记等第一手生平资料,其史料价值更不言而喻。本书考察天理教事件消息的传播与知识界对天理教事件的关注,就在很大程度上依赖于这类资料。不仅如此,年谱本身还提供了资料的确切时间，或为考证所用资料的具体时间提供了谱主交游及个人行迹等多方面的资讯。中国国家图书馆编辑出版的大型年谱丛书——《北京图书馆藏珍本年谱丛刊》、台湾王云五主编《新编中国名人年谱集成》，以及时贤编撰的大部头年谱著作，如来新夏《林则徐年谱新编》、樊克政《龚自珍年谱考略》、王章涛《阮元年谱》等，是年谱资料的主要来源。

五、笔记

清代笔记虽以纯学术性的札记居多，但也有像《啸亭杂录》这样记载朝章、史事、个人见闻等多方面资讯的资料。由于笔记体裁灵活，内容亦丰富多样，需要仔细甄别，如《啸亭杂录》的史料价值就不在史籍、文集之下。本研究使用的笔记史料，主要是中华书局整理出版的"清代史料笔记丛刊"，及北京古籍出版社、上海古籍出版社出版的各种清代笔记，同时参以民国上海进步书局所编《清代笔记小说大观》（广陵古籍刻印社 1983 年影印本）等。

六、诗文集

诗文集不仅反映作者在公开场合的发言，同时也反映其个人的内心想法。嘉道时期的清代诗文集是本书使用的主要文献。张舜徽《清人文集别录》为我们了解这一时期学者的文集情况提供了很好的线索，柯愈春《清人诗文集总目提要》则是查找清代诗文集资料最实用的工具书。《续修四库全书》、《清代诗文集汇编》所收嘉道时期的清代诗文集，以及清华大学图书馆、中国国家图书馆收藏的嘉道间清代诗文集是本研究使用这类资料的主要来源。

七、其他

其他如贺长龄、魏源辑《皇朝经世文编》，因编辑、出版时间较早，其中一些资料因作者没有文集或文集失传而赖以传世，可补文集等其他史料之不足。另外，所收录的著作即使有相关文集传世，但它有时却保存了未经文集编纂者删改前的原貌，如本书多次征引的张海珊著作就是一个显例，《经世文编》所收张氏著作多为其文集——《小安乐窝文集》删改过，而且差异颇大，其史料价值远高于文集本。

由于本书以天理教事件为切入点考察清中叶的政治、学术和思想，故材料运用上对资料的时间精确度要求较高，对相关资料尤其是文集资料，对已有明确时间的,尽量标识清楚;对时间不确定的,则尽可能考证其具体时间或大致时间范围;对无法确定具体时间或大致时间范围的资料,即使资料本身有较强说服力或典型性,也尽量不予采用,或偶尔使用也放在较次要的位置。

第二章 天理教事件消息的传播及其对朝野的震撼

嘉庆十八年九月十五日发生的七十余名天理教教徒进攻紫禁城的事件，在农民战争史的研究模式中，无论是起义规模、组织纲领，还是"阶级斗争"达到的层次，都无法与此前的川陕楚白莲教起义和此后的太平天国起义相比。[①] 但它对当时帝国的震撼似不亚于前后的那两次起义。这七十余名天理教徒的攻打皇宫，导致整个北京城戒严，京城内、外大门关闭达六天之久。戒严期间，清军大规模进驻京城，并对所有三品以下官员及军民铺户等展开为时五天挨家逐户的搜查。其时京城谣言四起，皇宫遭"匪徒"进攻的消息竟引起古北口驻军的入京勤王之举。在地方，距京两千多里外的扬州，当局获悉天理教事件发生后，竟欲实行全城戒严。天理教事件对当时朝野的震撼于此可见一斑。

由于事件自身的特殊性及嘉庆帝为此特颁罪己诏，加之在此过程中透露出的未来皇位继承人的敏感信息（皇次子绵宁因平叛有功被封智勇亲王），都促进了事件消息的传播和朝野上下的密切关注。事件对士林的震撼，则是使其反思事件发生原因时，矛头直指当下朝廷施政，士人议政之风再次出现。恰在此时，嘉庆帝又颁系列诏书，号召各级官员反思事件的发生，此举不但使知识界那种违反朝廷律法的"书生妄议朝政"之举变相合法化，更使其在反思时不再顾及朝廷禁忌，且将事件发生原因归咎于清廷钳制士人思想言论的祖宗之法。清廷亦因应对此统治危机之故，无暇顾及钳制士人的思想言论。

鉴于关于天理教事件始末，相关研究论著已有详尽论述，故本书从前

---

① 参见孟森：《清史讲义》，页361—366；Susan Naquin, *Millenarian Rebellion in China：The Eight Trigrams Uprising of 1813*（New Haven：Yale University Press，1976）；马西沙：《清代八卦教》，北京：中国人民大学出版社，1989年；李尚英：《紫禁城之变》，北京：紫禁城出版社，1990年；李尚英：《清代政治与民间宗教》，北京：中国工人出版社，2002年。

人关注较少的事件消息的传播入手，然后展开相关讨论。① 为使天理教事件消息的传播及其对朝野的震撼有一直观呈现，本章首先按事件发生时序，逐日考察天理教事件发生后，消息在京师地区的传播与随之产生的各种谣言和恐慌，以及京城秩序如何恢复。其次，考察天理教事件消息在各地的传播与引起的反应。最后，考察天理教事件对士林的震撼与士人如何因反思天理教事件突破朝廷禁忌，帝国的舆论环境与士林风气亦因之发生转变等。

第一节　　天理教事件消息在京师地区的传播及引起的恐慌

我们有幸查到天理教事件发生期间北京的天气情况。嘉庆十八年九月十五日的京城，据时在翰林院学习的庶吉士林则徐（1785—1850）记载，是个晴天。② 震惊朝野的天理教事件（又称"紫禁城之变"或"禁门之变"），就发生在是日午刻。不过，当天知道这一消息的人很少，而且多是王公大臣和在禁城内当值之人。如在刑部供职的杨国桢（1782—1849），中午自刑部回家午饭后，因"忽传言东直门内有贼杀人，各旗兵丁持枪带刀，纷纷赴东直门救援"，便"不俟驾车，步行入署"。其时刑部汉堂官正"飞传各司满汉司员"，吩咐："刑部为监狱重地，较之别部，关系尤重……各司员今晚宜同宿署内……速饬各科房将平日各案缴存凶器查取备用……稍作准备，贼匪亦未必敢轻视也。"③礼亲王昭梿（1776—1829）方在邸"与僮手弈"，"闻变，骋马入"。不过，据昭梿说，诸王大臣"亦有日落始至者，亦有逍遥雅步于御河岸者"，称"以天潢贵胄之近，而漠然如越人之视，亦可谓无心肝人矣"。这当然是一种解释，但另一种情况则很可能是没有听到事变的消息。④ 我们看到这天在家轮值送饭的内阁中书张大镛（1770—1838）的作为，就与"逍遥雅步于御河岸者"极类，原因就是并未听闻紫禁城之变。而

① 关于天理教事件消息的传播，除宋军《嘉庆"癸酉之变"后京畿地区流言浅析》（《清史论丛》1999 年号，页 292—310，石家庄：河北教育出版社，2001 年）一文对此有所涉及外，尚未见专门探讨。

② 中山大学历史系中国近现代史教研组、研究室编：《林则徐集·日记》，页 26，北京：中华书局，1962 年；并参来新夏编：《林则徐年谱新编》，页 72—74，天津：南开大学出版社，1997 年。

③ 杨国桢：《杨国桢海梁氏自叙年谱》，北京图书馆编：《北京图书馆藏珍本年谱丛刊》第 137 册，页 668，北京：北京图书馆出版社，1999 年。

④ 昭梿：《啸亭杂录》卷 6"癸酉之变"条，页 162、164，北京：中华书局，1980 年。

且张氏还于是日午后,等仆人从署中送饭回来,才与友人驾车同往法源、枣花二寺赏菊,"徘徊瞻眺,逮日薄西崦,各分手散"。①

是日下午,诸王大臣招正在箭亭聚集整装待发,赴河南滑县之变的火器营官兵千余人入紫禁城剿捕"贼匪",并下命将京城内、外城门"俱行掩闭"。② 城门突然提前关闭、军队进驻皇宫,这些异常举动无疑促成了天理教事件消息的传播。但这一消息传遍京城,已在次日。不过,这天晚上四更时分雷电交加,更惊醒了京城早已熟睡的人们。北方在秋冬之季很少有雷电,对于当时尚迷信天变的人来说,此时已是深秋(次日为寒露节)③,现在忽然"雷大震",更让他们觉得天时有些"不正"。④ 这也为天理教事件消息的传播增添了很多神秘色彩。

十六日,天气一改十三日以来的大晴天,变得格外阴沉,而且刮起了风,给京城早在八月底就穿上厚棉衣的人们,更添了一分寒意。⑤ 黎明,张大镛像往常一样入署办公,经过正阳门时,发现"正阳门半掩半启,兵各挂刀箭森立,状异畴昔",行至外东华门,方从街兵那儿听说紫禁城遭匪徒进攻之事:"老爷尚不知耶?昨夜宫中搜杀一夜矣!"当他"急步至内东华门"时,却发现"门闭不得入","各官俱挤立门外,往来探问消息"。⑥

这天,有两股匪徒昨天进攻紫禁城,官兵与匪徒在皇宫内厮杀一夜的消息传遍京城各个角落,匪徒人数也有几百人到数千甚至上万人等各种说法。让人们恐慌的是,此时京城内、外大门都已关闭,当今皇上尚在自热河回京的途中,宫中具体情形更不得而知。加上他们三天前从邸钞上看到直隶长垣、河南滑县、山东曹县等三地发生"贼匪"叛乱,直隶总督温承惠被任命为钦差大臣,前往剿办的消息。⑦ 更让他们难以预料未来还会发生什么不测之事:进攻皇宫的匪徒是否有同党在外接应?滑县、长垣等地"贼匪"

①　张大镛:《鹿樵自叙年谱稿》,《北京图书馆藏珍本年谱丛刊》第132册,页46—47。

②　昭梿:《啸亭杂录》卷6"癸酉之变"条,页162;《林则徐集·日记》,页26。

③　钦天监编:《大清嘉庆十八年岁次癸酉时宪书》"九月",无页码,嘉庆十七年武英殿刻本。

④　《林则徐集·日记》,页26;张大镛:《鹿樵自叙年谱稿》,《北京图书馆藏珍本年谱丛刊》第132册,页47。

⑤　《林则徐集·日记》,页26;又"嘉庆十八年八月二十六日"条,云:"天气已寒,可著厚棉。"(页25)

⑥　张大镛:《鹿樵自叙年谱稿》,《北京图书馆藏珍本年谱丛刊》第132册,页47。

⑦　《林则徐集·日记》,页26。

会不会进攻京城等？这些消息交织在一起，加上对未来发展的不可预测，更让他们惶恐，而天气的骤然变化，无疑又增添了些许阴郁的气氛。

这种惶恐甚至在嘉庆帝君臣那儿亦有体现，是日辰刻（7—9 时），嘉庆帝接仪亲王永璇、成亲王永瑆、庄亲王绵课等八百里急报，云十五日午刻天理教徒自西华门进攻紫禁城，又接左翼总兵玉麟八百里急奏，言天理教徒自东华门进攻紫禁城情况。[①] 据说，嘉庆帝得奏后与随驾诸臣商量对策，当时诸臣中"有议欲奉驾之京东，调大兵成列而后进者"，军机大臣董诰（1747—1818）云："是滋乱也，献俘者且至矣。"[②]坚持御驾前行。黄昏时，京城忽然有"贼匪"进犯西长安门的传言，传言甚至惊动了正在守卫皇宫的副都统庆祥和礼亲王昭梿，据昭梿说，他们"鼓励将士，命列队以待，兵士有惊诧者，余欲正法，众乃帖服"。其后，始知是古北口提督马瑜率兵由密云至京，"城北尘土蔽天，致有此讹传也"。[③] 然而，城外驻军入京勤王的消息也由此散播开来，更让人们对昨天"贼匪"进犯皇宫的情况和当时京师的局势感到担忧。与传言同样引起恐慌的，还有官兵的搜捕活动。是日，嘉庆帝谕令在京城内外展开全面搜捕，范围包括满、蒙、汉军八旗、紫禁城内外、圆明园四面附近村庄，以及清河、香山、蓝靛厂等处。[④]

十七日，天气仍然阴，刮风，京城内、外城门仍然关闭。与昨天相比，官兵在京城的搜捕活动更为严密，变成挨户搜查：所有"三品以下官员，以及军民铺户人等，俱著逐户挨查，除妇女不查外，丁男按名点验"，"如有外来行踪诡秘之人隐匿在家，即行拿究"。原因是嘉庆帝以搜捕之事"非一、二日所能办竣"，"恐草率从事，转属有名无实"，谕令各旗都统等"从容详办"，

---

①　中国第一历史档案馆编：《嘉庆帝起居注》第 17 册，页 344，桂林：广西师范大学出版社，2006 年影印本；托津等纂：《钦定平定教匪纪略》卷 2，页 1—4，嘉庆二十一年武英殿刻本。

②　刘逢禄：《记董文恭公遗事》，钱仪吉纂、靳斯标点：《碑传集》卷 38，页 1093，北京：中华书局，1993 年。又，陈康祺：《郎潜纪闻二笔》卷 6"董文恭临变镇定"条（北京：中华书局，1984 年，页 421）、陈其元：《庸闲斋笔记》卷 4"董曹两相国遗事"条（北京：中华书局，1989 年，页 90）、赵尔巽等撰：《清史稿》卷 340《董诰传》（北京：中华书局，1977 年，页 11090）等对此均有记载，惟文字稍有异同。于此可见当时及后人对此事的关注。刘逢禄称闻自洪饴孙，则刘氏此文似为此后诸书的史源。有趣的是，四天后（二十日）嘉庆帝谈论此事，却变成："前日朕闻报时，即命回銮，皇父陵寝在咫尺间亦不能遏。前讹言有贼三千，直犯御营之语，朕谕御前王大臣不必惊惧，俟贼果至，汝等效死御之，朕立马观之可也。"昭梿：《啸亭杂录》卷 6"癸酉之变"，页 168—169。

③　昭梿：《啸亭杂录》卷 6"癸酉之变"条，页 166。

④　《清仁宗实录（四）》卷 274，嘉庆十八年九月己卯，页 720—721，北京：中华书局，1986 年影印本。

并颁定此逐户"挨查之法"。①

　　是日中午，忽有消息称今上自燕郊回銮，"逾时遍禁城皆知之"，"贝勒绵志持钥立东华门楼上伫望，景运门皆洞开，久之声迹杳然"。晚间，又忽有谣言漫布京城，据昭梿说，"晚间骤闻禁城外喧哗声，俄时遍满街巷，讹言太平湖（在城西南隅）业经接战，又云西长安门已破，遍都城人声沸腾"，"又有骑白马人沿街传呼有贼"，"至夜半，人声渐息，实无一贼焚掠"。② 奉嘉庆帝命回京督办天理教之变的礼部右侍郎英和（1771—1840）也说："是夜，城中讹传有贼自城北越墙而进者，有自城南越墙而进者，举城惊骇，实无其事也。取令箭，派官持往弹压，毋许张惶。将传信之步甲二人，插箭分翼，游街示众，讹言始息。"③

　　谣言虽然平息，但谣言引起的震动却出人意料。驻守午门的副都统策凌，闻变竟"率兵开门首遁"，守卫皇宫的礼亲王昭梿，亦"愀然变色"，"赖庆公抚御士卒，列队以待"。民间竟有闻变自杀者："是夜北城有兵家，其夫出守禁城，而家无一人，其妻闻变自缢"，又有"全家殉节者"。④ 颇能反映当时京城人们极为惶恐的心情和承受力已达到极限的心理。

　　十八日，天气仍阴，刮风，"北风凄紧，日色无光"，守城官兵"皆披裘立，尚寒慄无人色"，紫禁城内擒获的"贼匪""有冻毙者"。⑤ 京城内、外城门，仍然关闭，官兵挨家逐户的搜捕"贼匪"活动也仍在进行。今上圣驾仍未回京，京城关于"贼匪"的谣言仍不断出现，时任四川道御史的辛从益（1759—1827）就因"人心惶惶，谣言蜂起"，"日夜巡查境内，不少休"，"或妄指某处藏逆匪若干，甚至数千"，便"处以静镇，单车往勘，立予取结销释，居民以为安"。⑥ 这天，京城里开始流传这样一个消息，即官兵在京城附近的宋家庄抓获一位名叫林清的贼犯，据说他就是主使"贼匪"进犯紫禁城的"盗首"。⑦ 这一消息或许使京城人们极度惶恐的心情稍有缓解。

　　十九日，连续阴了三天的天终于放晴，上午辰刻（7—9时），嘉庆帝自

---

① 《清仁宗实录（四）》卷274，嘉庆十八年九月庚辰，页725。
② 昭梿：《啸亭杂录》卷6"癸酉之变"条，页166、167。
③ 英和：《恩福堂年谱》，《北京图书馆藏珍本年谱丛刊》第133册，页423。
④ 昭梿：《啸亭杂录》卷6"癸酉之变"条，页167、168。
⑤ 昭梿：《啸亭杂录》卷6"癸酉之变"条，页168；《林则徐集·日记》，页26。
⑥ 辛从益撰、辛桂云等补辑：《辛笃谷年谱》，《北京图书馆藏珍本年谱丛刊》第122册，页63—64。
⑦ 《林则徐集·日记》，页26。

朝阳门乘马"缓辔入宫",在乾清门颁《遇变罪己诏》,"诸王公大臣集跪读",并下命开启内城门。今上回京,使京城已恐慌三天的人们,心里稍感放松。不过,京师戒严仍未解除,外城门仍未开启,官兵挨家逐户的搜捕也仍在进行。[①] 不过,这时人们的注意力已开始集中到皇帝的《罪己诏》上,这可是历朝以来为数不多的以"罪己"为名下的诏书。

　　二十日,晴。京城外大门虽然没有开启,但官兵持续五天的挨家逐户的搜查"贼匪"活动终于停止。是日,嘉庆帝颁谕云:"所有各旗都统等挨查地面之处,著即停止。自本日奉旨之后,如有借口稽查,扰累居民者,该管大臣查参严惩。"同时,在京城内驻扎五、六天之久的大批驻军也陆续撤出:"原派在紫禁城安卡之内火器营官兵,酌分十分之四暂留禁城内巡察,撤出十分之六在皇城内暂时驻卡。其原派在紫禁城外之健锐、火器营官兵,均即撤回原营。皇城外八旗官兵,著各撤归本旗。"[②]这天上午,京城拿获的"贼匪",开始被押往菜市口正法。此后一连数日,菜市口都有这样的行刑。[③]

　　二十一日,晴。晨,京师内外城各门遵昨日上谕"全开","照常以时启闭"。[④] 是日,嘉庆帝又颁安民谕旨,云:

　　　　本月十五日,有畿南乱民勾引太监突入紫禁城滋事,当经官兵歼捕净尽,贼匪总头目林清……立时擒获,业已廷训,明正典刑。现在京城内外安堵如常,或有一二逃逸匪徒,著步兵统领、五城、顺天府及直隶总督派员留心缉拿。其京城及附近村庄,概不许藉搜查为名,扰累良善。如有仇扳诬陷等事,查明按律治罪。匪党已除,良民宜各安生理,毋相惊扰。将此旨刊刻誊黄,遍行晓谕知之。[⑤]

---

　　① 昭梿:《啸亭杂录》卷6"癸酉之变"条,页168;《林则徐集·日记》,页27。昭梿云:"上立命开内、外城诸门。"林则徐言:"内城门始启。"核诸九月二十日上谕:"前因捕贼未净,恐其乘间逃逸,京师内外城各门,经王公大臣下令严闭。此时贼氛全净,无须戒备。禁城各门,著于明日全开,照常以时启闭。"(《清仁宗实录(四)》卷274,嘉庆十八年九月癸未,页731)则是日开启者,仅内城门。昭梿所记,误。

　　② 中国第一历史档案馆编:《嘉庆帝起居注》第17册,页354—355;《清仁宗实录(四)》卷274,嘉庆十八年九月癸未,页731。

　　③ 《林则徐集·日记》,页27。

　　④ 中国第一历史档案馆编:《嘉庆帝起居注》第17册,页355;《清仁宗实录(四)》卷274,嘉庆十八年九月癸未,页731。

　　⑤ 中国第一历史档案馆编:《嘉庆帝起居注》第17册,页358—359;《清仁宗实录(四)》卷274,嘉庆十八年九月甲申,页732—733。

此前谣传的有太监开门做内应之事,也在这道谕旨中得到证实,这又增添了许多谈资。昨天留在京城内驻扎的九百六十名护军,也在这天撤回原营。① 持续六天的戒严终于解除,京城秩序终于恢复正常。

虽然如此,但人们的心情似乎仍未从前几天那种惶恐的状态摆脱出来。时在京城居住的裕泰(1788—1851)就称人们"事平后犹各怀疑惧",裕泰在天理教事件期间遭母丧,因"京师戒严,人情汹汹",亲友"庆吊不通",有劝其"暂缓葬期"。② 十月二十一日,时任户部主事的郝懿行(1757—1825)致函阮元仍说:"追思前日之变,犹为心悸扼腕","恐贼之余孽投伺间隙,而申严警守,枕戈弯弧,内外协心,自当有备无患"。③ 十二月二日,郝氏答友人信时提到天理教事件导致京师与地方信函往来被阻断的情况,云:"九月十五日,都中妖贼窃发,扰及京辇。于时九门不启,大索十日。行旅稀绝,走京者俱望国门而返。此实非常之变。乃者九月廿一日手书,于十一月十八日方行收到。"④

京城的天理教事件虽然平息,但其时直隶长垣、开州,山东曹县、定陶,河南浚县、滑县等地天理教起义的军事镇压还在进行中。这些地区均处帝国统治的中心地带,一旦"叛匪"渡河南下,突入江浙,或四出奔突,流动作战,势必成为帝国统治的心腹之患。其后果更不堪设想,远则导致"胜朝"败亡的张献忠、李自成"流寇"起义;近则十年前刚刚平定的持续时间达八年之久的川、陕、楚等五省白莲教起义,都是"殷鉴不远"的前车之鉴。这几乎是当时朝野上下的共识,上自宗室昭梿、协办大学士明亮,下至布衣学者管同等,均持此观点。⑤ 故滑县等地的军事平叛无时无刻不牵动整个帝国的神经,在京记名以御史用的陶澍(1778—1839)有诗云:"小丑潜逃日,真

<hr/>

① 中国第一历史档案馆编:《嘉庆帝起居注》第17册,页359;《清仁宗实录(四)》卷274,嘉庆十八年九月甲申,页733。

② 长善、长启等:《东岩府君年谱》,《北京图书馆藏珍本年谱丛刊》第142册,页497。

③ 郝懿行:《奉答阮芸台先生书》,《晒书堂外集》卷上,页19、20,《郝氏遗书》光绪十年刻本。

④ 郝懿行:《答学博林皋言先生书》,《晒书堂外集》卷上,页18。

⑤ 昭梿云:"贼初起时,余告当事者,即忧其四出奔突,难以追逐,后闻其据城自守,已知其无能为。明参政亮初虑亦与余合,后知其计左,因谓余曰:'贼自趋灭亡,孤城致毙,此兵法所最忌者。此时虽命余呼贼为兄,亦所情愿也。'余亦大笑。"(《啸亭杂录》卷6"滑县之捷"条,页173)管同亦言:"矗令狂贼渡河而南,煽惑他省,攻无备之城,则易破而难守;处四达之地,则易窜而难防。"(管同《上方制军论平贼事宜书》,《因寄轩文初集》卷6,页6,光绪己卯重刻本)

愁蔓草如。"①确实是当时人们心情的真实写照。

此后山东曹州、定陶的叛乱于十月十二日平定,直隶开州、东明、长垣等地教乱也在十一月三日剿灭,这样煽乱三省的天理教起义到十一月初就仅剩河南滑县一地。② 十二月初十日,被清兵围困四十多天的滑县县城终于收复,不过据说这四十余天仍"讹言四起,且复时骇听闻"。③ 可见,从九月十五日天理教徒进攻紫禁城到十二月上旬天理教起义全部平定的三个月间,天理教起义无疑成为帝国上下关注的中心。故当十二月十二日滑县收复的消息传至北京时,写日记素来简略的林则徐也留下了这样一行文字:"是夜亥刻(21—23 时),豫省红旗报捷至京,收复滑县。"④

天理教起义已平定,但京畿地区各种关于天理教的流言却渐渐多了起来。尽管早在天理教事件发生后,京畿地区就有关于天理教的各种流言,而且清廷也采取相应措施加以控制和疏导,甚至参与编造流言藉以恢复朝廷尊严,维护其政权存在的合理性和神圣性,挽回天理教事件造成的巨大负面影响。但嘉庆十九年二月,京畿地区关于"药纽扣"等药物迷人的流言和引发的恐慌,还是引起了清廷的追查。⑤ 这些都在不同程度上促使人们持续关注天理教事件。

第二节　天理教事件消息在各地的传播与引起的反应

天理教事件的消息在各地迅速传播并引起各方的关注,除消息自身的敏感性和特殊性外,朝廷诏谕的频繁颁布、例行乡会试的举行以及军队的调动、关帝封号的变更等,都是促成消息迅速传播的重要渠道。就消息传播而言,事件自身的敏感性和特殊性,往往决定了其受关注的程度和传播蔓延的范围,而天理教事件恰是具备这些特征的典型。

首先,天理教教徒进攻皇宫,这种在太平之世突发"贼匪"直犯宫阙之

---

① 陶澍:《闻官军破贼辉县山中》,《陶澍集(下)·诗文》,页 457,长沙:岳麓书社,1998 年;并参王焕镳《陶文毅公年谱》,《北京图书馆藏珍本年谱丛刊》第 136 册,页 127。

② 托津等纂:《钦定平定教匪纪略》卷 25,页 36—45;并参马西沙:《清代八卦教》,北京:中国人民大学出版社,1989 年,页 271—290。

③ 托津等纂:《钦定平定教匪纪略》卷 25,页 45"纂修诸臣按语"。

④ 《林则徐集·日记》,页 31。

⑤ 宋军:《嘉庆"癸酉之变"后京畿地区流言浅析》,《清史论丛》1999 年号,页 292—310。

事,确实匪夷所思,嘉庆帝称其为"从来未有事,竟出大清朝"①,在时人看来确不为过。加之天理教事件发生后,京城戒严六天,附近驻军入京勤王,清兵进驻京城达五天之久,戒严期间各种谣言不断出现,都促成了天理教事件消息在各地的传播。《钦定平定教匪纪略》纂修诸臣言:"逆贼滋事之时,京外震惊,讹言易起。"②确实道出当时实情。

　　九月二十四日,即天理教事件发生后九天、京师戒严解除四天后,自广州北上觐见述职的五十六岁广东巡抚韩崶(1758—1834),行至河间,"骇闻逆匪林清突犯禁城之变",称:"光天化日之中,有此枭獍,闻之不禁发指!"③九月二十八日,盛京(今沈阳)的奉天府学政蒋祥墀(1762—1840),也"忽闻九月十五日逆匪林清之信",言:"变生意外,切骨痛心!"④其时督运空船南下的漕运总督阮元(1764—1849),行至德州,获闻京师天理教之变,亟"遣员赍折入京,恭请圣安",且"虑邪贼来断运道,乃令船出壮丁五名、副丁三名,共八名,在临清造铁矛头数千,分授各帮,齐以号令,令五帮前后连环,相保护而行"。尽管如此,仍有"邪徒时时渡运河而东,中夜惊叱"的情况发生,"赖壮丁聚御,声势壮盛",尚"不至骇乱"。⑤ 当天理教事件消息传到扬州后,当局竟以"林清不靖",欲实行全城戒严,因二十八岁的汪喜孙(1786—1847)谏阻而罢。⑥

　　同样在各地引起恐慌的,还有天理教教徒在河南滑县的"叛乱"。据说,当时开封等地,"民逃市逸,日色凄薄,所在死者枕藉,昼夜惟闻城堡角声轩然"。⑦ 消息传到贵州,在遵义奉母的黎恺(1788—1842),听闻传言天理教徒已攻陷山东长山县县城,任知县的父亲及随侍的兄长均遇难:"长山破矣,县令殉城死矣,雪楼殉父矣。亲属都无存者,仅存两孺子,漂转吴楚间去矣。"于是"北望号痛,请于母,刻日戒途,赴山东之难",及至长山,见

　　① 托津等纂,《钦定平定教匪纪略》卷首,页19。
　　② 托津等纂,《钦定平定教匪纪略》卷15,页4。
　　③ 韩崶:《韩桂舲先生自订年谱》,《北京图书馆藏珍本年谱丛刊》第120册,页587。
　　④ 蒋祥墀:《散樗老人自纪年谱》,《北京图书馆藏珍本年谱丛刊》第126册,页492。
　　⑤ 张鉴等:《雷塘庵主弟子记》(即黄爱平点校本《阮元年谱》)卷4,页105,北京:中华书局,1995年。
　　⑥ 汪喜孙:《汪荀叔自撰年谱》,杨晋龙主编:《汪喜孙著作集》(下),页1190。
　　⑦ 郑珍:《敕授修职佐郎开州训导子元仲舅黎公行状》,《巢经巢文集》卷5,王锳等点校:《郑珍集·文集》,页155,贵阳:贵州人民出版社,1994年。

"阖门故无恙",方知"传者妄也"。① 其时在扬州的包世臣(1775—1855),也因"豫东滋事","力劝醝使,团练乡兵"。②

其次,嘉庆帝处理天理教事件的特殊方式——颁《遇变罪己诏》,这是中国历史上为数不多以"罪己"命名的诏书之一,承平之世更为罕见,可以想见自会成为时人关注的焦点。平心而论,嘉庆帝是位勤政之主,虽非雄才大略,但亦无明显的失政、失德之处——当然这也是这道名为"罪己诏"的主要内容。在此情况下,嘉庆帝竟为天理教事件下诏罪己,引起的反响可想而知。如时在广州从化县县令王蓬壶幕中授读的姚莹(1785—1852),听闻天理教事件及嘉庆帝为此特颁罪己诏后,便称:"北来警信,大属骇闻!何物妖民,敢猖獗至此!普天之下发指心惊,乃圣主虚衷,诏先罪己。草野小臣,海隅伏读,泣涕纵横。"③在泉州主讲清源书院的陈寿祺(1771—1834)亦云:"今仁圣在上,未明求衣,日昃忘食,思艰图易,加劳勘勤,遇变罪己,至于泪随笔下,兢兢以因循怠玩之弊风厉天下。"④

最后,皇次子绵宁在天理教事件中,"亲执鸟枪",率先击毙二贼,立下平叛首功,被封智亲王。嘉庆帝在颁示天下的《遇变罪己诏》中特提此事,且称"大内平定,实皇次子之力"。⑤ 更让人们对本身就极为敏感的皇位继承人问题,多了几分猜想和关注。正是基于这种原因,我们看到广州地区流传的天理教事件竟变成皇位之争的宫廷政变!十月,天理教事件消息传到广州,时在广州的传教士马礼逊(1782—1834)在十月二十一日(即原书11月13日,本文所引均转换成阴历,以与其他史料时间保持一致——引者)日记中称:

在过去三个月里,在华北发生了叛乱,叛乱的结果使中国人大为

① 曾国藩:《遵义黎君墓志铭》,《曾国藩全集·诗文》,页341,长沙:岳麓书社,1986年。

② 包世臣:《上百节相书》,潘竟翰点校《齐民四术》卷第二"农二",页80,北京:中华书局,2001年。

③ 姚莹:《复座师赵分巡书》,《东溟外集》卷2,页15,同治丁卯八月《中复堂全集》刻本;并参施立业:《姚莹年谱》,页63、68,合肥:黄山书社,2004年。

④ 陈寿祺:《与总督桐城汪尚书书》,《左海文集》卷5,页14,三山陈氏家刻《左海全集》本;并参高澍然:《奉政大夫翰林院编修记名御史陈先生寿祺行状》,钱仪吉纂、靳斯标点《碑传集》卷51,页1463—1466。据信中内容及《行状》,此信当作于嘉庆十八至十九年间。

⑤ 中国第一历史档案馆编:《嘉庆帝起居注》第17册,页348;托津等纂《钦定平定教匪纪略》卷2,页27—29。

焦虑不安。叛乱起因于山东省发生灾荒。中国皇帝的弟弟利用此次灾荒企图篡位。他率领叛乱者占领了皇宫两天一夜,但遭清军击溃。在山东、河南和北直隶这些省份,有不少地区落入叛乱者之手。但因占领皇宫失败,叛乱者被迫败退。皇帝从各地,甚至从满洲调集清军与叛乱者激战,终于在山西边界收复了周围100多英里的山地。他对此次叛乱甚为恼怒,发布了好几道上谕。他责备自己在道德上有缺点,谴责了政府的大臣们不负责任,缺乏爱国心和腐败无能。他下令斩杀了约20名太监,因其中有数人企图用毒药或其他手段谋害皇帝。中国百姓认为老天特别喜欢这位皇帝,所以在遭到这样危险的颠覆活动中仍能保住他的皇位。[①]

朝鲜对天理教事件的关注,也不止于事件本身,亦包括事件中透露出的未来皇位继承人消息。十一月二十二日,天理事件消息传到朝鲜。是日,皇历赉咨官以清国事情报备局,言:"十五日,京城有天理教贼变……其徒七十余人,作平民样,自正阳门潜入禁城,伤害如干人,欲进养心门。皇次子绵宁亲执鸟枪,击毙二贼,贼始退。"[②]次年闰二月二十四日,书状官柳鼎养进呈朝鲜皇帝关于天理教事件详情的"闻见别单",也特别提到这位皇次子"酷肖雍正帝"的时评及将来即位的可能,云:

> 皇次子绵宁,进封智亲王,文武双全,智勇俱备,中外属望,以为酷肖雍正帝云。[③]

当然,天理教事件消息传播的主要渠道,无疑是清廷为此颁布各种谕旨、诏书等传播方式。且就可靠性而言,亦远胜于民间的各种谣传。一般

---

① (英)马礼逊夫人编、顾长声译:《马礼逊回忆录》,页92—93,桂林:广西师范大学出版社,2004年。

② 吴晗编:《朝鲜李朝实录中的中国史料》下编卷13,《纯宗实录》,纯宗十三年(嘉庆十八年,1813)十一月乙酉,页5085,北京:中华书局,1980年。

③ 吴晗编:《朝鲜李朝实录中的中国史料》下编卷13《纯宗实录》,纯宗十四年甲戌(嘉庆十九年,1814)闰二月丙戌,页5086—5087。

而言,皇帝关于全国性事件的谕旨都会下达到省、道、府、州、县等各级行政单位。① 天理教事件发生后,嘉庆帝九月十七日颁《遇变罪己诏》(十九日在乾清门宣读)、二十日颁饬诸王大臣谕、二十四日颁《酌减令节礼仪谕》。② 这些都是在全国颁行的谕旨,而天理教事件的确切消息传到各地也是通过这一渠道。

十月初五日,在杭州的浙江学政汪廷珍(1758—1828)就从谕旨中获知天理教事件:“本月初五日,浙江抚臣李奕畴接奉上谕一道,并颁到通谕诏旨一道行知到。臣惊悉逆匪七十余人潜入禁城,持械逞凶,当经皇子及文武大臣官兵等悉数歼擒,并经总兵英和究获首逆林清一名,按律当办。当此光天化日之下,竟有此鸱张豕突之凶徒,实出意计之外。”③同月,在福州的福建巡抚任张师诚(1762—1830),也接到京师发生天理教事件的谕旨:“十月,骇闻豫东逆匪林清突犯禁城之变,奉到谕旨并钦颁《遇变罪己诏》一道。光天化日之下,乃有如斯枭獍,切齿惊心!”④十月二十二日,伊犁将军松筠获知天理教事件后,奏请派赴弹压河南等地天理教起义。⑤ 可能就是通过这种方式,到十月天理教事件的消息已在全国传开。如时在长沙任湖南布政司理问的瞿中溶(1760—1842)称:“十月,闻林清谋逆,潜入京师犯阙。”⑥而从淡水同知查崇华(1768—1841)处得知,这一消息也在这时传到了台湾:“癸酉十月,台湾闻都中九月十五之事”。⑦

---

　　① 托津等奉敕纂:《(嘉庆)钦定大清会典事例》卷 253,“礼部·颁诏”,页 3—4,《近代中国史料丛刊三编》第 65—74 辑影印嘉庆间武英殿刻本。
　　② 《清仁宗实录(四)》卷 274,嘉庆十八年九月庚辰、癸未,页 722—723、730;卷 275,九月丁亥,页 742—743。
　　③ 汪廷珍:《钦奉诏谕歼除逆匪首伙恭请圣安折》,《实事求是斋遗稿》卷 1,页 6,道光间刻本。折中称其时滑县天理教起义尚在军事镇压中,又据“特颁诏旨申谕臣工剀切周详,肫诚诚挚”及“诸凡民生吏治,管见所及,俱当随时陈奏”语,以及九月二十日上谕“诸王公大臣及各言官,如能洞见致患之原,官常吏治有亟须整饬修明者,各据所知,剀切直陈,朕必衷而行之”(《清仁宗实录(四)》卷 274,嘉庆十八年九月癸未,页 730),则此折中的本月初五日,应为十月初五日。
　　④ 张师诚:《一西自记年谱》,《北京图书馆藏珍本年谱丛刊》第 126 册,页 147—148。
　　⑤ 军机处满文录副,档号 3838—054,184—0176,中国第一历史档案馆藏。承中国社会科学院近代史研究所张建博士检示此条,特此致谢!
　　⑥ 瞿中溶:《瞿木夫先生自订年谱》,《北京图书馆藏珍本年谱丛刊》第 131 册,页 277。
　　⑦ 包世臣:《皇诰授通议大夫按察使衔陕西凤邠道查公神道碑》,《艺舟双楫》卷七下,李星点校《包世臣全集》本,页 473,合肥:黄山书社,1993 年。

　　嘉庆十八年为癸酉年,是清廷例行乡试之年。① 顺天乡试以录取名额多、较各省乡试易中等原因,为各地士子艳羡。除顺天籍考生外,其它各省贡、监生等有特殊资格的考生亦能参加。② 据查,该科顺天乡试时间为八月初九至十六日,揭晓是九月初九日夜,九月初十日发榜。③ 如此各省落第的贡监生离京至少要到九月初十日发榜后,加上九月十五日晚至二十一日晨京师戒严,京城外大门关闭,则十五日前尚未离京的各地贡监生,定在京城亲历天理教事件。是年各省来京参加乡试的贡监生总人数,尚未确知。不过乾隆三十九年(1774)甲午科顺天乡试,因乾隆帝下旨从落卷中挑取《四库全书》誊录,曾提到"现在京闱乡试,各省贡监生应试者千有余人",④为我们估算是年各省来京应试的贡监生总人数提供了参考,即近四十年后的此次顺天乡试,各省贡监生来应试者当在千人以上。可以想象那些贡监生落榜后分回各省,向亲友讲述其在京城亲历的天理教事件,这又使天理教事件消息在全国传播。是年,二十二岁的龚自珍(1792—1841)就是该科顺天乡试的落榜者,龚氏落第南归,写有专门针对天理教事件的《明良四论》一组文章。考虑到此次乡试的发榜时间,龚自珍很可能在京亲历天理教事件。⑤

　　军队调动是促使天理教事件消息传播的另一渠道。嘉庆帝在获知天理教事件发生的九月十六日,即命陕甘总督那彦成驰驿兼程来京陛见,且

---

　　①　顺治元年(1644)十月,清帝颁即位诏,以子午卯酉年为各省乡试之年。参见《清世祖章皇帝实录》卷9,顺治元年十月甲子,页96,北京:中华书局,1985年。

　　②　张仲礼著、李荣昌译:《中国绅士——关于其在19世纪中国社会中作用的研究》,页169,上海:上海社会科学院出版社,1991年。

　　③　《林则徐集·日记》,页26。此次乡试副考官卢荫溥称:"九月初九日揭晓,驰赴热河恭覆恩命。"(卢荫溥:《卢文肃公年谱》"嘉庆十八年癸酉五十四岁条",《北京图书馆藏珍本年谱丛刊》第122册,页413)。

　　④　《谕内阁著考官曹秀先等于乡试落卷内挑取誊录备用》(军机处上谕档,乾隆三十九年八月十九日),中国第一历史档案馆编:《纂修四库全书档案》,页246,上海:上海古籍出版社,1997年。

　　⑤　樊克政:《龚自珍年谱考略》"嘉庆十八年二十二岁"条,称龚自珍"八月,应顺天乡试(未中),旋南归"(北京:商务印书馆,2004年,页72),将龚自珍离京南下,系于八月。现在考知该科乡试放榜时间,则龚氏离京必在此后,且若九月十五日之前尚未离京,则极可能在京亲历天理教事件。龚自珍《明良四论》即针对天理教事件而发,关于这组文章的成文时间,历来多有争论(参见杨天石:《龚自珍的〈明良〉四论》,《光明日报·哲学副刊》1962年1月12日,后收入氏著《哲人与文士》,页41—45,北京:中国人民大学出版社,2007年;顾国瑞:《龚自珍〈明良论〉系年新证》,《北京联合大学学报》1999年第1期,页35—39),但此次乡试发榜时间,似无人论及,故附述于此。

令"酌带勇干将备,听候差委";又命"江南提督乌尔卿额赴徐州边界,安徽寿春镇总兵官喀勒吉善赴颍、亳一带,各带兵驻守"。[①] 九月二十三日,山东巡抚同兴因"直隶长垣县匪徒滋事,已窜赴东省曹州一带",咨会两江总督百龄"于江苏、安徽两省交界地方,分路协防"。百龄得讯后亲自"选带标兵,驰赴徐州",此后又奉谕:"如或贼匪被剿紧急,有窜入江南信息,该督即添调弁兵,相机剿办,勿令贼匪一名阑入江境。"[②]九月三十日,帝因"豫、东二省贼匪屯聚浚、滑、定、曹一带,各路官兵四面云集,一经剿杀,该匪等势必纷纷四窜",命安徽巡抚胡克家"饬知署寿春镇带兵一千名,前赴交界处所,分驻防守",命其"督率地方文武各官,加意巡防,勿令贼匪一名阑入境内"。[③] 军队调动的范围,除叛乱发生的直隶、河南、山东三省,还涉及陕甘及江苏、安徽等数省。

军队调动对时人有相当的影响。九月二十五日,王芑孙(1755—1817)在给王苏的信中,便谈到苏州城内因征调兵勇,全城船只被封,以为过兵之用,以及地方主官因处理调兵事宜,其他政务皆被搁置等事:"廿三日扫墓入城,方知藩司派出各员,已有军营字样。满城封舫,为过兵之用(苏州三百,松江三百)。廿四日出视诸公,方知希甫当代松太道,赴松接济兵勇。此外,知县买佐□十员,前后分起押带,各就府界交替。其中两员为长□,直至军营……有旨调松江兵千名,□江三百,江宁七百。因有州水发浦口,不得行。此二千兵均走扬州一路。此时太守、方伯不胜倥偬,一切寻常稿案,概行停核。"并忧虑:"然四路调兵,缓不济急,如何,如何。兼恐海州、颍州等处,或有应和蔓延,则非旦夕所能扑灭矣。"[④]

据青浦人诸联(1765—?)称,江南提督乌尔卿额领兵赴徐州边界驻守时,"松(作者按:松江)人久不知兵,皆惶恐失魂魄",有一吴姓人氏"军籍有名,既启行,半途逃窜",被捕获正法。[⑤] 十一月,凤阳府教授倪模(1750—

---

① 《清仁宗实录(四)》卷274,嘉庆十八年九月己卯,页721。

② 《清仁宗实录(四)》卷275,嘉庆十八年九月丙戌,页741—742。

③ 《清仁宗实录(四)》卷275,嘉庆十八年九月癸巳,页753。

④ 王芑孙:《楞伽山人尺牍》卷上之四,稿本,中国国家图书馆藏,转引自睦骏:《王芑孙年谱》,页467—468,上海:华东师范大学出版社,2010年。

⑤ 诸联:《明斋小识》卷12"逃军"条,页16,《笔记小说大观》第28册影印民国上海进步书局本,扬州:广陵古籍刻印社,1983年。

1825），以"凤阳道府俱赴颍州，堵御河南逸匪"，率人在凤阳城"昼夜巡警"。[①] 李兆洛（1769—1841）挚友许蔬园则因"安徽巡抚胡公克家屯兵太和"，"率乡兵千人以从"。[②] 河东河道总督戴均元（1746—1840）以"山东、河南逆匪未靖"，所到之处，皆"带本标兵勇，随地以便防堵"。[③]

天理教事件后，清廷为恢复朝廷尊严，凸显政权的合理性与神圣性，编造"关帝显圣"的神话，称："逆匪突入禁门时，恍惚之中，望见关帝神像，畏慑奔窜，立就歼擒。"又言清兵攻克滑县时，贼匪于黑夜突围，官兵不能准确施放枪箭，"忽城旁庙宇自行起火，照同白昼"，于是两路夹击，将贼匪悉数殄除，而此"自行起火"的庙宇就是关帝庙，且"庙虽焚毁，神像岿然独存"。清廷以"此次逆匪滋事，屡荷关帝灵爽翊卫"，故命太常寺在冬至日前（十一月三十日）到地安门外关帝庙报祀，派皇次子智亲王绵宁前往行礼。且于十九年二月议定在关帝封号"灵佑"之下，加封御笔"仁勇"二字，称其为"忠义神武灵佑仁勇关圣大帝"。[④] 关帝信仰是清代官方刻意推行的重要信仰方式，全国县级及以下行政单位都建有关帝庙，这一更改关帝封号的举措无疑促进天理教事件消息在全国各地传播。[⑤] 其时在广州的马礼逊于十八年十二月十一日（1814 年 1 月 2 日）日记中记载道："中国皇帝已颁发谕旨，要求国人向天、地、祖宗和四季之神献祭，为的是使他能成功剿平这次华北的叛乱（作者按：天理教事件）。"[⑥] 可想而知，这种全国性的祭祀和更改关帝封号匾额的活动，将促进天理教事件消息在各地民间广泛深入的传播。

在消息传播过程中，天理教事件也因个别地区的特殊情况，呈现地方特色。如广州、澳门两地因有西洋传教士，长期以来清廷亦密切关注其是否有异动。故该地流传的天理教事件，竟变成罗马天主教神父们策划、鼓动的叛乱！这一流言甚至引起了官府的注意，两广总督蒋攸铦

---

① 　江尔维：《倪迂存先生年谱》，《北京图书馆藏珍本年谱丛刊》第 118 册，页 124。

② 　李兆洛：《蔬园诗序》，《养一斋文集》卷 2，页 16，光绪戊寅年夏重刊本。

③ 　汤金钊等：《戴可亭相国夫子年谱》，《北京图书馆藏珍本年谱丛刊》第 116 册，页 585。

④ 　《清仁宗睿皇帝实录（四）》卷 278，嘉庆十八年十一月己巳；卷 279，十一月甲申；卷 282，嘉庆十九年正月丙寅，分别见页 794、807—808、850；宋军：《嘉庆"癸酉之变"后京畿地区流言浅析》，《清史论丛》1999 年号，页 293—297、310。

⑤ 　蔡东洲、文廷海：《关羽崇拜研究》，页 207—221，成都：巴蜀书社，2001 年。

⑥ 　（英）马礼逊夫人编、顾长声译：《马礼逊回忆录》，页 107。

(1766—1830)还为此专门派人到澳门密查。对此,马礼逊在日记中作了
详细记录。十月二十一日(原书 11 月 13 日)记道:

> 有一个叛乱分子说他是信奉天主教的,说此次叛乱是由罗马天
> 主教的神父们策划的,因此在广州的中国总督相信此次叛乱可能是
> 由罗马天主教神父们鼓动的,他便派遣下属官员前往澳门进行秘密
> 调查葡萄牙人和天主教主教和神父的行径。这是一位在此调查的
> 官员对我说的。我认为,他的怀疑是毫无根据的。[①]

二十天后的十二月十一日(1814 年 1 月 2 日)又记载说:

> 今天有一位中国官员来,要我陪他去见一位葡萄牙官员,替他
> 担任翻译。那中国官员对葡萄牙人说,中国总督怀疑在华北发生的
> 叛乱,是由天主教徒所挑起的,所以要求尽可能地在澳门的葡萄牙
> 人中作秘密的调查。

这种流言甚至到第二年春还在流传,并有人深信不疑,十九年闰二月二
十一日(4 月 11 日)马礼逊记载说:

> 今天接待了中国县官来访。他肯定华北叛乱的首领是一个天
> 主教徒。[②]

以上各种渠道促进了天理教事件消息在全国范围广泛而深入的传
播,因各地状况不同,天理教事件消息亦在各地呈现出不同面貌。

第三节　士人对天理教事件的关注与反思

天理教事件对朝野各种群体的震撼,当以士人为最。士人对天理

---

① (英)马礼逊夫人编、顾长声译:《马礼逊回忆录》,页 93。
② (英)马礼逊夫人编、顾长声译:《马礼逊回忆录》,页 107、108。

教事件的关注,大致可分为三种情况:一、士人对天理教事件的自觉关注和反思,二、朝廷政令导致士人对天理教事件的关注,三、乡会试造成的士人对天理教事件的关注与记载。三者互相关联,关系亦错综复杂。

一、士人对天理教事件的自觉关注与反思

由于天理教事件的特殊性,自然成为士人关注的重要问题。如苏松常镇太粮储道分巡何学林(1761—1817)自江宁监考江南乡试回虞山署所,"俄闻河南邪匪事起,亟撤筵席,毁供张,辞宾客",据盛大士称何氏"指壁上所悬舆地图,示余曰:某县失则某县必不守,而邻境受其害。为人臣子,平日所治何事,而贻患至此乎!感愤不安者累日。"①盛大士(1771—1838)亦有《感事》诗记其事,云:"野戍惊沙起,荒原落木秋。跳梁滋小丑,传箭说中州。已悔先机失,难宽上将忧。书生怀义愤,荷戟愿同仇。"京城天理教事件的消息传开后,盛大士又有"蚁贼窥畿辅,妖皇逼斗躔"、"宫阙仓皇日,天心默护持"、"义愤人齐奋,讹言势绝危"、"十行罪己诏,涕泣为苍生"等感慨诗句。②

消息传到江宁,时任钟山书院山长的八十三岁姚鼐(1731—1815)在给亲友信中多次表达对时局的忧惧,其致函老友马春田,一则云:"兖豫军兴,而江南已不免扰攘,不知数日来便得靖不?甚可愁虑也。"再则言:"东郡尚未有全靖的信,江南已有军兴之扰,杞忧亦何能免?"③在给周有声的信中,则将知府有效抚安地方,誉为"贤将之功",称:"时事坏敝,作守者岂能为旋转乾坤之事?救其小半,即为贤将之功,然亦必大费精神矣。"④致侄孙姚

---

① 盛大士:《诰授中宪大夫分巡浙江杭嘉湖兵备道署按察使事护理布政使开州何公墓志铭》,《蕴愫阁文集》卷4,页13,道光十二年《蕴愫阁诗文全集》刻本。

② 盛大士:《感事》,《蕴愫阁诗集》卷6,页4,道光十二年《蕴愫阁诗文全集》刻本。盛大士生卒年,据江庆柏《清代人物生卒年表》,北京:人民文学出版社,2005年,页719。

③ 姚鼐:《与马雨耕(32)》、《与马雨耕(34)》,《惜抱先生尺牍补编》卷2,页15、16,《惜抱轩遗书三种》,光绪己卯春桐城徐氏刊本。

④ 姚鼐:《与周希甫(5)》,《惜抱先生尺牍》卷4,页6,咸丰五年,聊城杨氏海源阁刻本。姚氏作于嘉庆十八年秋的《与陈硕士(94)》中称:"吾长子衡儿今在河上差催粮船。"(《惜抱先生尺牍》卷7,页15)据信中"衡儿随制军在淮上"语,知此信当作于是年(1813)。

莹函亦有"中原纷纭多事,令人忧坦"之语。[①] 在给弟子的信中,姚鼐既有
"时事纷纭,未知清了之早莫"的感叹,更有"当今时事艰难,士大夫惟有痛
自刻苦而已"的无奈。[②]

　　在广州的姚莹从举人座师惠潮嘉道赵慎畛(1761—1825)处获悉天理
教事件后,即复函将其"平日有所窃愤,深忧于中者",藉分析天理教事件,
"屡发其绪",云:

> 因循宽纵,殷鉴在元。财尽兵骄,何以守国? 溃痈之患已形,厝薪
> 之势弥急,而二三执政方且涂饰为文,讳言国事。大体既昧,小节徒
> 拘。忠志不存,空言掣肘。其当官有言责者,微文琐屑,几等弹蝇,更
> 生之封事不闻,贾谊之痛哭安在?

在他看来,挽回官方这种疲弊习气,在于得人才:"愚意天下之务,莫急于人
才。得人之法莫妙于因材善使,无以常格拘,无以小行责,白其志,伸其气,
宽其程,严其效。"而天理教事件发生的根本原因,则是人心风俗之坏。对
此,他感叹说:

> 嗟乎! 正直敢言之气于今衰也久矣,自古未有委靡若此之甚者
> 也。古道亡而后人心坏,人心之坏,则自谄谀面谀始。谄谀成风,则以
> 正言为可怪,始而惊,继而惮,继而厌,最后则非笑之,以为不祥。夫以
> 正言为不祥,其时其事尚可问哉?[③]

　　类似姚莹这种对天理教事件的反思,还见于各地起义未平定前,士人
为平叛的建言献策。天理教事件发生后,在安徽桐城丁母忧的军机大臣方
维甸(? —1815)夺情起复,署直隶总督。因滑县"教匪"久攻不下,方氏自
请驰赴军营剿贼。[④] 这一消息引起江南士林的高度关注。姚鼐致函马春

---

① 　姚鼐:《与石甫侄孙(8)》,《惜抱先生尺牍》卷8,页15。据信中"秋闱,吾家中宁远之孙,犹
不为寂寞"语,知此信作于嘉庆十八年。
② 　姚鼐:《与刘明东(1)》、《与陈硕士(95)》,分别见《惜抱先生尺牍》卷4,页20;卷7,页16。
③ 　姚莹:《复座师赵分巡书》,《东溟外集》卷2,页15—16。
④ 　王钟翰点校:《清史列传》卷33《方维甸传》,2576—2577,北京:中华书局,1987年。

田评论说："方葆严以兵革之事夺情，诚事势之宜也已。"①时在上元的梅曾亮（1786—1856）闻知后，即献平叛方略，云：

> 窃念国家炽昌熙洽，无鸡鸣狗吠之警一百七十余年……而曹州、长垣诸贼敢以狐鼠啸聚，潜行突发，轻轻入重地，惊犯阙廷，赖雷雨劲威，臣士协力，两日一夜，斩杀通断。天子为之震悼，下哀痛之诏，公卿恐惧，有识之士莫不凄惨伤怀，奋臂欲起者。而余贼犹盘桓窟穴，屠杀守宰，抗拒大军之兵仗，此特万死出一生之计，岂果能窜据一郡县，迁延岁月，为肘腋患哉？然贼虽冥顽，必有恃而敢动。

称滑县之贼，所以迁延数月未平，是因"方今官吏皆习故态，虽小利害至微浅，辄袖手委重律令，不一任劳怨为天下先，此豪杰志士所以束手而无奇，奸人所乐窥而无惮者也"。提出"要在破崖岸，用望外之赏罚，一切以尽人才为先，鼓众心为本"。认为"诚如是，推之天下可也，况区区之寇！"②梅氏的平叛之策，就是破格用人，而这一建策的背后则是对当下朝廷施政和吏治现状的批评。

是年，梅曾亮又作《民论》，显然也是针对天理教事件的反思，云：

> 天下有乱民，有奸民。毒官吏，迫饥寒，挺刃而卒起，索党与随和以自救，此乱民之常态也。若夫无所激发而倡为狂悖之说，以招诱愚瞽而名之曰"教"，是为奸民。奸民者，古无是也。且夫教之名，民所不易受于长上者也，而匹夫能得之于乡里，非民之所能为也，势也……嗟夫！此黄巾米贼之祸所以起而不可禁也。夫民所乐趋之事而不为利导之，草野之间，必有因民之欲窃吾意以售其奸者。其始特出于私立名字，敛财帛，赛会征逐而已；而其后遂为有国者之忧。③

———————

①　姚鼐：《与马雨耕（34）》，《惜抱先生尺牍补编》卷2，页16。据《清史列传》卷33《方维甸传》载十八年十一月上谕："方维甸接奉前旨……据称将伊母葬事赶办完竣，定于初七日起程。"（页2577）知此信作于是年十一月。

②　梅曾亮：《上方尚书书》，《柏枧山房文集》卷2，彭国忠、胡晓明校点：《柏枧山房诗文集》，页19—20，上海：上海古籍出版社，2005年。

③　梅曾亮：《民论》，《柏枧山房文集》卷1，页2—3。

认为天理教起事并非迫于饥寒的"乱民",而是"倡为狂悖之说"的"奸民"所为,而这则是因朝廷忽视对民众的教化所致。

管同(1780—1831)亦有给方维甸的平叛献策,称:"辄敢以书上者,乃狂寇突发三省,旬日之间连破数县,既乃入京邑,犯宫城,蹀血阙庭,使皇子躬射贼之劳,圣朝下罪己之诏。异哉!悖逆狡悍,今古所希闻,而臣民所共愤也。"认为"复地剿贼,计不容缓",但更重要的是,如何防止叛乱规模扩大。他说:"所虑者不在乎已兴之寇,与州县之已被贼残者也……观贼近所处山东则曹、济,河南则开、归,江苏则徐、邳,安徽则凤、颍,此皆同所尝游,知其习俗。大抵其人椎鲁劲悍,轻死生而鲜畏刑法……诚恐贼不速平,而此等因之以起,则云合响应之势成,而事难卒办矣。"故献"坚壁清野"之策,认为"破贼之谋,固无逾于此策"。但"所可忧者,官贪庸而人心涣散,则此策不可成,而云合响应之祸起,虽有管、乐,亦难为已"。主张"惟人心固而后守备坚,守备坚而后贼势败",建议方氏趁机整顿三省吏治,云:"公宜告三省长官,急讲民事,利民者行之,害民者去之,其官吏之殃民者急罪而罢之,此事宜非公所得尽与!"[1]

管同上书还分析天理教起义发生的原因,称"天下以忌讳而酿成今日之祸",云:

> 国家承平百七十年矣,长吏之于民不富不教,而听其饥寒,使其冤抑,百姓之深知忠义者,盖已鲜矣。天下幸无事,畏懦隐忍,无敢先动。一旦有变,则乐祸而或乘以起,而议者皆曰必无是事,彼无他,恐触忌讳而已。天下以忌讳而酿成今日之祸,而犹为是言与!夫岂忠臣义士,忧国家者之所敢出与![2]

认为是吏治问题和对民众教化问题的忽视,导致了此次叛乱,而这些问题的根源则是士大夫们"恐触忌讳"。故问题的根本在于是当时的士习、士风。是年十月管同作《重修甘敬侯墓碑记跋》,亦藉论西晋清谈,抨击此"恐触忌讳"的疲敝士风,言:"后世士大夫无晋时清谈之弊,顾平时则闭口恐触

---

① 管同:《上方制军论平贼事宜书》,《因寄轩文初集》卷6,页5—8。
② 管同:《上方制军论平贼事宜书》,《因寄轩文初集》卷6,页5。

忌讳,不幸小值寇警,有惶怖而莫知所出者矣,不知自视于晋人何如也?"这显然是针对天理教事件而发。又言"将天下矜言高尚,敝则甚矣,犹逾于卑靡贪冒之为耶",其意即当时士风连有亡国"恶谥"的清谈都不如。文末云:"然则有国家者,非得贤才而畜用之,固无以得夫仗义急难之臣与!"①即在隐谏清廷及早变革法度,鼓舞士风,以备他日不虞之需。

管同又有《拟言风俗书》,从国家法度方面探讨天理教起义。认为"滑县之寇,鼠窃狗盗,何足以云哉! 揭竿一呼,从者数万,入京邑,战宫庭,而内臣至于从贼",根本原因在于当时"好谀而嗜利"的风俗。造成这种风俗的,则是清廷因鉴于明代之弊而立的祖宗之法。主张清除朝廷法度中有关士民言事的各种禁忌,以爵禄厚赏鼓励士民上书言事,对阿附逢迎者"必加显戮",称:"言官上书、士人对策及官僚之议乎政令者,上自君身,下及国制,皆直论而无所忌讳。愈戆愈直者,愈加之荣,而阿附逢迎者,必加显戮。"②根本之策,在于变革朝廷法度。

龚自珍《明良论》一至四,也是针对天理教事件反思的结果。这组文章分别从士习士风、官员培养、升迁方式等方面系统讨论当时社会政治弊病,认为士人、官吏的普遍贫困化,导致士人无耻、臣子无节;论资格、循资历的用人及官吏迁升方式,导致官场无生气;主张加强地方大吏及内外官员之权,趁"圣天子赫然有意千载一时之治"之机,改革更法。③ 对龚自珍这些反思,段玉裁(1735—1815)评论说:"四论皆古方也,而中今病,岂必别制一新方哉? 耄矣,犹见此才而死,吾不恨矣!"④其后李锐(1768—1817)、王昙(1760—1817)也分别对《明良论一》、《明良论三》作过评论。⑤ 可见对天理教事件的反思已成为当时士林的重要话题。此两三年间,龚自珍又著有《乙丙之际箸议》,主张清廷实行自改革,称:"无八百年不夷之天下,天下有万亿年不夷之道……一祖之法无不敝,千夫之议无不靡,与其赠来者以勃改革,孰若自改革。"⑥他的另一改革对象,甚至是清廷"首崇满洲"等行政

① 管同:《重修甘敬侯墓碑记跋》,《因寄轩文初集》卷3,页8。
② 管同:《拟言风俗书》,《因寄轩文初集》卷4,页1—3。
③ 龚自珍:《明良论》一至四,《龚自珍全集》,页29—36,上海:上海人民出版社,1975年。
④ 段玉裁:《龚自珍〈明良论〉评语》,《龚自珍全集》,页36。
⑤ 樊克政:《龚自珍年谱考略》,页244。
⑥ 龚自珍:《乙丙之际箸议第七》,《龚自珍全集》,页5—6。

用人的祖宗之法,主张消泯满汉畛域,向汉人全面开放政权。① 这显然也是对天理教事件进一步反思的结果。

士人对天理教事件关注的另一内容,是将天理教事件与星象天变等现象联系起来,这对那些平时素信天人感应的士人来说,自然是一大热点。因嘉庆十六年秋有光芒丈余(即尾巴长约十余度)的彗星见于紫微垣,②此在星占学上主兵象,可解释成除旧布新之兆,又因紫微垣代表皇帝,彗星入紫微垣,表示对皇帝不利,所谓"彗孛紫微,天下易主"。③ 在时人看来,天理教事件恰是此天变征兆的应验。十月二十一日郝懿行致函阮元,谈及其所亲见及京师官员中流传的关于天理教事件的天变征兆,称"谨就见闻质实可据者,详著于篇,俾后来有所稽考":

> 贼既造滔天之恶,天亦显未有之奇。钧谕以为天之爱帝,信不虚矣! 户部员外郎舒宁言,先是广东白莲教之妻子分给八旗为奴,有叶氏妇者于十五日夜间,闻雷霆声,启太夫人曰:传其此教,闻雷声起,便当破灭。今此得闻其应至矣。俄而林清擒,逆党获,捷如回应,信知斯语非谬。而八月十三夜枉矢西流,占为急变,应亦显然。
>
> 又,前年夏,彗星见北斗,近紫微垣,天象昭明,帝心简在。乃十月初三、初九等日,金见太白荧惑二星迫近于月……户部主事宋潢言,六月某夜,雷雨交作,室内欻睹光耀异常,急启窗看,赤光竟南,大如数间屋,光中黑气如柱,侈敛靡常,良久弗灭,亦未知是何眚也。懿行亦于五六月中,初昏十余刻后,频见云雾四塞,夜几中而复晴,如此非一。④

郝氏后来又有《林清之变》、《记星》二文记载天理教事件与当时天变的征兆

---

① 龚自珍:《古史钩沉论四》,《龚自珍全集》,页27。

② 相关观测记录,参见北京天文台主编:《中国古代天象记录总集》,页501—503,南京:江苏科学技术出版社,1988年。

③ 参见张瑞龙、黄一农:《天理教起义与闰八月不祥之说析探》,《历史研究》2013年第1期,页84—99。

④ 郝懿行:《奉答阮芸台先生书》,《晒书堂外集》卷上,页19—20。按:郝氏所云"八月十三夜枉矢西流",林则徐日记中亦有记载,云:"是夜天上西北有火球。"(《林则徐集·日记》,页24)。

关系,表示"详述于篇,并参稽于古,以著安不忘危之戒焉"。①

张大镛也从这一角度记载天理教事件,云:"九月,京师有逆匪林清之警。是年彗星芒闪数十丈,直犯斗垣。每于临卧时察其象,窃相疑虑,至九月十四日夜,饭后天光尚早,余偕沈葵冈夫子在庭中徐步闲谈,忽光色如银,照耀庭际,仰视有星自东南至西北而坠,其势甚低,曳尾若帚,共相诧异者久之……翼日,首逆林清就擒,星坠之象斯验。"②冯右椿(1780—1842)在回忆录中亦言:"自辛未秋,彗星见百日外,逾年有林清倡乱豫东,延及宫禁。"③其他时人如姚元之、林则徐、姚莹等也有类似记载。④

二、朝廷政令与士人对天理教事件的关注

天理教事件发生后,嘉庆帝于回京次日(九月二十日)下诏求言,云:"祸变之来,必有由致,不究其本,患将未已。诸王公大臣及各言官,如能洞见致患之原,官常吏治有亟须整饬修明者,各据所知,剀切直陈,朕必衷而行之。"⑤在官方发起反思天理教事件之风。在仕学关系极为密切的传统社会,官方的风吹草动自然会影响到士人。何况天理教事件本就是士人自觉关注的热门话题,而许多官员本身也是著名学者。故当官方反思天理教事件时,往往通过各种途径征求士人的意见,而士人也试图通过这种途径影响朝廷。

如时任御史的陈用光(1768—1835)有《应诏言事折子》,被皇帝采纳。从姚鼐致陈氏函中"慷慨建言,真有裨于国,此岂易言哉? 如有所陈,大小深浅,自凭素所蕴素发之,非他人所能助也"语,知其曾征求过姚氏意见。而姚鼐信中"近时闱墨风气之坏,殆与邪教相表里"及"方今人乏财匮,上下以文相承,无实心,故无实政"等语,则是其对天理教事件的反思。⑥ 可见

----

① 郝懿行:《晒书堂笔录》卷1"记星"、"林清之变",页5—6、12—13,光绪十年《郝氏遗书》刻本。

② 张大镛:《鹿樵自叙年谱稿》,《北京图书馆藏珍本年谱丛刊》第132册,页46—47。

③ 冯右椿:《客世行年》,《北京图书馆藏珍本年谱丛刊》第136册,页683—684。

④ 姚元之:《竹叶亭杂记》卷7,页143,北京:中华书局,1982年;《林则徐集·日记》,页24;姚莹:《识小录》卷6"星变"条,页13—14,同治丁卯《中复堂全集》刻本。

⑤ 中国第一历史档案馆编,《嘉庆帝起居注》第17册,页353;《清仁宗实录(四)》卷274,嘉庆十八年九月癸未,页730。

⑥ 陈用光:《应诏言事折子》,《太乙舟文集》卷1,页3—7,道光癸卯(1843)孝友堂重刊本;姚鼐:《与陈硕士(95)》,《惜抱先生尺牍》卷7,页16。

官方反思与民间士人的密切联系。又,管同因风闻晋官郎中的好友朱桂桢(1767—1839)可能得御史之职,便致函朱氏,询问其"苟为台谏,其将何以为言?"并毛遂自荐说:"同闻之,世事之颓由于吏治,吏治之坏根于士风,士风之衰起于不知教化。"进而将其反思天理教事件的《拟言风俗书》寄上,供其采择,云:"同向者私作《议俗》一篇,以为当今之风坏于好诔而嗜利。夫欲人之不嗜利则莫若闭言利之门,而欲人之不好诔则莫若开谏净之路。天下之事,夫岂止此?然必先举二端,然后人才勃兴而法度可以渐讲。顾不知其言果当否尔,今寄上,惟采择焉。"①嘉庆帝的下诏求言之举,无疑促进了士人对天理教事件的关注和反思。

其次,天理教事件后,嘉庆帝频繁下诏,且亲撰诏谕,"两月余,先后发下御制文七篇",并传旨内廷诸臣"各抒所见,书以进御"。② 陶澍有诗云:"哀痛频闻诏,安平合上书。"正是此事的真实写照。③ 这七篇针对天理教事件的御制文,分别是:朱笔《遇变罪己诏》(九月十七日)、《酌减令节礼仪谕》(九月二十四日)、朱笔《尽心竭力仰报天恩谕》(九月二十七日)、朱笔《报天恩肃吏治修武备谕》(十月初三日)、御制《致变之源说》、御制《原教》、御制《行实政论》(以上三种均为十二月二十四日)。④ 嘉庆帝且命将此刻板印刷(称为"墨刻"),不仅颁给"内廷诸臣",还颁给各省督抚大吏,共八十人。⑤

嘉庆十九年正月,时任福建巡抚的张师诚就"奉到颁赐墨刻",并"具折陈谢"。⑥ 此前刑部尚书韩崶,亦接奉同样的恩赐。⑦ 时任云南学政的顾莼

① 管同:《与朱幹臣书》,《因寄轩文初集》卷 6,页 11—12。又,幹臣为朱桂桢之字,其生卒年据朱绪曾《庄恪集跋》(朱桂桢《庄恪集》卷末,收在朱绪曾编:《金陵朱氏家集》,道光庚子刊本)。

② 桂芳:《〈御制遇变罪己诏〉恭跋》,贺长龄辑:《皇朝经世文编》卷 9"治体三·政本上",页 42,北京:中华书局 1992 年影印光绪十二年思补楼重校本,页 239;赵尔巽等撰:《清史稿》卷 353《觉罗桂芳传》(页 11284)。又,《皇朝经世文编》收录了桂芳的四篇"跋",分别是《〈御制遇变罪己诏〉恭跋》、《〈御制尽心竭力仰报天恩谕〉恭跋》、《〈御制致变之源说〉恭跋》、《〈御制原教〉恭跋》(均见卷 9"治体三·政本上"),又收有蒋攸铦《谢颁〈遇变谕旨〉陈言疏》(卷 13"治体七·用人"),可考见当时诸臣对天理教事件的反思情况。

③ 陶澍:《即事》,《陶澍集(下)·诗文》,页 457。

④ 中国第一历史档案馆编:《嘉庆帝起居注》第 17 册,页 348—349,353—354,368,380,396—397;《清仁宗实录(四)》卷 274,嘉庆十八年九月庚辰,页 722—723;卷 275,九月丁亥、庚寅,页 742—743,747;卷 276,十月丙申,页 758—759;卷 281,十二月丁巳,页 840—843。

⑤ 颁赏名单,见嘉庆十八年十二月二十四上谕,中国第一历史档案馆编:《嘉庆道光两朝上谕档》第 19 册,页 418—421,桂林:广西师范大学出版社,2000 年。

⑥ 张师诚:《一西自记年谱》,《北京图书馆藏珍本年谱丛刊》第 126 册,页 152—153。

⑦ 韩崶:《韩桂舲先生自订年谱》,《北京图书馆藏珍本年谱丛刊》第 120 册,页 590。

(1765—1832)则趁机奏请加强圆明园的防卫,云:"逆匪等于大内森严之地,尚敢肆厥猖狂,圆明园距禁城三十余里,不可不豫为之计。伏愿皇上端拱法宫之中,常警垂堂之戒,谦冲养德,敬畏答天。"①或因顾氏此奏,朝臣有"议修葺圆明园宫垣,加高培厚者",因太仆寺卿王引之(1766—1834)具疏切辨而罢。②当时朝中大员及各省封疆大吏,多有幕宾佐理翰墨章奏,或参与军政事务。③可以想见无论是内廷诸臣对这七分墨刻的"书以进御",还是封疆大吏的"具折陈谢",都可能对这些游幕之士有所影响,甚至或由他们捉刀代笔亦不无可能。这在无形中也促使士人关注和深入反思天理教事件。

三、乡会试与知识界对天理教事件的关注和记载

如前所述,天理教事件发生的嘉庆十八年癸酉是清廷例行乡试之年。这年顺天乡试的放榜时间为九月初十日。此次顺天乡试的与试总人数虽不得知,但嘉庆九年甲子科(1804)和道光二十六年丙午科(1846)顺天乡试的与试总人数,分别是8900余人和8270人。④这两科乡试均距嘉庆十八年不远,故由此推测此科顺天乡试的与试总人数应在八千人以上。由于天理教事件发生后的九月十五日傍晚到二十一日晨京师戒严,京城内、外大门关闭。这样一来,乡试得中者自然可能因准备明年春天的会试,留京或不急于离开京城而亲历天理教事件。落榜者则若未在发榜后五天内离开京城,亦因此后京师戒严而滞留京城。考虑到八千多人的应试规模,则留在京城亲历天理教事件的士子当不在少数,其对该科顺天乡试应试士子的影响亦可想见。是年秋在长沙获举拔贡,赴京准备参加下一科顺天乡试的魏源(1794—1857),后来便写有记载天理教事件的《嘉庆

---

①　汪喜孙:《大清中议大夫通政使司通政副使顾公行状》(1836),《汪孟慈集》卷4,杨晋龙主编《汪喜孙著作集》(上),页106;并参钱实甫:《清代职官年表》"学政年表",页2697,北京:中华书局,1980年。又,陈康祺《郎潜纪闻三笔》卷10"顾纯奏疏之敢言"条(北京:中华书局,1984年,页827),对此也有记载。

②　闵尔昌:《王伯申先生年谱》,《北京图书馆藏珍本年谱丛刊》第130册,页281。

③　尚小明:《学人游幕与清代学术》,页38—40,北京:社会科学文献出版社,1999年。

④　玉麟:《顺天乡试录后序》,《嘉庆九年甲子科顺天乡试录》,页73,嘉庆九年刻本;王夃槐:《丙午顺天乡试监试记》,《王文直公遗书》卷2,页12,光绪辛巳年中秋月刊印本。

畿辅靖变记》。①

　　如果说嘉庆十八年乡试使天理教事件对士人的直接影响,仅限于顺天籍考生和各省应试的贡监生。那么,次年举行的甲戌科会试,则使天理教事件的影响遍及全国各省的应试举子。会试在次年三月初九至十六日举行,由于这年多了一个闰二月,②所以很多人可能未像往年那样提前几个月或半年来京。③ 但由于天理教起义发生的直、鲁、豫三省交界地带,地属中原,是南方数省举子赴京的路经之地。加之起义在地方的最后平定是十二月初十日的滑县,且撤军工作到次年春才完成。故对南方数省赴京赶考的举子仍有影响:或避开战乱地区,防受侵扰;或趁机到这些地区了解战事经过。如徐保字(1786—1851)自归安县(属浙江湖州府)北上会试,就因"曹州余匪甫平",绕道而行,"就道山路"。④ 但盛大士则在赴京途中,特意路经兖州,"遇客从军中来者,详述山东、河南邪匪之乱",于是"援笔志其颠末",并作《豫东纪事诗六十二韵》,以"俾陈风者有所采焉"。其中"癸西秋九月,杀气盈中原。妖星三十丈,上犯北斗躔。曹县被蹂躏,定陶空城捐。河朔十数郡,岌岌累卵悬"等句,可考见赴试举子对天理教事件的关注。⑤

　　清代各届会试的与试总人数,据王德昭估算,约有七、八千人,如乾隆七年壬戌科(1742)会试,与试者共5993人。⑥ 不知是否因天理教事件的影响,嘉庆十九年甲戌科会试,应试者仅四千余人。⑦ 可以想见,去秋发生且导致当今"圣上"颁《罪己诏》的天理教事件,自然因其时事性、敏感性和特殊性,成为来京参加会试的各省举子的热门话题。盛大士著天理教之变始

　　① 李瑚:《魏源事迹系年》(增补本),载氏著《魏源研究》,页242、245,北京:朝华出版社,2002年;魏源:《圣武记》,页453—456,北京:中华书局,1987年。
　　② 钦天监编:《大清嘉庆十九年岁次甲戌时宪书》闰二月,无页码,嘉庆十八年武英殿刻本。
　　③ 如张际亮便称,因路途遥远,福建举子赴京会试,"多以冬行,以次年春至"。张际亮:《刘西堂诗序》,《张亨甫文集》卷2,页4,同治丁卯(1867)《张亨甫全集》刻本。
　　④ 徐保字:《阮邻自订年谱》,《北京图书馆藏珍本年谱丛刊》第139册,页151。
　　⑤ 盛大士:《豫东纪事诗六十二韵》,《蕴愫阁诗集》卷6,页5—6。
　　⑥ 王德昭:《清代科举制度研究》,北京:中华书局,1984年,页65;鄂尔泰:《壬戌会试录序》,张廷玉等辑:《皇清文颖》卷17,页10,《影印文渊阁四库全书》第1449册,总页676,台北:台湾商务印书馆,1987年。
　　⑦ 章煦:《嘉庆十九年甲戌科会试录前序》,《嘉庆十九年甲戌科会试录》卷首,嘉庆十九年刻本。

末的《靖逆记》，就因其参加此次会试，"及至京，询及林逆构乱，都人士言之甚详"，而"缀录所闻"，开始撰述。① 而该科殿试与天理教事件相关的策论命题，更使天理教事件成为全国士人关注的热点。四月二十一日，殿试策论，其中有一策云："《记》曰：'君子欲化民成俗，其必由学乎。'夫孝弟忠信、礼义廉耻，固有之良，尽人同具，彼民习闻正论，则奇衺之说，自不得而中之……正学兴，则邪说熄，官常肃，则庶民从。"②这显然是针对天理教事件而提出的，如何化民成俗、清除邪教等方面的问题。盛大士是年会试落第南归，有诗言及天理教事件与此次会试，云："雕虫词赋忝微名，潦倒崔瞻误此生。不解吹竽嗤抱瑟，有怀投笔学谈兵。春怜代北千花落，梦逐天南一雁征。齐豫即今销战甲，不愁戎马滞归程。"③

　　不仅如此，殿试对天理教事件的关注，一直持续到下科的二十二年丁丑科(1817)。该科殿试策论亦直接针对天理教事件，曰：

　　　　天地之大，枭鸾并育，稂莠不蔚，嘉禾不生。邪慝萌蘖之始，或结会敛钱，煽惑人心；或纠党斗很，武断乡曲，地方官及时治之，本不难于立时净尽。乃或畏其激变，姑息养奸，甚或闻之上司，而封疆大吏反以多事斥之。一味姑容，纵邪害正，官既不经理，民甘心顺从。以致受其害者，忍而不敢言。一旦煽动，为患甚大，非有司酿成之罪欤！保甲之制，所以弭患未萌，法至善也……或谓民之不法，或迫于不得已，或陷于不自知。然则开衣食之原，而明礼义之方，固自有其本欤！若是者，典学以成化，迪知以用贤，澄叙以励官常，纠诘以除民慝，保邦致治，莫要于是。多士稽古有素，且自田间来，见闻尤习，其各陈心得，以当先资，毋泛毋隐，毋摭陈言，朕将亲遴焉。④

这显然是对天理教事件后朝廷为根除"邪教"采取的诸多措施的总结。以

---

① 兰簃外史：《靖逆记》卷首，嘉庆庚辰春"正道堂"刻本。按："兰簃外史"为盛大士之号，见李浚之《清画家诗史》己上，页42，民国庚午(1930)刻本。

② 《清仁宗实录(四)》卷289，嘉庆十九年四月壬午，页957。

③ 盛大士：《礼闱试罢，下第南归，留别都中友人，即次毕子笃孝廉送别韵》，《蕴愫阁诗集》卷6，页12—13。

④ 《清仁宗实录(五)》卷329，嘉庆二十二年四月甲午，页337—338，北京：中华书局，1986年影印本。

这样的考题策试天下贡士,定其次第,所引发士人对天理教事件的关注,可想而知。这大概是嘉庆二十五年(1820)盛大士《靖逆记》初刻本问世后,当年即被多家书坊(至少三家)盗版、翻刻,成为当时热卖书的重要原因。[①]

朝廷政令和殿试策论有关天理教事件的反思和关注,虽未直接导致朝廷禁止士人议政相关法律的解禁,但却使士人藉机发表反思天理教事件的激烈言论甚至抨击朝政。如管同将《拟言风俗书》寄给朱桂桢时,曾藉"然议俗之说责难于君,使听者持子言而得祸则奈何"的疑惧来设问,说:"斯言也,同窃以为悖矣。古之直言得祸者,皆其值主不明而所遭有不幸也。当今天子仁恕恭俭,敬天爱民⋯⋯近者伏读官箴,则已窥见九重励精之意矣。"[②]可见朝廷政令对士人评议朝政的影响。士人议政之风,便在此夹缝中一度出现相当活跃的局面。

第四节　结语

以上我们首先从天理教事件发生期间,京城的天气状况着眼,逐日考察天理教事件发生后,消息在京师地区的传播以及因之产生的各种谣言,及其给当时处于历史未知之幕之人引发的恐慌。尤其是发现从事件发生

---

① 辛德勇:《盛大士〈靖逆记〉版本源流之判别》,《故宫博物院院刊》,2006 年第 2 期,页141—145。辛文提到三种刻本,俱题为嘉庆二十五年所刻。据称一种可能是盛大士的家刻本,也是另外两种刻本的祖本;另外两种都是坊刻本,一是"文盛堂"的坊刻本,另一种不是清楚何家所刻,但为嘉庆二十五年的坊刻本,则无疑。笔者在清华大学图书馆也找到三种刻本,一种内封面为黄色,顶镌"嘉庆庚辰春镌",中间题"靖逆记",左、右两侧皆空缺无文;另一种内封面缺失,但细验二书内容(尤其据辛文提供的卷五第一页前半页书影,页 144),均与辛先生所说的"甲本"同,卷二第四页"志宁"之"宁"字亦未改刻作"寍"。唯有内封面者纸张细腻,而无内封面者纸张粗糙。第三种内封面顶镌"嘉庆庚辰春镌",中间题"靖逆记",右侧有上款题"兰簃外史纂",左下角款题"正道堂梓"。据卷五第一页前半页的最后一字"土"字及点读情况,与辛文所说的乙本同,卷二第四页"志宁"之"宁"字亦未改刻作"寍"。根据辛先生对该书家刻本和坊刻本的分析,清图所藏的"正道堂"刻本,应是当时的坊刻本,另两种则可能是家刻本。又,辛文认为该书热卖的原因是,天理教事件"在当时朝野上下,引起极大震动,为社会各界所广泛关注","正因为关注这一事件的人为数众多,刻印此书足以牟利,故甫一面世,即有不止一种刻本出现"(页 142)。但《靖逆记》初刻本问世,据天理教事件发生已有七年,人们对此事的关注可能早已减退。就在初刻本问世的前一年,嘉庆帝还在山东巡抚程国仁《设法严缉习教从逆匪犯》的奏折上朱批称:"有天良之大臣,永不忘十八年之变,丧尽天良之辈,早已付之云烟之外。"(《清仁宗实录(五)》卷 358,嘉庆二十四年五月,页 733)可见当时多数人对此事早已淡忘。但《靖逆记》何以如此热卖?我想两次殿试策论对天理教事件的关注,应是不可忽略的重要因素。

② 管同,《与朱幹臣书》,《因寄轩文初集》卷 6,页 11—12。

的次日始,天气骤然变得阴沉,阴冷的天气一直延续到嘉庆帝回京的十九日,连续三天的大风,使京城气温骤降,十八日竟有冻死人的情况发生。可以想见天气的骤然变化,给京城早已惶恐万分的人们,增添的阴郁氛围。其后,随着起事首领林清被捕获和嘉庆帝的回京,京城秩序逐渐恢复,戒严五天的京城内外大门依次开放,进驻禁城的军队逐渐撤离,为期五天的挨家逐户的搜索亦业已停止。但天理教在地方的起义于十二月最终平定前,京师仍不时有谣言出现。

其次,从天理教事件的轰动效应,嘉庆帝为此特颁罪己诏的特殊方式,以及皇次子绵宁在禁城平叛中立首功晋封智亲王,透露出未来皇位继承人的敏感信息等,考察天理教消息在各地迅速传播及引起的各方关注。并通过朝廷诏谕的频繁颁布,例行乡会试的举行以及军队的调动、朝廷对关帝封号的变更等,考察天理教事件消息传播的不同渠道及其造成对事件的持续关注。尤其讨论广州和澳门等西洋传教士活动地区,天理教事件消息因之呈现的地方特色——事件由罗马天主教神父策划,及由此引起地方当局的追查。

最后,讨论士人对天理教事件的关注与反思,以及由此出现的士人对当下朝廷施政的议论和批评,进而清廷鉴于明亡而立的朝廷法度成为反思和变革对象。朝廷下诏求言等相关政令和两次殿试策论有关天理教事件的反思,使士人议政在此夹缝中出现相当活跃的局面。

其实,天理教事件之所以对朝野产生如此大的震撼,并引发士人评议朝政之风,另一重要原因是其引发的两种历史记忆:一是十年前刚刚结束的那场长达八年之久的川、陕、楚等五省白莲教起义,二是导致明亡的张献忠、李自成起义。关于前者,作为皇帝的嘉庆有天理教事件"较诸川陕教匪,似小而实大"的"御制"定论;[①]作为学者的陆继辂(1772—1834)则有"方川、楚奸民习教时,意在敛财而已,非有潜伏若斯之众也,非有内应如刘得财、杨进忠其人也"的比较、评论。[②] 对于后者,有从军事平叛的战略角度评论的布衣管同,称:"昔明末张、李之乱,有论事者略如是谋(即坚壁清野之策),而当时不能用,领兵者与贼浪战而已。"有追溯造成白莲教、天理

<hr />

① 嘉庆帝:《钦定平定教匪纪略·御制文》,托津等纂:《钦定平定教匪纪略》卷首,页15—16。
② 陆继辂:《山东曹州知府吴君阶墓志铭》,钱仪吉纂、靳斯标点:《碑传集》卷110,页3175。

教起义等宗教渊源的宗室昭梿:"近日陋伪,实皆起于明末之时。徐鸿儒数于山东烧香聚众,称白莲教,沿至嘉庆初年,三省教匪弄兵九载。其后京师复有林清之变,皆其流毒。"①这两种历史记忆,使天理教事件在当时产生的影响,远远超出事件本身的历史实际。故对于天理教事件的反思,也溢出其本身应有的范围,广泛涉及政治、社会、学术、风俗和思想等各个领域,影响到清中叶历史的方方面面。凡此种种,都值得我们做进一步的探讨。

---

① 管同:《上方制军论平贼事宜书》,《因寄轩文初集》卷 6,页 7;昭梿:《啸亭续录》卷 5"明末风俗"条,页 512。

第三章　天理教事件与清中叶的吏治整顿

　　乾嘉之际是清朝由盛转衰的重大转折。仅以清代"武功"而论,以湘黔苗民起义和川楚白莲教起义为标志,此前在边疆四裔开疆拓土的征服战争,此时已演变为对帝国统治腹地民变的军事镇压,而促成这一转变的关键因素之一,则是乾隆后期尤其是和珅专政时期日益严峻的吏治腐败。[①]故长期以来,以嘉庆亲政和和珅案为契机的吏治整顿,便成为清中叶历史研究的热点话题,甚至将其视为清廷为挽救衰世到来而做的最大努力。[②]

　　但回到历史实际,我们却发现嘉庆亲政初的这场吏治整顿,实际上并未真正展开,尽管它是时代的迫切要求。真正大规模吏治整顿的展开,且试图对帝国统治秩序做全面调整,已在嘉庆亲政的十四年之后。嘉庆十八年(1813)秋爆发的七十余名天理教教徒进攻紫禁城的天理教事件,引发了一场为期两年的吏治整顿,嘉庆帝并为此提出"中兴之治"的目标,这不仅是嘉庆朝唯一的一次全面吏治整顿,也是对乾隆末年以来吏治问题的全面振刷整肃。而所谓"中兴",无疑是对当下已处衰世的变相默认,也是清帝对本朝由盛转衰的首次惊觉。

　　然而这场由天理教事件引发的帝国统治秩序的调整及其对清代由盛到衰转折的影响,现有研究却鲜有涉及。为此,本章将首先就和珅案与朝野舆论呼吁下嘉庆亲政初的吏治整顿作概括讨论,然后重点探讨天理教事件与嘉庆帝为此全面展开的吏治整顿,最后将这场吏治整顿置于雍正初年整饬吏治的背景下,讨论其成效、士林舆论的反应及其在思想史上的意义。

---

　　① 　参见萧一山:《清代通史》卷中,页 209—227,241—254,北京:中华书局,1986 年。
　　② 　主要成果参见刘绍春:《乾嘉交替和嘉庆皇帝挽救"盛世"的努力》,页 24—60,中国人民大学硕士学位论文,1991 年 5 月;李尚英:《嘉庆亲政》,《故宫博物院院刊》1992 年第 2 期,页 40—44;张玉芬:《论嘉庆初年的"咸与维新"》,《清史研究》1992 年第 4 期,页 49—54;关文发:《嘉庆帝》,页 59—114,228—261,长春:吉林文史出版社,1993 年;张玉芬:《嘉庆朝政述评》,《明清论丛》第 1 辑,页 218—222,北京:紫禁城出版社,1999 年;陈连营:《危机与选择——嘉庆帝统治政策研究》,页 24—49,中国人民大学博士学位论文,1999 年 5 月;张玉芬主编:《清朝通史·嘉庆朝分卷》,页 34—182,199—282,北京:紫禁城出版社,2003 年;刘朝辉:《嘉庆四年改革初探》,《兰州学刊》2006 年第 2 期,页 56—57。

第一节　和珅案与嘉庆亲政初朝野呼吁下的吏治整顿

乾隆晚期以来日益严峻的吏治腐败,已严重威胁到帝国的现实统治,嘉庆初爆发的川楚白莲教起义即以"官逼民反"为号召。但嘉庆在即位前三年,因实权仍掌握在乾隆之手,未能有所作为。嘉庆四年(1799)正月,帝亲政初以雷霆之势杀和珅、抄家产,给人以极大鼓舞,朝野舆论也出现了振刷整饬吏治的呼声。

是年五月前后,章学诚上书朝中元老重臣、东阁大学士王杰(1725—1805),言当下朝廷施政的三大要务为"教匪"、亏空与吏治,称:"亏空之与教匪,皆缘吏治不修而起,故但以吏治为急,而二者可以抵掌定也。"①以振刷吏治为第一要务,且言当下之弊与康熙末年极为相似,应效法雍正帝整饬官方,云:"高宗如天之仁,而乾隆末年略似康熙末年。我皇上于祖述列圣之中,尤宜效法皇祖宪皇帝之所为","所谓整饬吏治,乃除一切极弊……非如雍正年间,荡涤振刷,则不可以弭寇患也"。②

如所周知,嘉庆这位谥号为"宪"的皇祖雍正,在清室列皇中以治法严厉著称。乾嘉之交,士林已有治法尚严还是尚宽的讨论。乾隆五十九年(1794),汪德钺(1748—1808)以时任安徽巡抚的朱珪(1731—1806)为政宽大,上书朱氏,称:"今日宜如子产之治郑,不宜如曹参之治齐;宜如蜀相之诸葛武侯,不宜如东海相之刘宽",主张治体严猛。③ 嘉庆亲政初诛杀和珅的一鸣惊人之举,无疑给朝野关注的新朝施政"从严"还是"尚宽"的讨论以新刺激。　　　　　　　　　　　　　　　　　　　　　．

---

① 章学诚:《上执政论时务书》,《章学诚遗书》卷 29,页 328,北京:文物出版社,1985 年。并参王钟翰点校:《清史列传》卷 26《王杰传》,页 1992—1994,北京:中华书局,1987 年;钱实甫:《清代职官年表》,页 76,北京:中华书局,1980 年。

② 章学诚:《上韩城相公书》、《再上韩城相公书》,《章学诚遗书》卷 29,页 329。按:是年五月,章学诚复函尹壮图(1738—1808)时谈及三上书于王杰事(《上尹楚珍阁学书》,《章学诚遗书》卷 29,页 330),则其上书当在此前。

③ 汪德钺:《抚军论》,《四一居士文钞》卷 4,页 14,嘉庆间活字印本。据文中"今大兴朱公之巡抚安徽也,五年于兹"语,考知此文写作时间。考朱珪平生共两任安徽巡抚,一为乾隆五十五至五十九年,一为嘉庆元年至嘉庆四年正月(朱锡经:《南厓府君》卷上,页 8—20,27—32;卷下,页 1,朱珪《知足斋文集》附,嘉庆九年阮元刻增修本),因第二任未满五年,故知此文作于第一任内,时为乾隆五十九年。

时内召回京的嘉庆帝师傅朱珪与两位翰林院编修张惠言(1761—1802)、洪亮吉(1746—1809)有过一次关于治体的论争,张、洪二人且"于广坐诤之":"文正言,天子当以宽大得民;皋文言,国家承平百余年,至仁涵育,远出汉、唐、宋之上,吏民习于宽大,故奸孽萌芽其间,宜大伸罚,以肃为外之政。文正言,天子当优有过大臣;皋文言,庸猥之辈,幸致通显,复坏朝廷法度,惜全之当何所用? 文正喜进淹雅之士;皋文言,当进内治官府、外治疆埸者。"①

但不知出于稳定政局的考虑,还是受乃师朱珪"政体宽大"观念的影响,嘉庆帝办理完和珅案后,并未对吏治问题彻加整饬。他接受起义者"官逼民反"的口号,却将吏治问题归罪于和珅一人,称和珅死后,"大憝已云,纲纪肃清,下情无不上达"。② 不仅如此,嘉庆亲自办理几起案件和朱笔批示的折件,还透露出其治体尚宽的迹象,而这恰与朝野那种施政从严的期待相反。

嘉庆四年六月,江苏监生周硕具折言事,遭帝驳斥,其中一款就是"欲变乱旧章,以峻法绳人,以操切为政",言其"不切时要",特因广开言路而未治其罪。③ 八月,54岁的翰林院编修洪亮吉上书,称今日图治之策应效法雍正帝严明为政,云:"今日皇上当先法宪皇帝之严明,使吏治肃而民乐生,然后法仁皇帝之宽仁,以转移风俗,则文武一张一弛之道也。"极言"国法之宽,及诸臣之不畏国法,未有如今日之甚者!"称"吏治一日不肃,则民一日不聊生,民一日不聊生,而欲天下之臻于至治不可得"。④ 但这一献策却极大触怒了嘉庆帝,被斥作"以小臣妄测高深,意存轩轾,狂谬已极!"洪氏本人在上书次日即被革职下狱,由军机大臣会同刑部会审,以大不敬罪被拟

---

① 恽敬:《张编修惠言墓志铭》,钱仪吉纂、靳斯标点《碑传集》卷51,页1462。按:朱、张论治的这一差异,颇受后人关注,梁章钜《浪迹丛谈》卷1"张皋文编修"条(北京:中华书局,1981年,页8—9)、陈康祺《浪潜纪闻二笔》卷7"朱张议论治体之不同"条(北京:中华书局,1984年,页455—457)都有记载。

② 《清仁宗实录(一)》卷38,嘉庆四年正月己卯,页439。

③ 嘉庆四年六月十七日上谕,中国第一历史档案馆编:《嘉庆道光两朝上谕档》第4册,页212,桂林:广西师范大学出版社,2000年;《清仁宗实录(一)》卷47,嘉庆四年六月甲辰,页576—577。

④ 洪亮吉:《乞假将归留别成亲王极言时政启》,《卷施阁文甲集》续卷,刘德权点校《洪亮吉集》第一册,页228—230,北京:中华书局,2001年。

斩决,后从宽免死,充军伊犁。① 此案无疑是对那些主张施政从严言论的当头棒喝。

十一月,嘉庆又因诸臣有以"政务近宽"而规请"宜加严厉"者,颁谕辩称"实未尝豫存从严从宽成见",言"体天出治,刑赏温肃……务在持平",令诸臣"不可心存揣测,以朕一事宽办,即相率而务从宽;一事严办,复相率而务从严"。尽管如此,但从谕旨中朱笔增改其赐死和珅乃"实非得已,颇觉已甚"的解释看(原作"觉此案已属严办"),嘉庆帝本就没有施政从严的意图或决心。② 因虽云"务在持平",但宽严之间,总须有一倾斜,尤其是面临当下严重的统治积弊。

十二月,嘉庆帝又藉国子监祭酒法式善是年春间条奏中有"亲政维新"之语,将其解任、讯问,且厉称:"朕以皇考之心为心,以皇考之政为政,率循旧章,恒恐不及,有何维新之处!"③从而彻底打消了嘉庆亲政后朝野上下那种殷盼变革更法,振刷吏治的冀望和期许。

故长期以来备受学界关注的嘉庆四年以新皇亲政与和珅案为中心的吏治整顿,其效果或许真如有的研究者所说,只不过是"把和珅的老朋友,换成了原来反对过他的人",换言之,即为小规模的宫廷政变而已。④

此后两年间,嘉庆虽几次下旨整饬吏治,但仍未有全面的振刷、澄清。⑤ 不过,和珅抄家被杀毕竟起到一定的震慑作用,故在嘉庆亲政后的十余年间,贪污腐败已不是主要的吏治问题。相反,官吏的因循疲顽、不任事更让人担忧。

嘉庆十年(1805)四月,嘉庆帝在给他的"心腹之臣"、时任直隶总督颜检(1757—1832)的谕旨中说:"方今中外吏治,贪墨者少,疲玩者多,总尚因

---

① 《清仁宗实录(一)》卷50,嘉庆四年八月癸丑、辛亥,页640—641、637。

② 嘉庆四年十一月十七日上谕,中国第一历史档案馆编:《嘉庆道光两朝上谕档》第4册,页469,桂林:广西师范大学出版社,2000年;《清仁宗实录(一)》卷55,嘉庆四年十一月辛未,页706—707。

③ 嘉庆四年十二月初一日上谕,中国第一历史档案馆编:《嘉庆道光两朝上谕档》第4册,页501—502,《清仁宗实录(一)》卷56,嘉庆四年十二月甲申,页721—722。

④ 费正清、刘广京编:《剑桥中国晚清史(1800—1911)》上卷,页109,北京:中国社会科学出版社,2007年。

⑤ 《清仁宗实录(一)》卷55,嘉庆四年十一月戊寅;卷61,嘉庆五年十一月丙申;卷76,嘉庆五年三月丁巳;页713—714、811—812、1024—1025。并参李尚英:《嘉庆亲政》,《故宫博物院院刊》1992年第2期,页40—44。

循，每多观望。大臣不肯实心，惟恐朕斥其专擅；小官从而效尤，仅知自保身家。此实国家之隐忧，不可不加整顿。"①而是年七月，嘉庆帝即位后首次亲赴盛京举行谒陵大典的途中遭遇，更让他亲自领教到地方官的因循、疲顽已是何种程度。行宫文殊庵至中前所大营的御道，因前夜微雨，自出山海关后便"泥泞难行"，因无民夫在场修治，竟由时任盛京将军的富俊亲自扫除平垫，经询问该将军及盛京侍郎、奉天府府尹等各级官员，竟俱称"民夫雇集维艰"，且"呼应不灵"。而管辖该地的长官宁远州知州克星额亦藉口"赶赴前途查看道路"，未在宫门恭候接驾。对此，嘉庆汲为震怒，斥称"外省州县遇有上官过境，犹知出候送迎"，何况今上亲临？至藉口民夫呼应不灵，"殊不思民不听令，则焉用官为？尚安望其能化民成俗耶？"言："此等信口搪塞之词，罔顾急公奉上之义，太不成话！"②

尽管这次痛切领略到"地方大小官吏平素诸务废弛，甚至车驾经临，亦复怠缓从事"的吏治问题，但嘉庆并未因此痛下决心，展开全面整肃。其时他即位那年爆发的蔓延五省、长达八年的川楚白莲教起义已经平定，闽浙粤"海寇"的军事"平叛"也有了相当大的起色。其亲赴盛京的谒陵之举，也正是向清室列祖和天下臣民夸炫平叛致治的武功。这年嘉庆46岁，与乃祖雍正即位时的45岁相仿。他亲政时朝中权臣擅权、地方"邪教""叛乱"等令其处处掣肘的政局亦不复存在，此时的嘉庆皇帝不但已经掌握了帝国的绝对权力，且通过杀权臣、平"叛乱"等，树立起相当的个人权威。但他未像乃祖雍正那样，全面振刷吏治，则是缘于其对历代中叶之主不甘做守成之君，变革更法导致"家国板荡"有着深刻的警惕。

嘉庆十六年（1811），帝亲撰御制《守成论》便集中说明了这一点。他反思汉、唐、宋、明中衰之故，称皆因中叶之主"不思开创艰难，自作聪明，妄更成法"，"人君心存改革，即有贪功幸进之臣，从而怂恿，纷纭更易，多设科条"，导致"旧章全失，新法无成，家国板荡"。表示甘为守成之主，"敬守成宪"，使"丕基至于万世"。即使其间有"一二庸碌官僚因循怠玩"，但只要皇帝以身作则，"宵旰勤求，殚心修复"，就不成问题。在他看来，朝廷施政大

① 《清仁宗实录（二）》卷142，嘉庆十年四月，页953。
② 《清仁宗实录（二）》卷147，嘉庆十年七月己卯，页1025—1026。

旨就是"勤修欲废之章程，莫为无益之新图"，并再三告诫"成法不变不坏，屡更屡敝，徒自贻戚"，称"守成二字所系至重……大本在是"。①

　　基于这种认识，无论是在亲政之初，还是政局稳定后，嘉庆都极为警惕所谓的变革，故无论对朝臣疏奏中的"咸与维新"之语，还是建议取法乃祖施政从严的建议，都深恶痛绝，认为这是变乱朝纲，导致国家危亡的秕政。但嘉庆十八年发生的七十余名天理教教徒的进攻皇宫之举，却使这位矢志守成的君主，亲自发动和主持了政治、文化、社会控制等各方面的变革，对统治政策做全方位调整，在吏治整顿方面甚至提出"中兴之治"的目标。

第二节　《遇变罪己诏》：天理教事件与吏治整顿的重提

　　嘉庆十八年九月十五日发生的七十余名天理教徒进攻紫禁城的天理教事件，在农民战争史的研究模式中，无论是起义规模、组织纲领，还是阶级斗争所达到的"层次"，都无法与此前的川陕楚白莲教起义和此后的太平天国起义相比。② 但它对朝野的震撼，却远远超出事件本身。

　　九月十七日，亦即嘉庆帝获悉天理教事件发生的次日，銮驾行抵烟郊行宫，帝颁《朱笔遇变罪己诏》。这可是大清开国以来，第一道以"罪己"命名的诏书，虽说有"禹汤罪己，其兴也悖（勃）焉；桀纣罪人，其亡也忽焉"的古训，③ 也有唐德宗那样的成功先例，但揆诸元明两代亡国之君（元顺帝、崇祯帝）的哀诏罪己，这道承平之世的《罪己诏》，却更让人深切感受到天理教事件对朝局的震撼与嘉庆帝本人的悲愤。而细绎此诏内容，则所言皆为八年前已视作"国家隐忧"的官员不任事和因循疲顽的吏治问题，兹引全文如下：

　　　　朕以凉德，仰承皇考付托，兢兢业业十有八年，不敢暇豫。即位

---

　　① 嘉庆帝：《御制守成论》，《御制文二集》卷9，页12—14，故宫博物院编：《故宫珍本丛刊》第580册影印嘉庆间武英殿刻本，页190—191，海口：海南出版社，2000年。

　　② 参见孟森：《清史讲义》，页361—366，北京：中华书局，2006年；Susan Naquin, Millenarian Rebellion in China: The Eight Trigrams Uprising of 1813, New Haven: Yale University Press, 1976；马西沙：《清代八卦教》，北京：中国人民大学出版社，1989年；李尚英：《紫禁城之变》，北京：紫禁城出版社，1990年；李尚英：《清代政治与民间宗教》，北京：中国工人出版社，2002年。

　　③ 《左传·庄公十一年》，杭州：浙江古籍出版社1998年影印阮刻本《十三经注疏》，页1770。

初,白莲教煽乱四省,黎民遭劫,惨不忍言。命将出师,八年始定。方期与吾赤子永乐升平,忽于九月初六日,河南滑县又起天理教匪,由直隶长垣至山东曹县,亟命总督温承惠率兵剿办。然此事究在千里之外,猝于九月十五日变生肘腋,祸起萧墙,天理教逆匪七十余众,犯禁门,入大内,戕害兵役。进宫四贼,立即捆缚,有执旗上墙三贼,欲入养心门,朕之皇次子亲执鸟枪,连毙二贼,贝勒绵志续击一贼,始行退下。大内平定,实皇次子之力也。隆宗门外诸王大臣督率鸟枪兵,竭二日一夜之力剿捕,搜拿净尽矣。

我清一百七十年以来,定鼎燕京,列祖列宗深仁厚泽,爱民如子,圣德仁心,奚能缕述。朕虽未能仰绍爱民之实政,亦无害民之虐事,突遭此变,实不可解。总缘德凉衍积,唯自责耳。然变起一时,祸积有日。当今大弊,在"因循怠玩"四字,实中外之所同。朕虽再三告诫,舌敝唇焦,奈诸臣未能领会,悠忽为政,以酿成汉、唐、宋、明未有之事,较之明季梃击一案,何啻倍蓰! 思及此,实不忍再言矣。予唯返躬修省,改过正心,上答天慈,下释民怨。诸臣若愿为大清国之忠良,则当赤心为国,竭力尽心,匡朕之咎,移民之俗。若自甘卑鄙,则当挂冠致仕,了此一身,切勿尸禄保位,益增朕罪。笔随泪洒,通谕知之。①

诏书首言:"朕以凉德,仰承皇考付托,兢兢业业十有八年,不敢暇豫。即位初,白莲教煽乱四省,黎民遭劫,惨不忍言。命将出师,八年始定。"这分明是功绩,不是过错。次云"朕虽未能仰绍爱民之实政,亦无害民之虐事",前者显然是托辞,后面才是实话,但仍不是罪责。但何以导致教匪进攻紫禁城? 他的解释是"突遭此变,实不可解"的困惑。然更令他愤懑的是,禁门之变所以能很快平定,竟是因绵宁以皇子之尊"亲执鸟枪,连毙二贼",王公大臣何在? 诏书中毫不掩饰对这位皇次子的赞赏,称:"大内平定,实皇次子之力也。"言下之意则是切责文武官员的不作为。接下来便直斥群臣,言:"当今大弊,在'因循怠玩'四字,实中外之所同。朕虽再三告诫,舌敝唇焦,奈诸臣未能领会,悠忽为政,以酿成汉、唐、宋、明未有之事,

① 中国第一历史档案馆编:《嘉庆帝起居注》第17册,嘉庆十八年九月十八日辛巳,页348—349,桂林:广西师范大学出版社,2006年;《清仁宗实录(四)》卷274,嘉庆十八年九月庚辰,页722—723。

较之明季梃击一案，何啻倍蓰！思及此，实不忍再言矣！"

虽云"不忍再言"，但天理教事件的酿成，在嘉庆看来群臣咎责难逃。故此"罪己诏"，名为"罪朕躬"，实则"罪群臣"。终于在九月二十日，即銮驾自烟郊返宫次日，嘉庆在乾清宫召见诸皇子及王公大臣等"面加训谕"，痛言："我大清以前何等强盛，今乃致有此事！"直称："近日诸大臣因循怠玩，有为朕宣劳者，众必阴挤杀之！以致有此大变！"①且云："寇贼叛逆，何代无之？今事起仓猝，扰及宫禁，传之道路，骇人听闻，非朕之凉德何以致此！但诸王大臣同国休戚，今使皇子亲执火器御贼于禁御之中，诸臣其何以为颜？返而思之，更何以为心乎！"②

在此训谕中，嘉庆将此"因循怠玩"的吏治问题，归结为："平日文恬武嬉，事至则措置失宜，事过则泄沓如故。"对此，他表示要根究"致患之源"，称："祸变之来，必有由致，不究其本，患将未已。"谕令诸王公大臣及各言官："如能洞见致患之原，官常吏治有亟须整饬修明者，各据所知，剀切直陈，朕必衷而行之！"③

为表达振刷吏治的决心和诚意，嘉庆在颁谕当天就对最高权力中枢做了清整，斥退六位大学士中的两位和六部中的一位尚书——文渊阁大学士庆桂（1735—1816）、体仁阁大学士刘权之（1739—1818）和礼部尚书王懿修（1736—1816），称："古人七十致仕，虽平素才猷素卓越者，精力就衰，即不肯贻消素餐。况才具素本中平，年齿既迈，仍居高位，其职守所在，悉属旷瘰，而贤路转因而阻塞。现当整饬纪纲之时，当先行于贵近。"④如果加上九月十六日被革的工部尚书吉纶，九月十七日降调的协办大学士、吏部尚书邹炳泰，到此时在天理教事件发生五天内，当朝六位大学士中三位被革斥，十三位尚书中（加理藩院尚书）三位被降革，⑤其力度不可谓不大。次日，又革退一位亲王，以定亲王绵恩"年近七旬，临事亦无主见"，革御前大臣、

① 昭梿：《啸亭杂录》卷 6"癸酉之变"，页 168—169，北京：中华书局，1980 年。
② 托津等纂：《钦定平定教匪纪略》卷 4，页 1、19—20；《清仁宗实录（四）》卷 274，嘉庆十八年九月癸未，页 730。
③ 托津等纂：《钦定平定教匪纪略》卷 4，页 1、19—20；《清仁宗实录（四）》卷 274，嘉庆十八年九月癸未，页 730。
④ 嘉庆十八年九月二十日上谕，中国第一历史档案馆编：《嘉庆道光两朝上谕档》第 18 册，页 319，桂林：广西师范大学出版社，2000 年；《清仁宗实录（四）》卷 274，嘉庆十八年九月癸未，页731—732。
⑤ 参见钱实甫：《清代职官年表》，页 83、263。

领侍卫内大臣。①此后嘉庆帝对吏治的整顿真可谓尽心竭力,软硬兼施。

　　九月二十三日,帝于丰泽园亲讯林清、刘进亭,太监刘得财、刘金等犯,并将其全部凌迟处死,林清首级被传示于直隶、河南、山东天理"教匪"滋扰地方。② 次日,因届嘉庆寿辰(十月初六日),按定例自十月初三至初九日应俱穿蟒袍补褂,生日御正大光明殿受贺,帝因"今岁突遇此祸,若仍照常年典礼而行,朕实无颜受贺……今酌省繁文,副予警惕之念",特颁《酌减令节礼仪谕》,称:

　　　　逆匪突入禁城,实非常之大变……此正我君臣卧薪尝胆之日,永怀安不忘危之念,励精图治,夙夜在公,庶几补救前非,仰承天眷。③

上谕竟引卧薪尝胆事自况,可见天理教事件对他而言是何等奇耻大辱! 而其"励精图治"之举,则尤其表现在整饬吏治上。次日,上御乾清门听政,礼亲王昭梿等奏酌减后的万寿节礼仪,帝虽"勉从所请",但仍表示"实深愧愤",且谆谆告诫说:"愿诸王大臣清夜扪心,究竟欲作何等人? 成何等事业? 三思而行,勿甘暴弃,朕亦无颜渎告矣。"④

　　九月二十七日,嘉庆又颁朱笔《尽心竭力仰报天恩谕》,专从吏治方面反思天理教事件的发生,称:"九月十五日之变,史册所无。我君臣相率怠玩于平时,方罹此重罚。"而此"怠玩"痼疾则是臣子们"只知私家为重,国事为轻",而这正是导致天理教事件发生的重要原因:"邪教之起,匪伊朝夕,操刀犯阙,诡计有年,州县惧干处分,隐忍姑容,养痈贻患,至于如此。"对这种不任事之风,谕旨中描述说:"试问地方大小官员何国之人,则曰大清国之人也。问其禄,则曰君上所赐也。问其职守,则曰我不知也,或曰与我何涉也。朕用是寒心。"最后,嘉庆以近乎苦肉计的方式,自称是"本无才德之主",以激励臣子:"诸臣各尽乃心,各竭乃力,办实事与朕看,庶几仰

　　① 《清仁宗实录(四)》卷274,嘉庆十八年九月甲申,页734。
　　② 托津等纂:《钦定平定教匪纪略》卷5,页24;《清仁宗实录(四)》卷275,嘉庆十八年九月丙戌,页738。
　　③ 中国第一历史档案馆编:《嘉庆帝起居注》第17册,页368;《清仁宗实录(四)》卷275,嘉庆十八年九月丁亥,页742—743。
　　④ 《清仁宗实录(四)》卷275,嘉庆十八年九月戊子,页743。

答天恩，转祸为福，在此寸心耳。勉听朕言，愿同朕志，特谕中外文武知之。"①

十月三日，嘉庆帝再颁朱笔《报天恩、肃吏治、修武备谕》，指责官吏们"私心太重，以致吏治不肃"，言："大吏待属员，明以奔竞为才能，暗以苞苴定高下。一遇公务，彼此推诿，各顾处分，上下回护，所办无实政，所议皆游辞。良知泯而利心深，恋人爵而轻天爵。小事吹毛以求疵，大事养痈而贻患。丛脞疲玩，怠惰因循，吏治之坏，至今极矣。"这与天理教事件的发生密不可分："逆贼窃视官庸吏玩，至于如此，有何畏惮顾忌乎？始则敛钱聚众，官吏不办；终则揭竿肆逆，官吏不知。"

对此，嘉庆自责说："朕无知人之明，乏驭世之才，屡申劝诫，徒费苦心，依违迁就，习与性成。事前则漫无觉察，临事则张皇失措，事后仍漠不关心，皆朕不德之所致也。"不过，这种自责听来更像是对臣子们"因循怠顽"积习的耳提面命，因为下文还有"切勿视此朱谕，又不领会，相率颂扬，具折了事，真不知朕之苦心矣"的剀切劝谕。尽管如此，即使在这种自责的背后，嘉庆仍不掩其代他人受过的怨怼和愤懑，他抱怨说："为君难，至朕尤难！为臣不易，诸臣未必能留意体会，亦太觉容易矣！"与六天前勉励君臣矢志同心的谕旨相比，这次他把希望寄托给上天："惟祈上天启迪渺躬，用股肱心膂之臣，同心协力，挽回污俗，庶几补救于万一耳。"②从中不难看出嘉庆帝先前对臣子们鼓励有嘉的心情，现在变成了抱怨、责骂，其情绪之焦躁、难忍亦赫然可见。

针对吏治方面导致天理教发生的这些"因循怠顽"之弊，嘉庆帝决定彻加整肃，"力除此弊"。这时，九月二十日的下诏求言之举，也得到了回应。十月，48 岁的两广总督蒋攸铦（1766—1830）奏《察吏之要》，主张从州县、督抚两个层次整饬地方吏治，略云：

> 苟且目前，规避处分，以致水懦民玩，酿成乱逆。此因循怠玩之弊，咎在州县；而表率无方，劝惩不力，则督抚藩臬道府之责尤重，其咎尤深。欲防乱于未然，首在甄别道府州县，近日州县贪酷者尚少，而委

---

① 《清仁宗实录（四）》卷 275，嘉庆十八年九月庚寅，页 747。
② 《清仁宗实录（四）》卷 276，嘉庆十八年十月丙申，页 758—759。

摩者甚多……甚或以阘冗者为安详,勤干者为多事,黑白不分,是非倒置……夫阘冗之患与贪酷等,臣愚以为目前急务莫先于察吏,而欲振相沿之聋聩,当用破格之劝惩。凡贪酷者固应严参,平庸者随时勒休改用,不必俟计典之年始行核办。其有守有为,勤能爱民者,即密奏请旨优奖,以为之劝。道府得人则州县治,州县得人则闾阎安,将祸乱之萌自消,太平之福可致矣。①

嘉庆非常赏识此奏中"欲振相沿之聋聩,当用破格之劝惩,凡贪酷者固应严参,平庸者随时勒休改用,不必俟计典之年始行核办"等建议,朱笔批谕:"最要!……已通谕直省矣。此系非常大变! 总由因循而成,朕力除此弊,必期振作,知人安民,洵至言也。"②

　　这一全面甄别道府州县等各级官吏的行动,在全国各地陆续展开,并持续至十九年。③ 然而就在嘉庆帝频发诏谕,大力整饬地方吏治时,朝中又发生了一件让他极为恼火的事,使他更注意朝廷内部的整顿。十一月十二日,嘉庆帝引见新授内阁侍读学士汪镛,却发现此人"老迈龙钟,两耳重听,询其年岁履历,不能奏对,惟免冠叩首,流泪战慄而已"。颁谕怒斥:"此等庸劣无能之辈,何以姑容至今,贻误公事。汪镛著以六品主事衔休致……户部堂官俱交部议处,以为徇庇劣员者戒。"同时全面整顿朝廷内部吏治,要求"诸臣各发天良",对宗人府、六部各堂官衙门及内务府三院各处官吏,"严行甄别,汰去衰庸"。④ 四天后(十六日),嘉庆又藉此事通谕各省督抚甄别道府州县各级官员,据实劾参"衰颓庸劣"者,所遗之缺则由该督抚具奏"贤能之员",且"即与例未符,朕自能鉴别,加恩允准"。⑤ 二十二日,又因御史王嘉栋之奏,再次通饬各督抚"先将所属藩臬两司详加查核……著据实密奏,候朕鉴别",并命督抚藩臬公同甄别"道府州县丞倅佐贰以及候补

---

① 蒋攸铦撰、蒋霨远附注:《绳枢斋年谱》,《北京图书馆藏珍本年谱丛刊》第130册,页74—75。
② 《清仁宗实录(四)》卷277,嘉庆十八年十月,页789;蒋攸铦:《绳枢斋年谱》,《北京图书馆藏珍本年谱丛刊》第130册,页75。
③ 中国第一历史档案馆编:《嘉庆道光两朝上谕档》第19册,页33,86,88—89,141,374。
④ 嘉庆十八年十一月十二日奉朱谕,中国第一历史档案馆编:《嘉庆道光两朝上谕档》第18册,页376;《清仁宗实录(四)》卷278,嘉庆十八年十一月乙亥,页798。
⑤ 嘉庆十八年十一月十六日上谕,中国第一历史档案馆编:《嘉庆道光两朝上谕档》第18册,页385;《清仁宗实录(四)》卷279,嘉庆十八年十一月己卯,页802—803。

人员"，"如有不称职者，分别降革勒休，毋任恋栈，不必俟三年大计"。①

在整饬吏治的同时，嘉庆更从官吏的任命程序上根除地方上的"邪教"。十一月二十七日，嘉庆谕令各直省州县官到任后，须先周历村庄，稽查境内有无"邪教"，略云："各省邪教之起，其始止于烧香拜会，聚众敛钱，或由数人至数十人，多亦不过百余人，地方官一经访闻，随时拿获，按律惩办，邪说自可渐熄。无如州县因循怠玩，于所属村镇匪徒，夜聚昼散，传教授徒等事，俱视为故常，不加究诘。久之，奸民徒党聚多，潜怀悖乱，养痈滋蔓，贻害至不可胜言……著再通行申谕，嗣后各直省州县官到任后，先周历村庄，稽查保甲，将境内有无邪教，申报该管上司。如访有萌蘖，立即查拿究办，毋稍玩泄。"②

十二月初五日，嘉庆又命一二品文武大臣仿嘉庆四年亲政之例，密荐贤能，称："国家求治之道，所宝惟贤……现当整饬纲纪之时，尤当博选贤能，共襄治理。著通谕满汉文武一二品大臣，各举所知，必灼见为才品卓越，有守有为者，密疏所长……用负朕登崇俊良至意。"③这是继九月二十日斥退旧臣后的又一"布新"之举，也是继嘉庆亲政后近十五年中仅有的一次大规模举荐贤能。此举本是清帝登极或亲政时的例行之举，这次竟是为了解决持续不到一天半的天理教事件所暴露的吏治问题。于此可见天理教事件对朝局的震撼、影响之大，亦可见嘉庆彻底振刷吏治的决心。

十二月十二日亥时（21—23时），嘉庆接那彦成等六百里急奏，言本月十日攻克复滑县，因此前山东曹州、定陶、直隶开州、东明、长垣等地的天理教起义已被相继镇压，至此天理教起义全部平定。然而清廷为此展开的吏治整顿，却并未因此停止。

第三节　"中兴之治"：天理教起义后清廷的吏治整顿

如果说镇压天理教起义期间的吏治整顿，还让人怀疑是清廷为配合军

---

① 嘉庆十八年十一月二十二日上谕，中国第一历史档案馆编：《嘉庆道光两朝上谕档》第18册，页396；《清仁宗实录（四）》卷279，嘉庆十八年十一月乙酉，页808—809。

② 中国第一历史档案馆编：《嘉庆帝起居注》第17册，页535—536；《清仁宗实录（四）》卷279，嘉庆十八年十一月庚寅，页813—814。

③ 嘉庆十八年十二月初五日上谕，中国第一历史档案馆编：《嘉庆道光两朝上谕档》第18册，页407；《清仁宗实录（四）》卷280，嘉庆十八年十二月戊戌，页821。

事平叛挽回人心采取的权宜之计，那么天理教起义平定后嘉庆帝整饬吏治的作为，则显示出他彻底振刷吏治的决心和诚意。十二月二十四日，嘉庆连颁三道御制谕旨——《致变之源说》《原教》《行实政论》，全面反思天理教起义的原因及为根除"邪教""叛乱"之源，所应采取的澄清吏治等各种措施和朝廷此后的施政方针。①

在《御制行实政论》中，嘉庆黾勉诸王大臣"以实心行实政"，实现"中兴之治"，言："季秋禁城之变，非浮言泛论所能弭，必以实心行实政，庶几补救于万一也。"而所谓"中兴"，无疑是对当下已处衰世的变相默认，也是清帝对本朝由盛转衰的首次觉醒。

与镇压天理教起义期间颁布的那些整饬吏治的谕旨不同，《行实政论》已不只是着眼于吏治层面，而是从更深层次反思天理教事件的发生，称："总因穷困而起。始则鼠窃狗偷，继以逾垣肆劫，终于谋反作乱，其心为救急度命耳。"因而此后朝廷的施政举措，亦须将吏治、民生、风俗、教化等问题综合考察。强调"勿以习俗为不足忧，勿以廉耻为不足惜"，反思因忽视教化风俗问题，造成现在这种"礼教既弛于平日，人心久溺于非几，忠孝廉节，斥为腐谈，诈伪刁顽，习为秘计"的困局，指出"修礼明教，秉正抑邪，此实今日刻不可缓之急务"。进而在这一层面上强调澄清吏治的重要性，称："民风之淳薄，轨物之废兴，实关系于吏治之勤惰也。"并再次痛斥当下因循疲顽的吏治问题，云："泄沓成风，苟且从事，悠忽度日，怠玩居心，视国事漠不相关，积陋习牢不可破。"告诫内外臣工"勿慕虚荣而贻实祸，勿保一时之爵禄，而遗万古之臭名"，勉励大家"尽心致敬，实政力行，激天下忠良之气，挽向来玩惕之风"。称："望诸臣皆以实心行实政，勤敬公慎，顾惜廉耻。智者竭其谋，勇者尽其力，上报皇天列圣垂佑之恩，下挽愚民流风污俗，佐朕中兴之治，俱为盛世之忠良。补今时之重咎，垂奕代之勋名，是予至愿也。"②

在御制《致变之源说》和《原教》中，嘉庆亦从吏治问题强调现实统治的隐忧和澄清吏治对根除"邪教""叛乱"的重要性，一则言："百姓穷困，为致

①　托津等纂：《钦定平定教匪纪略》卷首，页1—8；《清仁宗实录（四）》卷281，嘉庆十八年十二月丁巳，页841—848。

②　托津等纂：《钦定平定教匪纪略》卷首，页5—8；《清仁宗实录（四）》卷281，嘉庆十八年十二月丁巳，页842—843。

变之源。而其本又在州县亦多困穷,无暇抚字也",“今之时势,官民交困。悠忽度日,难言操守,民反制官,若不竭力振作,患将未已"。根本问题仍是吏治:“官不清则民不畏。挟制控告,首足倒置,罔上之念,非一朝一夕之故,其所由来者渐矣",“未有不可教训之民,皆是不能教训之官耳"。一则云:“官多疲玩,兵尽怠惰;文不能办事,武不能操戈,顽钝无耻,名节有亏。朕遇斯时,大不幸也!中外已成痼疾。"故极其强调在澄清吏治方面,各级官吏的教养之责。对此,嘉庆不惜再次罪己,自言其身“不正":“在任者不肯实心,去任者不知畏惧。以伪乱真,悠忽度日,此实朕德之不修,教之不正。君不正,臣亦多偏,无怪乎邪教接踵而起,皆朕不正群臣之咎。而内外臣工,亦各有不能正己之处,焉能去邪黜伪乎?"希望以此激励诸臣的求治之心:“诚能实心治民,先养后教,庶民具有良心,断无不改悔之理,是在吾君臣昌明正教,勤政爱民,心诚求之,其庶几乎!"所谓恩威并用,当然亦不乏惩处手段:“若仍挟诈怀私,因循观望,欺朕甚易,欺天甚难,身家性命,立时瓦解矣!内外臣工,信朕之言,是朕大福;不信朕言,是朕之大不幸,亦诸臣之大不幸也!"[1]

针对官吏和百姓的教化,十九年二月十九日,帝又颁御制《甄别贤愚以澄吏治谕》,强调吏治问题的根本解决,在于对官吏的教育和培养,称:“未有不可教诲之民,所忧者多半不能教诲之官耳……吏治之坏,皆自不学来也。今之亲民之官,首重在利,缺之肥瘠,赔之多寡,习应酬,结声援,患失之心太重,民事漠不动念,腼颜服官,尸居余气,心先不靖,尚能靖民耶?"要求各省督抚“宜善体朕言,力矫风气,造就贤才"。对“亲民之官"则“以教化之兴替,定官吏之去留"。[2]

这样澄清吏治和根除“邪教"问题,就都归结到“教化"问题——对官吏的培养和对百姓的教化,而士人于此则俱有关系。关于士、官、民三者的关系,嘉庆帝在壬戌科(嘉庆七年,1802)的殿试策论中有这样的论述,说:“士也者,民之坊也,亦官之朴也。士而端心术,治性情,砥砺廉隅,不亏儒行,则其乡人薰而善良,不入于奇衺,不蹈于匪僻。否则,民何型焉?一旦出而

---

① 托津等纂:《钦定平定教匪纪略》卷首,页1—4;《清仁宗实录(四)》卷281,嘉庆十八年十二月丁巳,页840—842。

② 《清仁宗实录(四)》卷285,嘉庆十九年二月辛亥,页892—893。

服官,士廉则不为贪夫,士良则不为酷吏,士勤则不为旷官,皆以章缝为圭臬也。"①如此,士人便成了澄清吏治和根除"邪教"等所有问题的关键和根源。

二月二十三日,嘉庆帝首次从士子角度讨论吏治问题。是日,御史陈钟麟(1763—?)奏《重循吏以敦化理》,上谕:

> 所奏是。国家亲民之官,首重循吏,循吏之所为,不专在簿书钱谷,而必以教化及民为先务……今大憝已除,政治维新,化民之道,当先自察吏始。夫吏者,皆国家培养人材,拔之齐民之中,畀以牧民之职者也。乃自习尚日偷,士子读书只知弋猎科名,而于五经四子圣贤淑世善民之旨,全未能身体力行。及其仕也,较缺分之肥瘠,以为趋避;伺上官之喜怒,以为荣辱。凡为国为民之义,茫然无所动于中,甚且朘削膏脂,凌侮鳏寡,小民将何所观感而率从耶? 上下交征利,国事尚可问乎?②

如此则吏治隆污就与士习、士风问题密切相关,而士习、士风又与官方倡导的学术形态与士林风气相关,已经触及到朝廷的文化政策。③ 而从"今大憝已除,政治维新"语,亦不难发现此前嘉庆颇为避忌的所谓"维新",此时已不再是政治忌讳,反而成为形容当下朝廷施政的准确词汇。其转变之大,于此可见,同时也更让人觉得五个月前谕旨中的"卧薪尝胆"之语,亦非虚言。

但就在此时,又发生了让嘉庆帝极为寒心的"裕丰案"。去年(十八年)九月十日,即天理教徒进攻紫禁城的五天前,有人向豫亲王裕丰禀报谋反的确切日期,裕丰告以查明再办。但直至天理教事件发生后数月,裕丰一直隐瞒未报。十九年三月十六日,此案查实,裕丰革王爵,交部议罪。④ 三

①　《清仁宗实录(二)》卷97,嘉庆七年四月辛酉,页299。

②　嘉庆十九年二月二十三日上谕,中国第一历史档案馆编:《嘉庆道光两朝上谕档》第19册,页91;《清仁宗实录(四)》卷285,嘉庆十九年二月乙卯,页896—897。

③　参见张瑞龙:《天理教事件与清中叶文化政策的转变——以嘉庆朝为中心的考察》,台北《"中央研究院"近代史研究所集刊》第71期,页51—87。

④　嘉庆十九年三月十六日上谕,中国第一历史档案馆编:《嘉庆道光两朝上谕档》第19册,页238—239;《清仁宗实录(四)》卷288,嘉庆十九年三月丁未,页932—933。

月二十一日，帝颁《御制书裕丰获咎事》，云："去秋贼入禁城，非常大变。朕思逆谋已有二三年之久，勾结亦有数百人之多，京城内外官员、旗民竟无一人举首，诚不可解矣。列圣一百七十余年养育深恩，竟无一人念及，朕惟有仰天挥泪而已！"①其孤愤、绝望之情，跃然纸上。

　　然而让他失望的不只如此，十九年九月即天理教事件发生将近一周年时，嘉庆藉御史鲁垂绅条陈外省吏治之机，痛斥一年来并未收到实效的吏治整饬，称："上年九月以来，朕以内外臣工积习因循，诸务废弛，节经降旨训饬，并特颁手谕，谆谆告诫，不啻再三，宵旰焦愁，唇焦舌敝，诸臣总未能领会，仍各怠玩居心，悠忽度日，诚不可解矣。"②继而又于九月二十八日因其对天理教事件"昕夕不能去诸怀，孜孜求治，曷敢懈弛"，而诸臣却"渐忘斯事，召对之时，又云无事"等截然相反的态度，颁御制《实心行政说》，指称"方今大弊，官无实心，民多伪诈"，云："官则因循怠玩，民皆诪张为幻，上下不交，寡廉鲜耻，不但不能遵守朕训，甚至奸徒丑诋，竟漠不关心，毫无动念，诚怪诞之极矣。身家念重，国政念轻。"为根除此弊，嘉庆帝甚至搬出后代史册可能的评论来激励诸臣，真可谓煞费苦心，云：

　　　　若旅进旅退，唯利是图，同乎流俗，合乎污世，自思后代评论为何如人？必当汗流浃背矣。诸臣尽一分实心，国家受一分实福，民生免一分实祸，承上接下，惟诸臣是赖。③

　　尽管如此，嘉庆帝仍不遗余力地振刷吏治，且以州县的"亲民之官"为重点对象。十二月，通谕各直省督抚藩臬等"饬纪整纲"，对州县官"因摊捐羁候，横被告累之处，查明悉与裁革"。④二十年（1815）五月，又对州县"因循疲玩"的积习大加申饬，称："朕日诫内外臣工，痛改因循疲玩积习，而沉

---

　　①　中国第一历史档案馆编：《嘉庆道光两朝上谕档》第19册，页257；托津等纂：《钦定平定教匪纪略》卷首，页8—10；《清仁宗实录（四）》卷288，嘉庆十九年三月壬子，页935—937。

　　②　嘉庆十九年九月十七日上谕，中国第一历史档案馆编：《嘉庆道光两朝上谕档》第19册，页703；《清仁宗实录（四）》卷297，嘉庆十九年九月甲辰，页1072。

　　③　托津等纂：《钦定平定教匪纪略》卷首，页14—16；《清仁宗实录（四）》卷297，嘉庆十九年九月乙卯，页1084—1085。

　　④　嘉庆十九年十二月初六日上谕，中国第一历史档案馆编：《嘉庆道光两朝上谕档》第19册，页953；《清仁宗实录（四）》卷300，嘉庆十九年十二月壬戌，页1124。

溺此习实未有若州县之甚者!"且亲增朱笔:"可恨极矣! 我国家之大弊,实在州县之因循,州县之因循,在大吏之怠玩,而用此怠玩之大吏,其咎在予不明。总而言之,予不知人,咎将谁委? 惟自恨耳!"并称:"盛暑挥汗书此肺腑之言,及至督抚衙门,一览了事,束之高阁。予可欺,天可欺乎? 慎之!"①

为继续推进吏治的全面整饬,督促臣子勤修职事,且鉴于近来内外各衙门"奉行故事,渐就因循",嘉庆亲撰文武官箴二十六章,颁示中外。这些官箴涉及了中央部院寺监等十五个衙门和地方督抚藩臬、河漕、盐政、学政以及将军、提督等文武十一级衙门。② 这已不仅是简单仿照乃祖雍正于元年元旦连颁十一道上谕,训谕督抚藩臬、学政、道府州县以及提镇副参游等地方文武各级官员,③而是在此基础上将训谕对象扩展到中央十五个衙门,此前所讳言的取法乃祖宪皇帝,亦在此时切实施行。

但从颁布官箴的上谕看,虽经近两年的振刷整饬,因循怠顽的吏治积弊,仍未有太大改观:"近有各衙门延搁公事者,一经诘问,辄以事小不敢烦劳圣心为词……诸臣藉图自便,乃托为仰体之说。"对此,嘉庆又从防微杜渐的角度,谆谆训导群臣,称:"若慎之于初,则防维甚易。惟因循日久,寖益难治,迨至丛脞已成,起衰振颓,其烦劳乃益甚……天下之大,万民之众,非一人所能独理。诸臣膺股肱心膂之寄,其各早作夜思,靖共尔位,以期纲纪整饬……朕与诸臣共享承平之福。"④尽管如此,不久却又发生连续五天各衙门既无奏事之折,亦未带领引见人员之事,帝颁谕斥称:"朕孜孜图治,日以因循怠玩诫饬臣工,合朝王公文武大员,竟无一人能体苦衷,视同陌路!"言外廷诸臣"多耽习安逸,有一倡为仰体之论者,即相率从风,以遂其惮于问夜之私。因循疲玩,实属万分!"⑤

二十年六月初九日,嘉庆总结两年来清廷因天理教事件引发的吏治整顿,从中可见天理教起义平定前后吏治整顿目的发生的变化。他说:"朕维

---

①　嘉庆二十年五月二十五日上谕,中国第一历史档案馆编:《嘉庆道光两朝上谕档》第 20 册,页 247;《清仁宗实录(五)》卷 306,嘉庆二十年五月己酉,页 67—68,北京:中华书局,1986 年影印本。

②　《清仁宗实录(五)》卷 305,嘉庆二十年四月壬午,页 55—58。

③　《清世宗宪皇帝实录》卷 3,雍正元年正月辛巳,页 67—79,北京:中华书局,1985 年。

④　嘉庆二十年五月初五日上谕,中国第一历史档案馆编:《嘉庆道光两朝上谕档》第 20 册,页 204—205;《清仁宗实录(五)》卷 306,嘉庆二十年五月己丑,页 61—62。

⑤　嘉庆二十年五月三十日上谕,中国第一历史档案馆编:《嘉庆道光两朝上谕档》第 20 册,页 253—254;《清仁宗实录(五)》卷 306,嘉庆二十年五月甲寅,页 71。

正人心、厚风俗,治世之本也……移风易俗,必自教化始。前年逆匪构乱,假邪说以煽惑愚民,以秉彝之赤子,陷溺其良心,至罹于刑辟而不悟,朕甚悯焉。"即因教化不行,导致天理教事件。接着历数嘉庆十八年九月以来所颁《遇变罪己诏》、《尽心竭力仰报天恩谕》、《报天恩肃吏治修武备谕》、《致变之源说》等十道诏谕,言皆"朕深为世道人心计,出肺腑之诚,以布告中外,冀以挽回污俗,渐返淳风"。且"批示臣工奏章及面授军机大臣书写宣谕者,更不啻几千万言","乃海之谆谆,而化不下究者,承流之疆吏,亲民之牧令,不能实心体会,所以奉行不力,阻遏于其间也"。在这里,我们看到天理教起义平定后的吏治整顿,已变成如何更好地推行朝廷教化的举措,而此前则是从吏治方面探讨天理教事件发生的原因,并藉此澄清吏治,根除教乱发生的根源。现在则将澄清吏治与教化民众合而为一,且整饬吏治就是为了端正民风,他说:

> 古今岂有不可化之民哉?历究邪教惑众之由,总不外乎敛钱谋利,利之所趋,惟义可以止之。乃今之服官者,赴任之初,不问民俗之淳浇,先询缺分之肥瘠。及乎莅官临民,则多方朘削,以与民争利。彼民也,以为衣冠爵禄之俦,尚孳孳焉唯利是图,尤而效之,殆又甚焉。官吏减一分求利之心,民生受一分利益,上行下效,风行草偃,理不爽也。奸民乘其嗜利之隙,以邪说中之,遂蔓延不可数计矣。今欲正民风,必先肃吏治。

其中"官吏减一分求利之心,民生受一分利益,上行下效,风行草偃,理不爽也"数语,则为嘉庆朱笔亲增,于此亦可见其自称对各级官员"海之谆谆"且出"肺腑之诚",亦非虚语。为此,他要求督抚藩臬等地方省级行政长官,"当为国家培养民风,计久安长治之策",于所属牧令则"以民事之废兴,民俗之邪正,课其殿最","其有能兴贤劝学,化民善俗,循绩彰著者,奖之擢之无论。贪酷不法者,去之惟恐不速,即谬托清流,赋诗饮酒,不恤民生,化导无术者,亦不可令其素餐尸位,贻误地方"。[1] 可见,教化问题已为成澄

---

① 嘉庆二十年六月初九日上谕,中国第一历史档案馆编:《嘉庆道光两朝上谕档》第 20 册,页 264—265;《清仁宗实录(五)》卷 307,嘉庆二十年六月癸亥,页 75—76。

清吏治的主要目的,但其对两年来吏治整饬的成效却颇为失望。

五天后(六月十四日),嘉庆又颁御制《勤政爱民论》,评论当下的吏治,说:

> 今之大弊在因循,大病在怠玩。因循则庶政不勤,怠玩则视民如草。为政全无实心,爱民并无实惠,慢易居心,悠忽度日。此等具臣,即尧舜禹汤武遇之,亦难图治,况中才之主乎![①]

谕旨中嘉庆自我评价是"中才之主",对群臣的评论却是"即尧舜禹汤武遇之,亦难图治"的备位充数而无益于事的"具臣"! 可见其对群臣和两年多来吏治整顿的绝望。

尽管如此,是年十月嘉庆因召见浙江黄岩镇总兵官谢恩诏,发现其"年力衰迈,步履维艰",再颁整饬吏治之谕,针对的仍是十八年十一月已强调的裁汰衰庸属员,称:"一官即有一官应办之事,若其人不能称职,或精力衰惫,不足以副之,则文官必致贻误地方,武官必致贻误营伍。朕勤求治理,屡经饬谕文武各官,力除因循怠玩之习,若统率之大吏,不加整顿,一任衰老无能之员素餐尸位,将安望其起颓振惰乎?"像谢恩诏这等例得陛见之员尚且如此,则"文职道府以下,武职副参以下,其衰病恋栈不加参劾者,不知凡几矣"。此在督抚提镇等,或"藉口于悯恤贫老,恐一官罢斥,即全家失养",但皆是"妇寺之仁",称"政治疲惫,实由于此。大半皆旷职瘝官,所系于国事民生者甚大……岂国家设官分职,但为豢养衰老地耶?"通谕直省督抚提镇,"务各激发天良,于所属大小员弁实力察核,慎加甄别,痛改沽名邀誉恶习,为国培养良才,整饬吏治",否则必"实予降调,决不宽恕"![②]

这大概是自嘉庆十八年天理教事件发生后,从九月十七日颁《遇变罪己诏》重提吏治问题以来,两年之中颁布的关于吏治整顿诸多谕旨中的最后一道。此后,嘉庆很少再颁整饬吏治的诏谕,有的只是无能为力的抱怨和责骂。天理教事件引起其对吏治问题的再度关注,并为此展开长达两年之久的吏治整顿,但结果却让他失望。此后每当统治出现任何差池,总让

---

① 《清仁宗实录(五)》卷307,嘉庆二十年六月戊辰,页78。
② 《清仁宗实录(五)》卷307,嘉庆二十年十月癸亥,页127—128。

他想起嘉庆十八年发生的天理教事件。嘉庆二十二年(1817)夏,华北大旱。帝颁御制《望雨省愆说》,亦提及天理教事件,称:"试思癸酉九月之变,非因循疲玩酿成乎?"①天理教事件成了嘉庆心中难以挥去的梦魇,但臣子们却渐渐遗忘。二十四年(1819)五月,他在山东巡抚程国仁的奏折上朱批:"有天良之大臣,永不忘十八年之变,丧尽天良之辈,早已付之云烟之外!"②对他历年来竭力整肃振刷的因循疲顽的吏治问题,是年七月又发生嘉庆十四年翻译会试场内供应钱粮,顺天府因户部两次驳减,竟迟至十年后方再具题之事。对此,帝颁谕斥称:"朕屡经降旨,训饬内外衙门,力除因循疲玩,于应办事件,随时清理,不可稍有积压。乃近日各衙门,仍未能全行振作……嗣后凡经各部驳查覆题之本,俱著将于何年月日接到部文之处声明,以凭查核。其有遗漏者,著该部即行查参。"③

二十五年(1820),也就是嘉庆统治的最后一年,三月发生了离奇的兵部行在大印失窃案。④经查,此印竟在半年前已遗失,此时因帝谒东陵,请领印信方被发觉。而承办此案的庄亲王绵课和刑部堂司各官竟又延宕月余,始录完口供,且查出兵部当月司员非但夜间不值宿,兵部大库后围墙竟被开辟出一道新门!起因则是上年九月该部皂隶黄勇兴为子娶媳,为方便花轿穿过衙门直通街外,竟将兵部大库后围墙破而为门!⑤其管理之混乱,于此可见。这不禁又让嘉庆想起了十八年的天理教事件以及为此开展的吏治整顿,称:"辇毂之下,尚有如此情弊,其直省地方官回护规避,久成结习,牢不可破。如盗案则匿不伸详,邪教则巧为消弭,视己之功名过重,以致颠倒朝廷之政事,良心何在?"其中"牢不可破"、"视己之功名过重,以致颠倒朝廷之政事,良心何在"数语,则为帝朱笔亲增。⑥而"邪教则巧为

① 嘉庆二十二年五月二十九日上谕,中国第一历史档案馆编:《嘉庆道光两朝上谕档》第22册,页168;《清仁宗实录(五)》卷330,嘉庆二十二年五月壬申,页357—358。

② 《清仁宗实录(五)》卷358,嘉庆二十四年五月,页733。

③ 《清仁宗实录(五)》卷360,嘉庆二十四年七月癸酉,页749。

④ 清制,除本衙门印信外,顺治六年清廷特命礼部铸六部、都察院等衙门"行在"印信,遇行幸扈从时使用。参见伊桑阿等纂修:《(康熙)大清会典》卷54,页2,《近代中国史料丛刊三编》第72—73辑影印康熙间内府刊本。

⑤ 《清仁宗实录(五)》卷368,嘉庆二十五年三月甲子;卷369,嘉庆二十五年四月壬寅、乙巳,页861—862,874—875,877—878。

⑥ 嘉庆二十五年五月初一日上谕,中国第一历史档案馆编:《嘉庆道光两朝上谕档》第25册,页201;《清仁宗实录(五)》卷370,嘉庆二十五年五月丙辰,页889。

消弭"则是指令其至死都未释怀的天理教事件。

嘉庆二十五年七月二十五日,嘉庆去世,其《遗诏》言及天理教事件,称:

> 乃十八年,复有奸民作慝,阑入禁门,逆党勾连曹、滑,蔓延三省。幸赖上天祐顺,渠魁捕戮,余孽殄夷,为期曾不再月,中外肃清。朕深思邪教之害民,屡申训谕,以肃吏治,以正人心,整纲饬纪,期于政清而俗厚,盖未尝一日释诸怀也。①

此诏虽非出自嘉庆之手,但它对天理教事件后,嘉庆施政的总结却颇为中肯,即肃吏治、正人心、厚风俗,且对此"未尝一日释诸怀"。

第四节 结语

面对乾隆末年以来日益腐败的吏治以及嘉庆即位那年因此爆发的以"官逼民反"为口号的白莲教起义,朝野上下曾因嘉庆亲政和和珅案的契机,呼吁振刷整饬吏治,无论是士林舆论主张新朝治法从严,还是新帝应取法雍正的施政建议,以及"咸与维新"口号的提出,都是这种努力的结果。但嘉庆帝或为稳定政局,或是沿用其父祖高压钳制士林舆论的政策,吏治整肃最后不了了之,治体从严、新朝维新以及取法雍正等主张,亦因其本人炮制的洪亮吉案,成为新的政治忌讳。嘉庆虽然接受起义者"官逼民反"的口号,但镇压起义对他来说主要是军事平叛,而与澄清吏治并无太大关联。故当其费时八年方镇压白莲教起义后,嘉庆并未就吏治问题展开全面整饬,尽管他对吏治问题有所察觉,且认为此时的吏治问题已非乾隆末年和珅当政时的贪墨不法,而是不任事的因循疲顽。

相反,嘉庆十八年九月爆发的天理教事件虽然并未在吏治方面打出任何旗号,却因其直接危及清廷统治的心脏而引起嘉庆帝的高度警惕和关

---

① 嘉庆二十五年七月二十五日上谕,中国第一历史档案馆编:《嘉庆道光两朝上谕档》第25册,页303;《清仁宗实录(五)》卷374,嘉庆二十五年七月己卯,页938。按《遗诏》于八月初五日颁示天下,见《清宣宗实录(一)》卷2,嘉庆二十五年八月戊子,页92—93,北京:中华书局,1986年影印本。

注。嘉庆自言天理教事件"较诸川陕教匪,似小而实大",原因是"昔之刘之协等皆以'官逼民反'为词,今之林清等竟欲谋危社稷,分占郡县"。① 天理教事件成了嘉庆心中难以挥去的梦魇,他本人亦为此开展长达两年之久的吏治整顿。尽管这一针对因循疲顽的吏治问题开展的全面整肃,以失败和嘉庆对其臣子的彻底绝望而告终,但它却是嘉庆朝唯一的一次全面吏治整顿,也是对乾隆末年以来吏治问题的全面振刷整肃,嘉庆且为此提出"中兴之治"的吏治整顿目标,而所谓"中兴",无疑是对当下已处衰世或乱世的默认,也是乾隆盛世余晖的光环此时已彻底消失的官方表达。不仅如此,这种场吏治整顿中,此前作为政治忌讳的"维新"之词、取法雍正等,亦为此时的朝廷政令所采用。

　　天理教事件后清廷的吏治整顿大致可分为两个阶段,一是各地的天理教起义平定前,清廷的吏治整顿多少有为配合军事行动、挽回人心的意味。这一点,布衣学者管同在给平叛将领的上书中,亦亟以此献策,称:"所可忧者,官贪庸而人心涣散……虽有管、乐,亦难为已",建议天理教起事的三省官员"急讲民事","利民者行之,害民者去之,其官吏之殃民者,急罪而罢之"。② 二是各地天理教起义被镇压后,以"中兴之治"为目标的吏治整饬。这时澄清吏治已有两方面的意义:一、朝廷对自身行政系统官吏的整饬;二、清廷为彻底根除"邪教"、端正风俗,更好地推行教化而展开的吏治整顿。这两方面的吏治整顿,都开始触及清廷的文化政策和对官吏、士人的培养。毕竟士人既是官员的主要来源,又有型范表率、教化民众之责,故此时清廷的吏治整顿,亦开始从士人角度着眼,而渐及士习风俗和主流学术形态。对此,民间士人亦有类似意见,再以管同为例,他针对天理教事件设计的清廷应全面更法变革的系列方案——《拟言风俗书》,其要旨据其自言就是"世事之颓由于吏治,吏治之坏根于士风,士风之衰起于不知教化"。③

　　与雍正登极之初全面振刷康熙末年因循苟且、诸务废弛的吏治,大刀阔斧地清查亏空、积欠,推行养廉银、耗羡归公和摊丁入地,创建军机处和

① 嘉庆帝:《钦定平定教匪纪略》,《御制文二集》卷 14,页 21,故宫博物院编:《故宫珍本丛刊》第 580 册影印《清仁宗御制文集》本,页 240。
② 管同:《上方制军论平贼事宜书》,《因寄轩文初集》卷 6,页 7,光绪己卯重刻本。
③ 管同:《与朱幹臣书》,《因寄轩文初集》卷 6,页 11—12;《拟言风俗书》,见卷 4,页 1—3。

奏折制度,更定地方官缺等全方位的制度调整和变革不同①,天理教事作后,嘉庆帝亲自发动的这场吏治整顿与乃祖相比,远不可同日而语。尽管诏谕频颁,但具体到实际作为,则除严谕斥退官僚系统中的年迈衰庸者,破格荐举有用之才,甄别州县官等基层地方官吏,裁汰庸劣外,并没有太多实质性的制度层面的调整和变革。故这场吏治整顿,仍是嘉庆在其御制《守成论》所强调的申明旧章,亦即所谓"勤修欲废之章程,莫为无益之新图"。嘉庆虽有卧薪尝胆之志,且为使君臣矢志同心,真可谓智计百出,但说到底也不过是颁布了诸多已令其"舌敝唇焦"训诫诏谕而已。至于这些谕令在多大程度上得到执行,连他自己都没有信心,以致斥称其臣子为"即尧舜禹汤武遇之,亦难图治"的备位充数的"具臣"。

至于这场吏治整顿的效果,大概就是《剑桥中国晚清史》所说在天理教事件至道光即位(1813—1820)的这一时期,地方省级行政的上层发生了"迅速的人事变动",汉族文人"重新得势",并将其视为咸丰以降汉人地方督抚权力崛起的历史开端。② 从而引发帝国统治秩序和权力格局的深刻变化。

不过,与清廷这场以申明旧章为主旨的体制内统治秩序的调整相比,士林舆论却对此寄予了太多希望,许多澄清吏治的方案已是全面系统的制度性变革,甚至清廷的祖宗之法亦在变革之列。龚自珍《明良论》四篇,分别从士习士风、官员培养和升迁方式等方面讨论当下时弊和变革方案,主张提高士人和官吏的经济待遇,改变论资格、循资历的用人和官员迁升方式,加强地方大吏及内外官员的实际权力,并趁此"圣天子赫然有意千载一时之治"的良机,改革更法。③ 其《乙丙之际箸议第七》就建议清廷积极实行"自改革",言:"无八百年不夷之天下……一祖之法无不敝,千夫之议无不靡,与其赠来者以勃改革,孰若自改革。"④《古史钩沉论四》则援引《易经》穷变通久之说,讨论救弊、修废和革穷之方,称"一姓不再产圣……其开国同姓魁杰寿耇,易尽也","宾也者,异姓之圣智魁杰寿耇也",隐谏清廷消泯行政用人的满汉畛域,改变"祖宗之兵谋,有不尽欲宾知者矣;燕私之禄,

① 参见冯尔康:《雍正传》,页75—85,136—192,243—293,北京:人民出版社,1985年。
② 费正清、刘广京编:《剑桥中国晚清史(1800—1911)》上卷,页110—111。
③ 龚自珍:《明良论》,《龚自珍全集》,页29—36,上海:上海人民出版社,1975年。
④ 龚自珍:《乙丙之际箸议第七》,《龚自珍全集》,页5—6。

有不尽欲与宾共者矣；宿卫之武勇，有不欲受宾之节制者矣；一姓之家法，有不欲受宾之论议者矣"等作为"异姓"的"宾者"境遇，向汉人全面开放政权。① 管同则从清廷鉴于明代之弊而立的祖宗之法着眼，主张清除朝廷法度中有关士民言事的各种禁忌，鼓励士民上书言事，变革风俗。②

在此，我们看到就吏治整顿而言，其臣子并非嘉庆抱怨的"即尧舜禹汤武遇之，亦难图治"的"具臣"。对嘉庆力图振作的"中兴之治"，曾密切关注天理教事件和朝廷变革举措的姚椿，曾作《中兴论》，称："有乱世之中兴，有治世之中兴……人知继乱世之难，而不知继治世之难为尤甚焉者也"，因继治世之中兴者，亦须有创业之心，"其道亦因而兼创"。③ 遗憾的是，嘉庆并没有乃祖雍正的那种魄力，而其继任者亦非此选。④ 如果再放宽历史视野，便不难发现天理教事件后这场帝国统治秩序的调整，是中国在整个十九世纪，由正当盛年且掌握帝国绝对权力的君主在国内外环境都极为有利的条件下，主动展开的自上而下的变革，其条件之优越与内忧外患交讧且有后党掣肘的戊戌维新，不啻有天壤之别。然而这场在西方势力入侵前的体制内变革，最后竟不了了之，如此则朱维铮先生将嘉庆与同时在地球另一端推行各种改革的拿破仑作对比，称为"如此庸主"，似非苛论。⑤

或许，这场吏治整顿的真正意义，是在于它刺激了士林舆论对帝国现状的关注和变革方案的思考，龚自珍因此而提出的"自改革"成为 19 世纪中国士大夫的"君子梦"和晚清思潮的主旋律，并演变成如火如荼的变法维新运动。⑥

---

① 龚自珍：《古史钩沉论四》，《龚自珍全集》，页 27。
② 管同：《拟言风俗书》，《因寄轩文初集》卷 4，页 1—3。
③ 姚椿：《中兴论》，《晚学斋文集》卷 1，页 3—5，咸丰二年刻本。姚氏曾因天理教事件后清廷表彰《朱子全书》的上谕，校刊《近思录》，参见姚椿《重刊近思录后记》，《近思录》卷末，道光三年印本。
④ 朱维铮：《道光帝和他的首相》，《音调未定的传统》，页 173—179，沈阳：辽宁教育出版社，1995 年。
⑤ 朱维铮：《从乾隆到嘉庆》，《音调未定的传统》，页 141—158。
⑥ 朱维铮：《晚清的"自改革"与维新梦》，收入朱维铮、龙应台编著：《旧梦维新录》，页 21—72，北京：三联书店，2000 年。

第四章　天理教起义与清中叶朝廷
根除"邪教"的努力

清代民变或农民起义有一显著特点,就是民间秘密宗教在其中扮演重要角色。[①] 与之相应,如何取缔所谓的"邪教",也成为清朝历代统治者必须面对的重要问题。清代自顺治朝确立惩处"邪教"的相关律例以来,雍正朝对"邪教"问题保持了相当的高压态势,除加强立法,加大惩处力度外,还在思想控制、民众教化等方面就如何根除"邪教"做了多种努力。但这些政策和措施此后多被视为具文,并未得到严格执行。

嘉庆朝是清廷对待"邪教"问题的重要转折。值得注意的是,促成这一转折的并非是蔓延五省、持续八年之久的川楚白莲教起义,而是嘉庆十八年仅历数月的天理教起义。[②] 这场看似短暂的天理教起义,却导致清廷为根除"邪教"进行统治政策的全方位调整。除申明旧章、严格立法外,清廷为根除"邪教",还采取了加强社会控制,强化思想统制,加大宣传教育等多方面措施。这些政策措施,一方面成为清代对待"邪教"问题最全面、最严厉的举措,并深刻影响此后清廷对此问题的处理;另一方面也标志着清中叶朝廷文化政策的调整和转变。

鉴于现有关于清代对待"邪教"政策的研究,大多注重通贯的考察,对

---

① 赵俪生:《试略论清代农民起义中神秘主义的加重》,《文史哲》1955年第9期,页43—46。

② 关于天理教起义,主要成果有:Susan Naquin, *Millenarian Rebellion in China*:*The Eight Trigrams Uprising of* 1813, New Haven:Yale University Press, 1976(中译本:陈仲丹译《千年末世之乱:1813年八卦教起义》,南京:江苏人民出版社,2012年);李祖德:《林清与京畿天理教暴动》,中国农民战争史研究会编:《中国农民战争史研究集刊》第3辑,上海:上海人民出版社,1983年,页148—168;喻松青:《明清白莲教研究》,成都:四川人民出版社,1987年,页163—198;马西沙:《清代八卦教》,北京:中国人民大学出版社,1989年,页207—294;李尚英:《紫禁城之变》,北京:紫禁城出版社,1990年;李尚英:《清代政治与民间宗教》,北京:中国工人出版社,2002年。

天理教起义及嘉庆朝在其间的转折地位和重大影响,尚未有专门探讨。①
本章谨对此略作讨论。

第一节　镇压白莲教起义期间,忽视"邪教"问题

　　清中叶因"邪教"问题引发的民变(或起义),似以乾隆三十九年(1774)
八月的临清王伦起义最早。王伦起义虽仅历一月就被平定,但其以白莲教
形式起事则引起清廷对白莲教等"邪教"问题的再度关注。次年,白莲教首
领刘松即因"邪教"事发被捕。此后,清廷对白莲教等民间秘密宗教多以搜
捕习教者的方式解决。嘉庆元年(1796)发生的川、楚白莲教起义,便以乾
隆五十八年(1793)搜捕白莲教首领刘之协为导火索。由于官吏贪污、胥役
勒索,搜捕习教者的方式非但未能尽快平叛,反而导致起义规模越来
越大。②

　　嘉庆前三年,由于军政大权仍掌于太上皇乾隆之手,搜捕习教者的政
策亦相沿未变。到嘉庆四年(1799)正月嘉庆亲政时,川、楚白莲教起义已
然成为帝国统治的心腹大患。嘉庆自言"朕受皇考付讬之重,此为第一件
大事",而剿灭白莲"教匪"也成为其亲政以来"忧劳之最大者"。③ 但川楚
白莲教起义,在嘉庆看来更多的是一场军事平叛,与之相关的"邪教"问题
并没有引起清廷太多的重视和关注。

---

　　① 如庄吉发《清代民间秘密宗教的宝卷与无生老母信仰》、《从取缔民间宗教律例的修订看
清代的政教关系》、《清朝宗教文化政策的探讨》、《清代的文化政策与萨满信仰》(分别载氏著《清史
论集》(四),页77—122、185—242;《清史论集》(五),页165—215;《清史论集》(七),页165—199,
台北:文史哲出版社,2000年)诸文,对此有所涉及。郝治清《清代"邪教"与清朝政府对策》一文从
宏观方面将清廷的对策归纳为七方面,即:一、严密法网,加强有关"邪教"的立法;二、派遣间谍,打
入"邪教"卧底;三、严惩首恶,宽大胁从,自首免罪,立功给奖;四、查缴"邪经",捣毁经堂窝点;五、
加强宣传教育,揭露"邪教"骗局,化导"愚民";六、严行保甲之法;七、建立官员查禁"邪教"奖惩制
度(《清史论丛》2003—2004年号,页121—159,北京:中国广播电视出版社,2004年)等,对我们了
解清代处理"邪教"问题的具体措施,提供了很大帮助。孔祥涛、孙先伟《清代治理民间秘密教门法
律政策及措施研究》对清代关于秘密宗教的法律惩罚措施有通贯的讨论,但因处理的时间跨度太
大,在史料发掘上颇有欠缺(《中国人民公安大学学报(社会科学版)》2007年第1期,页50—56)。
　　② 魏源:《圣武记》卷8《乾隆临清靖贼记》、卷9《嘉庆川湖陕靖寇记一》,页373—376,北京:
中华书局,1987年。
　　③ 《清仁宗实录(二)》卷99,嘉庆七年六月丁未,页324—325,北京:中华书局,1986年影印
本(以下所引《清实录》均为此版本)。

嘉庆亲政后为尽快平叛，一方面接受起义者"官逼民反"的口号，诛杀和珅，表示"大憝已去，纲纪肃清"①；另一方面改变搜捕习教之人的政策，强调白莲教起义"重在谋逆，不在习教"。② 嘉庆五年（1800）正月，嘉庆首次提出"传授邪教之徒，若能去逆效顺，即属良民"的政策，表示"皆当许其自新，一体收恤，断不以其曾经入教，又复罪其既往"，谕令地方官严格按此办理，否则"一经查出，必当重治其罪，决不宽贷"。③ 同年八月，嘉庆又藉办理白莲教首领刘之协案之机，重申此政策，云：

> 刘之协之罪犯寸磔，在于托名牛八，潜造逆谋，孽由自作，与白莲教无涉。

并解释此前搜拿习教者，并非乾隆本意，是地方官员误解了太上皇的"圣意"，导致起义规模越来越大，云：

> 皇考屡次严饬各省购缉，原因刘之协系属谋逆要犯，不可不迅速擒捕，初不因其传习白莲教之故。彼时各省地方官未能仰体皇考圣意，竟以查拿邪教为名，四处搜求，任听胥役多方勒索，不论习教不习教，只论给钱不给钱，以致含恨之人与习教者表里勾结，藉无可容身之名，纷纷蠢动，起于襄阳，蔓延川、陕，迄今剿办五年，尚稽蒇事。

称"搜拿邪教，大率拖累无辜，而实在叛逆首犯转至任其漏网多年"。同时还对白莲教采取了一种较为宽松的态度，认为"白莲教名目由来已久，即据刘之协所诵经文，大意亦不过劝人为善，并无违悖字样"，此后对白莲教不加追究："其学习白莲教者，持斋诵经，原与齐民无异，讵因白莲教内有刘之协一人，而遂指习教之人，概为匪党，严行查禁乎？……刘之协系白莲教稔恶最久之人，尚不肯因此稍有株连；况其同教中人数众多，焉有一一查究之理。"强调："现习白莲教者，安静守法，即是良民，地方官无庸查拿；若聚众煽惑，即非素习白莲教之人，必当按律惩治。"并将这一政策颁示天下："所

---

① 《清仁宗实录（一）》卷38，嘉庆四年正月己卯，页439。
② 《清仁宗实录（二）》卷78，嘉庆六年正月，页13—14。
③ 《清仁宗实录（一）》卷58，嘉庆五年正月辛未，页754。

有办理刘之协原委,及朕不加追究白莲教至意,明白宣谕中外,咸使闻知。"①

此后,嘉庆一直坚持不追究白莲教及剿办白莲教起义"重在谋逆,不在习教"的政策。嘉庆五年八月十九日,也就是办理刘之协案后的第五天,帝谕:"若近世所称白莲教,其居处衣服与齐民无异,即一家之中,同居数人,其习教者与不习教者无由分别。地方不肖官吏,因有邪教之目,辄肆查拿,往往藉端勒索,不问其入教与否,惟贿是求……而实系习教传徒者,转置之不问。良莠不分,激成事故……其实,从前查拿刘松、宋之清及刘之协,因其潜蓄逆谋,并非因白莲教之故。昨已将办理刘之协缘由宣示中外,并亲制《邪教说》一篇,申明习教而奉公守法者不必查拿,其聚众犯法者方为惩办。"②嘉庆六年(1801)正月,帝颁《御制邪教说》,强调"五年以来所办理者,一叛逆大案也,非欲除邪教",云:

> 夫官军所诛者,叛逆也。未习教而抗拒者杀无赦,习教而在家持诵者,原无罪也……故白莲教与叛逆不同,乃显而易见之理……然则白莲教为逆者,法在必诛;未谋逆之白莲教,岂忍尽行剿洗耶?白莲教与叛逆不同之理既明,则五年以来所办理者,一叛逆大案也,非欲除邪教也。③

如果说不追究修习白莲教之人,是清廷为尽快平叛而采取的权宜之计,但奇怪的是,清廷在实现军事平叛后竟出奇地信守承诺,未对修习白莲教者秋后算账。或许与当时面临日益严重的吏治问题有关,无论在镇压白莲教起义的过程中还是军事平叛完成后,嘉庆都一直强调"官逼民反"这一导致"叛乱"的吏治因素。其目的很明显:一是挽回民心,尽快平叛;二是提醒帝国官员警惕吏治问题,避免再造成大的动乱。而后者在平叛后更为重要。嘉庆十五年(1810),也就是白莲教起义平定七年后,帝为《钦定剿平三省邪匪方略》作序,再次强调"官逼民反"造成这次"叛乱",云:

① 《清仁宗实录(一)》卷72,嘉庆五年八月乙丑,页969—970。
② 《清仁宗实录(一)》卷73,嘉庆五年八月己巳,页973。
③ 《清仁宗实录(二)》卷78,嘉庆六年正月,页14。

揆厥所由,总因大法而小不廉,上行而下不效,视官阶为利薮,不恤国计民生,惟思保位谋利,苟且因循,迁延疲玩。守牧既如此处心积虑,又何能体察小民之疾苦,自然视同秦越矣。任胥吏作奸犯科,锱铢较量,以致众怨沸腾,激而生变。"官逼民反"之语,非谬也。

目的是使"内外臣工,赞襄图治,公而忘私,国而忘家,上下交儆,用巩我国家亿万载无疆之庆","若有剥削小民,重利忘义,或自顾爵位,狗庇劣员,或自肥身家,凌虐黔首,朕必执法重惩,决不姑恕;若有政声卓越,善迹彰著之良吏,朕必破格录用,立加荣锡"。①

这样,无论强调白莲教起义是谋逆大案的军事"叛乱",还是因"官逼民反"造成的民变,都在不同程度上忽视了它作为白莲教本身所导致的这场"叛乱"的"邪教"因素。因此,尽管嘉庆帝对白莲教"骗钱惑众"有所认识,也强调白莲教徒"聚众敛钱,终流为不靖",要求各级官员"实心训导,宣扬正学,渐仁摩义,蹈矩循规,化其暴戾,易俗移风"。② 但始终未就如何根除白莲教等"邪教"问题做出相应的努力,甚至此前雍、乾两朝制定的对待"邪教"问题的政策,也没有在这一时期得到强调和重视。而真正促使清廷调整对待"邪教"问题政策的,已是嘉庆十七年发生的直隶滦州"邪教"案。

第二节　直隶滦州"邪教"案与清廷对"邪教"问题的关注

或许,对因搜捕习教者引发的这场白莲教起义心有余悸,嘉庆在此后查办"邪教"案时,尽可能地不搜捕习教者,以免引起民乱。其重视因搜拿习教者引起的民变,远过于"邪教"问题自身。嘉庆十三年(1808)十二月十六日,湖广总督汪志伊(1742—1818)等奏拿获买存护道榜文经卷各犯,因"榜文经卷,刊有板片,恐其辗转售卖,愚民误行收存者尚多",表示"现在通饬各属,留心访查追缴"。嘉庆即谕:"所办尚未妥协。地方胥吏一闻有查办之事,往往恐吓乡愚,乘机肆扰……民间被其扰累不堪,渐形忿激,岂不

---

① 嘉庆帝:《剿平三省邪匪方略序》,《御制文初集》卷5,页8—9,故宫博物院编:《故宫珍本丛刊》第580册影印嘉庆十年武英殿序刊本,海口:海南出版社,2000年;《清仁宗实录(二)》卷80,嘉庆六年三月庚辰,页33—34。

② 《清仁宗实录(二)》卷78,嘉庆六年正月,页14。

虑滋生事端？从前该省因查拿邪教一事，办理过紧，以致滋衅，汪志伊等岂无闻知？"令禁止查拿："所有查缴经卷一事，该督抚等毋庸饬属访查追缴，惟当多出告示，广为晓谕，使民间自行呈缴销毁。即愚民等有匿不销缴者，亦可出示谆劝，但不得妄事查拿，致涉纷扰。"①

　　嘉庆十七年（1812），也就是天理教起义发生的前一年，是清廷再度关注"邪教"问题的一年。先是这年二月，嘉庆针对习教之家供奉康熙"圣祖仁皇帝龙牌"的无为老祖教，谕令四川总督常明（？—1817）"严密稽查"，称："邪教惑众敛钱，最为风俗之害，若不及早禁绝，日久蔓延，转难查办。"②五月，直隶总督温承惠（1755—1832）查获滦州"邪教"案，董太、董怀信父子等在京畿地区传习金丹八卦教近四十年，入教者达五千余人。由于案情重大，且发生在"理应风淳俗厚，政教肃清"的畿辅重地，嘉庆一改避免搜捕习教者的作风，传谕查拿、重惩为首各犯："董怀信等为首各犯，俱经拿获，务须从严惩办，其教内分管卦宫及帮同传教紧要之人，俱当按名查缉务获，依律重惩。"但同时强调"从前三省邪匪，其初亦不过念经敛钱，迨党与既多，州县官查拿不善，遂至酿成乱阶"，表示对入教的五千余人"断无悉数查拿之理"，称"若州县官办理不善，或胥役人等仇扳贿纵，纷纷滋扰，必至激成事端"，要求对"其余仅止入教买符之五千一百余人"，"须饬州县官妥协办理，只应出示晓谕，不可派人搜查，若地方官办理不善，分遣胥役，比户查索，或得贿故纵，或无辜被累，至滋生事端，殊非安戢闾阎之道。著该督即查明册载名姓，分札各州县，令其于城乡市集，张挂告示，明白晓谕，其

<hr />

①　嘉庆十三年十二月十六日上谕，中国第一历史档案馆编：《嘉庆道光两朝上谕档》第13册，页760—761；《清仁宗实录（三）》卷205，嘉庆十三年十二月丁未，页734—735。

②　嘉庆十七年二月初六日上谕，中国第一历史档案馆编：《嘉庆道光两朝上谕档》第17册，页37；《清仁宗实录（四）》卷254，嘉庆十七年二月己酉，页425。又，嘉庆十七年清廷再度关注"邪教"问题，与嘉庆十六年（1811）严禁天主教有关。十六年五月，清廷定《西洋人传教治罪专条》。七月，严禁西洋人潜往内地传教，并通谕各省详查境内西洋人，将其遣返回国。同时制定失察西洋人传教的官员处分条例，严惩习西洋教的在京旗人。十二月，西藏查获面貌类似西洋人马argue到藏朝佛，以为传习天主邪教，嘉庆帝谕"近来西洋夷人散布各处，传习天主邪教，意图煽惑，甚不安分，必应加意严访"，令"嗣后如有西洋一带夷人，以朝佛为名，前来藏地，即概行阻回，毋令入境，以杜奸萌"。同日，先前奏请《严定西洋人传教治罪专条》的给事中甘家斌，奏"四川省有无为老祖等教，与天主教大略相同，煽惑人心，恐致延蔓"，请旨饬禁。嘉庆帝传谕四川总督常明"即饬川东川北各州县严密访查为首之犯，缉拿按例惩治，其被惑入教者，俱令首明悛改"。分别见《清仁宗实录（四）》卷243，嘉庆十六年五月丙午；卷246，七月壬辰；卷251，十二月戊午，页288—289、325—326、395—396；并参郭慧选编：《嘉庆十六年严禁西洋人传教史料》，《历史档案》2004年第1期，页23—32。

人数较多之处，务使周遍无遗，谕令入教之人，自将经符到官呈缴"。① 当他听闻拿获教内人犯已株连至三、五千人时，即传谕"该督于接奉此旨之日，即将办理情形迅速具奏，毋稍延缓。"②

与此同时，嘉庆严厉追究失察该案的直隶历任各级官员，并高度关注"邪教"问题。③ 六月，给事中叶绍奎奏："民间邪教，最干法纪，每因传播日久，奸宄丛生，请饬令各督抚臬司，出示晓谕，将律定罪名刊刷通行，俾小民深知远害，自行改悟。并请令各督抚体访各该省习俗所易犯而大干法禁者，一一摘录律文，明白晓谕，广为禁止。"这是嘉庆朝《清实录》中所见的首次单纯就如何消除"邪教"问题的具体建议。虽然嘉庆认为其建议不可行，但对叶绍奎清除"邪教"的主张则表示认可，而当时直隶、江西、福建、广东、广西、贵州等省又"每有奏办邪教及会匪等案，其案由各不侔，而蚩愚被诱，其情节大率相类"。

为此，嘉庆认为"若先时化导，或可冀其觉悟改悔，陷法者少"，提出加强宣传教育以减少"邪教"案的发生，称"邪教""起于一二奸民倡为邪说，其意专在传徒敛钱，而愚民无知，惑于祸福之说，辗转传习，迷不知返。其初不惜捐资破产，饱首恶之囊橐，迨经官府查办，为从徒党亦与为首之犯，同罹法网，贻害多人，深堪悯恻"，谕令各省督抚"各就该省情形叙次简明告示，通行晓谕，使乡曲小民，群知三纲五常之外，别无所谓教，天理王法之外，他无可求福。从正则吉，从邪则凶。即间有一二莠民设法煽诱，而附和无人，奇衰自以渐灭熄，风俗人心庶可日臻淳朴"。④

同月，嘉庆又在另一道上谕中指称"邪教惑众敛钱，最为人心风俗之害"，要求"各直省皆应及早查拿，以靖邪慝"。⑤ 九月，针对给事中甘家斌

———————————

　　① 嘉庆十七年五月十七日上谕、七月初四日上谕，中国第一历史档案馆编：《嘉庆道光两朝上谕档》第 17 册，页 170—171，253—254；《清仁宗实录（四）》卷 257，嘉庆十七年五月戊子，页 475—476；卷 259，七月甲戌，页 502—503。

　　② 嘉庆十七年五月二十九日上谕，中国第一历史档案馆编：《嘉庆道光两朝上谕档》第 17 册，页 185；《清仁宗实录（四）》卷 257，嘉庆十七年五月庚子，页 482。

　　③ 参见《清仁宗实录（四）》卷 257，嘉庆十七年五月戊子、癸巳，页 475—476，477—478；卷 258，六月癸丑，页 487—488。

　　④ 《清仁宗实录（四）》卷 258，嘉庆十七年六月甲寅，页 488—489；嘉庆十七年六月十三日上谕，中国第一历史档案馆编：《嘉庆道光两朝上谕档》第 17 册，页 217—218。

　　⑤ 嘉庆十七年六月十六日上谕，中国第一历史档案馆编：《嘉庆道光两朝上谕档》第 17 册，页 226；《清仁宗实录（四）》卷 258，嘉庆十七年六月丁巳，页 490。

奏"各省民风良莠不齐,间有传习邪教匪徒"的情况,嘉庆谕令"地方官随时查缉,将为首匪犯访获重惩,使其余被惑之徒,共知儆畏,从此加以化导,愚民觉悟顿开,自能革面革心,普臻经正民兴之治"。①

　　显然,滦州"邪教"案及当时各地奏报的"邪教"案状况,引起嘉庆对"邪教"问题的再度重视。为此,嘉庆一改此前避免搜拿习教者的做法,谕令各省对传习"邪教"者及早查拿,并试图加强宣传教育以减少"邪教"案的发生。不过,清廷高度重视"邪教"问题,并在统治政策上做出多方面的调整,试图根除"邪教",已在一年后的天理教起义发生之后。

第三节　天理教起义与清廷根除"邪教"的努力

　　嘉庆十八年(1813)九月十二日,嘉庆获知河南滑县失陷及河南考城、山东曹县、直隶长垣等地亦有习教之人活动后,尽管直隶总督温承惠在奏报中已指出起事者"白布缠头",但他起初还认为是饥民暴动。② 因为这些地区继上年遭受旱灾后,是年又遭大旱,据赵怀玉(1747—1823)记载当时河南等地"几至易子而食",山东灾区则"每米一石钱二十四千,面一斤钱四十(千?),市中竟有以人肉为卖者",③其中米价已近于平常价格的六至十倍!④ 当时朝廷也正在设法赈济。不过,第二天当他再次从直隶布政使素纳的奏报中获知起事者"俱用白布缠头,身穿白衣"时,便断定"看来竟系邪

---

　　① 　嘉庆十七年九月初七日上谕,中国第一历史档案馆编:《嘉庆道光两朝上谕档》第 17 册,页 346;《清仁宗实录(四)》卷 261,嘉庆十七年九月丙子,页 535。

　　② 　托津等纂:《钦定平定教匪纪略》卷 1,页 1,清嘉庆二十一年武英殿刻本。

　　③ 　赵怀玉从曹州人毛光孚处获知这些情况,《收庵居士自叙年谱略》,《北京图书馆藏珍本年谱丛刊》第 117 册,页 321—322;吕小鲜:《嘉庆十八年冀鲁豫三省灾荒史料》,《历史档案》1990 年第 4 期,页 38—53。

　　④ 　一般情况下,米每石约钱二千文。如嘉庆十六年,四川大竹县米每石钱二千文,湖北蒲圻县稻谷市场价每石钱一千文(杜家骥主编:《清嘉庆朝刑科题本社会史料辑刊》,页 635、454,天津:天津古籍出版社,2008 年)。又嘉庆十一、二年前后,陕西西乡县、湖南龙山县的包谷,每石均为钱二千(李文治编:《中国近代农业史资料》第 1 辑,页 91,北京:三联书店,1957 年)。由于文献记载对谷、米的分别不是很明晰,但即使这些全为谷价,按照清初官方收赋所定的"一米二谷"(即米谷 50%的比价)计算,即米每石钱四千,也达 6 倍之多。何况在嘉庆二十五年前后旱情严重的福州,即使在"米粟价大腾涌"时,米每石也只是钱五千三百,粟每石二千六百(陈寿祺:《与孙平叔藩伯书》,《左海文集》卷 4,三山陈氏家刻《左海全集》本,页 37。考平叔乃孙尔准之字,其任福建布政使,在嘉庆二十五年至道光元年(1820—1821)间,则该信当作于此间(参见"中央研究院"历史语言研究所内阁大库档案 056621 号),依此价,亦为 4 倍多。

教,并非饥民",于是命前往剿匪的温承惠等"若擒获该类,如有白布缠头,查系贼犯,即概行正法"。①

与镇压白莲教起义时强调"重在谋逆,不在习教"及平叛后未追究习教者不同,嘉庆对这次"邪教""叛乱",一开始就有根治"邪教"的打算。十四日,帝谕温承惠等"以剿办起事匪徒为正务",虽称"将来擒获匪徒,审讯时亦不必根究习教",甚至对告发"邪教"者,"拟以诬捏,以安反侧",但这显然是为尽快平叛采取的权宜之计。因为谕旨中还要求其晓谕居民安静自守时,"至邪教一节,此时断不可提及,即所发告示内'虽经习教,未曾滋事之人,概不查办'之语,亦不可叙入"。② 其意即要在"叛乱"平定后查办修习"邪教"者。

九月十六日,嘉庆获知天理教徒于昨日进攻紫禁城的消息,无疑更加强了他根除"邪教"的决心。因为就"邪教"问题而言,如果说乾隆年三十九年的王伦起义仅限山东一隅,嘉庆初的白莲教起义已遍及川、陕、楚、豫、甘等五省,而此次天理教事件竟直犯宫阙,"邪教"问题已成为危及清廷统治的心腹大患。尽管如此,为尽快平叛,嘉庆还是采取了非常谨慎的态度,是日再次谕令温承惠等"剿贼"时"仍先专办抗拒滋事之人,不可扬言剿办邪教,致令闻风蠢动为要"。③

不过,随着九月二十三日天理教首领林清被凌迟处死和十二月十日天理教起义被全部平定,清廷根除"邪教"的措施也逐步展开,主要包括严格保甲制度、制定和重申针专门对"邪教"的法律规定、禁毁书词小说及"邪教"经卷、强化宣讲《圣谕广训》制度、加强针对"邪教"问题的宣传教育等。这些措施深刻影响了此后清廷对"邪教"问题的处理,并标志着清中叶朝廷文化政策的调整和转变。鉴于天理教起义后清廷严格保甲制度已有较充分的研究,④下面主要讨论其他各方面的举措。

---

　　① 托津等纂:《钦定平定教匪纪略》卷1,页 8—11;《清仁宗实录(四)》卷 273,嘉庆十八年九月丙子,页 714。

　　② 《清仁宗实录(四)》卷 273,嘉庆十八年九月丁丑,页 715—716;托津等纂:《钦定平定教匪纪略》卷 1,页 17—20。

　　③ 《清仁宗实录(四)》卷 274,嘉庆十八年九月己卯,页 721。

　　④ 吕小鲜编选:《嘉庆十八年京畿地区编查保甲史料》(上、下),《历史档案》1990 年第 2 期,页 35—42;第 3 期,页 42—47;王开玺:《嘉道年间的京城保甲制度与社会治安》,《历史档案》2002 年 2 期,页 97—110;李尚英:《从镇压天理教起义看清代地方行政组织的作用》,《河南大学学报》2004 年第 3 期,页 72—74。

一、制定和重申针对"邪教"的法律、规定

嘉庆十八年十二月十七日,也就是天理教起义全部被镇压后的第七天,清廷定《传习邪教治罪条例》,这是清代首次专门就"邪教"问题制定的治罪条例,对如何构成传习"邪教"罪及相关惩罚,作了详细规定。刑部议定:

> 办理邪教总以有无传习经咒、供奉邪神、拜授师徒为断。至白阳教,即系白莲教及八卦教之别名,最足为害。嗣后为首照左道异端煽惑人民律,拟绞监候;为从,发新疆给额鲁特为奴。旗人销除旗档,与民人一律办理。至红阳教及各项教会名目,并无传习咒语,但供有飘高老祖,及拜师授徒者,发往乌鲁木齐,分别旗民当差为奴。其虽未传徒,或曾供奉飘高老祖,及收藏经卷者,发边远充军。至坐功运气,虽非邪教,亦比照故自伤残律杖八十,若讯明实止茹素烧香,讽念佛经,止图邀福,并未拜师传徒,亦不知邪教名目者,方予免议。[①]

嘉庆将"白阳、白莲、八卦等邪教,凡传徒为首者"罪加一等,"定拟绞决",其他依刑部所议。并颁谕云:

> 此等愚民平日惑于邪说,罔识禁令,现在大加惩创,许以自新,惟在地方各官详为化导,使小民共知学习不经符咒,断难获福额,而国宪森严,祸将不测。虽至愚之人亦当惕于利害,勉为良善。著步兵统领、五城及直省督抚、将军、都统、府尹等,各出简明告示,将新定罪名及自首限期,剀切晓谕,庶家喻户晓。

---

① 昆冈等修、刘启端等纂:《(光绪)钦定大清会典事例》卷 766"礼律·祭祀·禁止师巫邪术",《续修四库全书》第 809 册,页 437。按:该折原奏由管理刑部事务大臣董诰、尚书崇禄等奏,开头有"现行律例尚未赅备,分别等差,以昭法守"等语(《军机处档·月折包》第 2751 箱 16 包 50020 号,嘉庆十八年十二月十七日,管理刑部事务大臣董诰等奏折,转引自庄吉发《从取缔民间宗教律例的修订看清代的政教关系》一文全文征引该折,载氏著《清史论集》(四),页 225—226,台北:文史哲出版社,2000 年)。又,下文所用资料颇在庄氏此文"清代禁止师巫邪术律例条订简表"(页 202—209)之外者。另,孔祥涛、孙先伟:《清代治理民间秘密教门法律政策及措施研究》(《中国人民公安大学学报(社会科学版)》2007 年第 1 期)一文第四节"嘉庆时期:按律严罚、双管齐下"讨论的就是天理教起义后清廷的法律惩罚措施,惜史料搜罗未全(页 54)。

即通过严格的法律惩罚和罪责宣传，禁止民人传习"邪教"，进而达到根除"邪教"的目的。①

二十一年（1816），奉旨："嗣后各直省遇有倡立邪教、惑众骗钱案内应行发遣之犯，著该督抚于审明定案时，酌留一二名于该省犯事地方，永远枷号示众。"②

二十二年（1817），清廷又从科举考试、捐纳功名等方面，制定惩处传习"邪教"的政策，议定传习"邪教"之人"罪在徒流以上者"，三代以内不准参加科举考试或捐纳功名职衔，云：

> 先经习教人犯，除自行呈首免罪，及坐功运气，茹素讽经，尚非实犯邪教外，其实因习教犯案，罪在徒流以上者，查明其子孙实未入教，即以本犯之子为始，三辈后所生之子孙，始准考试报捐。其应行入考报捐之人，先行呈明地方官，取具邻族甘结，详报督抚，咨部查核。倘有蒙混应考报捐者，以违制论。至习教复又从逆各犯子孙，永远不准考试报捐（原注：谨案此条嘉庆二十二年定）。③

二十四年（1819），清廷定："各项邪教案内，应行发遣回城人犯，有情节较重者，发往配所永远枷号（谨案：此条嘉庆二十四年定）。"④可见其对"邪教"徒防范之严。

在制定新的根除"邪教"法律政策的同时，嘉庆又重申此前清室列帝惩治"邪教"的制度规定。一方面证明这些举措均为遵循祖宗之法，另一方面藉此通谕地方严拿、重惩修习"邪教"者。如嘉庆二十年（1815）十一月十八日，帝阅《世祖章皇帝实录》中顺治十三年谕礼部："治天下必先正人心，正人心必先黜邪术。乃有左道惑众，如无为、白莲、闻香等教名色，邀集结党，

---

① 托津等纂：《钦定平定教匪纪略》卷27，页5—6；《清仁宗实录（四）》卷281，嘉庆十八年十二月庚戌，页834。
② 《（光绪）钦定大清会典事例》卷766"礼律·祭祀·禁止师巫邪术"，《续修四库全书》第809册，页437。
③ 《（光绪）钦定大清会典事例》卷752"刑部·户律户役·人户以籍为定"，《续修四库全书》第809册，页298—299。
④ 《（光绪）钦定大清会典事例》卷766"礼律·祭祀·禁止师巫邪术"，《续修四库全书》第809册，页435。

夜聚晓散。小者贪图财利,恣为奸淫;大者招纳亡命,阴谋不轨,屡行禁防,余风未殄……今后再有踵行邪教,仍前聚会、烧香、敛钱、号佛等事,著……设法缉拿,穷究奸状,于定律外,加等治罪。"特颁谕旨云:

> 仰见我世祖崇正黜邪,思患豫防之至意。无为、白莲、闻香等教,自顺治年间已有此名目。百数十年来,重典惩治,所办钜案,不一而足。至前年林清等犯门倡乱,仍由邪教而起。近又有方荣升藉兴复旧教,潜蓄逆谋之事,虽已悉就诛夷,但恐愚民迷惑者多,仍未能尽知悔悟。因思奸民倡为邪教,其始不过一二人,私立会名,敛钱惑众,地方官若果能认真查访,立即捕拿惩办,自不至纠集多人,渐成滋蔓。即如林清、方荣升,皆系邪教案内为从拟徒之犯,其初未必遽萌异志,当其谋复旧教,倡首传徒之日,地方官漫无觉察,无人过问,迨徒党渐众,遂有阴谋不轨之心,若及早查办,何至如火燎原,变生仓猝耶?
>
> 著通谕京城及各直省官吏有地方之责者,凡有习教结会之事,一经访闻,即将为首之人迅速擒捕,按律严惩,毋稍存姑息之见,以为自积阴功。不知养痈贻患,纵令煽惑多人,酿成逆谋,则生灵涂毒,玉石俱焚,其所损阴陟甚大。若惩一儆百,使乡曲愚氓,皆知邪教为必不可习之事,渐染日少,所保全者众矣。诸臣当明于大义,为国家除邪去慝,不可存妇孺之仁,而忘弭患于未形也。①

二十二年六月,帝阅《世宗宪皇帝实录》引雍正二年六月上谕:"朕惟除莠所以安良,黜邪乃以崇正。自古为国家者,绥戢人心,整齐风俗,未有不以诘奸为首务也……务令萌蘖尽除,奸民屏迹,风俗人心,咸归醇正。"为此颁谕云:

> 仰见我皇祖除莠黜邪,教民成俗之至意。奸民倡为邪教,诱惑愚民,传习既久,人数众多,必致滋生事端,为害甚钜。朕屡饬查办严惩倡教首恶,宽宥被诱愚民,实与皇祖圣训默相符合。乃地方大吏以及

---

① 嘉庆二十年十一月十八日上谕,中国第一历史档案馆编:《嘉庆道光两朝上谕档》第20册,页608—609;《清仁宗实录(五)》卷312,嘉庆二十年十一月己亥,页147—148。

有司,诘奸善俗,是其本责,平日因循疲玩,不能留心察访,早绝邪萌……嗣后各督抚,务督率地方州县,将传习邪教为首之犯,设法访拿。严行惩办,除审有悖逆重情者,从犯一并按律治罪外,其只系被诱愚民,概免深究,则首恶既除,乡曲之间,无人煽惑,风俗还淳,而罹法者亦日少矣。将此通谕知之。①

同年十月,又引雍正五年九月谕旨:"邪教妖言,大有关于人心风俗,该地方官一有所闻,即当留心根究,庶可以消奸宄而安良善,所谓防微杜渐也。若下司隐匿不报,或上司知之,又欲化有事为无事,势必至奸宄漏网,匪党无所忌惮,附和者愈众,则将来株连者愈多。是本欲息事,而转致多事。故不如惩治之于早也。各省督抚藩臬,皆地方大吏,勉之毋忽,钦此。"颁谕称:

> 仰见皇祖睿谟深远,于百年以后之事,早已先几烛照。朕现在严拿邪匪,用以除莠安良,实与祖训默相符合。盖邪教妖言,煽惑愚民,其始不过数人数家,私相传习。地方官当其初经发觉时,或意存宽纵,惧干失察之咎,不行查办,迨至养痈遗患,徒党众多,遂敢恣行不法,彼时大加诛夷,罹法者殆不可数计……原由于弭患之不早也。著直省督抚藩臬,各分饬所属地方官,境内如有传习邪教者,总当认真查拿,据实禀报。该管上司,即严切根究,按律惩治,不可稍存姑息之见。此时小惩大诫,治罪不过数人,而萌蘖既除,则愚蒙不为所惑,善良益得自全。即以阴骘之说计之,其造福岂有涯量? 慎勿务煦煦之仁,而昧正俗安民之远计也。将此通谕知之。②

二十三年(1818)六月,清廷再次重申:"愚民学习邪教,最为风俗人心之害。如一二人私自在家焚香诵经,地方官原不能逐户搜查,缉拿净尽。

---

① 嘉庆二十二年六月十七日上谕,中国第一历史档案馆编:《嘉庆道光两朝上谕档》第22册,页198—199;《清仁宗实录(五)》卷331,嘉庆二十二年六月己丑,页369—370。

② 嘉庆二十二年十月初三日上谕,中国第一历史档案馆编:《嘉庆道光两朝上谕档》第22册,页386,桂林:广西师范大学出版社,2000年;《清仁宗实录(五)》卷335,嘉庆二十二年十月癸酉,页415—416。

若一经传徒聚众,则踪迹易露,即当立时捕获,按律严惩,俾知警惧。其有旧染污俗,真心改悔,赴官投首者,自可从宽免罪,予以自新。"①

二、查禁、销毁书词小说及"邪教"经卷

清代查禁书词小说的规定,以雍正三年(1725)定例最为明确:"凡坊肆市卖一应淫词小说,在内交与八旗都统、都察院、顺天府,在外交督抚等转行所属官弁严禁。务搜板书,尽行销毁。有仍行造作刊刻者,系官革职,军民杖一百,流三千里。市卖者,杖一百,徒三年。买看者,杖一百。该管官弁不行查出者,交与该部,按次数分别议处,仍不准藉端出首讹诈(雍正三年定例)。"②其后清廷禁毁书词小说,多以此例为准。

天理教起义前,嘉庆朝《清实录》所见的清廷禁毁书词小说有两次,但均不针对"邪教"问题。一是嘉庆七年(1802)十月,针对满洲八旗子弟"清话生疏,不识清字,其粗晓汉文者,又以经史正文,词义深奥,难于诵习,专取各种无稽小说,日事披览,而人心渐即于偷",帝颁谕:

> 此不独满洲为然,即汉人亦更多蹈此陋习,如经史为学问根柢,自应悉心研讨,至诸子百家,不过供文人涉猎,已属艺余。乃乡曲小民不但经史不能领悟,即子集亦束置不观,惟喜瞽词俗剧及一切鄙俚之词,更有编造新文,广为传播,大率不外乎草窃奸宄之事。而愚民之好勇斗狠者,溺于邪慝,转相慕效,纠夥结盟,肆行淫暴,概由看此等书词所致,于世道人心大有关系,不可不重申严禁。但此时若纷纷查办,未免

① 嘉庆二十三年六月十六日上谕,中国第一历史档案馆编:《嘉庆道光两朝上谕档》第 23 册,页 285;《清仁宗实录(五)》卷 343,嘉庆二十三年六月壬午,页 538。

② 托津等纂:《(嘉庆)钦定大清会典事例》卷 617"刑部·刑律贼盗·造妖书妖言",页 22,《近代中国史料丛刊三编》第 69 辑影印嘉庆间刊本。按:此例于康熙五十三年议定,雍正三年律例馆奏准增定。康熙五十三年四月乙亥,帝谕礼部:"朕惟治天下以人心风俗为本,欲正人心、厚风俗,必崇尚经学,而严绝非圣之书,此不易之理也。近见坊间多小说淫辞,荒唐俚鄙,殊非正理。不但诱惑愚民,即缙绅士子,未免游目而蛊心焉。所关于风俗者非细,应即行严禁,其书作何销毁,市卖者作何问罪,著九卿詹事科道会议具奏。"寻议:"凡坊肆市卖一应小说淫辞,在内交与八旗都统、都察院、顺天府,在外交与督抚,转行所属文武官弁,严行禁绝。将板与书,一并尽行销毁。如仍行造作刻印者,系官革职,军民杖一百,流三千里。市卖者杖一百,徒三年。该管官不行查出者,初次罚俸六个月,二次罚俸一年,三次降一级调用。从之。"《清圣祖实录(三)》卷 258,康熙五十三年四月乙亥,页 552,北京:中华书局,1985 年影印本;允禄等监修:《(雍正)大清会典》卷 170"刑部·刑律一·贼盗一·造妖书妖言",页 8,《近代中国史料丛刊三编》第 77—78 辑影印雍正十年序刊本。

假手吏胥,转滋扰累。著在京之步兵统领、顺天府、五城各衙门,及外省各督抚通饬地方官出示劝谕,将各坊肆及家藏不经小说,现已刊播者,令其自行烧毁,不得仍留原板,此后并不准再行编造刊刻,以端风化而息诐词,将此通谕知之。①

二是十五年六月,御史伯依保奏请禁小说,上谕:

> 坊本小说,无非好勇斗狠,秽亵不端之事,在稍知自爱者,尚不为其所惑,而无知之徒,一经入目,往往被其牵诱,于风俗人心殊有关系,本干例禁。但日久奉行不力,而市贾又以此刊刻取利,其名目尚不止如该御史所奏数种。著五城御史出示晓谕禁止,如有此等刻本即行销毁,亦不得令吏胥等藉端向坊市纷纷搜查,致有滋扰。②

目的也都是为了正人心,端风俗。

天理教起义爆发后,从嘉庆十八年十到十二月的三个月间,清廷三次禁毁书词小说。十月十三日,御史蔡炯(1765—1835)奏请"饬禁民间结会、拜会及坊肆售卖小说等书,并查核僧道",上谕:

> 稗官小说,编造本自无稽,因其词多俚鄙,市井初解识字之徒,手挟一册,薰染既久,斗狠淫邪之习,皆出于此,实为风俗人心之害。坊肆刊刻售卖,本干例禁,并著实力稽查销毁,勿得视为具文。③

这是天理教起义爆发后,清廷首次禁毁书词小说,其方式也由此前的"出示劝谕(晓谕)",变成"实力稽查"。同月二十六日,巡视五城御史嵩安等奏"公同办理编查保甲",帝谕:

---

① 嘉庆七年十月二十五日,中国第一历史档案馆编:《嘉庆道光两朝上谕档》第7册,页370—371;《清仁宗实录(二)》卷104,嘉庆七年十月癸亥,页399—400。

② 嘉庆十五年六月初八日,中国第一历史档案馆编:《嘉庆道光两朝上谕档》第15册,页256;《清仁宗实录(四)》卷230,嘉庆十五年六月辛卯,页92—93。

③ 嘉庆十八年十月十三日上谕,中国第一历史档案馆编:《嘉庆道光两朝上谕档》第18册,页338—339;《清仁宗实录(四)》卷276,嘉庆十八年十月丙午,页769。

外城地方开设戏园，本无例禁，但演唱淫词艳曲，及好勇斗狠戏剧，于人心风俗大有关系。著该御史等严行查禁，以端习尚，并著出示晓谕居民人等，如有家存奸盗邪淫小说，及违碍经卷，或自行烧毁，或呈缴到官，巡城御史衙门汇送军机处，验明查销。①

查禁范围，也由书词小说扩展到戏曲演出及违碍经卷。十二月二十日，陈预（？—1823）奏"整饬吏治"，上谕：

稗官野史，大率侈谈怪力乱神之事，最为人心风俗之害，屡经降旨饬禁。此等小说，未必家有其书，多由坊肆租赁，应行实力禁止。嗣后不准开设小说坊肆，违者将开设坊肆之人以违制论。至民间演剧，原所不禁，然每喜扮演好勇斗狠各杂剧，无知小民，多误以盗劫为英雄，以悖逆为义气，目染耳濡，为害尤甚……务认真禁止，勿又视为具文。②

对书词小说的查禁力度，亦从禁止坊肆刊刻销售，变成"不准开设小说坊肆，违者将开设坊肆之人以违制论"；对戏曲演出的查禁，则由京城蔓延到地方。

关于清廷查禁"邪教"经卷，庄吉发先生根据现存档案对清代直省大吏查办教案时起获的宝卷书籍，作了一份《清代民间秘密宗教宝卷书籍一览表》。从中可以看出，在白莲教起义发生期间的嘉庆前八年，清廷仅查获过 2 次"邪教"经卷；在天理教起义发生前的嘉庆朝前十八年，共查获过 14 次，平均每年不到一次；而天理教起义后的嘉庆十九至二十三年共五年间竟查获过 30 次，平均每年达 6 次之多，其中嘉庆二十年 11 次，二十一年 12 次。③ 由此可见，天理教起义对清廷查禁"邪教"经卷的影响。

天理教起义爆发后，清廷在全国范围内查禁"邪教"经卷，始于十月二十七日。是日，帝谕：

---

① 中国第一历史档案馆编：《嘉庆帝起居注》第 17 册"嘉庆十八年十月二十六日"，页 446—447，桂林：广西师范大学出版社，2006 年；《清仁宗实录（四）》卷 277，嘉庆十八年十月己未，页 783—784。

② 《清仁宗实录（四）》卷 281，嘉庆十八年十二月癸丑，页 837—838。

③ 庄吉发：《清代民间秘密宗教的宝卷与无生老母信仰》，载氏著《清史论集》（四），页 81—83，台北：文史哲出版社，2000 年。

习教之家，多藏有经卷图像，愚民罔知礼义，其意不过妄希求福，不知邪说异端，致祸之媒……著将经卷图像自行首送到官，当堂销毁，具结永不习教，该衙门即将其姓名住址存记册档，免其治罪，列为良民……著通谕各直省，一体出示晓谕。①

十二月二十四日，嘉庆颁御制《原教》，称"邪教"屡次起事的重要原因之一，就是"邪教"经卷未被搜出焚毁，云：

奸民倡为邪说，煽惑愚民，其经卷鄙俚不通，俗陋已极。不但诸子百家难相比拟，即佛经道录，亦去此远甚。其年号皆前明之时，竟系彼时乱民所造，潜藏穷乡僻壤，未能搜出焚毁，贻害至今日也。

号召君臣"去邪教以遏乱，焚邪经以涤源"。②

十九年（1814）正月，刘镮之（？—1821）等派员于林清家墙穴内起获《三佛应劫统观通书》钞本一册，刘镮之"详加阅看"后，上奏称："大率诞妄不经，而悖逆处尤堪发指。"③书内称此经出在山西平阳府岳阳县王家庄，帝谕："此等不法经卷，岂可任令流传？……此书既由该处流传，恐抄写不止此一本，附近村庄尚有收藏潜匿之人，著衡龄即派妥员前往密访，如有收藏之家，立即查起，封送军机处销毁，并严追来历，务收查净尽，勿令再有传写，贻惑乡愚。"④此后，嘉庆又几次派官吏在京城内外进行搜索，凡经卷内有"真空家乡，无生父母"字样者，一律查销。结果，京畿和各省查出的这类书籍，"封送不下千本，批阅后毁于殿庭"。⑤

四月，山东巡抚同兴（？—1827）奏查获姜明等起立如意会案，并将姜明供出歌词抄录呈览。帝谕"其歌词虽属鄙俚，均系劝人为善，并无违悖字

---

①　中国第一历史档案馆编：《嘉庆帝起居注》第 17 册，页 449—451；《清仁宗实录（四）》卷 277，嘉庆十八年十月庚申，页 784—785。

②　托津等纂：《钦定平定教匪纪略》卷首，页 4—5；《清仁宗实录（四）》卷 281，嘉庆十八年十二月丁巳，页 841—842。

③　《军机处录副奏折》，嘉庆十九年正月十七日，刘镮之奏折，转引自李尚英：《紫禁城之变》，页 112，北京：紫禁城出版社，1990 年。

④　《清仁宗实录（四）》卷 283，嘉庆十九年正月己卯，页 862—863。

⑤　嘉庆帝《弭邪教说》，《御制文余集》卷下，页 31，故宫博物院编：《故宫珍本丛刊》第 580 册影印清嘉道间武英殿刻本。

句"，但"若自行编造歌词，私立会名，转相传授，是即与邪教相类"，"著同兴广出示谕，剀切训导，俾无知愚民，共知禁戒，勿再效尤，致干法令"。① 可见当时清廷查获"邪教"经卷的严厉程度，即使是劝人为善的歌词，但只要与清廷界定的"邪教"有类似之处，即严行查禁。

三、强化宣讲《圣谕广训》制度

清代自康熙十八年（1679）形成每月朔望宣讲圣谕十六条的制度后，雍正二年（1724）颁御制《圣谕广训》，七年（1729）命各直省州县、大乡村每月宣讲《圣谕广训》，成为清廷控制民众思想的重要手段。② 其中"黜异端以崇正学"一条，就是针对明代以来日渐盛行的"师巫邪术"等民间秘密宗教而设。③

嘉庆朝的宣讲圣谕活动，在天理教起义前清廷曾多次饬令地方认真实行，不过或为申明定制，或针对具体情况，但都与"邪教"无关。其中嘉庆四、五两年的那两次，清廷镇压白莲教起义的行动虽正在进行中，但亦非针对"邪教"问题。嘉庆四年十二月，补知府那英押解白莲教头目高均德及高成杰到京，途中高均德"竟不知所犯系必死之罪"，嘉庆于是颁谕，称：

> 愚贱之民，敢于聚众谋逆，罪由自取，而揆其罔知法度之由，则系地方官平日不能化导所致。各省地方有司，每逢朔望，有传集民人宣讲《圣谕广训》之事，如果膺民牧者，能教以大义，于国家设立科条，摘其大端，剀切宣示，俾圜听之民，知所领悟，则不但循谨善良闻而忻慕，

① 嘉庆十九年四月初十日上谕，中国第一历史档案馆编：《嘉庆道光两朝上谕档》第19册，页313；《清仁宗实录（四）》卷289，嘉庆十九年四月辛未，页952。
② 相关研究，参见周振鹤《〈圣谕〉、〈圣谕广训〉及其相关的文化现象》、王尔敏《清廷〈圣谕广训〉之颁行及民间之宣讲拾遗》，载周振鹤撰集、顾美华点校《圣谕广训：集解与研究》"研究编"，页581—649，上海：上海书店出版社，2006年。
③ 参见庄吉发：《清代民间秘密宗教的宝卷与无生老母信仰》、《从取缔民间宗教律例的修订看清代的政教关系》（《清史论集》（四），页78—79、209—210）、《清朝宗教文化政策的探讨》（《清史论集》（五），页165—168）、《清代的文化政策与萨满信仰》（《清史论集》（七），页181—192）。又，道光十九年（1839）十月，帝特谕翰林院儒臣推阐"黜异端以崇正学"一条，撰成四言韵文，命"各直省学政恭书刊刻，遍颁乡塾"，"俾民间童年诵习，潜移默化，以敦风俗而正人心"（《清宣宗实录》卷327、328，转引自周振鹤撰集、顾美华点校：《圣谕广训：集解与研究》，页526）。

即桀骜不驯之徒亦当知所敛戢。

其所针对的是愚民不知法而妄犯,与"邪教"问题无关。值得注意的是,对于宣讲圣谕,嘉庆已意识到"固难骤期其效",地方大小官员也多"视为迂阔",但他还是坚持和强化这种制度,饬令"嗣后不但朔望宣读《圣谕广训》,当明切讲论,即公堂听狱,赴乡劝农时,皆可随时诲导,启发颛蒙,庶默化潜消,可渐收易俗移风之效,毋得视为具文,虚应故事。特此通谕各省督抚,督率所属,实意奉行,于化民成俗之道,朕实有厚望焉"。①

五年五月二十八日,给事中甘立猷奏请"于京师地方照例宣讲《圣谕广训》",帝谕:"著五城、顺天府大兴、宛平二县各官选举乡约耆老,于朔望之日,齐集公所,宣读《圣谕广训》,按期讲论,毋得视为具文,日久废弛,以副朕化民成俗至意。"同日又颁谕整饬官方,号召"恭绎《圣训》,砥砺官箴,以为化民成俗之本务",令各省文武大小官员实力奉行宣讲《圣谕广训》制度。②

嘉庆八年(1803)闰二月二十日,发生47岁的失业厨工陈德手持小刀于神武门内行刺嘉庆帝案。两个月后,嘉庆针对这一犯上作乱大案,颁谕云:

> 京师及各省民人,每至朔望日期,恭宣《圣谕广训》,教以孝友睦姻,提命谆谆,已不啻家喻户晓。乃近来逆伦之案,竟至重见叠出,可见各该旗及地方官平日并未实心教导,一切条教号令,大率视为具文,虚应故事而已。夫孝为百行之原,今根本之地天良澌灭至此,其甚者犯上作乱,致有陈德在禁门内拒捕之事,无父无君,曾禽兽之不若矣。

通饬八旗及地方官化导旗民,敦行孝弟:

---

① 嘉庆四年十二月十五日上谕,中国第一历史档案馆编:《嘉庆道光两朝上谕档》第4册,页531;《清仁宗实录(一)》卷56,嘉庆四年十二月戊戌,页734。

② 嘉庆五年五月二十八日上谕,中国第一历史档案馆编:《嘉庆道光两朝上谕档》第5册,页277;《清仁宗实录(一)》卷68,嘉庆五年五月己酉,页912。

朕孜孜图治，日以敦化善俗之道，训饬大吏。大吏等即当仰体朕怀，以此训饬所属，随时化导旗民，务各循循孝弟，迁善远罪，毋负朕勤倦告戒（《实录》作"诫"）至意。将此通谕八旗及顺天府、各直省知之。①

十八年八月，山东巡抚同兴奏该省发生的两起蔑伦重案，其中赵小幅一犯"伤毙瞽母，并先经抓伤伊父，尤为凶悖可恶"，帝批阅称"实为痛恨"，颁谕云："圣祖仁皇帝《圣谕广训》，首称'敦孝弟以重人伦'，各地方官朔望宣讲，小民具有良知，即椎鲁无文，渐染薰陶，亦当潜移默化。但念乡愚鄙俚，不谙文义者多，著同兴恭绎《圣谕广训》之意，衍为通俗易解之辞。以人身皆父母所生，羊跪乳而乌反哺，禽兽犹知报本等语，明白宣谕，以冀激发天良。即刊印告示，饬令所属各府州县等，于穷乡僻壤，遍行张挂，俾小民易于通晓，以驯其桀骜之性。庶败类潜消，而俗臻淳美也。"②这是继嘉庆五年五月号召官员"恭绎《圣训》"后，首次具体指导地方官员如何用通俗易解之语推阐《圣谕广训》之意，在地方广为宣传，也是嘉庆强化地方宣讲《圣谕广训》的重要举措。

每月朔望的宣讲圣谕活动，本来就是清廷为加强对基层民众的思想控制，稳定社会统治，使之不犯上作乱的重要"法宝"。当天理教徒进攻紫禁城这一"史册所无"的逆伦大案发生后，宣讲圣谕广训自然成为重要的关注对象。关注的内容有二：一是检讨地方官这些年来是否认真施行朔望宣讲圣谕的活动，二是如何更好地推广、加强，将其落到实处，得到实效。

十月二十八日，乔远瑛（1761—1823）奏请"宣扬教化，以正人心，以厚风俗"，内录乾隆二年七月清高宗训饬州县官"勤察民生，宣布教化"的谕旨。嘉庆命"各督抚等将原奉圣谕刊发所属各州县"，令其"勤思职守，务教养之实政，联官民为一体"，"庶几训俗型方，闾阎风尚日淳，邪慝不作"。其针对的就是"邪慝有作"的"邪教"问题。为此，嘉庆重申宣讲圣谕活动，称：

---

① 嘉庆八年四月十九日上谕，中国第一历史档案馆编：《嘉庆道光两朝上谕档》第 8 册，页 151—152；《清仁宗实录（二）》卷 112，嘉庆八年四月癸未，页 490—491。陈德案始末，参见《清仁宗实录（二）》卷 109，嘉庆八年闰二月己丑，页 456—457；林铁钧编：《清史编年·嘉庆朝》，页 339—340，北京：中国人民大学出版社，2000 年。并参张书才《陈德行刺嘉庆考》，《故宫博物院院刊》1981 年第 1 期；刘燕：《嘉庆皇帝神武门遇刺案》，《北京档案》2006 年第 7 期。

② 嘉庆十八年八月十一日上谕，中国第一历史档案馆编：《嘉庆道光两朝上谕档》第 18 册，页 275；《清仁宗实录（四）》卷 272，嘉庆十八年八月乙巳，页 698—699。

"其每月朔望宣讲《圣谕广训》,并责成师儒认真开导,实力奉行,潜移默化,日计不足,月计有余。朕实厚望焉。"①

十一月二十七日,嘉庆特就"教化"问题颁谕,强调教化民众是地方官的重要责任,云:

> 从来治民之道,教化为先。国家抚有黎庶,设群有司,畀以司牧之任,所以迪牖斯民,俾日兴于善。非第催科断狱,即可称为良有司也。

但近来地方官却多忽视这一问题:"近来各省地方官,积习因循,稍能守法奉职者,已不可多得,至于教化之事,则置焉不讲,间有耻为俗吏,勤思治本者,鲜不视为迂谈。朔望读法,孟冬乡饮,皆著于令甲,举行者盖已寥寥,况实能导民于善,更化易俗者乎?"

为此,嘉庆强调:"夫孝弟忠信、礼义廉耻,此八者为尽人所当知当行。凡在四民,舍此则无以为人;地方有司,舍此亦无以为教。""邪教""叛乱"屡次发生,就是因为官吏不修正教、地方教化不兴:"官吏不修正教,无怪愚民习于邪教。其初大率为学好修福之说所惑,因愚入妄,因妄而至于犯上作乱,及罹于罪辜,国有常刑,而实皆由于地方官教化不兴,以至陷溺斯民至于如此。"正是在这种意义上,嘉庆再次强调和重申宣讲圣谕的作用:

> 著通谕各直省督抚,转饬该州县等,于所属民人,实力化导,宣讲《圣谕广训》,务俾家喻户晓。久之人心感发,知仁而有所不忍为,知义而有所不敢为,则正教昌明,邪说自熄矣。

在宣讲圣谕之外,谕旨中还特别强调地方生员、监生等对教化民众的示范作用,要求对他们严加甄别,称:"生监为齐民表率,尤当束身名教,共相砥砺。著各学政督率教官,加意训迪,于岁报优劣,秉公甄别,俾知有所劝惩。"②

①　嘉庆十八年十月二十八日上谕,中国第一历史档案馆编:《嘉庆道光两朝上谕档》第18册,页359;《清仁宗实录(四)》卷277,嘉庆十八年十月辛酉,页785—786。

②　嘉庆十八年十一月二十七日上谕,中国第一历史档案馆编:《嘉庆道光两朝上谕档》第18册,页399—400;《清仁宗实录(四)》卷279,嘉庆十八年十一月庚寅,页814—815。

十九年，清廷因各省督抚及府州县官每月朔望宣讲《圣谕广训》，"并未讲解发明"，且观听者仅"执事员役及附近居民"，僻壤穷乡之人未能"家喻户晓"，议准按村颁发《圣谕广训》，并选用专职人员进行宣讲："遴选生耆，随时剀切宣讲，俾编户小民共知向善。"实施相应的奖惩措施，云：

> 果能宣讲得法，转暴为良，在诸生则仍当统计平日文行，实堪举优者，该学政照例核实办理，不必专以宣讲一事，别立科条，在耆儒则地方官量加奖励。其有奉行不善者，立刻予究办，以示劝惩。①

在此，地方上的生员和耆儒也成为各级地方官之外宣讲圣谕、教化民众的重要力量。较之上年仅要求他们"束身名教"、"为齐民表率"，又加深了一层，即履行具体的教化民众之责。

二十年十月，御史卢浙（1757—1830）奏请府州县卫遍行刊印《圣谕广训》，"于编查保甲之时，逐保散给"，与上年每村颁发一册相比，又进了一步。嘉庆不同意这一建议，认为《圣谕广训》"从前布之学官，并责成地方官朔望宣读，著于令甲，立法已为周备"，且"逐保散给，未免近于亵越"。他说："知而不由，虽家置一册，无益也。夫欲使民兴起于善，不外教养二端。"强调此前要求地方士子履行"束身砥行"的表率齐民之责，同时谕令道府州县"各就所属地方，察其民风习尚，有染于污俗，惑于邪说，及不知崇尚礼义者，各救其弊，切指而告诫之。即恭阐《圣谕广训》之旨，衍为直解，刊刻告示，晓谕众庶，俾知彰善瘅恶之意"。② 这是嘉庆十八年八月谕令山东巡抚

---

① 《（光绪）钦定大清会典事例》卷398"礼部·风教·讲约"，《续修四库全书》第804册，页337。

② 嘉庆二十年十月十九日上谕，中国第一历史档案馆编：《嘉庆道光两朝上谕档》第20册，页546—547；《清仁宗实录（五）》卷311，嘉庆二十年十月庚午，页130。周振鹤据谕旨中"衍为直解"之语，推测"颇疑《圣谕广训直解》是否是嘉庆皇帝发布此谕之后的产物？"（周振鹤：《〈圣谕〉、〈圣谕广训〉及其相关的文化现象》，周振鹤撰集、顾美华点校：《圣谕广训：集解与研究》，页589。）按：这一推测有误。嘉庆在十八年八月的上谕中已要求山东巡抚同兴"恭绎《圣谕广训》之意，衍为通俗易解之辞"，且具体举出"以人身皆父母所生，羊跪乳而乌反哺，禽兽犹知报本等语"解说（《清仁宗实录（四）》卷272，嘉庆十八年八月乙巳，页698—699）。此前嘉庆五年五月，帝整饬官方，亦称各省文武大臣官员"亦或留心典册，从事搜求，但与其涉猎词藻各书，何若恭绎《圣训》砥砺官箴，以为化民成俗之本务"（《清仁宗实录（一）》卷68，嘉庆五年五月己酉，页913）。嘉庆二十四年江西建昌府城南城监生欧阳梁撰《圣谕广训直解》，即引嘉庆五年的这道上谕，表示该书是为响应皇帝号召而作，以"恭祝"嘉庆"圣寿六旬"（周振鹤撰集、顾美华点校：《圣谕广训：集解与研究》，页567—568）。

用通俗易解之言推阐《圣谕广训》之意并广为张贴后,在全国范围内要求道府州县官员实行这一政策,由此可见推行宣讲圣谕的力度。

二十四年闰四月,也就是嘉庆帝去世的前一年,山东巡抚程国仁(1764—1825)奏请"各学教官每月亲至乡堡,宣读《圣谕广训》,详悉讲解",嘉庆同意此建议,同时也指出宣讲圣谕"虽系探本正论,但只能教导良民。若邪慝顽民,仍须刑以齐之,宽猛相济,方能易俗移风,未可执一而论也"。①

天理教起义爆发后,自嘉庆十八至二十四年的七年间,嘉庆帝七次(平均一年一次)谕令各级地方官员实力宣讲圣谕,其次数与天理教起义前的嘉庆朝前十八年(八次,平均两年多一次)大致相当,但诏令颁布的频率及皇帝的重视程度与宣讲的普及力度远较此前加强。② 且宣讲圣谕亦多针对"邪教"问题,而在此前则基本与"邪教"无关,由此可见天理教起义的影响。

四、加强针对"邪教"问题的宣传教育

早在白莲教起义期间,清廷就注意到针对"邪教"问题的宣传教育,并由此引起对民众教化问题的关注。嘉庆五年八月,嘉庆在一道谕旨中提到:"夫正学昌明,则歧途自绝;教化之行,必先自上。朕勤求治理,日有孜孜,惟期正朝廷以正百官,正百官以正万民。内外臣工果能咸体朕意……凡有教化斯民之责者,平日实心训迪,默化潜移,引之规矩之中,而消其暴戾之气。"③嘉庆十七年,直隶滦州"邪教"案发生后,嘉庆也谕令地方官"加以化导"。④ 但清廷真正开始用教化的方式根除"邪教",并在全国范围内大规模地推行一系列相关措施,则是在天理教起义爆发后。

镇压天理教起义后,嘉庆十九年正月,帝谕令那彦成(1764—1833)等在教乱发生地"刊刻简明告示,广为晓谕","俾知一经入教,为祸百端,其初不过资财被人诓骗,而其后至于身家不保,令其各知猛醒,痛加改悔。 如家

---

① 嘉庆二十四年闰四月初九日上谕,中国第一历史档案馆编:《嘉庆道光两朝上谕档》第24册,页200;《清仁宗实录(五)》卷357,嘉庆二十四年闰四月庚午,页711。

② 据周振鹤撰集、顾美华点校:《圣谕广训:集解与研究》"资料编·上谕及奏折选录"统计,页519—524。

③ 《清仁宗实录(一)》卷72,嘉庆五年八月己巳,页973—974。

④ 《清仁宗实录(四)》卷261,嘉庆十七年九月丙子,页535。

有经卷邪像,即行呈缴销毁,庶使习俗渐移,人皆勉为良善"。① 同时,清廷也开始关注由"邪教"引起的民众教化问题。二月,帝谕"今日急务,在靖人心;欲靖人心,务崇教化",云:

> 正教失而后邪教肆,昏冥戾气,积来已久。无赖小人,自趋沟壑,茫如醉梦,至死不悟者,何也? 其本在亲民之官,不实心化导,散而无纪,任其所向,全不教诲。痴愚小民,不自知为邪教,尚谓行善学好,养生度世,又有大逆不逞之徒,从而煽诱,以利动之,以威胁之,曾无一处昌明正道。嗟我良民,焉得不陷于邪教乎?

为此,嘉庆决定"以教化之兴替,定官吏之去留"。②

六月十三日,帝颁《化民成俗论》,再次检讨"邪教"盛行的原因,云:

> 今之大弊,在正学式微,官常疲惰,故邪说日炽。蛊惑乡愚,顽俗固结而不可解者,总由于不学之人过多之故也。

称:"此类人多,非国家之福也。"针对"邪教之本,唯一利字,利心深染,正义全乖",主张"欲格其非心,必自正学始",要求"君臣各尽其道,士庶各修其业,形端表正,上行下效,庶几移风易俗,返朴还淳,洵由昌明正学始也"。③ 九月初一日,帝又颁御制《除莠安良诏》,深斥"邪教"诬民的巨大危害,说:

> 承平日久,游惰者多,乃有奸人邪言蛊惑,能使善良变为凶暴,干名犯义,迷而不悟。直至俯首就戮之时,嬉笑自若,尚云转生贵官,哀我蒸民,何罪而遇此等狗彘不如之徒,为所引诱,昏沉至于此极。④

---

① 《清仁宗实录(四)》卷282,嘉庆十九年正月丙寅,页850。
② 《清仁宗实录(四)》卷285,嘉庆十九年二月辛亥,页893。
③ 《清仁宗实录(四)》卷292,嘉庆十九年六月壬申,页993。
④ 嘉庆十九年九月初一日上谕,中国第一历史档案馆编:《嘉庆道光两朝上谕档》第19册,页660;《清仁宗实录(四)》卷296,嘉庆十九年九月戊子,页1053。

针对以上关于教化问题的反省，及"直省生齿日繁，民愚易惑，近日传习邪教匪徒，如白阳、红阳、大乘无为以及天主教各种名目，辗转煽诱，罹法者众"，"地方有司日役役于簿书钱谷，而于化民成俗之原，恝焉不讲"，且"奸民倡为邪说，颛蒙从而习之，或诱于财利，或溺于淫邪，均各有受蔽之由"，二十年十月三十日，嘉庆谕令各省学政：

> 各就按试之地，察其人民所易惑者，作为论说，剀切化导，其词无取深奥，但为辨其是非，喻以利害，明白浅近。使农夫贩竖皆可闻而动心，发交各州县官刊刻印刷，于城市、乡村广为张贴，务为家喻户晓，知所从违。

同时，要求他们注意发挥士人作为齐民表率的示范作用："士为四民之首，该学政于接见士子时，尤当谆切训诲，使以孝弟忠信、礼义廉耻，倡率乡间。身以先之，言以喻之，由寡以及众，由亲以及疏，蚩蚩者氓，耳濡目染，有所观感而兴。将日用饮食，群黎遍德，久之迁善远恶，翕然成风。"如此一来，"邪说不足以诱之矣"。并要求他们将所作化导民众的论说，"遇有奏事之便，各录稿进呈，朕亲览焉"。①

该谕旨在各省学政那里得到切实执行，庄吉发先生从《军机处档·月折包》中发现了时任湖南学政刘彬士的奏折，及所拟《辨邪正之惑》与《辨利害之惑》两篇辨惑论说稿。据庄先生描述，论说稿"都用里巷常言，由州县官刊刻告示，每一句加一单圈，印成单张，分发各保甲，每家给与一张"，且"令其于门前屋内墙上壁间，随便张贴，庶几观看既久，醒悟渐开"。刘彬士于二十一年正月十七日具奏呈览，二月十二日奉朱批："所论甚属剀切详明，即行刊布可也。"②

除庄先生发现的湖南学政一例外，笔者还找到了以下十余省学政奉旨撰论说稿，刊发本省各地的资料。

----

① 嘉庆二十年十月三十日上谕，中国第一历史档案馆编：《嘉庆道光两朝上谕档》第20册，页570—571；《清仁宗实录（五）》卷311，嘉庆二十年十月辛巳，页138—139。

② 庄吉发：《从取缔民间宗教律例的修订看清代的政教关系》，《清史论集》（四），页214—218；并参庄吉发：《故宫档案与清代民间宗教信仰研究》，载氏著《清史论集》（九），页113—114。刘彬士辨惑论说稿档案号为《军机处档·月折包》，第2751箱，3包，47522号，嘉庆二十一年三月十七日，庄氏后文注释有误。

（一）二十年冬，52 岁的新任顺天学政杜堮（1764—1858）"奉谕撰为论说，晓谕愚氓"。杜氏"以邪教之行，直隶为最，又在教匪谋逆之后，爰采听各处风俗，推其受蔽之由，作《明义辟邪说》一篇，还京日恭呈御览"。奉上谕："汝作说所言甚是。"发刊通行。①

（二）二十年十一月，山西学政陈嵩庆将所撰"广教化事论稿"进呈。②

（三）二十年十一月，山东学政王引之（1766—1834）奉旨后以"林清滋事，教匪多山东人"，撰《阐训化愚论》、《见利思害说》进呈，奉朱批："发还刊布，以晓愚民。"③

（四）二十年，安徽学政白镕（1766—1839）撰《正人心论》，发交各州县刊示张贴，且"下学讲书，士林齐集，常将孝弟忠信礼义廉耻八字，就其切于该处士习者，谆切恳谕，多有闻而心动，欢欣领会者"。④

（五）二十年，湖北学政朱士彦（1771—1838）撰《辟邪教说》进呈，得到嘉庆的赞许，奉命刊刻颁行。⑤

（六）二十一年二月，江西学政王鼎就该省各府州县具体情况，分别撰"正经黜邪以端风教"的论说稿，如在建昌府刊发"严查邪慝以正风俗稿"，饶州府及府属刊发"黜邪归正以端风化稿"，赣州、南安府、宁都州属刊示"严禁会匪以安善良稿"。⑥

（七）二十一年二月，广西学政朱方增撰《黜邪导正详示十利十害说》，

---

① 杜堮：《杜文端公自订年谱》，《北京图书馆藏珍本年谱丛刊》第 139 册，页 502。

② 山西学政陈嵩庆《呈为钦遵谕旨通行晓谕以广教化事论稿》，嘉庆二十年十一月二十七日，嘉庆朝军机处录副奏折（以下简称录副），档号 3—1604—33。

③ 王寿昌等：《伯申府君行状》，《高邮王氏六叶传状碑志集》卷 5，页 6、9；王引之：《阐训化愚论》、《见利思害说》，载《王文简公文集》卷 3，页 1—4（《高邮王氏遗书》，南京：江苏古籍出版社，2000 年影印 1925 年上虞罗氏辑印本）。又，刘盼遂辑《高邮王氏父子年谱》（来薰阁印行，页 23，《高邮王氏遗书》附录）、闵尔昌《王伯申先生年谱》（《北京图书馆藏珍本年谱丛刊》第 130 册，页 282）均将此条系于嘉庆十九年，误。嘉庆帝此谕颁于二十年十月三十日，则王引之撰文当在此后，又据王引之《进呈论说折》中"臣自上年蒙恩简放山东学政"（《王文简公文集》卷 2，页 9）及王寿昌等《伯申府君行状》"甲戌，简放山东学政"（《高邮王氏六叶传状碑志集》卷 5，页 5）语，知均撰于二十年十一月。

④ 缪荃孙辑《续碑传集》卷 10《白镕传》，页 11—12，宣统二年江楚编译局刊本；徐世昌：《大清畿辅先哲传》卷 6《名臣传六·白镕传》，页 172，北京：北京古籍出版社，1993 年。

⑤ 季芝昌：《光禄大夫经筵讲官吏部尚书管理顺天府府尹事务追赠太子太保宝应文定朱公神道碑》，缪荃孙辑《续碑传集》卷 10，页 14—16。

⑥ 分别见录副奏折，档号 4—570—4、5、6、7。

奉朱批刊布晓谕。①

（八）二十一年五月，江苏学政王以衔撰《宣化启蒙论稿》，奉命刊发全省。②

（九）二十一年五月，浙江学政汪廷珍（1758—1828）将其所撰论说稿进呈，云："臣谨遵旨作《辩惑说》一篇，就该省易溺之处，剀切开导，词取通俗易晓，发交府县官刊刻，张贴晓谕，并令凡该甲长各给一纸，遍行传示，仍面饬教官生监人等，令其随时劝化乡党，以冀邪慝潜消，风俗淳美……所作《辩惑说》稿，谨遵旨缮录敬呈御览。"③汪氏论说稿，奉帝"朱笔增改"后，"刊刻多张，交各府州县广为张贴"，并"仍于该各保甲长人给一纸，俾各知悉，毋惑邪言"。④

（十）二十一年，福建学政汪润之撰《化导士民告示稿》进呈，并奉命刊行。⑤

（十一）二十一年，云南学政顾莼（1765—1832）所拟条示，据说"最为剀切"，奉帝命广为刊布。⑥

值得注意的是，各省学政采取的宣传方式也各有不同，湖南学政刘彬士是"每家给与一张，令其于门前屋内墙上壁间，随便张贴"，山东学政王引之则是"刊布民间"，仍"责成该生员等，遍行宣示，虽民间有不识字之人，而经该生员等口讲大义，自当闻而感悟"，⑦浙江学政汪廷珍则是"令凡该甲长各给一纸遍行传示"，并"面饬教官生监人等，令其随时劝化乡党"。⑧

二十二年正月，嘉庆针对各省传习"邪教"状况，如"湖北民人向来沿习

---

① 广西学政朱增《呈黜邪导正详示十利十害说清单》，嘉庆二十一年二月九日，录副奏折，档号4—570—02；并参朱锦琮：《虹舫公家传》，《南湖文丛》编委会编：《槜李文系》选辑《宗族卷》，页221—222，上海：上海辞书出版社，2007年。

② 江苏学政王以衔《呈宣化启蒙论稿清单》，嘉庆二十一年五月十三日，录副奏折，档号4—570—09。

③ 汪廷珍：《恭报按试浙江宁波等府属折·附片》，《实事求是斋遗稿》卷1，页18—19，道光间汪氏家刻本。该折中内容，当作于嘉庆二十一年五月。

④ 汪廷珍：《恭谢恩赏〈御制文二集〉一部折·附片》，《实事求是斋遗稿》卷1，页22—23。

⑤ 黎青主编：《清代秘密结社档案辑印》第8册，页2913—2914，北京：中国言实出版社，1999年。

⑥ 汪喜孙：《大清中议大夫通政使司通政副使顾公行状》（1836），《汪孟慈集》卷4，杨晋龙主编《汪喜孙著作集》，页106，台北："中央研究院"中国文哲研究所，2003年。

⑦ 王引之：《进呈论说折》（1815.11），《王文简公文集》卷2，页8—10。

⑧ 汪廷珍：《恭报按试浙江宁波等府属折·附片》，《实事求是斋遗稿》卷1，页18—19。

邪教……直隶、山东、河南向来邪教最多,山西近亦有传习邪教者",颁
谕称:

> 乡民愚鲁无知,苟图目前小利,不顾日后大害。惑于祸福之说,学
> 习邪教,传染污风,历年已久,人数众多,诚有诛之不可胜诛者。若不
> 导以湔洗之路,蚩蚩者氓,畏罹罪名,犹复深藏锢蔽,隐匿经卷,不行首
> 报,是仍不能化其污俗,咸与维新,实堪怜悯。①

嘉庆四年,帝因国子监祭酒法式善条奏中有"亲政维新"之语,将其解任、讯
问,且厉称:"朕以皇考之心为心,以皇考之政为政,率循旧章,恒恐不及,有
何维新之处!"②此时因"邪教"问题,"咸与维新"之语竟多次出现所颁上谕
中。③ 于此亦可见其时嘉庆心中乡民传习"邪教"之严重,及其从教育方面
根除"邪教"态度之坚决。的确,乡民传习"邪教",若不加以化导,确如其所
说"诚有诛之不可胜诛者",但教化并不能解决所有问题,尤其是与此密切
相关的百姓生计问题。

二十三年八月,清廷进一步用礼规范士民的行为,帝谕:

> 朕惟治民之道,莫善于礼。乾隆初年,皇考高宗纯皇帝曾命臣工
> 萃集历代礼书,并本朝会典,将冠婚丧祭一切仪制斟酌损益,定为《皇
> 朝通礼》一书,实足为朝野率由之准。特是书刊刻后,弃板内府,直省
> 士民鲜得见闻。著武英殿按照省分,各印给一部,各该督抚派人祗领,
> 照刊流播,俾士民共识遵循,用昭法守。④

谕旨中虽未明言针对"邪教"问题,但三年前的嘉庆二十年,福建学者陈寿

---

① 嘉庆二十二年正月初五日上谕,中国第一历史档案馆编:《嘉庆道光两朝上谕档》第 22
册,页 3—4;《清仁宗实录(五)》卷 326,嘉庆二十二年正月己酉,页 296。
② 《清仁宗实录(一)》卷 56,嘉庆四年十二月甲申,页 721—723。
③ 其他如嘉庆十八年十月二十七日上谕,十一月二十三日上谕,《清仁宗实录(四)》卷 277,
嘉庆十八年十月庚申,页 785;卷 279,嘉庆十八年十一月丙戌,页 809—810;嘉庆十九年二月二十
三日上谕,闰二月十五日上谕,中国第一历史档案馆编:《嘉庆道光两朝上谕档》第 19 册,页 91、页
150。
④ 嘉庆二十三年八月二十二日上谕,中国第一历史档案馆编:《嘉庆道光两朝上谕档》第 23
册,页 366;《清仁宗实录(五)》卷 345,嘉庆二十三年八月戊子,页 566。

祺(1771—1834)上书闽浙总督汪志伊建议推行乡饮酒礼,并请其"奏请三朝,著令遵行,庶可裨助教化,淑成风俗",针对的就是"近时海内莠慝滋蕃,民不知礼,结会煽惑,争斗仇杀,虽有宣读《圣谕》之令,然仅及邑中,且虑未必人人遵听"。为此,陈氏作《拟请郡县广行乡饮酒礼议》,其中明言:"今民之失其道久矣,邪说诐行日兴,奸慝莠秕日蔓","近奉明诏,令天下举行保甲法,联俗诘奸,至为明密。若复遍行乡饮酒礼,以通物情,以寓教化"。①可见推行"礼"来规范士民的行为,当与天理教起义引发朝野对"邪教"问题的关注不无关系。又从陈氏"虽有宣读《圣谕》之令,然仅及邑中,且虑未必人人遵听"语,可知其时知识界出现的"以礼代理"之说,恐怕未必像有的学者所说在当时具有思想解放的意义,在这里我们看到的是思想控制的加强。②

　　二十五年(1820)六月,御史沈学廉奏"稽查化导邪教",帝谕:"是在治民之吏,平日宣扬教化,明白晓谕,使愚民不为匪僻所诱。若访有奸民,则当立时拿究,按法惩治,齐之以刑。除一莠民,可安千百良善,化民成俗之要,不外乎此。"③这是嘉庆去世前一月,关于从教化方面根除"邪教"的谕旨,其时距天理教起义已七年之久,显然如何根除"邪教"仍是他念念不忘的问题。

　　针对"邪教"问题的宣传教育及关注民众教化问题,显然是嘉庆朝最后七年清廷施政的重要内容。与嘉庆朝前十八年忽视教化问题相比,这些举措如命各地学政督率士子行教化之责,颁《皇朝通礼》规范士民行为等,不仅构成了嘉庆朝后期文化政策的重要内容,也标志着清中叶文化政策的转变,而促成这一转变的正是嘉庆十八年的天理教起义。

---

　　①　陈寿祺:《与总督汪稼门尚书书》,《左海文集》卷5,页28;《拟请郡县广行乡饮酒礼议》,《左海文集》卷3,页14、16,三山陈氏家刻《左海全集》本。据信中"泉州清源书院……强半倾圮,向为往来传舍,甚者眷属宿留,动累数月"语(页27—28),及《泉州清源书院先贤祀位记》"嘉庆二十年夏五月,余作此记,秋七月,复致书于总督桐城汪稼门尚书……各刊碑书院,永远禁止宦寓"语(《左海文集》卷8,页14),知上述二文均作于1815年。又,汪志伊稼门,嘉庆十五年九月由湖广总督改任闽浙总督,二十二年三月以病免。钱实甫《清代职官年表》,页1446—1450,北京:中华书局,1980年。

　　②　近年关于清中叶"以礼代理"的研究,参见张寿安:《以礼代理:凌廷堪与清中叶儒学思想之转变》,台北:"中央研究院"近代史所专刊第72号,1994年。

　　③　嘉庆二十五年六月二十一日上谕,中国第一历史档案馆编:《嘉庆道光两朝上谕档》第25册,页253;《清仁宗实录(五)》卷372,嘉庆二十五年六月乙巳,页916。

第四节 结语

综观嘉庆朝清廷对待"邪教"政策的变化,可以得出这样的结论。即嘉庆初年的白莲教起义,虽持续时间长,波及区域广,但并未引起清廷对"邪教"问题的太多重视和关注。不但如此,雍、乾时期对待"邪教"问题的严厉政策也在这一时期出现不同程度的松弛。白莲教起义平定后,清廷亦未采取根除"邪教"的相应措施。嘉庆十七年发生的直隶滦州"邪教"案,促使清廷再度关注"邪教"问题,并开始调整此前对待"邪教"问题的政策。而一年后爆发的天理教起义,则直接导致了清廷对待"邪教"政策的转变。

与白莲教起义发生时清廷重视军事问题过于"邪教"问题相反,天理教起义爆发后,清廷更注重从吏治整顿、民众教化等方面反思"邪教"起事发生的原因。为彻底根除"邪教",清廷采取了一系列相应措施,包括政治方面整顿吏治,①社会方面严格保甲制度,以及法律方面重申和制定严惩传习"邪教"者的法律、规定等。除申明旧章、严格立法外,天理教起义后清廷为根除"邪教",尤其注重思想、文化和教育等方面的举措,如查禁、销毁书词小说及"邪教"经卷、强化宣讲《圣谕广训》制度、加强针对"邪教"问题的宣传教育等,这些一方面成为该时期清廷根除"邪教"的重要举措,另一方面也标志着清中叶朝廷文化政策的转变,高度关注此前忽视的民众教化等问题。②

其实,无论是民众教化,还是官吏培养、士子教育,嘉庆朝在天理教起义前都存在相当的忽视。对此,嘉庆帝亦不讳言,天理教起义爆发的两个月后,他反思愚民传习"邪教"的原因,即言"皆由于地方官教化不兴"。③十二月,嘉庆又颁《致变之源说》反思对官吏的教育、培养方式,云:"未有不可教训之民,皆是不能教训之官耳。"④次年仲春经筵,直讲官英和、曹振镛

---

① 张瑞龙:《天理教事件与嘉道之际学术转向》,页41—60,清华大学博士学位论文,2008年6月。

② 张瑞龙:《天理教事件与清中叶文化政策的转变——以嘉庆朝为中心的考察》,台北《"中央研究院"近代史研究所集刊》第71期,页51—87,2011年3月。

③ 《清仁宗实录(四)》卷279,嘉庆十八年十一月庚寅,页814—815。

④ 托津等纂:《钦定平定教匪纪略》卷首,页2;并参《清仁宗实录(四)》卷281,嘉庆十八年十二月丁巳,页840—841。

进讲《孟子》"经正则庶民兴",帝宣御论,自责"人心不正"、"邪说横行",是由于"为人上者不能彰明教化,宣扬礼义"。① 嘉庆二十年,帝谕令各地学政行教化之责,亦称"地方有司日役役于簿书钱谷,而于化民成俗之原,恝焉不讲"。② 二十一年的仲春经筵,直讲官英和、曹振镛进讲《孟子》"善教得民心",嘉庆再次提到由于对教化问题"奉行不善",导致"妄兴邪说,鼓惑痴愚,风俗日趋儇薄"。③

　　然而,尽管加强针对"邪教"问题的宣传教育和重视教化问题,已成为嘉庆朝后期清廷施政的重要内容,但"邪教"并未因此根除。究其根源,在吏治和民生两大根本问题未得到有效解决前,这些努力虽可使"邪教"问题暂时缓解,但却不能根除。对吏治、民生问题与"邪教"频发的关联,嘉庆亦非未能见及,其在十八年十二月二十四日针对天理教起义颁布的三篇御制文中皆有涉及,如《致变之源说》称:"百姓穷困,为致变之源,而其本又在州县亦多困穷","官困必取之于民,民穷则邪慝作"。《原教》云:"承平日久,生齿日繁,物价腾贵,游手之民,不遑谋食。加之以官多疲玩,兵尽怠懦。"《行实政论》曰:"季秋禁城之变……总因穷困而起。始则鼠窃狗偷,继以逾垣肆劫,终于谋反作乱,其心为救急度命耳。"④

　　针对吏治问题,嘉庆曾展开以"中兴之治"为目标,长达两年之久的振刷整饬,但结果却以失败和对臣子的彻底绝望而告终。⑤ 针对民生问题,嘉庆一则号召臣民崇俭黜奢,如十八年十一月通谕各省地方宣讲《圣谕广训》时,特别强调:"习尚侈靡,尤为风俗人心之害,近日民间服饰器用竞尚繁华,以至物力匮乏。民贫则奸邪易生,不可不示以节制,并著该地方官,严申禁令,务俾崇俭黜奢,先义后利,庶几习尚日端。"⑥ 一则重申重农政策,如十九年正月因姚文田《急农桑缓刑狱》之奏,通谕各省督抚"各饬所属府州县官,务知朝廷重农贵粟之意,以劝课农桑为亟。境内沃壤,悉令树植

---

①　《清仁宗实录(四)》卷283,嘉庆十九年二月甲午,页875。

②　《清仁宗实录(五)》卷311,嘉庆二十年十月辛巳,页138。

③　《清仁宗实录(五)》卷316,嘉庆二十一年二月壬子,页192。

④　托津等纂:《钦定平定教匪纪略》卷首,页1—5;《清仁宗实录(四)》卷281,嘉庆十八年十二月丁巳,页840—842。

⑤　张瑞龙:《天理教事件与嘉道之际学术转向》,页41—60,清华大学博士学位论文,2008年6月。

⑥　嘉庆十八年十一月二十七日上谕,中国第一历史档案馆编:《嘉庆道光两朝上谕档》第18册,页399—400;《清仁宗实录(四)》卷279,嘉庆十八年十一月庚寅,页814—815。

嘉谷；有勤于南亩者，劳之相之；其糜谷病农者，抑之惩之”，原因是“本务不修，无怪乎闾阎之贫且病也”。[①] 但这些近乎空泛的对策，实际上亦未奏效。

因而在吏治和民生问题未得到有效解决前，清廷为根除“邪教”所做的种种努力——无论是加强社会控制、严格法律惩处力度、加强思想统制还是强化对民众的宣传教育，都难以产生真正的效果。相反，这些努力尤其是针对“邪教”问题的教化宣传，反而使百姓在生计窘困或吏治黑暗、官吏不作为时，找到了另一种宣泄和表达的渠道——民间秘密宗教，亦即清廷所谓的“邪教”。

杨庆堃曾以十年为单位统计嘉庆元年至咸丰五年（1796—1855）（亦即广义的 19 世纪上半期）民变爆发的次数和频率：嘉庆元年至十年（1796—1805）有 107 次，嘉庆十一至二十年（1806—1815）有 131 次，嘉庆二十一年至道光五年（1816—1825）有 117 次，道光六至十五年（1826—1835）有 206 次，道光十六至二十五年（1836—1845）有 258 次，道光二十六年至咸丰五年（1846—1855）则达 959 次。其中嘉庆二十一年至道光五年的十年，正是天理教起义后清廷针对“邪教”问题大规模开展宣传教化民众的时期，民变爆发次数较之此前一个十年的 131 次有所下降，但此后一个十年却骤增至 206 次，增幅约达 76%，即为明证。[②] 尽管这些民变未必皆与所谓的“邪教”相关，但这些数字也从侧面反映民间秘密宗教与民变爆发的大概状况。如果再放宽历史视野，则嘉庆十八年天理教起义后，亦即十九世纪初，清廷为根除“邪教”做了种种努力，但在这个世纪中叶却爆发了以拜上帝教为号召的太平天国运动，世纪末又爆发了崇拜各种神祇的义和团运动，而这些在清廷官方的界定中，正是所谓的“邪教”。

---

① 嘉庆十九年正月二十二日上谕，中国第一历史档案馆编：《嘉庆道光两朝上谕档》第 19 册，页 14—15；《清仁宗实录（四）》卷 283，嘉庆十九年正月甲申，页 866—867。

② 参见 C.K. Yang, *Some Preliminary Statistical Patterns of Mass Action in Nineteenth Century China*, Wakeman and Grant, *Conflict and Control in Late Imperial China*, California, 1975. 转引自蔡少卿：《中国近代会党史研究》（增订版），页 94，北京：中国人民大学出版社，2009 年。

第五章　天理教事件与清中叶文化政策的转变

　　清朝中叶的学术时段和学术形态,学界通常称之为乾嘉考据学和道咸以降之理学。一般而言,学界认为清中叶理学的兴起多在道咸以降,对兴起原因的探讨,也多致力于对学术自身发展的内在理路或外在社会环境及局势变迁的整体考察,对是否有更为具体的现实契机或标志性历史事件的促成等类似研究,尚付阙如。[①] 同样,关于嘉庆朝的学术和思想,则通常被纳入乾嘉学术时段下来探讨,讨论的学术形态亦多为汉学考据。这样,从乾嘉汉学考据到道咸以降理学的兴起之间,就缺少了一个类似中间过渡的环节。

　　清嘉庆十八年(1813)发生的七十余名天理教教徒进攻皇宫的天理教事件,震撼朝野,嘉庆皇帝甚至为此特颁《遇变罪己诏》。事件的发生,促使清廷反思士习、人心、风俗等方面出现的问题,在文化政策上转而提倡理学。道咸以降理学的兴起,某种程度上恐怕多是这一政策延续的结果。若此猜测不误,那么天理教事件导致清廷在文化政策上由崇尚汉学考据到提倡理学的转变,将是这一重要缺失环节的重新发现。

　　然目前关于嘉庆朝文化政策的相关研究,基本尚处于 1920、1930 年代梁启超、孟森等先生印象式的描述层面。[②] 甚至以"乾嘉"作为学术时段命

---

　　① 参见余英时:《曾国藩与"士大夫之学"》,载氏著:《士与中国文化》(新版),页 581,上海:上海人民出版社,2003 年;王汎森:《方东树与汉学的衰退》,载氏著:《中国近代思想与学术的系谱》,页 5—6、24—25,石家庄:河北教育出版社,2001 年;罗志田:《道咸"新学"与清代学术史研究——〈论中国近三百年学术史〉导读》,《四川大学学报(哲学社会科学版)》,2006 年第 5 期,页 9。

　　② 参见梁启超著:《中国近三百年学术史》,收入朱维铮校注:《梁启超论清学史二种》,页 118,上海:复旦大学出版社,1985 年。孟森:《清史讲义》,页 366—367,北京:中华书局,2006 年。1980 年代以来,朱维铮先生提出清代康雍乾三朝的文化政策是"以汉制汉"的文化分裂政策,并从亥角度讨论乾嘉时期清廷的文化政策。但对嘉庆朝的讨论,仅是零星涉及,如称嘉庆尽管力图对这一分裂汉文化的政策"遵而勿失",但由于玩弄权术的本领"远逊于乃祖乃父",已无能力继承等。不过,他的这些意见,对研究嘉庆朝的文化政策,有重要的启发意义。分别见朱维铮《中国经学的近代行程》(1988)、《求索真文明·题记》(1996)、《汉学与反汉学》(1992),载氏著:《求索真文明——晚青学术史论》,页 4—5、9—10、17—18、35—36,及《题记》,页 7,上海:上海古籍出版社,(转下页注)

名的论著,其对乾嘉时期文化政策的探讨,也主要讨论乾隆朝,对嘉庆朝鲜有涉及。② 有鉴于此,本章将全面研究嘉庆朝的文化政策,首先考察嘉庆前期如何缓解雍乾以来的文字狱高压政策,进而全面探讨这一时期继承乾隆后期崇尚汉学考据的政策和积极建树。然后集中讨论天理教事件如何促使清廷改变从乾隆前期就已崇尚汉学考据的政策,转而提倡理学、贬抑汉学,并对这一政策转变在清中叶学术史上的意义,以及对此后清代学术发展的影响略作讨论,进而探讨乾嘉汉学考据和道咸以降理学兴起间的这一缺失环节,以弥补学界以往对嘉庆朝文化政策研究之不足。

第一节　朱珪与嘉庆初年的文化政策

嘉庆朝前三年(1796—1798),由于实权掌握在太上皇乾隆帝之手,此时朝廷的文化政策也无疑延续前朝。嘉庆四年(1799)正月,帝亲政后,尽管仍主要继承前朝文化政策,但同时也做出一些调整。不过,这些政策的继承和调整,都与嘉庆初年的一位朝廷重臣——朱珪有密切关系。

朱珪(1731—1806),字石君,顺天大兴人,17岁与兄朱筠同中乡举,18岁(乾隆十三年,1748)成进士,后因“数遇典礼,撰进文册”,深获乾隆帝赏识。乾隆四十年内召,授翰林院侍讲学士。次年(1776)三月,46岁的朱珪奉旨在上书房行走,专任十五皇子颙琰(1760—1820)亦即后来的嘉庆皇帝的师傅,其时颙琰17岁。此后五年间,朱珪一直尽心竭力地教导这位未来的皇帝,直到这位皇子21岁那年(乾隆四十五年,1780)九月,奉命出任福建学政。临行前,朱珪以“养心、敬身、勤业、虚己、致诚”五箴相赠,据说身为皇子的嘉庆帝当年“力行之”,且在亲政后“尝置左右”。此后直至嘉庆亲政的近二十年间,他们一直保持着密切联系。嘉庆四年,朱珪跋嘉庆颁赐《御笔小楷御制诗》,云:“自丙申至于乙卯(1776—1795),中间臣奉使闽、

(接上页注)1996年;并参朱维铮:《十八世纪的汉学与西学》(1987),载氏著:《走出中世纪(增订本)》,页150—151,上海:复旦大学出版社,2007年。

② 如漆永祥:《乾嘉考据学研究》(北京:中国社会科学出版社,1998年),该书第二章从清朝的文化政策探讨乾嘉考据学的成因,但大都集中在乾隆朝及此前康、雍二朝,至于嘉庆朝,则未涉及(页57—81)。陈祖武、朱彤窗:《乾嘉学派研究》第一章《乾嘉时期清廷的文化政策》,主要探讨乾隆朝及此前两朝的文化政策,未论及嘉庆朝(页1—4,石家庄:河北人民出版社,2005年)。

浙、皖、粤，违讲席者，十有余年，望远寄怀为臣而发者，不下数十首。"①可见师生情谊之笃。朱珪的教育对嘉庆无疑产生了重要影响，曾与朱氏"共宿郊坛"的礼亲王昭梿（1776—1829）说："今上亲政之后，宽仁厚德，不嗜杀人，皆由朱文正公于藩邸时辅导之功良多。"②在此期间，朱珪也在帝国文治方面扮演了重要角色，从乾隆四十四至五十五年（1779—1790）的十二年间，他两任乡试主考官、两任学政、一任会试正考官。③可以说，朱珪对乾隆后朝的文化政策，是非常熟悉且身体力行的。何况他的哥哥朱筠（1729—1781）就是乾隆朝最大的文治之举——《四库全书》的发起人呢！

嘉庆四年正月，嘉庆帝亲政后，召时任吏部尚书署理安徽巡抚的朱珪回京供职，自此他一直陪在皇帝身边，直到嘉庆十一年（1806）以76岁高龄去世。在此期间，他于四年调户部尚书、充上书房总师傅，五年兼署吏部尚书，七年授协办大学士、加太子少保衔，八年兼翰林院掌院学士、晋太子少傅，十年拜体仁阁大学士、管理工部，显然是嘉庆前期政坛上一位举足轻重的人物，再加上其与嘉庆皇帝的师生情分，其影响更不待言。《清史稿》朱珪本传言嘉庆帝"初政之美，多出赞助"，实为确论。④尽管这一评论未必针对朱珪在思想文化方面的贡献而言，但考虑到这位后来谥为"文正"的帝师，在这八年间举行的四次会试中两任会试总裁，并于嘉庆八至十一年的四年间任翰林院掌院学士，则其对嘉庆初年文化政策的影响确不可忽。⑤

关于朱珪的学术趋向及其对嘉庆初年思想文化的影响，与他素有交往的礼亲王昭梿曾有这样的评论，说他：

---

①　朱锡经：《南厓府君年谱》卷上，页7、27、29—30；卷下，页3，《北京图书馆藏珍本年谱丛刊》第106册影印清刻本。并参赵尔巽等撰《清史稿》卷340《朱珪传》，页11091—11092，北京：中华书局，1977年。

②　昭梿：《啸亭杂录》卷4"朱文正"条，页103，北京：中华书局，1980年。

③　乾隆四十四年（1779），任福建乡试正考官，次年至四十八年（1780—1783）任福建学政；五十一年（1786），任江南乡试主考官，同年任浙江学政至五十四年（1789）；五十五年（1790），任会试主考官。参见朱锡经：《南厓府君年谱》，卷上，页28—30；卷中，页2—3、8；钱实甫：《清代职官年表》，页2934、2937、2676—2678、2680—2682、2827，北京：中华书局，1980年。

④　朱锡经：《南厓府君年谱》卷中，页29—30；卷下，页6—7、8、16、17、20。并参《清史稿》卷340《朱珪传》，页11093。按：《清史稿》本传于具体时间颇有谬误，据《年谱》订正。

⑤　这四次会试分别是：嘉庆四年己未科（1799）、六年辛酉恩科（1801）、七年壬戌科（1802）、十年乙丑科（1805），朱珪任正考官的两次是四年己未科和十年乙丑科。参见钱实甫：《清代职官年表》"会试考官年表"，页2831—2834；朱锡经：《南厓府君年谱》卷下，页4—5、22。又，朱珪任翰林院掌院学士时间，见钱实甫：《清代职官年表》"内阁学士年表"，页1016—1019。

取文尚引据经典,故士子多为盗袭獭祭之学,文风为之一变。素嗜许氏《说文》,所著诗文,皆用古法书之,使人不复辨识。①

朱氏的这种学术趋向,当然与乾隆朝中后期清廷提倡汉学考据的文化政策有关。

乾隆三十八年(1773),清廷开馆纂修《四库全书》,它所造成的影响,不仅仅是一般论著所讨论的导致学风的变化,同时在某种程度上也意味着朝廷的科举取士政策,在传统的程朱理学文本外,别启新途。这一“新途”就是汉学考据。早在四库开馆之初,乾隆帝就密谕《四库全书》总裁,对刚调取来京此前又无职任的纂修官“进士邵晋涵、周永年、余集,举人戴震、杨昌霖”等,“留心试看年余,如果行走勤勉,实于办书有益,其进士出身者,准其与壬辰科庶吉士一体散馆;举人则准其与下科新进士一体殿试”,“予以登进之途,以示鼓励”。② 两年后(四十年,1775),戴震(1723—1777)、杨昌霖这两位举人均会试落第,乾隆帝以其“在四库全书馆纂校书籍,是以钦赐进士,准其一体殿试”,并“加恩授为翰林院庶吉士”;③其他三位进士则俱授为翰林院编修。④ 此后,又在四十三年(1778)对“在四库全书馆校勘群书,颇为得力”的“国子监助教吴省兰、助教衔张义年”,“俱著加恩准许其与本科中式举人一体殿试”。⑤ 这种在朝廷正常的科举取士外,特赐长于汉学考据者功名的做法,无论是否如朱维铮先生所说,是乾隆帝“以汉制汉”的帝王心术,或包藏祸心的“分裂汉文化”政策。⑥ 但此举无疑对当时士林产生了巨大影响。乾隆四十三年,江南学者卢文弨(1717—1795)评论戴震因

---

① 昭梿:《啸亭杂录》卷 4“朱文正”条,页 104。

② 《谕内阁进士邵晋涵、举人戴震等如勤勉,准其一体散馆、殿试,酌量录用》(军机处上谕档,乾隆三十八年七月十一日),中国第一历史档案馆编:《纂修四库全书档案》,页 137,上海:上海古籍出版社,1997 年。

③ 《谕内阁杨昌霖在四库全书馆编校实心,著授为翰林院庶吉士》(军机处上谕档,乾隆四十年五月二十四日),中国第一历史档案馆编:《纂修四库全书档案》,页 404;段玉裁《戴东原先生年谱》“四十年乙未五十三岁”条,赵玉新点校《戴震文集》附录,页 235,北京:中华书局,1980 年。

④ 《谕内阁散馆之庶吉士黄寿龄等著分别授为编修、检讨》(军机处上谕档,乾隆四十年四月二十八日),中国第一历史档案馆编:《纂修四库全书档案》,页 382—383。

⑤ 《谕内阁吴省兰等在四库全书馆校书得力,著准与本科中式举人一体殿试》(军机处上谕档,乾隆四十三年四月初十日),中国第一历史档案馆编:《纂修四库全书档案》,页 812。

⑥ 朱维铮:《十八世纪的汉学与西学》(1987)、《中国经学的近代行程》(1988)、《汉学与反汉学》,分别见氏著《走出中世纪》(增订本),页 150—151;《求索真文明》,页 5、17—18。

在四库馆充校理，获赐进士说："天下士闻之咸喜，以为得发抒所学矣。"①
嘉庆元年（1796），刚从贵州学政卸任，回京供职的洪亮吉（1746—1809）评
论四库开馆后邵晋涵（1743—1796）与戴震"由徒步入翰林"，对推动当时汉
学考据之风所起的作用，也说：

> 于是海内之士知向学者，于惠君（栋）则读其书，于君与戴君（震）
> 则亲闻其绪论。向之空谈性命及从事帖括者，始骎骎然趋实学矣。夫
> 伏而在下，则虽以惠君之学识，不过门徒数十人止矣。及达而在上，其
> 单词只义，即足以歆动一世之士。则今之经学昌明，上之自圣天子启
> 之，下之即谓出于君与戴君讲明切究之力，无不可也。②

何况，获钦赐进士、入翰林的戴震，正是当年该科会试的落第者，此前他
已连续五次参加会试，且皆落第。③ 戴氏当时已是海内闻名的汉学巨
擘，这种"登进之途"，无疑给不能在科举考试中博取功名的读书人以极大
鼓舞。

不知是否受此影响，到乾隆末年，先有朝中主持文治的重臣纪昀
（1724—1805）奏请科举考试中《春秋》题不再用宋儒胡安国的《春秋传》，
"俱以《左传》本事为文，参用《公羊》、《穀梁》"，并以"圣祖仁皇帝钦定《春秋
传说汇纂》，驳胡《传》者甚多，皇上御制文，亦多驳其说"为据。纪氏此奏，

---

① 卢文弨：《戴氏遗书序》（1778），王文锦点校《抱经堂文集》卷 6，页 75，北京：中华书局，
1990 年。

② 洪亮吉：《邵学士家传》（1796），《卷施阁文甲集》卷 9，刘德权点校《洪亮吉集》第一册，页
192；并参吕培等编次《洪北江先生年谱》"嘉庆元年丙辰，五十一岁"条，《洪亮吉集》第五册，页
2343，北京：中华书局，2001。又，清人笔记中对此也颇为关注，嘉庆元年刊刻成书的戴璐（1739—
1806）《藤阴杂记》卷 2，记此五人，云"时称五征君"，同时还提到一位"少工诗，博学"的武康人高文
照。高氏"未与斯选"，曾有诗寄此五君，云："丹绂旁求石室书，普天光气吐蟫鱼。洽闻端赖终军
豹，薄技空惭黔地驴。亡去篇增安世策，载来学富惠施车。诸公衮衮蒲轮出，一夜多空风雨庐。"
"屈指浮生几甲寅，孤身天地一微尘。魏收木榻经穿久，刘勰雕龙自鹜频。正派百川归学海，空山
四壁有遗臣。大官厨味宁多羡，珍重青藜照读人。"他们的科名则是"五君俱改入翰林"，高氏则"仅
以拔贡中甲午（1774）举人。乙未（1775），客死京寓"（上海：上海古籍出版社，1985 年，页 22—23）。
另外，昭梿《啸亭杂录》卷 10"四布衣"条（页 326）、陈康祺《郎潜纪闻初笔》卷 6"五征君"条（北京：
中华书局，1984 年，页 130）均记此事。

③ 这五次分别是：乾隆二十八年癸未（1763，41 岁）、三十一年丙戌、三十四年己丑、三十
六年辛卯、三十七年壬辰、四十年乙未（1775，53 岁），分别见段玉裁《戴东原先生年谱》，赵玉
新点校《戴震文集》"附录"，页 225、227、230、232。

获得允准,清廷规定自乾隆五十九年甲寅科乡试起,废用《春秋》胡《传》。①后有直省学政奏请将科举考试中《礼记》的文本,改元儒陈澔《礼记集说》为汉儒郑康成注,说:"陈澔《集说》,其详明者,皆采取郑注;其简略者,即自以意为删改。是用郑注则《集说》之精华已备,用《集说》则昔贤之训诂半沦。"并引乾隆"精奥无如郑注者"之论,作为奏请改用郑注的依据。尽管该折"奉旨交部议奏后,为部臣所格,不行"。②但此举颇能透露出四库开馆后,清廷对科举取士采用程朱理学还是汉儒文本的论争,已到了庙堂之上。

在乾隆后期文治舞台上颇有作为的朱珪,对这一趋势当然知之甚深。不过,从嘉庆二年(1797)一位门生给他的回信看,朱珪对汉学考据的态度似乎有所保留,认为考据、词章皆"非文学之上乘"。但他对宋学更不满意,认为"正心诚意,短在不能致知格物",而"不讲格致",则"虽有仁心廉操",对"察吏、治狱、安民"却无从措手。因此,这位门生以自己的见闻,印证老师的观点,称:"往于都官中,见有谈明心见性之学者,自以为有得,试以疑狱,卒不能断。是知虚空之理,无益于政治也。"进而极力劝说老师提倡汉学考据,云:

> 　　国家承平日久,教养又深,自笥河先生奏辑《四库全书》,南宋已来未见古书,渐行于世。今之学者不肯以臆说解经,惟寻绎三代古书训诂声音及汉儒坠绪,求合于圣人好古敏求之道,此则胜于古人。吾师所宜加之激劝,以成一代之才。③

不知是否受这位门生的影响,朱珪在嘉庆亲政后任总裁的首次会试中,所取之士,如王引之、陈寿祺、张惠言、胡秉虔、许宗彦、马宗琏、郝懿行、姚文

---

①　《清高宗实录(十八)》卷1419,乾隆五十七年十二月壬午,页1092,北京:中华书局影印本,1986年。

②　洪亮吉:《请礼记改用郑康成注折子》(1793),《卷施阁文甲集》卷9,刘德权点校《洪亮吉集》第一册,页190;并参吕培等编次《洪北江先生年谱》"五十八年癸丑,四十八岁"条,《洪亮吉集》第五册,页2341—2342。

③　孙星衍:《呈覆座主朱石君尚书》(1797),《岱南阁集》卷2,页6—10,《孙渊如先生全集》本,光绪甲寅湖南思贤书局刊。写作时间据该信开头"新正一日,接奉手示……并读赐家大母九十生日序"语,查孙星衍祖母九十大寿是在嘉庆二年正月,故孙氏回信当在此年。参见张绍南《孙渊如先生年谱》"嘉庆二年四十五岁"条,《北京图书馆藏珍本年谱丛刊》第119册,页479。

田、张澍、吴鼒等多为以汉学考据名者。当时帝因该科会试为其亲政后的首次抡才大典，所定进士中额“倍前数科”，共录取进士 210 名，是乾隆三十四年(1769)以来三十年的十四次会试中，录取人数首次超过 200 名的一次。① 取中人数的影响尚在其次，会试表现出的学术倾向及录中之人，则在很长一段时间产生了广泛影响。阮元(1764—1849)之弟阮亨云，此次会试“以经义求士，尤重三场策问”，所取之士则“皆治经，多所著述”。张鉴(1768—1850)等编《雷塘庵主弟子记》，亦称此次会试“论者谓得士如鸿博科，洵空前绝后也”。②《清史稿·朱珪传》则将该科得人与朱氏的学术倾向联系起来，说：“珪文章奥博，取士重经策，锐意求才。嘉庆四年典会试，阮元佐之，一时名流搜拔殆尽，为士林宗仰者数十年。”③

这是嘉庆初年的文化政策延续乾隆中后期崇尚汉学考据的一面。但朱珪的影响不止于此，他对嘉庆朝初年文化政策的影响，还表现在劝说嘉庆改变雍、乾以来屡兴文字狱的政治高压手段，对有诋谤本朝诗文书籍的禁令放松上。朱珪奏云：

> 诗文之诋谤本朝者，正如桀犬狂吠。圣人大公无私，何所不容？禁之，则秘藏者更多。④

帝采纳此建议，放松禁令，明末遗书在这一时期多有刊行，与此不无关系。不知是否也受朱氏影响，嘉庆在亲政一个多月后(二月二十四日)即颁谕，命刑部将前朝“徐述夔诗狱”和“王锡侯《字贯》案”等文字狱中受连坐的犯人家属“开单具奏”，以便“核夺降旨”，云：

> 向来大逆缘坐人犯，按律办理，原以其实犯叛逆，自应申明宪典，

① 朱锡经：《南厓府君(朱珪)年谱》卷下，页 4—5。各科录取人数，参见江庆柏编著《清朝进士题名录》，页 581—687，北京：中华书局，2007 年。

② 阮亨：《瀛舟笔谈》卷 7，页 14；张鉴等编：《雷塘庵主弟子记》，即黄爱平点校本《阮元年谱》，页 21，北京：中华书局，1995 年。

③ 《清史稿》卷 340《朱珪传》，页 11094。

④ 转引自林铁钧：《木鱼石——嘉庆皇帝传奇》，页 22，北京：中国人民大学出版社，1993 年。按：林先生引该史料，未标明出处。笔者遍检《清仁宗实录》、朱珪诗文集、部分清人文集、笔记及林氏所编《清史编年·嘉庆朝卷》(北京：中国人民大学出版社，2000 年)，均未找到其来源。不过，林氏既是《清史编年·嘉庆朝卷》的编写者，又是《清朝文字狱》(北京：群众出版社，1990 年)一书的著者之一，则其引该条史料，必有所自，定非杜撰。姑记于此，待他日寻检。

用示惩创,至比照大逆缘坐人犯,则与实犯者不同。即如从前徐述夔、王锡侯,皆因其著作狂悖,将家属子孙遂比照大逆缘坐定拟。殊不知文字诗句,原可意为轩轾,况此等人犯,生长本朝,自其祖父高曾,仰沐深仁厚泽,已百数十余年,岂复系怀胜国? 而挟仇抵隙者,遂不免藉词挟制,指摘疵瑕,是偶以笔墨之不检,至与叛逆同科,既开告讦之端,复失情法之当。著交刑部除实犯大逆应行缘坐人犯毋庸查办外,凡比照大逆人犯,其家属子孙,或已经发遣,或尚禁图圄,即详晰查明,注写案由,开单具奏,候朕核夺降旨。①

并于三月命将案中陈道铃、僧明学、沈大绶等十一人的兄弟、侄、徒等比照"大逆缘坐"发遣的军流人犯二十三人,因非"正犯子孙","一体加恩释回"。② 这些都是对雍乾以来政治高压政策的缓解。

第二节　嘉庆朝前期力崇"实学"的文化政策及积极建树

就嘉庆帝的学术倾向而言,除朱珪的影响外,他本人对汉学考据似也情有独钟。嘉庆五年(1800)五月,给事中王钟健奏请"厘正文体",针对当时乡会试墨卷中"率以《说文》内不经见之字,钞写一二,妄矜新奇"之风气,请旨饬禁。嘉庆对此不以为然,且对王氏痛加训斥,云:

> 士子读书稽古,原应博采群籍,况《说文》亦非僻书,果能引据的当,是其平日尚属留心训诂,若概置弗录,使空疏者转得幸获,岂崇尚实学之道? 王钟健所奏,尤不成话!

加之王氏违例在科场年份条陈考试事宜,被"交部议处"。③ 嘉庆此处所言

---

① 嘉庆四年二月二十四日上谕,中国第一历史档案馆编:《嘉庆道光两朝上谕档》第4册,页61,桂林:广西师范大学出版社,2000年;《清仁宗实录(一)》卷39,嘉庆四年二月壬子,页462,北京:中华书局,1986年影印本。

② 嘉庆四年三月二十九日上谕,中国第一历史档案馆编:《嘉庆道光两朝上谕档》第4册,页105—106;《清仁宗实录(一)》卷41,嘉庆四年三月丁亥,页501—505。

③ 嘉庆五年五月二十二日上谕,中国第一历史档案馆编:《嘉庆道光两朝上谕档》第5册,页269;《清仁宗实录(一)》卷68,嘉庆五年五月癸卯,页902—903。

"实学"，实际上就是汉学考据，退一步说假使他本人不做是想，但我们看到学界人士所理解的嘉庆所谓"实学"，恰恰就是汉学考据。而从中亦可窥见当时士林所理解的朝廷文化政策。

第二年正月，侨居金陵的学者孙星衍（1753—1818），为《说文正字》作序，就引据嘉庆此谕，作为提倡汉学考据的依据，云：

> 今上稽古同天，观文成化。恭读圣谕：《说文》非僻书，训天下以崇尚实学，弗使空疏幸获科名。窃谓学人求通经必审训诂，欲通训诂必究文字声音，而求文字声音之准，必知篆籀变易之原。有正字则人皆能读《说文》，读《说文》则通经诂，通经诂则知圣人著经之旨。故小学者，入圣之本，非徒信而好古也。①

同月，孙氏为供奉汉儒许慎、郑玄木主的杭州诂经精舍撰《题名碑记》，亦称"人材出于经术，通经由于训诂"，提倡汉学考据。②

嘉庆初年，这种崇尚汉学考据的政策，在国家祀典方面也有表现。嘉庆七年（1802）四月，帝特旨议准口授尚书的秦博士伏生（胜）后裔世袭五经博士，称"传经之功甚钜，其六十五代孙伏敬祖，即立为五经博士一员，以崇祠祀"。③此事发起人孙星衍称此为"举千古未有之旷典"，并再次奏请增立郑（康成）博士，尽管此议未行，但从孙氏后来追述建立伏生博士始末看，时人仍将此举视为朝廷崇尚汉学考据的重要举措："有汉一代，诸儒请立博士，且不及伏生，数千年缺典，待发于国朝，不可不记述始末，以彰一代兴废继绝之盛治。"④

---

①　孙星衍：《说文正字序》（1801.1），王重民辑《孙渊如外集》卷2，页31，国立北平图书馆，1932年。

②　孙星衍：《诂经精舍题名碑记》（1801.1），《平津馆文稿》卷下，页20—27，光绪乙酉夏六月长沙王氏刊本；王章涛：《阮元年谱》，页244，合肥：黄山书社，2003年。

③　昆冈等修、刘启端等纂：《（光绪）钦定大清会典事例》卷438"礼部·中祀·先圣先贤先儒后裔世袭五经博士"，《续修四库全书》第805册，页29。

④　孙星衍：《增立郑氏博士议》，《平津馆文稿》卷上，页4—5；《建立伏生博士始末序》（1806），王重民辑：《孙渊如外集》卷3，页12。二十多年后（1823），福建巡抚叶世倬（1752—1823）奏请以宋儒李侗后裔世袭五经博士，即遭礼部驳斥，云："世袭博士，自汉、唐至本朝，惟伏氏胜、韩氏愈、周子敦颐、邵子雍、程子颐、程子颢、张子载、朱子熹八人，此外均不得与，即十哲中宰我、冉有尚未议及，何论其余？"（《清宣宗实录（一）》卷49，道光三年癸未三月辛未，页886—887，北京：中华书局，1986年）可见"五经博士"地位之尊崇。

也是这位孙星衍,在嘉庆十一年(1806)前后奏请朝廷科举取士兼用汉唐注疏,以振作士风,培育有用之才,云:

> 臣窃见功令,《十三经注疏》颁在学官,原为课士而设。近日士风孤陋,止读四子书宋儒章句,不窥汉唐经义,校文之官,因陋就简,或有空疏者,至屏斥古人经训,批抹成言。博学之士,无由进身;黉舍教士之书,亦成虚设。臣考汉儒学有师法,所注诸经,率本七十子微言大义;唐儒《正义》亦集魏晋以来诸儒经学之大成……科场风气关系人才升降,但使人人争读注疏,则士尽通经,通经则通达朝章国典,经义遂为有用之学。或以边省士子不习注疏为疑,不知各省取士原有定额,即专守一家之注文,佳亦可录取。惟定令不许屏斥其兼用古注者,俾士风蒸蒸日上,数年之后,边省皆有通经之士,经生皆为有用之才,不负皇上作人多士之雅意矣。①

这是继乾隆五十八年贵州学政洪亮吉奏请将科举考试《礼记》一经改用郑康成注后,进一步要求科举取士全部兼用汉唐注疏,虽云"兼用",但从文中"近日士风孤陋,止读四子书宋儒章句","使人人争读注疏,则士尽通经,通经则通达朝章国典,经义遂为有用之学"来看,显然要全面代替程朱理学的科举取士文本。尽管孙氏此奏没有下文,不过将其理解为对嘉庆前中期继承此前崇尚汉学考据文化政策的延续,似不为过。

随着嘉庆七年十二月平定白莲教起义的"大功戡定",嘉庆帝"偃武修文",开始在文治方面多有措意。② 从嘉庆七至九年(1802—1804)任安徽学政、十一至十五年(1806—1810)任江西学政的汪廷珍(1758—1828),对他所按试的两省各地科考文风的描述看,当时汉学考据之弊已颇为严重。③ 如称嘉庆七至九年安徽各地的文风,说:

---

① 孙星衍:《拟科场试士请兼用注疏折》,《平津馆文稿》卷上,页2—3。据张绍南《孙渊如先生年谱》"嘉庆十一年五十四岁"条,《平津馆文稿》撰于嘉庆十一年(1806),《北京图书馆藏珍本年谱丛刊》第119册,页497。

② 《清仁宗实录(二)》卷106,嘉庆七年十二月癸丑,页420—424,北京:中华书局,1986年影印本。

③ 钱实甫:《清代职官年表》"学政年表",页2690—2695。

士之浮薄者,专刺取注疏家及周、秦、汉、魏间书隐僻之语,钞辑记诵,厚不盈指,入场则不论何题,强挽入之,阅者惊为奥博而取之,而其实则较之剿袭时文者,其陋则一,而功力曾不及其十之二三。①

对嘉庆十一至十五年间江西各地文风,汪氏也有这样的批评:"近日风气,往往于《竹书纪年》、罗泌《路史》等书内年分甲子,偶记数条,嵌入时文,以冀观者惊炫,最为浮薄浅陋。""虞翻《易传》、伪子贡《诗传》之类,虽云古书,多乖经旨,对策引用则可,若阑入经义,实违功令。缘近日无识者妄以此为古学,以致诡遇之士剽窃钓名,最为恶习。大抵数十年前,士人往往专习《四书》一经,此外一无所知;今则偶记古义数条,以为谈助,而经书白文往往未全识面,一失之陋,一失之伪"。甚至"试卷应书楷字",却颇有"用大小篆及钟鼎文"书写者!②

到嘉庆十三年(1808),科举考试中汉学考据之风盛行的流弊,已引起朝廷官员的重视。十一月,御史黄任万奏请"续选《钦定四书文》以正文体",主要就是针对此弊:"近科以来,士子等揣摩时尚,往往撷拾《竹书》、《路史》等文字,自炫新奇,而于经史有用之书,转未能潜心研讨,揆之经义,渐失真源。"嘉庆也一改八年前训斥王钟健的态度,要求"典司文衡之臣,悉心甄别","于引用艰僻以文其固陋,专尚机巧以流入浅浮者,概屏置弗录",目的是使"海内士子自各知所趋向,力崇实学,风会日见转移,用副国家振兴文教至意"。③ 但嘉庆崇尚汉学考据的初衷似仍未变,因为此处的"力崇实学",似与其训斥王钟健奏请饬禁乡会试考卷引用《说文》僻字时,所说的"崇尚实学"之"实学"并无不同。

次年(1809)三月,因嘉庆皇帝五十"万寿",清廷再开恩科,该科殿试策问称此次"特开恩榜"是"思所以昌明经术,会通典礼",试题也是"《易》首称汉学,其授受源流,皆有可考,上下经原目,始于乾而终于丰,今之篇目,何

---

① 汪廷珍:《安徽试牍立诚编文序》,《实事求是斋遗稿》卷2,页76,道光间汪氏家刻本。

② 汪廷珍:《江西试牍立诚编文序》附"续刊条约二十八则"(1806),《实事求是斋遗稿》卷2,页91—96。

③ 嘉庆十三年十一月十六日上谕,中国第一历史档案馆编:《嘉庆道光两朝上谕档》第13册,页662;《清仁宗实录(三)》卷203,嘉庆十三年十一月丁丑,页709—710,北京:中华书局,1986年影印本。

时所定"等纯学术考据的题目。① 从中不难看出嘉庆帝似乎刻意以此科"昌明经术",以期弘扬学术,使该科成为嘉庆朝"博学鸿词"之意图。尽管未能如愿,但其学术取向仍为汉学考据则无疑。

尽管在这年九月和十一月,嘉庆帝两次因朝臣之奏下旨整饬"士习文风",强调"崇实黜华,以明经为务,以敦行为本",称:"士人读书致用,本以讲明义理,端身心性之准,若但知从事文艺,而置圣贤诚正修齐之学于不问,即幸获进阶,服官登仕,其于修己治人之道,懵无所知,将何以仰副兴贤育才之意乎?"②但朝廷崇尚汉学考据政策产生的流弊,并未得到根本改观。这一点从后人对嘉庆朝汉学考据风盛行的评论中,颇可窥见一二。道光六年(1826),姚文田(1758—1827)为七次参加会试皆落第的张士元(1755—1824)作墓志铭,即言:"时天下方崇尚诡异,以杂引非圣之书为博,以捃拾舛滥之语为新,考义多乖,安章失次,文之矩矱荡焉无存。"③《清史稿》纂修者批评嘉庆朝汉学考据之风的流弊,也说:"嘉庆中,士子捃撵僻书字句,为文竞炫新奇。"④

至于白莲教起义平定后,嘉庆帝在文化方面的建树则主要有三方面:一、续缮《四库全书》,二、纂辑《全唐文》,三、赏赐86岁的江南刻书家鲍廷博举人。

一、续缮《四库全书》。白莲教起义平定的第二年(嘉庆八年,1803)四月,嘉庆帝谕令将乾隆帝"圣制"诗自四集以后,文自二集以后,以及续办《方略》、《纪略》等未缮入《四库全书》者,"一体缮写庋藏",并令"纂办《四库全书》熟手"纪昀,"详悉查明,开单具奏"。⑤ 因乾隆间纂修《四库全书》完竣时,为乾隆"御制"之作,留有空格,故此次续缮,并非大规模地尽收乾隆四十六年(1781)第一份《四库全书》修成后,至此时二十余年间新出的著

---

① 《清仁宗实录(三)》卷210,嘉庆十四年四月庚戌,页811。

② 嘉庆十四年九月十二日,张鹏展奏"民风士习吏治,相为表里,其要在首正人心,并请令翰林科道日进经义奏议";十一月二十八日,御史昇寅奏请"整饬学校,以正蒙养",嘉庆帝有此谕。分别见嘉庆十四年九月十二日上谕、十一月二十八日上谕,中国第一历史档案馆编:《嘉庆道光两朝上谕档》第14册,页538—549、709;《清仁宗实录(三)》卷218、221,页930—931、986。

③ 姚文田:《张鲈江墓志铭》(1826),张士元《嘉树山房集》卷首,道光丙戌(1826)刻本。

④ 《清史稿》卷108《选举三·文科》,页3153。

⑤ 《谕内阁〈四库全书〉内未缮入高宗诗文及续办〈方略〉等书著一体增入庋藏》(《起居注册》嘉庆八年四月初二日),中国第一历史档案馆编:《纂修四库全书档案》,页2375。

作,而是仅收乾隆帝御制诗文及官方钦定各书,且"以乾隆六十年以前告成者为断,其余各书,一概毋庸列入"。① 续缮工作的规模并不是很大,次年(1804)二月,文渊阁《四库全书》已办理完竣。② 此举可视为嘉庆帝继承前朝奖掖学术等文化政策的开端,不过,这在嘉庆或许只是完成前朝"盛事"的补苴之举,至于他在本朝的奖掖学术之举则在《全唐文》之纂辑。

二、纂辑《全唐文》。嘉庆十三年十月,帝谕纂辑《全唐文》,称:"内府旧藏《全唐文》卷帙宏富,于有唐一代帝王以迄士庶所著各体文,采辑大备,洵为艺苑钜观。"因《全唐文》"弆藏中秘,外间承学之士,无由与窥美备",故"著将此书交文颖馆通行钞录,并详稽载籍,有应补入者,一体编辑,校勘完善",且要求"进呈乙览后,刊刻颁行"。目的是"用副朕崇文讲学,嘉惠士林至意。"③六年后的十九年二月,该书纂成。④ 两年后,由扬州两淮盐政衙门校刊竣工,应盐政阿克当阿"将此书赏令该处官绅等自备纸墨工价分印"之请,帝谕:"《全唐文》裒集刊刻,原以嘉惠士林,著准将板片存留运库,听其刷印,以广流传。"⑤这大概是嘉庆朝最大的奖掖学术之举,因为此后发生的天理教事件,使嘉庆帝忙于饬吏治、修教化等事,对于奖掖学术的"盛举",虽有心,却无力。因为就在天理教事件发生的三个月前,他还赏赐了86岁的江南刻书家鲍廷博举人衔,但此后就很少看到这类奖掖学术的举措了。

三、赏赐江南刻书家鲍廷博举人衔。嘉庆十八年六月二十五日,帝谕:"生员鲍廷博于乾隆年间恭进书籍,其藏书之知不足斋,仰蒙高宗纯皇帝宠以诗章,朕于几暇亦曾加题咏,兹复据浙江巡抚方受畴代进所刻《知不足斋

---

① 《军机大臣庆桂等奏酌议续办〈四库全书〉事宜》(军机处原折,嘉庆八年四月二十日),中国第一历史档案馆编:《纂修四库全书档案》,页2381。

② 《军机大臣庆桂等奏办理文渊阁空函书籍排架完竣折》(军机处原折,嘉庆九年二月初一日),中国第一历史档案馆编:《纂修四库全书档案》,页2387—2388。

③ 嘉庆十三年十月初七日上谕,中国第一历史档案馆编:《嘉庆道光两朝上谕档》第13册,页599;《清仁宗实录(三)》卷202,嘉庆十三年十月己亥,页688—689。又,关于嘉庆帝倡修该书的起因,及参与编修的主要人员等,详参陈尚君:《述〈全唐文〉成书经过》,《复旦学报(社会科学版)》1995年第3期,页203—210、202。

④ 嘉庆十九年闰二月二十六日上谕,中国第一历史档案馆编:《嘉庆道光两朝上谕档》第19册,页175;《清仁宗实录(四)》卷286,嘉庆十九年闰二月戊子,页921。

⑤ 嘉庆二十一年十一月二十五日上谕,中国第一历史档案馆编:《嘉庆道光两朝上谕档》第21册,页569;《清仁宗实录(五)》卷324,嘉庆二十一年十一月庚午,页283—284,北京:中华书局,1986年。

丛书》第二十六集,鲍廷博年逾八旬,好古绩学,老而不倦,著加恩赏给举人,俾其世衍书香,广刊秘籍,亦艺林之胜事也。"①鲍廷博(1728—1814),字以文,别字渌饮,安徽歙县人,少从父、祖经商,祖父卒后,其父携家居杭州。②鲍氏自言两次乡试(乾隆十五、十八年)不中,遂绝意进取,留心典籍,搜辑未刊之书,校刊行世。乾隆间修《四库全书》,鲍氏因所献之书多且精,受乾隆帝褒奖。这年,嘉庆帝赏他举人时,鲍廷博年已八十六岁,距他第一次参试落第已六十三年,超过当时通行的纪年方式一甲子。对朝廷赐举人的"恩典",鲍廷博称作是"皇上陶铸士类之心无所不至",表示要"时时告诫臣子臣孙,讲贯服习,订缪正讹,以冀不负上谕世衍书香、广刊秘籍之意"。③的确,鲍廷博在获赐举人的第二年,就因急欲刊竣《知不足斋丛书》二十七、二十八两集,劳心过度,"患心痛证"而死。据说,鲍氏"自知不起,命(鲍)士恭继志续刊,无负天语褒奖之意,言讫而卒"。④

乾隆帝纂修《四库全书》,对献书颇多的江南刻书、藏书家大加褒奖,无疑给藏书、刻书之人以极大鼓舞。嘉庆帝则更进一步,以举人身份赏赐刻书家,这在嘉庆帝本人或为一时兴致之举,但传统社会中,"举人"无疑是极为重要的功名。加之当时人口骤增,朝廷科举录取名额又未明显扩大,中举的机率极低,用鲍廷博的话说是:"朝廷特重取士之典,士之负才绩学者,三年一试,中式者百中之一耳。"⑤这一赏赐刻书家举人的"恩典",无疑给当时的藏书、刻书家以极大鼓舞,使藏书、刻书之风更为盛行。就在鲍氏获赐举人的两个月后,他的好友戴光曾就评论说:"予友鲍渌饮老而贫病,藏书散佚……以八十六岁老人,新奉特恩,赏给举人,得偿其一生搜罗秘籍之苦心,真艺林盛事。"⑥鲍氏卒后,阮元为之作《传》,称其"叠膺两朝异数,

<hr>

① 嘉庆十八年六月二十五日上谕,中国第一历史档案馆编:《嘉庆道光两朝上谕档》第18册,页204;《清仁宗实录(四)》卷270,嘉庆十八年六月庚申,页663。

② 阮元:《知不足斋鲍君传》,《揅经室二集》卷5,阮元《揅经室集》,页494,北京:中华书局,1993年;翁广平:《鲍廷博传》,李桓辑《国朝耆献类徵(初编)》卷441,页32,湘阴李氏板。

③ 鲍廷博:《恭纪跋语》,转引自翁广平《鲍廷博传》,李桓辑《国朝耆献类徵(初编)》卷441,页32—33。

④ 翁广平:《鲍廷博传》,李桓辑《国朝耆献类徵(初编)》卷441,页34。

⑤ 鲍廷博:《恭纪跋语》,转引自翁广平《鲍廷博传》,李桓辑《国朝耆献类徵(初编)》卷441,页33。

⑥ 戴光曾:《明初旧钞本〈吾汶稿〉题识》,转引自蔡文晋:《鲍廷博年谱初稿》(下),台北《"国立中央"图书馆馆刊》新第28卷第1期,页186。

褒奖弥隆","以进书受知,名闻当世"。① 二十一年(1816),阮元为钱塘藏
书家何梦华所刻《何氏丛书》作《序》,即举鲍廷博为例,称誉其贡献,云:"钱
塘何君梦华……穷年累月,舟车跋涉,惟以搜访图籍为事……异日裒集之
广,当不亚于鲍氏。"②卒于道光三年的赵怀玉(1747—1823)也说:"今'知
不足斋'之名彻于九重,其书尘于乙览。海内藏书家已无不羡。"③道光一
四年(1834),张鉴亦云,鲍氏"以垂白之年,得身赐举人,岂非艺林盛事?"④
钱泳(1759—1844)在道光十八年(1838)刊刻成书的《履园丛话》中也说鲍
氏"有旨钦赐举人,传为盛事"。⑤ 此后,陆以湉(1801—1865)《冷庐杂识》、
佚名《啁啾漫记》对鲍廷博获赐举人事都有记载。⑥

　　我们现在还不太清楚,嘉庆帝在天理教事件发生的三个月前,赏刻书
家鲍廷博举人之举,是不是嘉庆朝奖掖学术的最后举措,只是笔者遍检此
后的《清仁宗实录》,再也没找到清廷奖掖学术的记载。相反地,却发现这
一时期能否继续保留前朝积累下来的成果,都已成问题。十九年五月,御
史卓秉恬奏"武英殿书板损失,请详查收贮",帝谕:"武英殿御书处书籍板
片,积年刊刻不易,若任其残缺漫漶,殊为可惜。著管理武英殿御书处王大
臣将现存各项书板,逐一查点,其颁行有用之书,如板片间有缺坏,应即补
刻齐全。若系寻常书籍,不常刷印者,其板片缺失已多,无庸补刻,将所剩
书板铲除备用。"⑦从"若任其残缺漫漶"之语,不难看出嘉庆朝前十九年保
管这些书板之不力。嘉庆帝的谕旨尽管指出这些书板"积年刊刻不易",要
求对"有用之书"的书板"补刻齐全",但将"缺失已多"、"不常刷印"的"寻常
书籍"板片"铲除备用"的做法,总让人觉得朝廷奖掖学术的气魄已不复存

---

① 阮元:《知不足斋鲍君传》,《揅经室二集》卷5,《揅经室集》,页495。

② 阮元:《何氏丛书·序》(1816),陈鸿森:《阮元揅经室遗文辑存》(增订本),杨晋龙主编:
《清代扬州学术》,页730—731,台北:"中央研究院"中国文哲研究所,2005年。

③ 赵怀玉:《知不足斋丛书序》,《亦有生斋文钞》卷2,页10,道光元年(1821)《亦有生斋集》
刻本。

④ 张鉴:《秀水计氏泽存楼藏书记》(1834.8),《冬青馆甲集》卷4,页12,嘉业堂刊本。

⑤ 钱泳:《履园丛话》"丛话六·耆旧·渌饮先生"条,页169—170,北京:中华书局,1979年。
按:钱氏该书自序,云"道光十八年七月始刻成"。又,该条言鲍氏"年八十四卒于家",误,应为八十
七。

⑥ 陆以湉:《冷庐杂识》卷7"知不足斋丛书"条,页362,北京:中华书局,1984年。据书前自
序,该书咸丰六年成书。

⑦ 嘉庆十九年五月十八日上谕,中国第一历史档案馆编:《嘉庆道光两朝上谕档》第19册,
页402;《清仁宗实录(四)》卷291,嘉庆十九年五月戊申,页976—977。

在。不过值得注意的是,被嘉庆帝称为"汉唐宋明未有之事"的天理教事件,就在此前不久发生。

第三节   天理教事件与清中叶文化政策的转变
——注重士习风俗、提倡理学

嘉庆十八年九月十七日,也就是天理教事件发生后的第二天,天理教事件的首魁——林清被捕。据当日审讯林清的步兵统领英和称,林清对策划天理教徒进攻紫禁城之事供认不讳,称因"所习天理教经内有'八月中秋,中秋八月,黄花满地,白阳出现'语句。本年应闰八月,则九月十五日,仍是闰中秋,故欲谋逆。今事不成,弃却臭皮囊,以应劫数"。① 六天后(二十三日),嘉庆帝在丰泽园亲讯林清,林清的供词未变,据当日"佩刀随往,目击其事"的礼亲王昭梿说:"上问其何故蓄逆谋,林清曰:'我辈经上有之,我欲使同辈突入禁门杀害官兵,以应劫数。'"对林清能在太平之日煽惑数百人"直犯禁阙",昭梿(1776—1829)感到不解,称:"呜呼! 林清一妄男子耳,焉有当此海宇升平之日,聚数百不逞之徒,乃欲直犯禁阙,图谋不轨,洪荒以来,有此事乎? 而凶狠之辈,听其怂恿指挥,甘罹危险以图侥幸于必不能成之计,亦可谓至愚矣!"②嘉庆帝则感到愤懑,十二月二十四日颁谕称:"夫宋家庄一乱民,本无恶不为一棍徒耳,非有才德能感化人心,亦无邪术能混人耳目,惟利口澜翻,妄谈怪诞,假劫数以惑乱痴愚,遂其大逆之谋而已。愚民闻约而从,不顾后患者,何也?"与昭梿"至愚"的解释不同,嘉庆认为是"只图目前之小利","邪说诱民,总以利动其贪心,贪心起则无恶不作矣"。③

其实,无论是民人的"至愚"还是"图目前之小利",所暴露出的问题则相同,即对民众教化和人心风俗问题的忽视。

天理教事件前,嘉庆曾因鸦片烟问题几次谈及风俗问题,称鸦片烟"最

---

①　英和:《恩福堂年谱》,《北京图书馆藏珍本年谱丛刊》第 133 册影印清刊本,页 421—423。
②　昭梿:《啸亭杂录》卷 6"癸酉之变"条,页 170—171。
③　嘉庆帝:《御制致变之源说》,《清仁宗实录(四)》卷 281,嘉庆十八年十二月丁巳,页 840—841。

为风俗人心之害",要求严密查禁,但对风俗问题,则未采取太多实质性措施。① 天理教事件后,嘉庆帝再度关注人心风俗问题。十月十三日,谕令各地实力稽查销毁稗官小说,称"斗狠淫邪之习,皆出于此,实为风俗人心之害"。② 二十六日,又因(京师)外城开设戏园,"演唱淫词艳曲及好勇斗狠戏剧,于人心风俗大有关系",令巡视五城御史等"严行查禁,以端习尚"。③ 十一月二十七日,针对"近日民间服饰器用竞尚繁华",颁谕:"习尚侈靡,尤为风俗人心之害",令地方官"严申禁令","崇俭黜奢"。④

十二月二十四日,嘉庆特颁御制《原教》,言邪教"始以造福逃劫,引诱痴愚,终归于灭绝人伦,谋反大逆","聚不逞之徒,肆行无忌,愍不畏死,虽严刑峻法,视为泛常",慨叹"风俗颓坏至于此"。并在同日颁布的《御制行实政论》中号召各级官员"勿以习俗为不足忧,勿以廉耻为不足惜",云:"礼教既弛于平日,人心久溺于非几。忠孝廉节,斥为腐谈;诈伪刁顽,习为秘计。修礼明教,秉正抑邪,此实今日刻不可缓之急务也。"⑤

天理教事件后,清廷重视人心风俗的政策,在嘉庆朝的重大文化举措——《全唐文》的修纂中也得到体现。十九年二月,《全唐文》纂成,嘉庆为该书撰《御制序》,即云:

> 予之辑斯《全唐文》,示士林之准则,正小民之趋向也。书内存释、道诸文四十余卷,非二氏之学乎? 殊不知今世奸恶之徒,创为邪书,蛊惑痴愚,并二氏之不若也。文章为政事之大本,从身心性命中发出,所

---

① 分别见《清仁宗实录(三)》卷189,嘉庆十二年十二月甲戌,页500—501;《清仁宗实录(四)》卷227,嘉庆十五年三月初二日丙辰,页43;卷240,嘉庆十六年三月己酉,页233;卷270,嘉庆十八年六月己酉,页655;卷271,嘉庆十八年七月戊戌,页674。

② 嘉庆十八年十月十三日上谕,中国第一历史档案馆编:《嘉庆道光两朝上谕档》第18册,页338—339;《清仁宗实录(四)》卷276,嘉庆十八年十月丙午,页769。

③ 《清仁宗实录(四)》卷277,嘉庆十八年十月己未,页784。

④ 嘉庆十八年十一月二十七日上谕,中国第一历史档案馆编:《嘉庆道光两朝上谕档》第18册,页399—400;《清仁宗实录(四)》卷279,嘉庆十八年十一月庚寅,页815。这一点,在嘉庆二十四年四月的一道谕旨中又再次强调。是月,御史盛唐奏请《除直省州县积弊四款》,嘉庆帝颁谕云:"所奏俱是……著各督抚遵照定例,严行申禁,务令官守廉朴之风,自民享清宁之福。久之,闾阎之盖藏日富,即里党之风俗还醇,邪说莠民自可消灭矣。"(嘉庆二十四年四月二十三日上谕,中国第一历史档案馆编:《嘉庆道光两朝上谕档》第24册,页166;《清仁宗实录(五)》卷356,嘉庆二十四年四月甲申,页701)

⑤ 《清仁宗实录(四)》卷281,嘉庆十八年十二月丁巳,页841、843。

谓言者心之声也。正人所言皆正,所行皆正,正文风以端士习,端士习以厚风俗,相因而至,经正民兴,理不易也。

对"释道之章咒偈颂等类","全行删去,以防流弊,以正人心","使天下士庶晓然知予辑《全唐文》之本意,屏斥邪言,昌明正学,咸归正道,共登右文盛世,是予愿也"。①

二十年(1815)六月,嘉庆又针对人心风俗问题,颁谕云:"正人心、厚风俗,治世之本也。"强调"移风易俗,必自教化始",提出通过吏治整肃实现这一目的:"今欲正民风,必先肃吏治",要求督抚藩臬等直省官员,"于所属牧令,以民事之废兴,民俗之邪正,课其殿最",希望"吏治肃而人心正,人心正而风俗厚"。② 据说,嘉庆这些正人心、厚风俗、肃吏治的建议来自辛从益(1759—1827)。是年四月,时任光禄寺少卿的辛从益因入直召见,君臣探讨天理教起事原因,辛氏有"正教昌明,邪说自息。邪匪蔑弃人伦,以利相诱,小民不知教化,嗜利亡耻,故为所动。今选人得官者,不问风俗淳浇,惟访缺分肥瘠,其居官可知。官自趋利,何以教民? 欲正人心、齐风俗,宜先端吏治"之奏,嘉庆对此"褒采不遗"。辛氏因所奏"深契圣心",一年后(1816)简放山东学政,嘉庆以"正人心、厚风俗,是汝之责"之语赠之。③ 辛氏到任后,"锐然以人心风俗自任",先后颁《儒以道得民论——示山东士子》、《通饬山东士子文》,要求士人以正人心、厚风俗为己任。《儒以道得民论——示山东士子》强调士人"以儒自重,以风俗人心为己责"。④《通饬山东士子文》则从四民之分,强调士人"正人心、厚风俗"之责,云:"士为四民之首,士习端则人心正而风俗厚。夫农工商贾,各出谷帛通财货以养人,竭

---

① 嘉庆帝:《御制全唐文序》,《御制文二集》卷7,页13—14,故宫博物院编:《故宫珍本丛刊》第580册影印《清仁宗御制文集》本,页177—179,海口:海南出版社,2000年;并参《大清仁宗睿皇帝圣训》卷6《圣学》,页11,《十朝圣训》,清刻本。

② 嘉庆二十年六月初九日上谕,中国第一历史档案馆编:《嘉庆道光两朝上谕档》第20册,页264、265;《清仁宗实录(五)》卷307,嘉庆二十年六月癸亥,页75、76,北京:中华书局,1986年影印本。

③ 辛从益撰、辛桂云等补辑:《辛笏谷年谱》"二十年乙亥,五十七岁"、"二十一年丙子,五十八岁"条,北京图书馆编:《北京图书馆藏珍本年谱丛刊》第122册,页71—72、74。并参李兆洛:《江苏学政辛公从益行述》,钱仪吉纂、靳斯标点《碑传集》卷39,页1103—1105,北京:中华书局,1993年。

④ 辛从益:《儒以道得民论——示山东士子》,《寄思斋藏稿》卷2,页24,咸丰元年江西集文斋刻本。

力以供上。而士独无所事,徒以读书明理,志圣贤之志,行圣贤之行,它日居公卿大夫,可出所学以乂安众庶。即使穷而在下,亦能以其道表率乡里,使薰德善良,化成仁俗。此士所以尊于四民,而国家养士选士典所由隆也。"①

二十三年(1818)十一月,嘉庆帝又引乾隆六年(1741)七月所颁号召内外诸臣重视人心风俗之谕,颁谕强调"自古国家长享太平,未有不加意于人心风俗者",言"人心之所以正,风俗之所以醇","系乎政教之得失","为国脉之所系","未可视为迂图",云:

> 自古国家长享太平,未有不加意于人心风俗者。而人心之所以正,风俗之所以醇,则系乎政教之得失。其事隐于无形,而及乎自微之著,则为国脉之所系,未可视为迂图也。
>
> 朕绍承丕绪,夙夜兢兢,仰惟皇考当日以官常、士习、民生、军纪数大端,殷殷在抱,至今日更何敢谓已治已安,不思默化潜移,为亿万年图治求宁之计? 但天下之大,万民之众,非一人所能独理,所望内外诸臣,各举其职,视国事民事,皆如一家一身,思日赞襄,弼予不逮。
>
> 为君者有持盈保泰之心,为臣者亦当有忧盛危明之识。朕拔诸佗伍之中,任以股肱心膂,原欲其以远大自期。将以致君尧舜,必先许身皋夔,矢以实心,佐以实政,乃合古人进思尽忠,退思补过之义。若狃于故常,因循怠玩,但为身家利禄之谋,则一事之不理,一民之失所,其患必有所伏,岂称朕宵旰勤求之意乎?
>
> 夫朝廷者,人心之本;封疆者,风化之原。内外臣工果能精白乃心,夙夜匪懈,图其远者大者,而不为苟且便安之计,以匡国政,以厚民生。我国家万年不拔之基,其庶有赖矣。②

这是自二十年后嘉庆再次专就人心风俗问题颁布的谕旨,并引乾隆六年谕旨为据,要求内外臣工关注人心风俗问题,将其视为国家命脉之所系,可见对此问题之重视。

---

① 辛从益:《通饬山东士子文》,《寄思斋藏稿》卷4,页61。
② 嘉庆二十三年十一月十七日上谕,中国第一历史档案馆编:《嘉庆道光两朝上谕档》第23册,页563—564;《清仁宗实录(五)》卷350,嘉庆二十三年十一月辛亥,页620。

不仅如此,人心风俗问题在次年(二十四年己卯,1819)嘉庆帝六十"万寿"恩科会试的殿试策问中,也成为考试的内容之一:"朕躬行节俭,出于天性,时颁训言,冀挽薄俗,乃诏书屡下,淳朴未臻,将欲严法制以绳之,又虑奉行不善,适以病民,将何以移风而易俗耶?"①嘉道之际,尤其是道光间学者对人心风俗问题多有关注,几成一代风气,或与此有关。

与人心风俗问题密切相关的是士习、士风,因为作为四民之首的"士",既有教化民众移风易俗之责,又是官吏的主要来源。对此,嘉庆在七年壬戌科殿试策问中有这样的论述,他说:"士也者,民之坊也,亦官之朴也。士而端心术,治性情,砥砺廉隅,不亏儒行,则其乡人薰而善良,不入于奇衺,不蹈于匪僻。否则,民何型焉?一旦出而服官,士廉则不为贪夫,士良则不为酷吏,士勤则不为旷官,皆以章缝为圭臬也。"②现在人心风俗方面出了问题,士习士风当然成为首要的反思对象。

十九年二月,嘉庆从吏治方面反思对士子的培养,称:"夫吏者,皆国家培养人材,拔之齐民之中,畀以牧民之职者也。乃自习尚日偷,士子读书,只知弋猎科名,而于五经四子,圣贤淑世善民之旨,全未能身体力行。及其仕也,较缺分之肥瘠,以为趋避;伺上官之喜怒,以为荣辱,凡为国为民之义,茫然无所动于中,甚且朘削膏脂,凌侮鳏寡,小民将何所观感而率从耶?"③这样,与士习士风直接相关的培养士子的学术内容就成为关注的重要问题。

闰二月,御史辛从益奏请"厘正文体,严禁怀挟",从嘉庆帝因辛氏此奏所颁谕旨看,他对士习士风的关注和反思也已涉及培养士子的学术内容。是月,辛从益磨勘上年(癸酉科)乡试卷,指出"近来士子希图诡遇,往往挦撦僻书字句,以炫新奇,不顾题义",而"科目凭文取士,文章之醇疵真伪,即人才得失所关也",且"言为心声,若故为浮诡以希速售,文体不正,心术可知"。因届会试之期,故"请旨预饬典试、分校各官,严裁伪体,务归清真雅正。其穿贯经史书卷纷纶者,固宜取中,亦必文从字顺,于题义实有发明。

---

① 《清仁宗实录(五)》卷356,嘉庆二十四年四月壬午,页699。

② 《清仁宗实录(二)》卷97,嘉庆七年四月辛酉,页299。

③ 嘉庆十九年二月二十三日上谕,中国第一历史档案馆编:《嘉庆道光两朝上谕档》第19册,页91;《清仁宗实录(四)》卷285,嘉庆十九年二月乙卯,页896—897。

至于二三场，体裁虽无妨稍宽，然征引渊博，总期于本题有关"。① 其实辛氏指出的这些问题，与上文讨论的嘉庆朝乡会试中考据之风盛行出现的流弊并无不同，不同的是嘉庆帝的反应。嘉庆帝认为辛从益"所奏是"，云：

> 六经皆载道之文，其中并无奇文僻字，凡天地民物之理，包括靡遗。近日士子罔知潜心正学，猎取诡异之词，捃撦钉饾，以艰深文其浅陋，敝习相沿，大乖文体，况言为心声，尤足觇人器识。士子进身之初，先由诡遇，及试以政事，其于是非邪正之辨，治乱得失之原，皆懵然不解于心，欲望其通达政体，以圣贤之学坐言起行，岂可得乎？嗣后乡会试考官校士衡文，务各平心持鉴，别裁伪体，简拔真材，如有将支离怪诞之文，目为新奇，妄行录取者，经磨勘官摘参，必将原考官严加惩处。②

同是"奇文僻字"问题，九年前（嘉庆五年）给事中王钟健以乡会试墨卷中"率以《说文》内不经见之字，钞写一二，妄矜新奇"的流弊，奏请"厘正文体"。那时嘉庆帝的反应是："士子读书稽古，原应博采群籍，况《说文》亦非僻书，果能引据的当，是其平日尚属留心训诂，若概置弗录，使空疏者转得幸获，岂崇尚实学之道？王钟健所奏，尤不成话！"现在却变成"六经皆载道之文，其中并无奇文僻字"，"嗣后乡会试考官校士衡文"，"如有将支离怪诞之文，目为新奇，妄行录取者，经磨勘官摘参，必将原考官严加惩处"。辛、王都是违例在科场年份条陈考试事宜，王氏的遭遇是"交部议处"，至于辛氏则未看到遭处分。而就在此前的嘉庆十四、十五两年，已发生两起因违反此例，"交部察议"的案例。③

---

① 辛从益：《请严搜检正文体折子》，《寄思斋藏稿》卷1，页20—23。

② 嘉庆十九年闰二月初十日上谕，中国第一历史档案馆编：《嘉庆道光两朝上谕档》第19册，页132—133；《清仁宗实录（四）》卷286，嘉庆十九年闰二月壬申，页910。

③ 杜受田等修、英汇等纂：《钦定科场条例》卷34"不准临场条奏"条，规定："乡会试年，不准条奏科场事务。文会试不得过上年冬月，武会试不得过本年春月。如有违例临期条奏者，承办衙门于议覆折内，无论准驳，一并将改员奏明，交部议覆。"嘉庆十四年御史陈中孚临场条奏"奏请年老诸生误填岁，准其出具同乡官印结办理"，结果是"交吏部察议"。嘉庆十五年，佛柱、温汝适临场条奏"本年顺天乡试南北皿官卷，应试人数较多，请将中额酌增一二名"，结果是"佛柱、温汝适均著实降一级调用"。分别见页1、4—6，《续修四库全书》第830册影印咸丰二年刻本。

　　另外值得注意的是,嘉庆帝该谕提到的"正学"——"近日士子罔知潜心正学",即欲以"正学"作为培养士子的主要学术内容。虽然早在白莲教起义期间,嘉庆亦因当时所谓的"邪教"问题,提出"正学昌明"、"宣扬正学"等"正学"方面的目标,但天理教事件前,嘉庆再三提倡的却并非"正学",而是"实学"——所谓"崇尚实学"、"力崇实学"是也。① 现在天理教事件的发生,使嘉庆帝意识到此前提倡的"实学",非但未能在端正士习、士风以及使士人在化导民众、移风易俗方面不能有太多作为,且产生了许多流弊,于是转而提倡"正学"。

　　四月,嘉庆在这年甲戌科殿试策问中,即以《学记》"君子欲化民成俗,其必由学乎"为题,试图通过提倡"正学",达到化民成俗的目的,云:"彼民习闻正论,则奇衺之说,自不得而中之","正学兴,则邪说熄"。② 六月,帝又颁《化民成俗论》,对"正学"在当时的境况及与吏治、民风的关系做了这样的论述:"正学兴则邪说熄,官常肃则庶民从。今之大弊,在正学式微,官常疲惰,故邪说日炽,蛊惑乡愚,顽俗固结而不可解者,总由于不学之人过多之故也。"并将"昌明正学"作为国家正常运作的根本之基:"君臣各尽其道,士庶各修其业,形端表正,上行下效,庶几移风易俗,返朴还淳,洵由昌明正学始也。"③

　　为加强对培养士子的学术内容的控制,此前仅在童生覆试默写的《圣谕广训》,现在也推广到生员的岁、科两试及贡生、监生的录科考遗。是年,两广总督蒋攸铦(1766—1830)奏请"生监考试,概令敬谨默写《圣谕广训》",云:"凡学臣岁、科试,并贡监录科、考遗,均令敬谨默写,不能默写者,生员降等,贡、监不录,庶朝夕讲习,砥砺躬行,得渐收化民成俗之效。"④十二月,嘉庆采纳此建议,颁谕云:

　　　　向来直省各学政岁科考试,取进童生,覆试时,定有敬谨默写《圣谕广训》之条。诚以士为民倡,果能平时服诵,相与宣讲,内而砥砺躬

----

① 《清仁宗实录(一)》卷72,嘉庆五年八月己巳,页973;《清仁宗实录(二)》卷78,嘉庆六年正月,页14。

② 《清仁宗实录(四)》卷289,嘉庆十九年四月壬午,页957。

③ 《清仁宗实录(四)》卷292,嘉庆十九年六月壬申,页992—993。

④ 蒋攸铦撰、蒋霨远附注:《绳枻斋年谱》,《北京图书馆藏珍本年谱丛刊》第130册,页88—89。

行,外而化导乡俗,自见薰德善良,风气日臻淳厚。其直省各学监生,不由童试,素未诵习,而生员于取进后,亦日久不复循诵,该生监等身列胶庠,为齐民之表率,尤应令其修德怀刑,导民先路。著礼部通行直省各学政,嗣后岁、科两试,并贡、监生录科、考遗,均一体敬谨默写《圣谕广训》,一二百字,其不能默写者,按其文艺递降等第,及斥置不录。庶该生监等勤加肄习,共相渐摩,俾乡曲小民咸知观感,用副朕化民成俗至意。①

其实,早在嘉庆十三年御史史积中已有此提议,而且史氏的建议更为激进:要求乡会试也要"恭默《圣谕广训》",云:"各省文童入学复试,有恭默《圣谕广训》之例,乡、会试大典宜一体办理,其文童府、县考复试,亦照入学复试之例恭默。"当时嘉庆命大学士会同礼部议奏,结果均不予施行:"该御史所奏请乡、会试二场添默《圣谕广训》一条,虽为薄海士子熟习圣谕起见,惟是《圣谕广训》生童自髫年读书咸应服习,故于入学时令其默写,盖欲其童而习之,涵濡日深,立法已为周备,各士子等惟当身体力行,自征实效,似不必于乡、会两试重立默写之条。至于府、县两试及院试均属考试童生,院考时既定例恭默,则府、县两试不必再令重默。"②时隔六年,现在却要求切实施行。

三年后的嘉庆二十二年(1817)十月,湖广道监察御史卿祖培(1776—1822)上疏嘉庆,奏请敕下各省学政以《朱子全书》化导诸生,云:

今士之亟于进取者,但知掇科名,习揣摩形似之言,点缀工巧之语,按之义,鲜能发明清切。司衡者偶一录取,无知者转相仿效,其弊将置书理于不问,而本心之理日以锢蔽。应物处事,任其气质之偏,习俗之染,而不能得读书明理之益,则有才而适以滋弊……伏读《御纂朱子全书》,《御制序文》冠诸篇首,颁发海内,诚以宋儒阐发前人之秘,而朱子集其成。观其所论为学之方,并推阐持敬主一无适之说,委曲

---

① 嘉庆十九年十二月初二日上谕,中国第一历史档案馆编:《嘉庆道光两朝上谕档》第19册,页928;《清仁宗实录(四)》卷300,嘉庆十九年十二月戊午,页1121。并参蒋攸铦撰、蒋霨远附注:《绳枻斋年谱》"十九年甲戌,四十九岁"条,《北京图书馆藏珍本年谱丛刊》第130册,页88—89。

② 《学政全书》卷9"讲约事例",转引自周振鹤撰集、顾美华点校《圣谕广训:集解与研究》,页521—522,上海:上海书店出版社,2006年。

详尽,令人晓然于天理之必当循,性分之不容亏。而向来学臣按试,未有以其书只切指示,乡曲之士终身或不得一见。乞敕下各省学政,将此书化导诸生,举其要义,往复申论。或时至书院,与院长共相懋勉,或督令各学教官广为训迪,不必明设科条,以饰观听,务使大公之理,众著于人心,餍饫优游,有所自得。①

疏入,嘉庆颁谕通饬遵行,并将讲明朱子之学的对象扩大到各省的大小官吏,云:

> 教化为立政之本,以正人心,以厚风俗,非特各省学政,当讲明正学,以端士习,即督抚藩臬以至道府州县,各有治民之责,皆应随时化导,俾小民迁善远恶,力返淳风。宋儒《朱子全书》固足以阐明经术,而五经及四子书,炳若日星,若在官者各能身体力行,以为编氓倡率,亦何不可收世道人心之益。②

这是嘉庆朝《清实录》中仅见的明确要求讲明朱子之学的材料,尤其值得注意。因为这标志着清廷此时开始改变乾隆中叶以后贬抑理学、崇尚汉学考据的文化政策,转而提倡理学。

清代理学(尤其是朱子之学)曾在康熙朝达至鼎盛,其时在朝有康熙皇帝、熊赐履、李光地等君臣之提倡、尊崇,在野则承明季以来学术自身演变之趋势,提倡践履笃实的朱子学。康熙五十一年(1712)二月,原在孔庙东庑先贤之列的朱子,也被升于大成殿,位列"十哲"之次。③ 但到了雍正年间,由于吕留良案的缘故,雍正皇帝不复有尊朱之举,转而多刻佛经,亲选语录,自称圆明居士。迨至乾隆中叶,康熙一代所遗之人才亦凋零殆尽。④

---

① 转引自陶澍:《太常寺卿卿公墓表》,《陶文毅公全集》卷46,页2—4,道光二十年两淮淮北士民刻本。

② 嘉庆二十二年十月十五日上谕,中国第一历史档案馆编:《嘉庆道光两朝上谕档》第22册,页398—399;《清仁宗实录(五)》卷335,嘉庆二十二年十月乙酉,页420—421,北京:中华书局,1986年。

③ 《清圣祖实录(三)》卷249,康熙五十一年二月丁巳,页466—467,北京:中华书局,1985年影印本。

④ 参见陆宝千:《清代思想史》第三章"康熙时代之朱学",页121—148,157—158,台北:广文书局,1983年。

在此前后，乾隆皇帝在二十一年（1756）的仲春经筵上，亦首次对朱子《四书章句集注》提出质疑。在此后迄于六十年（1795）的三十二次经筵讲学中，乾隆帝有十七次明显对朱子学提出质疑。① 确如有的学者所说，皇帝在"经筵讲坛上的讲论，实无异朝廷学术好尚的宣示"，"惟其如此，其影响又绝非任何学者之论可以比拟"，"乾隆中叶以后，既然庙堂之上，一国之君屡屡立异朱子，辩难驳诘，那么朝野官民起而效尤，也就不足为奇了"。② 故将乾隆帝对理学态度的这种转变，视为乾隆中叶以后清廷贬抑理学、崇尚考据政策的重要标志似不为过。而乾隆三十八年被后世学者誉为"汉学大本营"的四库馆开馆，馆臣如纪昀、戴震等贬抑理学的学术倾向，与乾隆帝对理学态度的转变相结合，更使贬抑朱子学之风几乎成为学界风尚。③ 这种风气甚至蔓延到朝廷以程朱理学为考试文本的科举考试中，以至在乾隆后期曾任四川乡试主考官、顺天乡试分校官，后任广西学政的费振勋（1738—1816）有这样的批评和建议："近世士大夫好诋宋儒，为学术害，宜令乡会试文有显悖朱注者，禁勿录。"④

　　嘉庆亲政后虽因白莲教起义，提出过"宣扬正学"，但并未采取太多有效措施，对乾隆中后期以来贬抑理学的文化政策也未作有意识的更正，加之其个人对汉学考据的偏好及"崇尚实学"政策的推行，反而使贬抑理学之风进一步蔓延。这一点从天理教事件发生后的第二年（1814），姚鼐请陈用光在京寻找出任学政的相知好友刊刻朱子书一事，略见一二，云：

---

　　① 陈祖武、朱彤窗：《乾嘉学派研究》，页 6—13。关于乾隆帝对理学、汉学态度的转变，参见王达敏：《从尊宋到崇汉——论姚鼐建立桐城派时清廷学术宗尚的潜移》，《中国文化》第 19、20 期，页 281—287，2002 年。

　　② 陈祖武、朱彤窗：《乾嘉学派研究》，页 14—15。

　　③ 梁启超说，《四库提要》是"以公的形式表现时代思潮"，"露骨的说，四库馆就是汉学家的大本营，《四库提要》就是汉学家思想的结晶体"（梁启超：《中国近三百年学术史》，朱维铮校注《梁启超论清学史二种》，页 115）。又，钱穆曾指出《四库全书总目》所表现出来的反理学倾向和态度并非是"与朝旨相违"，而是"馆臣据旨立论"（钱穆：《中国学术思想史论丛》（八），《钱宾四先生全集》第 22 册，页 581，台北：联经，1998 年）。关于戴震（1724—1777）倡"以理杀人"之说，反对程朱理学，学界通常解释为戴氏对清廷提倡理学的抗议。徐复观不同意这一说法，他认为戴氏四十岁（乾隆二十七年，1762）后彻底否定宋学，是为了迎合风气，言戴氏"从四十二岁到五十三岁，六次入京会试不第。五十一岁时，能以举人参加四库馆，盖得此迎合之力"（徐复观：《清代汉学》衡论》，《大陆杂志》第 54 卷第 4 期，1977 年 4 月，页 156—157）。联系到乾隆帝二十一年以后对理学态度的转变，则钱、徐二氏的说法，当有相当的道理。

　　④ 陈用光：《费给谏家传》，《太乙舟文集》卷 3，页 40，道光癸卯孝友堂重刊本。

近世所重，只考证、词章之事，无有精求义理者，言尚远之，而况行乎？吾在此劝诸生看朱子《或问》《语类》，而坊间书贾至无此书，意欲俟少寇按临时，劝其镌版颁学，惜其内任去此，此后殆未可语此事。若石士在京中，遇相知出为学政者，勖以此事，或尚可也。①

坊间书肆竟无售卖《四书或问》《朱子语类》等常见理学书籍，于此可见理学在嘉庆前中期之衰微。故天理教事件发生后，提倡理学的姚鼐即将会试闱墨卷中汉学考据之风盛行，诋为"与邪教相表里"。② 其建议诸生看朱子书，及在出任学政的友人中寻找刊刻朱子之书者的举动，也是在这种背景下发生。有趣的是，三年后（二十二年，1817）这种试图通过各地学政来昌明朱子学的想法，已由朝中御史上奏，且嘉庆帝的反应更进一步，要求地方各级大小官员，均有讲明朱子学之责，这是乾隆中后期以来半个多世纪仅见的提倡理学、讲明朱子学之举。

同年（二十二年）十二月，"恭纪"嘉庆帝平定天理教起义"武功"的《平定教匪纪略》成书，嘉庆再次颁谕反思天理教事件是因"平时不能修明政教"所致，称"此事朕每一思之，愧不去心"，表示要"昌明正教，使邪慝之风潜移默化"。③ 就在此前一个月，亦即嘉庆谕令各级地方官员讲明朱子学的次月，御史周鸣銮奏请"整饬学校"，嘉庆帝谕令"直省各府、州、县"所建的官办学校"讲明正学"；④两年后（1819），又应御史张元模"整饬书院"之奏，令"直省各府、州、县"所设书院"讲明正学"。⑤ 这样，"讲明朱子学"与"昌明正教"、"讲明正学"一并成为从官员教育到士子培养的重要内容。

天理教事件后，嘉庆采取有效措施昌明"正学"，并明确提出讲明朱子之学，这是对乾隆朝中后期以来清廷崇尚汉学考据、贬抑理学文化政策的

---

① 姚鼐：《与陈硕士（102）》（1814），《惜抱先生尺牍》卷7，页20，咸丰五年，聊城杨氏海源阁刻本。

② 姚鼐：《与陈硕士（95）》（1813冬），《惜抱先生尺牍》卷7，页16；并参《复陈钟溪》（1813冬），卷5，页6—7。

③ 嘉庆二十二年十二月十六日上谕，中国第一历史档案馆编：《嘉庆道光两朝上谕档》第22册，页509；《清仁宗实录（五）》卷337，嘉庆二十二年十二月乙酉，页451。

④ 嘉庆二十二年十一月十一日上谕，中国第一历史档案馆编：《嘉庆道光两朝上谕档》第22册，页449；《清仁宗实录（五）》卷336，嘉庆二十二年十一月庚戌，页430—431。

⑤ 嘉庆二十四年六月十三日上谕，中国第一历史档案馆编：《嘉庆道光两朝上谕档》第24册，页288；《清仁宗实录（五）》卷359，嘉庆二十四年六月癸卯，页736。

重要转变。这一提倡理学的文化政策，在道光帝即位后继续施行。道光二年（1822）闰三月十六日，清廷从御史马步蟾之奏，以理学名臣刘宗周从祀文庙西庑，位在明臣蔡清之次。这是清廷自乾隆二年（1737）复元儒吴澄文庙之祀后，八十五年来首次增祀文庙之举，确如礼部诸臣所议："先儒祔飨庙廷，必其人扶持名教，羽翼圣经，有关学术人心，始能升诸从祀之列，典最钜也。"①其从祀对象是理学名臣刘宗周，则表明清廷其时刻意提倡理学的鲜明意图。同年，道光帝在新朝首科（会试）殿试策论中，又举胡瑗、朱熹、真德秀等著名理学家的学说为题，云："胡瑗教授子弟，咸使适于实用；朱子《白鹿洞学规》，所列五教之目，为学之序，修身处事接物之要，乃圣贤入德之门；真德秀《示学者说》，于学术真伪，剖析谆挚，可以廉顽立懦。今欲使学者处为修士，出为良臣，必知先德行而后文艺，国家乃获收人才之用。多士素所向慕者安在？其述所闻，可以觇器识焉。"②所传达的朝廷崇尚理学的倾向，亦明白可见。

　　道光三年（1823）二月，清廷从通政司参议、原河南学政卢浙（1757—1830）之请，以汤斌从祀文庙东庑，称汤氏"所学主于坚苦自持，事事讲求实用，著书立说，深醇笃实，中正和平，洵能倡明正学，远契心传"，位在明臣罗钦顺之次。③ 卢氏此举被当时人称为"系学术之大者"，因此奏使"斌所私淑之吕坤，所师事之孙奇逢，后数年皆为廷臣奏请从祀"。④ 五年（1825）四月，从在籍翰林院编修陈寿祺、闽浙总督赵慎畛之请，以明臣黄道周"亮节孤忠，早树楷模于史册；正谊明道，复标圭臬于儒林"，从祀东庑，位在明臣罗钦顺之次。⑤ 六年，从河南巡抚程祖洛等请，以明儒吕坤从祀文庙西庑。⑥ 八年（1828）二月，从御史张志廉之请以本朝理学名儒孙奇逢"学术

　　① 《明臣刘宗周从祀文庙上谕》（1822.闰3），辑自《水澄刘氏家谱》，吴光主编《刘宗周全集》第 6 册，页 638—639，杭州：浙江古籍出版社，2007 年；并参《清宣宗实录（一）》卷 32，道光二年壬午闰三月辛卯，页 576，北京：中华书局，1986 年。
　　② 《清宣宗实录（一）》卷 32，道光二年壬午闰三月丙申，页 579。
　　③ 卢浙：《请以汤斌从祀文庙折》、玉麟：《礼部议准以汤斌从祀文庙折》、《准汤斌从祀文庙上谕》，范志亭等辑校：《汤斌集》，页 1864—1867，郑州：中州古籍出版社，2003 年；《清宣宗实录（一）》卷 49，页 868—869。
　　④ 尚镕：《太仆寺卿卢公家传》，缪荃孙辑：《续碑传集》卷 16，页 11。
　　⑤ 《礼部奏请黄道周从祀文庙咨文》，陈寿祺《左海文集》卷一末附，页 32—34；《宣宗实录（二）》卷 78，页 264，北京：中华书局，1986 年。
　　⑥ 礼部谨奏为遵旨议奏事、内阁抄出河南巡抚程祖洛等奏请名臣吕坤从祀文庙折及上谕等，吕坤：《去伪斋集》卷首，页 1—4，道光丁亥开封府署刻本。

中正醇笃,力行孝弟","讲学著书,以慎独存诚,阐明道德,实足扶持名教,不愧先儒",从祀文庙西庑。[①] 道光前十年共有五次六人从祀文庙,且五人为理学名儒(臣),与乾嘉八十余年间无一人从祀相比,更可见其时清廷提倡理学之迫切。[②]

不过,如果我们注意到39岁即位的道光帝旻宁(1782—1850),在他32岁那年平定天理教徒攻打紫禁城的战斗中身与其役;天理教事件后年届中年的他,又隐然以皇储身份参与朝廷各种政策的制定、施行,那么就不难理解清廷从乾隆朝中后期贬抑理学,到嘉庆朝后期尤其是道光朝提倡理学的文化政策的转变,其转捩点就在于天理教事件。此后清廷每逢因"邪教"问题蔓延以致引发动乱时,其在思想文化方面的对策,往往就是倡导理学。如道光三十年(1850)十二月,刚刚登基的咸丰帝就因"近来邪教流传,蔓延各省",谕令"各直省督抚会同各该学政转饬地方官及各学教官,于书院、家塾教授生徒,均令以御纂《性理精义》、《圣谕广训》为课读讲习之要,使之家喻户晓,礼义廉耻油然自生,斯邪教不禁而自化",原因就是"性理诸书均为导民正轨"。[③] 由此可见,清中叶接连出现的邪教问题,在导致清廷文化政策转向提倡理学过程中所起的作用。

第四节　结语

从上述对嘉庆朝文化政策的考察来看,可以得出以下结论:

首先,嘉庆在亲政之初,曾因释放前朝文字狱案中株连的人犯,缓解雍乾以来钳制士人思想言论的文字狱高压政策,且仍延续乾隆朝后期崇尚汉学考据的文化政策,并在镇压白莲教起义后努力作为,试图有积极的建树。故讨论清中叶的学术和思想,尤其是乾嘉汉学考据,必须注意到嘉庆朝文字狱高压政策缓解这一异于乾隆朝的一面,以及因此可能导致的嘉庆朝汉学考据的不同面相。

---

① 《孙奇逢从祀文庙上谕》,转引自王钟翰点校《清史列传》卷66《孙奇逢传》,页5241;《清宣宗实录(三)》卷133,北京:中华书局,1986年。

② 昆冈等修、刘启端等纂:《(光绪)钦定大清会典事例》卷436,《续修四库全书》第804册,页833—836。

③ 《清文宗实录(一)》卷23,道光三十年十二月己巳,页335,北京:中华书局,1986年影印本。

其次,嘉庆十八年发生的天理教事件促使清廷高度关注风俗、士习等问题,在文化政策上,改变乾隆中后期以来贬抑理学崇尚汉学考据的政策,转而提倡理学,并对汉学考据产生的流弊进行有意识地针砭。在天理教事件中身与其役,并洞悉这种政策转变隐衷的道光帝,即位后又进一步推行嘉庆朝后期这一提倡理学的政策。

因而清朝中叶学术思想从乾嘉汉学考据到道咸以降理学兴起的转变,除前贤时彦强调的学术自身发展的内在理路以及外在社会局势变迁等因素外,嘉庆间清廷在文化政策上由崇尚汉学考据到提倡理学的重大调整,是促成这一学术转变的直接原因。促使清廷在文化政策方面做出这种调整和转变的契机,是天理教事件;此后频繁出现的"邪教"问题,又使清廷进一步强化此政策,从各个层面宣扬和提倡理学。故所谓道咸以降理学的复兴,其在文化政策层面则可提前约四分之一个世纪,上推至嘉道之际。

但嘉道之际清廷提倡理学的效果,却并不尽如人意。卒于道光九年(1829)的昭梿,就观察到这一政策在朝中造就诸多"假理学",云:

> 近年睿皇帝讲求实学,今上复以恭俭率天下,故在朝大吏,无不屏声色,灭驺从,深衣布袍,遽以理学自命矣。如李侍郎宗昉、黄给谏中模,往昔皆以声色自娱者,近乃绝口不谈乐律。芝岩会客,必更易布袍,然后出见,以自诩其节俭。亦一时风气然也。①

或许,清廷提倡理学政策的真正效果,在于它对民间学者的影响。因为后来镇压太平天国起义,使清廷转危为安的"中兴诸将",多是宗奉理学的践履者,而其成学的主要时期则多在嘉道之际。而中国学术之发展,或许真如清末的章太炎所说,"中国学术,自下倡之则益善,自上建之则日衰"或"学术文史,在草野则理,在官府则衰"欤?②

---

① 昭梿:《啸亭续录》卷4"理学盛衰"条,页503,北京:中华书局,1980年。
② 章太炎:《与王鹤鸣书》、《说林》(下),《章太炎全集》(四),页152、120,上海:上海人民出版社,1985年。二文均撰于光绪三十二年(1906)。

第六章　天理教事件与嘉道之际学术转向（上）
——对士习、人心、风俗等问题的关注和讨论

嘉道时期的士习士风，一直是清中叶学术思想史研究中备受关注的话题。早在二十世纪初，刘师培（1884—1919）讨论清代士习"多病"，即以嘉道间的士人、学术立论，如论这一时期常州学者刘逢禄、宋翔凤、沈钦韩等人的品行，即云："刘工慕势，宋亦奢淫，旁逮沈钦韩之流，均以菲食恶衣为耻。常州二董，亦屈志于房臣，趋炎之技，沉湎之情，士节之衰，于斯而极。"称周济、张琦、包世臣、魏源、刘逢禄等人的经济之学、词章之学与今文经学，则言："夫考证词章之学，挟以依人，仅身伺倡优之列；一言经济，则位列宾师。世之饰巧智以逐浮利者，孰不乐从魏、包之后乎？然辗转稗贩，心愈巧而术愈疏……而治今文之学者，若刘逢禄、陈立，又议礼断狱，比传经谊，上炫达僚，旁招众誉。然此特巧宦之捷途。其枉道依合，信乎贾、董之罪人矣！"评祁韵士、徐松、张穆、何秋涛等人的西北史地及域外地理学，许桂林、罗士琳的数学，王筠、许瀚《说文》学，又说："所治之学，随达官趋向为转移，列籍弟子，视为至荣。外示寂寞之名，中蹈揣摩之习。然拙钝不足以炫俗，故钓利之术，亦迥逊包、魏。"[1]

在刘氏看来，清儒的嗜利、趋势在嘉道间几乎达到了极致，所谓"廉耻道丧，清议荡然，流俗沈昏"。这当然是刘氏以明代为背景评价清代士风的显例——"清代之学，迥与明殊。明儒之学，用以应事；清儒之学，用以保身。明儒直而愚，清儒智而谲；明儒尊而乔，清儒弃而湿。"[2]考虑到刘氏该文的写作时间（光绪三十三年，1907）与其时清朝异族统治的现实，以及明代学术为汉

---

① 刘师培：《清儒得失论》，原载《民报》第 14 号（1907 年 6 月），李妙根编、朱维铮校：《刘师培辛亥前文选》，页 171—172、164，北京：三联书店，1998 年。

② 刘师培：《清儒得失论》，《刘师培辛亥前文选》，页 164。又，刘氏该文对清代的词章、经世、理学与汉学等多种学术，也从这种角度论述，云："清儒之学，以求是为宗，而卑者或沦于禅贩。其言词章、经世、理学者，则往往多污行。惟笃守汉学者，好学慕古，甘以不才自全，而其下或治校勘金石，以事公卿。然慧者则辅以书翰词章，黠者则侈言经世。其进而益上，则躬居理学之名。（转下页注）

人统治下发展出来的事实,我们当然可以说这是他基于当时反满革命的现实关怀所发的"有为之言"。但问题是,难道这仅是对研究对象的刻意扭曲吗?它是否也反映了清代学术的另一面相?刘氏所贬抑的嘉道间士人怎样评论其自身的学术与士风?二者之间有怎样的关联?这一从社会生活史角度考察清代士人、学术与士风的方法,对研究清代学术有怎样的意义?

　　的确,民国以后在反清革命的现实关怀已不复存在的情况下,梁启超、钱穆、孟森等学者确也开始从正面评价嘉道间的士习士风。1923 年,梁启超(1873—1929)讲授《中国近三百年学术史》,便称较之此前"绝对不问政治"的态度,嘉道间士人"已经稍变",如"大经学家王怀祖念孙抗疏弹劾和珅,大史学家洪稚存亮吉应诏直言,以至遣戍","当时政治现象,令人感觉不安,一面政府钳制的权威也陵替了,所以思想渐渐解放,对于政治及社会的批评也渐渐起来了"。② 1937 年,钱穆(1895—1990)在其出版的《中国近三百年学术史》中,且对嘉道士习士风的变化及其展开方式,做了这样的逻辑性描述,说:"嘉道之际,在上之压力已衰,而在下之衰运亦见。汉学家正统如阮伯元、焦里堂、凌次仲皆途穷将变之候也。起而变之者,始于议政事,继以论风俗,终于思人才,极于正学术,则龚定庵、曾涤生、陈兰甫其选也。"③大约在此前后,孟森(1869—1938)探讨"道光朝士习之转移",也谈到嘉道两朝异于前朝之风气,云:雍乾时士人"自屏于政治之外,著书立说,多不涉当世之务",嘉庆时已"顾忌渐忘,稍稍有所撰述","有涉世之作",到了道光朝,更是"议论蜂起";雍乾时"达官自刻奏议者,往往得罪",到此时也变为"汇而刻之以传世"了。④

　　具体研究方面,继钱穆《中国近三百年学术史》第十一章以沈垚、潘德舆、陈寿祺、鲁一同四人为主探讨嘉道时期的士习、风俗后,先后出现了楚

－－－－－－－－－－

　　(接上页注)盖汉学之词,举世视为无用,舍闭关却扫外,其学仅足以授徒。若校勘金石,足以备公卿之役,而不足以博公卿之欢。词章书翰,足以博公卿之欢,而不足以耸公卿之听。经世之学,可以耸公卿之听,而不足以得帝王之尊。欲得帝王之尊,必先伪讬宋学以自固。故治宋学者,上之可以备公辅,下之可以得崇衔。包、魏言经世,则足以陵轹达官。孙、洪事词章,则足以驰名招贿。臧、洪、顾、钮,仅治校勘金石,亦足免桥枒之忧。惟臧、惠、余、江之流,食贫守约,以恬泊自甘。"(页 174)

　　②　梁启超:《中国近三百年学术史》,朱维铮校注:《梁启超论清学史二种》,页 118—119,上海:复旦大学出版社,1985 年。

　　③　钱穆:《中国近三百年学术史》"自序",页 3,北京:商务印书馆,1997 年。

　　④　孟森:《清史讲义》第四章《嘉道守文》,页 366—367,北京:中华书局,2006 年。

金《道光学术》(1941)、《道光学术余义》(1944)、齐思和《魏源与晚清学风》(1950)以及龚书铎《清嘉道年间的士习和经世派》(1981)、王聿均《清代中叶士大夫之忧患意识》(1982)、关爱和《清代嘉道之际学风士风的转换与文学主潮》(1991)、严寿澂《道光朝士风与学术转向——读沈垚〈落帆楼文集〉》(2003)、魏泉的《"宣南诗社"与嘉道之际的士风》(2003)、罗检秋《嘉道年间京师士人修禊雅集与经世意识的觉醒》(2005)等论文,这些论著无论在史料发掘还是具体研究方面,都取得了极大进步。①

　　但刘师培关注和研究清代士习、士风的思路和视角,却没有得到足够重视。更重要的是,很多研究往往将嘉道两朝五十余年视作一个整体,具体研究中又在不同程度上将士习、士风等问题从当时的历史场景中抽离出来,既较少关注不同历史时期内部发生的变化,又难以将这些变化与当时的政治事件、社会状况等外部历史环境间的复杂关系作具体细致的考察。有鉴于此,本章以发生在嘉庆十八年且引起朝野上下对士习、人心、风俗等问题高度关注的天理教事件为中心,对此做进一步探讨。

第一节　嘉庆前期的言论环境及对士习、人心、
风俗等问题的讨论

一、嘉庆亲政初所颁求言诏与嘉庆前期的言论环境

　　从总体上看,嘉道两朝已没有雍乾时期文字狱等政治高压的威逼,也没有博学鸿儒及大规模纂修书籍(如《四库全书》等)的利诱,不过这些钳制

---

　　① 钱穆:《中国近三百年学术史》,页617—630;楚金:《道光学术》、《道光学术余义》,分别载《中和月刊》第2卷第1期(1941年1月)和第5卷第9期(1944年9月),存粹学社编:《中国近三百年学术思想论集》,页341—357,香港:崇文书店,1971年;齐思和:《魏源与晚清学风》,《中国史探研》,页314—339,北京:中华书局,1981年;龚书铎:《清嘉道年间的士习和经世派》,载《中华学术论文集》,页189—206,北京:中华书局,1981年;王聿均:《清代中叶士大夫之忧患意识》,台北:"中央研究院"近代史研究所集刊"第11期,页1—11,1982年7月;关爱和:《清代嘉道之际学风士风的转换与文学主潮》,《中州学刊》1991年第3期,页96—100;严寿澂:《道光朝士风与学术转向——读沈垚〈落帆楼文集〉》,《中华文史论丛》第71辑,页1—52,上海:上海古籍出版社,2003年;魏泉:《"宣南诗社"与嘉道之际的士风》,2003年10月"北京:都市想象与文化记忆"国际学术研讨会论文,载陈平原、王德威编:《北京:都市想象与文化记忆》,页49—73,北京:北京大学出版社,2005年;罗检秋:《嘉道年间京师士人修禊雅集与经世意识的觉醒》,郑大华、邹小站主编《西方思想在近代中国》,页292—317,北京:社会科学文献出版社,2005年12月。

士人思想和言行的双重手段的消失,已是基于历史发展的"后见之明"得出的观感。回到历史场景,就不难发现这是由多种因素促成的结果,甚至亦有士人文字狱的代价在其中。因为它既非当时统治者的既定之策,亦非当时一步步走向历史未知之幕的人所能料见。

世纪之交的嘉庆四年(1799)初,随着老皇帝去世和新皇帝亲政,帝国实施半个多世纪的钳制士人思想言行的政治高压政策,终于有了缓解的迹象。正月初五日——也就是太上皇乾隆帝"龙驭上宾"的第二天,嘉庆颁求言诏,——当然,此诏也收到了预期的效果——三天后(初八日)吏科掌印给事中王念孙(1744—1832)便上疏弹劾首辅和珅,用王氏自己的话说是"平明疏入,食时首辅下狱"。此举不但"大契圣心",也为他博得了"凤鸣朝阳"的时誉。① 如果说颁求言诏只是嘉庆仿父祖例在践祚之初的例行之举,那么一个多月后(二月二十四日),嘉庆针对前朝徐述夔诗狱和王锡侯《字贯》案等文字狱中受连坐的犯人家属,所颁之谕——"殊不知文字诗句,原可意为轩轾,况此等人犯,生长本朝,自其祖父高曾,仰沐深仁厚泽,已百数十余年,岂复系怀胜国? 而挟仇抵隙者,遂不免藉词挟制,指摘疵瑕,是偶以笔墨之不检,至与叛逆同科,既开告讦之端,复失情法之当",并著将犯人家属"开单具奏,候朕核夺降旨",则表明前朝钳制士人思想言行的统制高压政策,在新朝终于有转变的契机。② 谕旨中那句"殊不知文字诗句,原可意为轩轾"的通达之语,更让因恐以文字获罪的士人倍感温馨。

或许是受求言诏的鼓励,或许是新朝放松钳制士人思想言论政策信号的影响,也或许是乾隆末年以来吏治腐败、"教匪"蜂起、国库亏空等严重的统治危机已使士人不能无动于衷,就在嘉庆亲政这年,士人议政几乎成为

① 求言诏内容见《清仁宗实录(一)》卷 37,嘉庆四年正月甲子,页 415—416,北京:中华书局,1986。按:和珅下狱事,《清仁宗实录》嘉庆四年正月丁卯(初八日),仅载"革大学士和珅、户部尚书福长安职,下狱治罪"(《清仁宗实录(一)》卷 37,嘉庆四年正月丁卯,页 418),未言是谁弹劾。不过,嘉庆四年七月,段玉裁在给刘台拱的信中曾谈及王念孙来函言其弹劾和珅事,云:"札中称其正月十八日上平定贼匪事宜六条,平明疏入,食时首辅下狱。"段玉裁:《致刘台拱》,转引自陈鸿森《〈段玉裁年谱〉订补》,页 622—623,《"中央研究院"历史语言研究所集刊》第 60 本第 3 分,1989年。又,《清史列传》卷 68《王念孙传》称"念孙陈剿贼六事,首劾大学士和珅,疏语援据经义,大契圣心"(页 5534,王钟翰点校,北京:中华书局,1987 年)。徐士芬《原任直隶永定河道王公事略状》言"即日明罚",意即和珅当日便下狱。弹劾之举,被时人称为"凤鸣朝阳"(《高邮王氏六叶传状碑志集》卷 1,页 14,上虞罗氏辑本)。

② 嘉庆四年二月二十四日上谕,中国第一历史档案馆编:《嘉庆道光两朝上谕档》第 4 册,页 61,桂林:广西师范大学出版社,2000 年;《清仁宗实录(一)》卷 39,嘉庆四年二月壬子,页 462。

一时风尚。尽管书生妄议朝政是触犯朝廷律法的禁忌,亦为清朝祖宗之法所厉禁——顺治九年(1652)针对士子而立的卧碑第七条就明确规定:"军民一切利病,不许生员上书陈言,如有一言建白,以违制论,黜革治罪。"①该碑且遍置于帝国各地学校的明伦堂之左。但尽管如此,书生议政竟在这年蔚然成风。

是年五月前后,62岁的章学诚(1738—1801)即因求言诏,作《上执政论时务书》,并自言此举是违反卧碑的"越俎"行为,称:"某虽忝厕甲科,曾叨廷对,而未登仕版,分同子衿,义当谨守卧碑,岂敢越俎言事?"但因"天子虚己求言","大臣亦宜集思广益",故上书执政大臣。章氏指出此时朝廷施政的大原则,应是"求治诚不可以过急,而除患则不可以稍延"。而所谓"患"则是"内患莫甚于蒙蔽,外患莫大于教匪",云:"今之要程,寇匪一也,亏空二也,吏治三也……盖事虽分三,寻原本一。亏空之与教匪,皆缘吏治不修而起。故但以吏治为急,而二者可以抵掌定也。"他提出刷新吏治为第一要务,而欲刷新吏治,则必须剔出"情知亏空为患"而又"上下相与讲求弥补"的"设法"。章氏特别指出现下之弊与康熙末年极为相似,皇上应效法世宗雍正,清理亏空,整饬官方:

> 康熙末年,尝亏空矣,彼时上及部库通仓,其数甚于今日。世宗皇帝,洞悉其弊,躬行节俭,风励臣工,裁革陋规,小廉大法。未尝责令设法弥补,而所亏之项,则取康熙末年贪劣显著之员,查钞抵补,十得六七。再有不足,则以耗羡余盈,分年犁析。当时吏治澄澈,而府藏充俭,恭读一十三年朱批上谕,可覆核也。皇上法而行之,则清厘仓库与整饬官方,正相资而不相背也;整饬官方之与消弥寇患,又为治其源而清其流也。②

章氏上书的这位执政大臣,就是其时朝中素有众望的元老重臣、东阁大学士王杰(1725—1805)。此后,章氏又三上王杰书,重申"治体宜尚宽大,而

---

① 素尔讷等撰:《钦定学政全书》卷2"学校条规",页2,《续修四库全书》第828册,页553。

② 章学诚:《上执政论时务书》,《章学诚遗书》卷29,页327—328,北京:文物出版社,1985年。按:是年五月,章学诚收到尹壮图(1738—1808)四月自京师的来信,复函时谈到此书及三上王杰书,并询问"不知庙堂公论为何如也"(《上尹楚珍阁学书》,《章学诚遗书》卷29,页330),则章氏上书当在此前。

追籍贪污官吏,搜查隐匿,不得不严",称:"此本国帑民膏,严括贪囊,尽得一分,则体恤民隐,宽得一分,其势不能两完。贪吏上盗下销,并合所聚,必不止于见今所亏之数。以之量抵亏空,国计又裕如矣。"①并多次强调当下时弊与康熙末年极类,皇上当效法皇祖宪皇帝加以整顿,一则云:"圣祖如天之仁,而康熙末年积弊,非宪皇帝不能扩清至治;高宗如天之仁,而乾隆末年略似康熙末年。我皇上于祖述列圣之中,尤宜效法皇祖宪皇帝之所为,则民累悉除,区区逆贼之扰,谁与胁从?"②再则言:"所谓整饬吏治,乃除一切极弊……此皆日朘月削,闾阎不可旦夕安者,非如雍正年间荡涤振刷,则不可以弭寇患也。"③三则感叹:"昔者宪皇帝整饬官方,小廉大法。彼时以督抚之威严,至不能弹一执法县令。罣误之吏,但使操持可信,大吏虽欲挤之死,而皇鉴能烛其微。愚尝读朱批谕旨,而叹当时清节孤直之臣,遭逢如此,虽使感激杀身,亦不足为报也……宪皇帝即于澄叙官方之中,默寓造就人才之意,有家法也。"请王氏于"朝夕论思之际,先以积诚启沃圣心,豁然无疑,断而行之"。④

　　我们目前还不太清楚章学诚是否是当时第一位提出应效法雍正帝作为的,因为嘉庆这位谥号为"宪"的皇祖,在清室列皇中以治法严厉著称。而乾嘉之际,士林已有治法尚严的讨论,乾隆五十九年(1794),汪德钺(1748—1808)作《抚军论》上书嘉庆帝老师、时任安徽巡抚的朱珪,言时弊"譬如沈痼之疾中于骨髓,非攻以猛药,加以箴砭,而欲起死回生,其道无由。此子舆子所谓仁术也,奚病于申韩?"称"公于今日宜如子产之治郑,不宜如曹参之治齐;宜如蜀相之诸葛武侯,不宜如东海相之刘宽",主张治体严猛。⑤ 现在新皇亲政,下诏求言,关于治法"从严"还是"尚宽"的讨论,自

---

① 章学诚:《上韩城相公书》,《章学诚遗书》卷29,页329。王杰是陕西韩城人,此韩城相公即指王杰,王氏生平及其嘉庆四年的任职情况,分别见王钟翰点校:《清史列传》卷26《王杰传》,页1992—1994,北京:中华书局,1987年;钱实甫:《清代职官年表》"大学士年表",页76,北京:中华书局,1980年。

② 章学诚:《上韩城相公书》,《章学诚遗书》卷29,页329。

③ 章学诚:《再上韩城相公书》,《章学诚遗书》卷29,页329。

④ 章学诚:《三上韩城相公书》,《章学诚遗书》卷29,页330。

⑤ 汪德钺:《抚军论》,《四一居士文钞》卷4,页13—15,嘉庆间活字印本。据文中"今大兴朱公之巡抚安徽也,五年于兹"语,考知此文写作时间。考朱珪平生共两任安徽巡抚,一为乾隆五十五至五十九年,一为嘉庆元年至嘉庆四年正月(朱锡经:《南厓府君》卷上,页8—20,27—32;卷下,页1,朱珪《知足斋文集》附,嘉庆九年阮元刻增修本),因第二任未满五年,故知此文作于第一任内,时为乾隆五十九年(1794)。

然成为朝野上下关注的重要话题。

　　据说嘉庆四年帝师朱珪与两位翰林院编修张惠言(1761—1802)、洪亮吉，就因治体尚严还是尚宽，有过一次激烈的论争，且发生在公众场合，"于广坐诤之"，内容是："文正言，天子当以宽大得民；皋文言，国家承平百余年，至仁涵育，远出汉、唐、宋之上，吏民习于宽大，故奸孽萌芽其间，宜大伸罚，以肃内外之政。文正言，天子当优有过大臣；皋文言，庸猥之辈，幸致通显，复坏朝廷法度，惜全之当何所用？文正喜进淹雅之士；皋文言，当进内治官府、外治疆场者。"①

　　是年，汪德钺亦将其先前上书朱珪、主张治体尚严的《抚军论》，寄给两位新任封疆大吏——安徽巡抚荆道乾、浙江巡抚阮元，宣传其严猛为政之论。一则曰："以慈祥廉洁如石君先生，两秉节钺于皖江，前后约八九年，而上江之积弊未除，公知其故与？然则以曹参祝公，不如以子产、孔明祝公之更当也……姑息养奸，法立知恩，从古圣贤亦有所不得已尔。"②再则称："士大夫每误以不杀人、不罢斥属吏为德，此最有负国恩，而适助寇盗之荼毒吾民者虐焰也。我公荷特达之知……能以郑公孙侨、蜀诸葛武侯为师，此则所以纾一路之哭而为国家培养命脉者欤！……今则惟有德者能以猛矣"。③

　　六月十七日，江苏监生周硕赴京上疏，条陈整饬官方等十事，抨击在朝诸臣尸位素餐，云："今之诸臣……率皆备位碌碌，旅进旅退，徒知美食安坐，以迎合圣意为工，附势取容为巧，于体国经野之方，献替纳忠之意，则渺焉莫之或知焉。"主张趁亲政之机，痛加惩创，否则后果难料："际此龙飞初政，百废俱兴之候，尚不能洗心革面，痛自惩创。自兹以后，日就怠玩，江河愈下，将何底止哉？"以追缴亏空为例，周硕坚决反对"勒限完缴"，称："不过以此支持岁月，脱卸责任，无益反损，欺罔徇私，莫此为甚。"主张彻底查办，

　　　① 恽敬：《张编修惠言墓志铭》，钱仪吉纂、靳斯标点：《碑传集》卷51，页1462。
　　　② 汪德钺：《上抚军荆先生书》，《四一居士文钞》卷2，页33。按：此抚军荆先生指安徽巡抚荆道乾，考荆氏于嘉庆四年二月以山东按察使迁江苏布政使，八月迁安徽巡抚(《清仁宗实录(一)》卷39，嘉庆四年二月庚寅；卷50，嘉庆四年八月辛丑)，据信中"清慎勤明如我公者，八月之间自提刑洊升开府"语，知此信作于嘉庆四年八、九月间。
　　　③ 汪德钺：《上抚军阮芸台先生书》，《四一居士文钞》卷2，页33—34。按：阮元于嘉庆四年十月以户部左侍郎署理浙江巡抚，十一月抵任(王章涛：《阮元年谱》，合肥：黄山书社，2003年，页182、188)，汪氏《上抚军荆先生书》作于嘉庆四年八、九月间，据信中"我公荷特达之知，授封疆重任"及"近安徽巡抚荆公书亦切于此"语，知此信当作于嘉庆四年十一月前后。

以半年为限，如期未能完成者，现任官员"按律一概治罪，毋少宽贷"，离任官员则"籍其家资"，皇帝亦可藉此表达变法之决心："明示中外，与天下更始"。①

周矿亦称其上疏言事是自取罪戾，但所以不避"不测之诛"而为此奏，则是受新帝求言诏的鼓励——"（皇上）方将广开忠谏之门，以励尽臣之节，岂有先罪能言之士，而使天下仍归于缄默哉？"②但嘉庆对周氏此举，则斥其"以诸生而妄言国政，指陈利弊，多系空谈。甚且欲变乱旧章，以峻法绳人，以操切为政"，并称："特因广开言路之时，不欲以言语罪人，若加之罪，是自蔽耳目，杜言路。"周矿被命送至两江总督费淳处，交地方官约束，"毋许出外滋事，沿途送往时，著从宽不必照递籍之例押解"。③

嘉庆未治周矿以书生妄议朝政之罪，这当然表达了其下诏求言的诚意，也鼓励了士人论政之风，但细绎谕旨中"特因广开言路之时，不欲以言语罪人"语，则帝意似乎在不广开言路时，便可"以言语罪人"，仍欲延续前朝以文字狱钳制士人思想言行的高压政策。的确，两个月后，嘉庆便亲手炮制了新朝的第一例文字狱。其因由归根到底仍是关于治体"尚严"还是"从宽"的论争。

八月二十四日，54岁的洪亮吉（1746—1809）上书成亲王，论"今天子求治之心急矣，天下望治之心孔迫矣，而机局未转"的缘由，就指称今日图治之策应法雍正帝之严明，云：

> 亮吉以为今日皇上当先法宪皇帝之严明，使吏治肃而民乐生，然后法仁皇帝之宽仁，以转移风俗，则文武一张一弛之道也。④

---

① 周矿：《奏为条陈整饬官方等十条事》，嘉庆朝·军机处录奏折，档号3—2496—98，中国第一历史档案馆藏。

② 周矿：《奏为条陈整饬官方等十条事》，嘉庆朝·军机处录奏折，档号3—2496—98。

③ 嘉庆四年六月十七日上谕，中国第一历史档案馆编：《嘉庆道光两朝上谕档》第4册，页212；《清仁宗实录（一）》卷47，嘉庆四年六月甲辰，页577。

④ 洪亮吉：《乞假将归留别成亲王极言时政启》（1799.8），《卷施阁文甲集》续卷，刘德权点校《洪亮吉集》第一册，页230，北京：中华书局，2001年。吕培等编次《洪北江先生年谱》"四年己未，五十四岁"条，云：八月二十四日，洪氏上书成亲王及座师吏部尚书朱珪、左都御史刘权之，"冀其转达圣听"。"发书后，始以原稿示长子饴孙，告以当弃官待罪。是日，宿宣南坊莲花寺，与知交相别。同人皆惧叵测，先生议论眠食如常"（《洪亮吉集》第五册"附录"，页2345）。

这是继章学诚之后,又一位主张效法雍正以挽救时局危机,图治长久者。遗憾的是,洪亮吉没有章学诚那样的好运气,虽然他们都是通过当朝大员转达图治献策,洪氏在上书次日,即被革翰林院编修之职,下狱由军机大臣会同刑部审讯。① 关于洪亮吉案始末,朱维铮已有精彩的研究,此不赘述。② 值得注意的是,嘉庆对洪亮吉主张效法雍正的反应。嘉庆申斥、处置洪亮吉的谕旨中引述洪氏上书的内容只有两处,而排在前面的就是关于效法雍正之语,斥称其"以小臣妄测高深,意存轩轾,狂谬已极!"③ 显然,嘉庆对此极为恼火。

另外,还应特别注意的是,嘉庆谕旨中对当时士林风气的贬斥,称:"惟近日风气,往往好为议论,造作无根之谈,或见诸诗文,自负通品,此则人心士习所关,不可不示以惩戒。岂可以本朝极盛之时,而辄蹈明末声气陋习哉? 洪亮吉著从宽免死,发往伊犁,交与将军保宁严行管束。"④ 显然,求言诏引起的士人议政之风,已引起嘉庆皇帝的高度关注,他解释处置洪亮吉的另一目的就是对明代议政之风的复现,加以警惕和贬斥。此风在他看来,不但是"人心士习所关",且有"蹈明末声气陋习"之虞,故"不可不示以惩戒"。

然而,或许是严峻的时局已让士人不得不言,或许是对嘉庆两个月前已承诺"不欲以言语罪人"出尔反尔的不满,出乎嘉庆意料的是,洪亮吉案竟引起士林舆论的强烈反弹,认为洪亮吉是忠君获咎。如赵怀玉(1747—1823)致函好友孙星衍,就评论说:"稚存言虽失当,心本无它。原其谠直之意,究可敬尚,而或訾为好名多事。使人人尽以好名多事为嫌,则忠臣孝子之路绝矣!"⑤ 故当他踏上发配伊犁的万里征途时,得到的竟是沿途绅民们

---

① 《清仁宗实录(一)》卷50,嘉庆四年八月辛亥,页637。

② 朱维铮:《洪亮吉案》,《音调未定的传统》,页163—172,沈阳:辽宁教育出版社,1995年。

③ 嘉庆四年八月二十七日上谕,中国第一历史档案馆编:《嘉庆道光两朝上谕档》第4册,页308;《清仁宗实录(一)》卷50,嘉庆四年八月癸丑,页640。另一处是:"又称'三四月以来,视朝稍晏,恐有俳优近习,荧惑圣听'等语,朕孜孜图治,每日召见臣工,披阅章奏,视朝时刻之常规,及宫府整肃之事实,在廷诸臣,皆所共知,不值因洪亮吉之语,细为剖白。"

④ 嘉庆四年八月二十七日上谕,中国第一历史档案馆编:《嘉庆道光两朝上谕档》第4册,页309;《清仁宗实录(一)》卷50,嘉庆四年八月癸丑,页641。

⑤ 赵怀玉:《答孙渊如三》,《亦有生斋文钞》卷10,页23,道光元年(1821)《亦有生斋集》刻本。

"英雄般的欢迎"。① 洪氏弟子吕培描述其出京的情形,说:"自刑部至兵部,暨出彰仪门,慰问者不绝于道。"②其"盛况",于此可见一斑。

此后,嘉庆对求言诏所引起的士人议政风气,继续整顿。十一月初五日,帝因"候补捐纳微员以及平民俱有自具封章,于军机处及部院大臣前投递",内容又多"干乞私情,于公事毫无裨益",颁谕严饬:"嗣后不应奏事之人,不得妄行封奏,违者按例治罪!"③这无异是对当时士人议政之风的当头棒喝,因为自求言诏颁布后,在野的进士章学诚、监生周砯,在朝的翰林编修洪亮吉、张惠言,都是无言事之责,而上书论朝政者。且据包世臣称,类似周砯这种以书生身份直接上疏论政的,到嘉庆九年(1804)已有十人之多,可见其风之盛。④

十二月初一日,帝又因国子监祭酒法式善春间条奏中有"亲政维新"之语,便藉其时有保举法式善者,谕令"法式善著即解任,派大学士、军机大臣会同讯问",并称:"试思朕以皇考之心为心,以皇考之政为政,率循旧章,恒恐不及,有何维新之处!"⑤这无异更宣告新帝已继续施行前朝以言语文字罪人的文字狱高压政策。五天后,钦天监博士何隆武,"以博士微员,并无言责,辄持封口奏折,两次乞绵恩转奏",被"交部照例议处"。⑥ 又让人们看到,此前所颁"不应奏事之人,不得妄行封奏"的申斥,并非只是虚吓。

的确,这一连串摧抑士林言论的政策,很快就收到成效。一年后(嘉庆五年1800,闰四月),嘉庆因京师大旱,反躬罪己,在其所颁释放洪亮吉的谕旨中,便称自洪亮吉获罪后,"言事者日见其少,即有言者,皆论官吏之常事,而于君德民隐休戚相关之实,绝无言者",就是明证。尽管嘉庆在这道

① 朱维铮:《洪亮吉案》,《音调未定的传统》,页166。
② 吕培等编次《洪北江先生年谱》"四年己未,五十四岁"条,刘德权点校:《洪亮吉集》第五册,页2346。
③ 嘉庆四年十一月初五日上谕,中国第一历史档案馆编:《嘉庆道光两朝上谕档》第4册,页439;《清仁宗实录(一)》卷54,嘉庆四年十一月己未,页694。
④ 包世臣:《云鹤老人小传》,《艺舟双楫》卷9,李星点校:《包世臣全集》本,页517,合肥:黄山书社,1993年。
⑤ 嘉庆四年十二月初一日上谕,中国第一历史档案馆编:《嘉庆道光两朝上谕档》第4册,页501—502,《清仁宗实录(一)》卷56,嘉庆四年十二月甲申,页721—722。
⑥ 嘉庆四年十二月初六日上谕,中国第一历史档案馆编:《嘉庆道光两朝上谕档》第4册,页516;《清仁宗实录(一)》卷56,嘉庆四年十二月己丑,页726。又,何隆武奏折中有奏请令天下士子皆习满文之事,亦遭嘉庆驳斥,云:"清文义蕴甚深,即旗人尚不能尽皆通晓,若令天下士子俱行学习,未免强以所难,而于本习经书转致荒废,断不能行。"

类似罪己诏的谕旨中再三申言："从来听言为郅治之本,拒谏实失德之大。朕从不敢自作聪明、饰非文过,采择群言,折衷而用,兼听并观,惟求一是而已","朕非拒谏饰非之主,为可与言之君。诸臣幸遇可与言之君而不与之言,大失致君之道,负朕求治之苦心矣!"①但联系到去年接连发生的以言语文字罪人之案,这些话总让人觉得有些虚情假意。

确实,尽管有此近乎罪己式的求言诏,但嘉庆亲政初下诏求言时的那种士林议政之风,再也没有重现。用后来管同(1780—1831)的话说,是"往者,皇上新即大位,尝命臣民率得上书矣,既而言无可采,遂一切罢去"。②不过嘉庆为此被迫下诏,则表明其试图延续前朝以文字狱高压钳制士人思想言行的政策,已行不太通。于是,士人的言论环境便在这一夹缝中及其他多种因素的共同作用下,出现某种程度的松弛。不过,真正促使清廷被迫放弃钳制士人思想言行的统制高压政策和士人言论环境出现全面改观的,已是嘉庆十八年震惊朝野的天理教事件发生后。

二、嘉庆前期士人对士习、人心、风俗等问题的关注

嘉庆亲政初颁求言诏,无疑是促使士人关注士习、人心、风俗等问题的直接契机。洪亮吉在其上书中就有一节专论当下"日趋卑下"的风俗问题,且将风俗之坏归咎于士大夫的士习不端,称:"士大夫渐不顾廉耻,百姓则不顾纲常。然此不当责之百姓,仍当责之士大夫也。"据洪亮吉观察,士人好名嗜利,趋势无耻,竟到了这样的境地:

> 以亮吉所见,十余年以来,有尚书、侍郎甘为宰相屈膝者矣;有大学士、七卿之长,且年长以倍,而求拜门生,求为私人者矣;有交及宰相之僮隶,并乐与僮隶抗礼者矣。太学三馆,风气之所由出也。今则有昏夜乞怜,以求署祭酒者矣;有人前长跪,以求讲官者矣。翰林大考,国家所据以升黜词臣者也。今则有先走军机章京之门,求认师生,以探取御制诗韵者矣;行贿于门阑侍卫,以求传递倩代,藏卷而出,制就而入者矣。及人人各得所欲,则居然自以为得计。夫大考如此,何以

---

① ,嘉庆五年闰四月初三日上谕,中国第一历史档案馆编:《嘉庆道光两朝上谕档》第 5 册,页 196;《清仁宗实录(一)》卷 65,嘉庆五年闰四月乙卯,页 867。

② 管同:《拟言风俗书》,《因寄轩文初集》卷 4,页 3,光绪己卯重刻本。

责乡会试之怀挟替代？士大夫之行如此，何以责小民之夸诈夤缘？辇
毂之下如此，何以责四海九州之营私舞弊？

显然，士习、士风问题已成为整顿风俗、整肃官常的关键，而振作之方则在
自上而下的提倡，称："夫下之化上，犹影响也。士气必待在上者振作之，风
节必待在上者奖成之。"原因是："举一廉朴之吏，则贪欺者庶可自愧矣；进
一恬退之流，则奔竞者庶可稍改矣；拔一特立独行、敦品励节之士，则如脂
如韦、依附朋比之风或可渐革矣。"①

但问题尚不止此，洪亮吉说这只是那些不务名节的士大夫作为，间而
"幸有矫矫自好者"，竟又多"惑于因果，遁入虚无，以蔬食为家规，以谈禅为
国政"："一二人倡于前，千百人和于后。甚有出则官服，入则僧衣。惑智惊
愚，骇人观听。亮吉前在内廷，执事曾告之曰：'某等亲王十人，施斋戒杀生
者已十居六七，羊豕鹅鸭皆不准入门。'此非细故也。及此回入都，而士大
夫持斋戒杀生者又十居六七矣。"②这无疑是不指名地批评帝师朱珪。据
曾与朱氏共事，且"尝与共宿郊坛"的昭梿（1776—1829）说，朱珪"晚年酷嗜
仙佛，尝持斋茹素，学导引长生之术，以致疽发于背。时对空设位，谈笑酬
倡，作诡诞不经之语"。③　洪亮吉也曾因此面斥朱珪"崇信释道，为邪教首
领"，朱氏正色曰："吾为君之师辈，乃敢搪突若尔？"亮吉则称："此正所以报
师尊也。"④

洪氏认为这种风气很可能导致"西晋祖尚玄虚之习复见于今"，称"所
关于世道人心者非小也"，朝廷应亟加整饬。⑤　有趣的是，对这种类似西晋
清谈的警惕，次年陈用光（1768—1835）则将其用之于抨击汉学，称："当堲

①　洪亮吉：《乞假将归留别成亲王极言时政启》，《卷施阁文甲集》续卷，刘德权点校：《洪亮吉
集》第一册，页 227。
②　洪亮吉：《乞假将归留别成亲王极言时政启》，《卷施阁文甲集》续卷，刘德权点校：《洪亮吉
集》第一册，页 227。
③　昭梿：《啸亭杂录》卷 4"朱文正"条，页 104，北京：中华书局，1980 年。
④　昭梿：《啸亭杂录》，卷 7"洪稚存"条，页 186。按：朱珪习道在当时颇为出名，乾隆五十四
年（1789）前后，姚鼐致函朱氏就因此开玩笑说："鼐以衰罢之余，笃信释氏。佞佛媚道，当与先生各
任其一邪？"（姚鼐：《与朱石君（1）》，《惜抱先生尺牍》卷 1，页 7，咸丰五年，聊城杨氏海源阁刻本。
朱珪生于雍正八年（1731），据信中"与先生年皆几六十"语，知作于 1789 年前后）
⑤　洪亮吉：《乞假将归留别成亲王极言时政启》，《卷施阁文甲集》续卷，刘德权点校：《洪亮吉
集》第一册，页 227。

溪时,士犹尊宋学,虽有一二聪明才辨之士,或以宋儒为诟病,然其流犹未盛。迄今日而出主入奴,显相排斥,乃逸乃谚,标榜汉学以相夸者,不啻晋人之清言矣。"[①]

对京师的官常、士习,曾有人做过这样的观察,称:"乾隆初,士大夫在朝堂及公廨相集,彼此多谈理学;后十余年,变而谈诗赋;暨于今,惟以谑浪相征逐,谓之打皮口,无一言及于政事。其平日趋公奉职,不过以一书稿塞责外,其余无非博揞嬉游,饮食宴会相习成风,比比皆然。夫谈理学诗赋,已近晋人之清谈废事,而况乎谑浪无稽也哉?"[②]

以上所论多是京师风气,而从这年章学诚给朱锡庚的信看,即使在有"人文渊薮"之称的江浙地区,其士习、士风亦颇堪忧,用章氏的话说是"实为世道人心忧患",因"好名之习,渐为门户,而争胜之心,流为忮险"。他说:"学问本属光明坦途,近乃酿成一种枳棘险隘,诡谲霭昧,殆于不可解释者,转觉时髦。"在他看来,这种学风所造就的士人,其品行甚至不如那些株守兔园册子的酸腐八股秀才,或目不识丁的商贾、农夫,云:"株守二寸书册,揣摩墨卷律诗,自命干禄养亲,可为嘉秀子弟;否则力田服贾,目不识丁,粗知事亲敬长,尚不失为愿农良贾,贤于讲学术而误人此辈之流毒也。"为此,章氏将其《文史通义》中《言公》、《说林》等"十余年前旧稿","急取订正付刊",称:"非市文也。盖以颓风日甚,学者相与离跂攘臂于桎梏之间,纷争门户,势将不可已也。得吾说而通之,或有以开其枳棘,靖其噬毒,而由坦易以进窥天地之纯,古人之大体也。或于风俗人心不无小补欤!"[③]

与此并存的,还有汉学盛行所导致的士人嗜利之风和骄矜之气。嘉庆十二年(1807),包世臣(1775—1855)谈到他所"尽识"的"近世之治经者数十人",就评论说:"虽精粗不一,大略以说经名高,眩鼓聋聩,而巧为取利

　　①　陈用光:《姚姬传先生七十寿序》(1800),《太乙舟文集》卷 7,页 37,道光癸卯(1843)孝友堂重刊本。
　　②　周砏:《奏为条陈整饬官方等十条事》,嘉庆朝·军机处录副奏折,档号 3—2496—98。
　　③　章学诚:《又与朱少白》,《章学诚遗书》"佚篇",页 642、643。信中自注有"去岁游维扬,晤兰泉先生,游苏州,晤钱辛楣先生"及"姚江赴杭至郡,又过门不入"语,据胡适《章实斋先生年谱》"嘉庆三年戊午"条,是年章学诚在杭州,五月曾到苏州,冬在扬州(耿云志《胡适传记作品全编》第 2 卷,页 98—99,上海:东方出版中心,1999 年)。则章氏是年行迹与信中自注所言"去岁"行迹合。又据严荣《述庵先生年谱》"嘉庆三年戊午"条,是年秋,王昶闻曾宾谷以俸满入都,赴扬州为其送行,"宾谷屡集名流招饮,赋诗联句,五日而归"(严荣编《述庵先生年谱》,《北京图书馆藏珍本年谱丛刊》第 105 册,页 180—181)。则此信当作于嘉庆四年(1799)。

耳。退核其所为,则僻违怨诽,与所学相反。"①亦即言不顾行的利禄之徒。同年,包氏在另一篇文章中亦言:"近世士人,争为经学、小学、金石学,大抵疏剔字句小节,不能旁通其大义,又皆矜己屈人,莫适于用。"②即这些学问非但不适于用,反而助长士人的骄矜之气。姚鼐(1731—1815)在缴还汪喜孙(1786—1848)的拜师书时,也谈到汉学者的这种习气,称:"今世天下相率为汉学者,搜求琐屑,征引猥杂,无研寻义理之味,多矜高自满之气。"③

嘉庆十七年(1812),姚莹(1785—1852)致函友人亦谈论当下士风之弊,并称其根源在于"学术之坏",云:"天下学术之坏,非一日矣。其始病于人心之不能无所苟也。其苟也,意有所贪,则汲汲以求之,求之不即得,然后乃为新奇以骇之,唱和以张之,谓天下不朽之业攘袭可成,振古之名标榜可得。然而求其实,或一有不副于是。"④

对这种士习士风,确也有人设法挽救,除学术上重新关注理学外,另一种方式就是提倡嘉庆帝所警惕、戒惧的"明末声气陋习"。如嘉庆间王昶(1724—1806)就因"病士习骫骳,气节不立",致函秦瀛(1743—1821)索借《东林书院志》,言"欲刊之,以为多士劝",且欲将天下书院志,"眷成一编,以靳主张名教"。⑤ 嘉庆十三年(1808)前后,陈寿祺(1771—1834)更将这种士人不肯以道自任的士风,归咎于朝廷的讲学之禁,云:

　　　　夫儒者之有益于人国也,穷则蓄德修身,达则辅世长民,进则蕞邑下僚而亦可济物,退则华颠鲐背而犹有以善俗,斯乃吾道之所贵,而浮华不足以与此也……今讲学之禁,世所讳避,世亦尠能以道自任,贤者徒肇悦其文,以弋猎科名而已,否则放浪诗酒,跅弛睥睨,号于人曰名

①　包世臣:《甘泉训导郑先生碑阴述》(1807),《艺舟双楫》卷8,李星点校《包世臣全集》本,页479,合肥:黄山书社,1993年。

②　包世臣:《钱献之传》(1807),《艺舟双楫》卷8,李星点校《包世臣全集》本,页482。

③　姚鼐:《复汪孟慈书》,《惜抱轩文集后集》卷3,刘季高点校《惜抱轩诗文集》,页295。据郑福照辑《姚惜抱先生年谱》附"文目编年",该信作于姚氏71至85岁,即1801—1815年间,《北京图书馆藏珍本年谱丛刊》第107册,页642。

④　姚莹:《与光律原刑部书》(1812),《东溟外集》卷2,页5,同治丁卯八月《中复堂全集》刻本;并参施立业:《姚莹年谱》,页57,合肥:黄山书社,2004年。

⑤　秦瀛:《刑部侍郎兰泉王公墓志铭》,钱仪吉纂、靳斯标点《碑传集》卷37,页1066;管同:《资政大夫刑部右侍郎致仕王公行状》,《因寄轩文初集》卷8,页13。

士，曰才子，盖有之矣，吾无以知其所得于道何如也？[①]

其提倡明代的那种讲学之风，亦不言自明。

但这种风气却为清廷厉禁。顺治九年（1652）所立卧碑第八条规定："生员不许纠党多人，立盟结社，把持官府，武断乡曲。所作文字，不许妄行刊刻，违者听提调官治罪。"[②]同年，清廷还立下士人不许别创书院的规矩，称："各提学官，督率教官，务令诸生将平日所习经书义理，著实讲求，躬行实践。不许别创书院，群聚结党，及号召地方游食之徒，空谈废业，因而起奔竞之门，开请托之路。违者，提学御史听都察院处分，提学道听巡按劾奏，游士人等问拟解发。"[③]这些规定后来虽然有所松弛，如雍正九年（1731）议准，允许"宿学之士"主持的"实系课文会考"性质的授徒讲学，但其他士人结社、集会等仍在严禁之列。[④] 乾隆四十三年（1778）戊戌科殿试，还有对讲学导致亡国的批评及如何防微杜渐的策问，称："聚徒讲学，渐成门户，始于骛虚名，终于受实害，如东汉、唐、宋党禁以及明之东林，其已事也。今将使学者笃潜修而杜私党，其何以劝迪之欤？今政治昌明，士风不变，自爱者未必至此，然杜弊者先于未萌，识微者防其渐致，其又何以豫绝之欤？"[⑤]即为科举考试中宣传、渗透官方意见的努力。这些禁令到嘉庆朝仍未解禁。

嘉庆前期的言论环境，虽因时局危机在夹缝中稍有松弛，但类似陈寿祺这种将士习、士风之坏归咎于朝廷立法者仍属凤毛麟角。毕竟冰冻三尺非一日之寒，雍乾两朝屡兴的文字狱早已让士人胆战心寒，何况"今上"在亲政之初就亲手炮制了几起文字狱呢？但天理教事件的发生，却促使朝野上下明确意识到其时统治危机已严峻到何种程度。士人反思事件发生的

---

① 陈寿祺：《赠林丈敬庐序》，《左海文集》卷6，页29，三山陈氏家刻《左海全集》本。按：敬庐为林芳春之号，欧阳英、陈衍纂修《闽侯县志》卷84《循吏五下·林芳春传》（页7—8，民国二十三年刻本）云："林芳春字崇兰，号敬庐，乾隆丙子举人……乾隆庚戌（1790），移疾归。"据文中"先生谢病归十有八年矣"语，知此文当作于嘉庆十三年前后（1808）。

② 素尔讷等撰：《钦定学政全书》卷2"学校条规"，页2，《续修四库全书》第828册，页553。

③ 素尔讷等撰：《钦定学政全书》卷26"整饬士习"，页1，《续修四库全书》第828册，页658。

④ 素尔讷等撰：《钦定学政全书》卷26"整饬士习"，页2，《续修四库全书》第828册，页658。

⑤ 《清高宗实录（十四）》卷1055，乾隆四十三年四月辛亥，页99，北京：中华书局，1986年影印本。

原因,则更深层次地反思士习士风之弊的根源,这时他们非但不再顾忌朝廷禁忌,反而将事件的发生归咎于朝廷钳制士人思想言行的祖宗之法,那种类似周矿上疏议政的处士横议和陈寿祺直斥朝廷的立法之弊,天理教事件后已蔚然成风。

第二节　天理教事件后关于士习、人心、 风俗等问题的关注和反思

天理教事件的发生虽看似突然,但就在一年前,直隶已发生董太、董怀信父子等在天子脚下的畿辅重地,传习金丹八卦教近四十年、入教者达五千余人的滦州"邪教"案。该案令嘉庆极为震怒,失察此案的直隶历任各级官员皆遭严厉追责,并引起清廷在全国范围高度关注并追查"邪教"问题。[①] 这是当时震惊全国的大案,何况十年前朝廷正是竭八年之力方平定五省白莲教起义呢? 但尽管如此,一年后竟还是发生了"邪教"教徒进攻皇宫的天理教事件。这显然是官员们办事不力所致。

故当天理教事件发生后,朝野的第一反应就是斥责当时的吏治问题。事件发生次日,嘉庆在特颁《遇变罪己诏》中就痛责"当今大弊,在因循怠玩"的吏治问题。[②] 时在广东的姚莹获悉此事件,在给座师赵慎畛的信中,亦痛骂执政大臣和各言官讳言国事,怠忽职守,云:

> 溃痈之患已形,厝薪之势弥急,而二三执政方且涂饰为文,讳言国事。大体既昧,小节徒拘,忠志不存,空言掣肘。其当官有言责者,微文琐屑,几等弹蝇。更生之封事不闻,贾谊之痛哭安在? 肉食者鄙,未能远谋;窃钩者诛,可谓太息。嗟乎! 杞忧不妄,阮哭非狂![③]

梅曾亮(1786—1856)在给平叛将领的上书中,亦将"叛乱"的发生归咎为官

---

① 关于嘉庆十七年的滦州"邪教"案,参见《清仁宗实录(四)》卷257,嘉庆十七年五月戊子、癸巳,页475—476;卷258,六月癸丑,页487—488;卷259,七月甲戌,页502—503,北京:中华书局,1986年。

② 《清仁宗实录(四)》卷274,嘉庆十八年九月庚辰,页723。

③ 姚莹:《复座师赵分巡书》,《东溟外集》卷2,页15。

员们不任事,云:"方今官吏皆习故态,虽小利害至微浅,辄袖手委重律令,不一任劳怨为天下先。此豪杰志士所以束手而无奇,奸人所乐窥而无惮者也。"①

与官员不任事等吏治问题密切相关的,则是表征一代士林风气的士习士风。毕竟士人既是官员的主要来源,又有教化民众移风易俗之责。这样,士习、士风就成为重要的反思对象。如龚自珍(1792—1841)就从士人作为官员的主要来源着眼,检讨其时"士人无耻,臣子无节"之风,说:

> 士皆知有耻,则国家永无耻矣;士不知耻,为国之大耻。历览近代之士,自其敷奏之日,始进之年,而耻已存者寡矣!官愈久,则气愈媮;望愈崇,则谄愈固;地益近,则媚亦益工。至身为三公,为六卿,非不崇高也,而其于古者大臣巍然岸然师傅自处之风,匪但目未睹,耳未闻,梦寐亦未之及。臣节之盛,扫地尽矣。

认为造成这种局面,是"无以作朝廷之气"之故;而"作气"之法,则以"教之耻为先"。他说:"士无耻,则名之曰辱国;卿大夫无耻,名之曰辱社稷。"为此,他提出"厉节"、"知耻"之法,即"厉之以礼出乎上,报之以节出乎下。非礼无以劝节,非礼非节无以全耻"。②

姚莹则直斥士林风气委靡,是由正直敢言之风丧失所致。在他看来,这是关乎"国家之本、盛衰之端"的大问题,称:

> 嗟乎!正直敢言之气于今衰也久矣,自古未有委靡若此之甚者也!古道亡而后人心坏,人心之坏,则自谗谄面谀始。谄谀成风,则以正言为可怪。始而惊,继而惮,继而厌,最后则非笑之,以为不祥。夫以正言为不祥,其时其事尚可问哉?人心风俗所以为国家之本、盛衰之端,未有不由此也。

进而清廷禁止士人妄言时政的朝廷法度,亦成为抨击对象。管同(1780—

---

① 梅曾亮:《上方尚书书》(1813),《柏枧山房文集》卷2,彭国忠、胡晓明校点:《柏枧山房诗文集》,页20,上海:上海古籍出版社,2005年。

② 龚自珍:《明良论二》,《龚自珍全集》,页31—32,上海:上海人民出版社,1975年。

1831)在给平叛将领的戡乱献策中,便直言"天下以忌讳而酿成今日之祸",云:

> 国家承平百七十年矣,长吏之于民不富不教,而听其饥寒,使其冤抑,百姓之深知忠义者,盖已鲜矣。天下幸无事,畏懦隐忍,无敢先动。一旦有变,则乐祸而或乘以起,而议者皆曰必无是事,彼无他,恐触忌讳而已。天下以忌讳而酿成今日之祸,而犹为是言与![1]

在此前后,管氏又藉讨论西晋清谈,批评这种讳言时政之风,说:"后世士大夫无晋时清谈之弊,顾平时则闭口恐触忌讳,不幸小值寇警,有惶怖而莫知所出者矣,不知自视于晋人何如也?"这显然是针对天理教事件而发,又言"将天下矜言高尚,敝则甚矣,犹逾于卑靡贪冒之为耶",则其意即当时士风,连有亡国"恶谥"的清谈都不如。末云:"然则有国家者,非得贤才而蓄用之,固无以得夫仗义急难之臣与![2]这不禁让人想起嘉庆帝九月二十日训谕中的"今使皇子亲执火器御贼于禁御之中,诸臣其何以为颜"之语,[3]其意即隐谏清廷及早收拾士子人心,以备他日不虞之需。

为此,他们提出自己的救时之策。如姚莹就认为应破格录用人才,任用"果敢好义"之人,曰:"天下之务,莫急于人才,得人之法,莫妙于因材善使。无以常格拘,无以小行责,白其志,伸其气,宽其程,严其效。夫委蛇俯仰,进退瞻徇者,皆闟茸之人也。沈毅智勇之士,又不易得。然则舍果敢好义之人,又谁取哉?"[4]姚氏同门梅曾亮在其平叛献策中,亦称"要在破崖岸,用望外之赏罚,一切以尽人才为先,鼓众心为本"。[5]并在同年作《士说》,以"士之于国,犹木之于室"譬喻,讨论"国患无士而室不患无木"之故,称:"今以士之有类于商贾负贩也,而谓用商贾负贩者之无异于用士,此士

---

① 管同:《上方制军论平贼事宜书》,《因寄轩文初集》卷6,页5。按:此方制军乃方维甸。据王钟翰点校《清史列传》卷33《方维甸传》,嘉庆十八年七月,方氏在桐城丁母忧。十月,以天理教事件,夺情起署直隶总督。方氏接奉谕旨,遵即起程,奏请驰赴军营,随同剿贼(页2576—2577,北京:中华书局,1987年)。据此,此信当作于是年十月或稍后。

② 管同:《重修甘敬侯墓碑记跋》(1813.10),《因寄轩文初集》卷3,页8。

③ 《清仁宗实录(四)》卷274,嘉庆十八年九月癸未,页730。

④ 姚莹:《复座师赵分巡书》,《东溟外集》卷2,页16。

⑤ 梅曾亮:《上方尚书书》(1813),《柏枧山房文集》卷2,页20。

之所以终不出欤?"言正因国家用人不能尽士之才,导致"国患无士"的困局。① 在这里,通常被视为道光间方日益迫切的人才问题,此时已因天理教事件而被再三郑重讨论。

问题是,一个时代的士风何以出现如此多的弊端? 原因何在? 这无疑是当时士林更为关注的问题,毕竟这是从根本上改变这些风气的首要之务。天理教事件后,朝野对士风等问题的讨论,已不仅涉及士人的具体社会生活,更涉及清廷针对士人而立的国家法度甚至清朝的祖宗之法,以及当下的学术形态等。

一、社会生活层面的探讨

天理教事件后,龚自珍反思士人无耻、臣子无节就从士人的社会生活层面着眼,认为与古代相比,现在的士人、臣子所以寡廉鲜耻,皆因其生活过于贫困,自顾身家尚且不暇,枉论家国大事,云:"得财则勤于服役,失财则怫然愠,此诚厮仆之所为,不可以概我士大夫。然而卒无以大异乎此者,殆势然也。士大夫岂尽不古若哉? 廉耻岂中绝于士大夫之心哉? 然而古之纤人俗吏少于今者,诚贵有以谋之至呕矣!"②

他对比唐、宋与当下大臣、士子的品节气概与生活状况,真不啻天壤之别:"唐宋盛时,其大臣魁儒,大率豪伟而疏阔;其讲官学士,左经右史,鲜有志温饱、察鸡豚之行;其庸下者,亦复优游书画之林,文采酬酢,饮食风雅。今士大夫,无论希风古哲,志所不属,虽下劣如矜翰墨,召觞咏,我知其必不暇为也。今上都通显之聚,未尝道政事谈文艺也;外吏之宴游,未尝各陈设施谈利弊也;其言曰:地之腴瘠若何? 家具之赢不足如何? 车马敝而责券至,朋然以为忧,居平以贫故,失卿大夫体,甚者流为市井之行。"③

关键是,当时朝野官员、士子,竟多处于普遍贫困的窘迫境地:"崇文门以西,彰义门以东,一日不再食者甚众,安知其无一命再命之家也? 远方之士,未尝到京师,担笈数千里而至,乐瞻士大夫之气象丰采,以归语田里。今若此,殆非所以饰四方之观听也! 谓外吏富乎? 积逋者又十且八九也。夫士辞乡里,以科名通籍于朝,人情皆愿娱乐其亲,赡其室家;禀告无粟,厩

---

① 梅曾亮:《士说》(1813),《柏枧山房文集》卷1,页1。
② 龚自珍:《明良论一》,《龚自珍全集》,页29。
③ 龚自珍:《明良论一》,《龚自珍全集》,页29—30。

告无匄,索屋租者且至相逐,家人嗷嗷然呼。"他认为正是这种生活困境,导致臣子们不任事:"当是时,犹有如贾谊所言'国忘家,公忘私'者,则非特立独行以忠诚之士不能。能以概责之六曹、三院、百有司否也?内外大小之臣,具思全驱保室家,不复有所作为,以负圣天子之知遇,抑岂无心?或者贫累之也。"

要改变这种局面,首要之务就是改变臣子们的生活窘境,令其衣食无忧,方可谋划国事。龚自珍说:

> 汉、唐、宋之制俸,皆数倍于近世,史表具在,可按而稽。天子富有四海,天子之下,莫崇于诸侯,内而大学士、六卿,外而总督、巡抚,皆古之莫大诸侯。虽有巨万之赀,岂过制焉?其非俭于制,而又黩货焉,诛之甚有词矣!今久资尚书、侍郎,或无千金之产,则下可知也。诚使内而部院大臣、百执事,外而督、抚、司、道、守、令,皆不必自顾其身与家,则虽有庸下小人,当饱食之暇,亦必以其余智筹及国之法度、民之疾苦。泰然而无忧,则心必不能以无所寄,亦势然也。而况以素读书、素识大体之士人乎?[1]

为此,他特别指出孟子所云"无恒产而有恒心,惟士为能",只是士大夫"所以自律"者,而"非君上所以律士大夫之言也"。主张朝廷首先应负起保障士人、臣子生活无忧的责任,而不只是一味地苛责他们如何"知耻守节"。[2]将当时的士习、士风之坏,归咎于朝廷法度,意即朝廷在"养士之责"方面做得太少。与前引管同"有国家者,非得贤才而畜用之,固无以得夫急难仗义之臣"的讨论颇有相似之处。

或许龚自珍这种着眼于社会生活状况的反省,略显浅近、鄙俗。但若实际考察一下当时士人的具体生活境况,就不难发现这其实是当时颇为严重的社会问题。以嘉庆四年(1799)中进士,并于同年留京任户部主事的祁寯行(1757—1825)为例,这位当年因恐部员请假耽误升迁,获第后决定不回乡省亲的43岁户部江南司主事,在给家父的信中展望"补缺后亦得考差

① 龚自珍:《明良论一》,《龚自珍全集》,页30。
② 龚自珍:《明良论一》,《龚自珍全集》,页29。

升迁,兼御史府道"的仕途前景时,大概绝未想到等待他的竟是"浮沉郎署二十七年","未迁一官"的六品小京官生涯。①

九年后(嘉庆十三年,1808),郝懿行在给亲友的信中谈到其京官补缺及生活境况,已是"农曹需次,补缺尚迟,疏拙为官,清贫日甚"的境地。从信中看,郝氏曾试图以著书立说来改变生活窘况,但效果不佳,故信中说到"虽著述颇多,而非医贫之具"。② 此时,郝氏的生活,用他的话说是"卖书索米,积岁经年。望吃猪蹄,如嚼麟脯矣"。③ 为医贫,郝氏甚至求助于夫子所不语的"怪力乱神",从嘉庆十六年到二十三年(1811—1818)的八年中,尽管生活已窘困到"望吃猪蹄,如嚼麟脯"的境地,但他仍坚持每年"陈牲楮之仪"祭财神,而且要求也不高,称只因"家计米盐交谪之声盈耳"而"心有望焉",云:"非弗念富贵之在天緊,惟神实佑相之,其惠允所求,济其乏无,用弭其私望。"④但财运并未降临,郝氏的生活窘况亦未改观。

嘉庆二十一年(1816)郝懿行致函友人竟愁叹"七年无俸米吃",于是"著书谋稻粱",仿《世说新语》,纂辑《宋琐语》这种为士人喜闻乐见、售卖状况可能较好的书来救贫。⑤ 然而刊刻此书所需的书板、刻印以及纸墨刷印等费用,已使他费尽心思。几经踌躇,最后竟不惜典卖衣物筹集这笔费用,希冀其书能像传说中的洛阳纸贵那样畅销。对此,郝氏曾赋诗云:"典却衣衫为办书,夜凉风静苦踟蹰。几曾卖贵洛阳纸,已涉兰秋七月初。"⑥但为其代销此书的友人,却没能体谅他的艰辛窘况,未将售卖书资及时送达,致使郝懿行不得不专函索要,并再三申言其被追呼索债的窘境,称:"前丐销

---

① 郝氏在中进士后,在给父亲的家信中说:"古人云:'家贫亲老,不择禄而仕。'人子养亲,幸邀天家升斗,博膝下欢,乐何如也! 惟部员告俟,虽三四月,便坐算一年,后日补缺,未免过迟,且此次分部至八十名之多,何堪更迟一年,重困寒士耶?"转引自许维通:《郝兰皋夫妇年谱附著述》,《清华学报》第 10 卷第 1 期,页 198,1935 年 1 月。并参胡培翚:《郝兰皋先生墓表》,缪荃孙辑《续碑传集》卷 72,页 4—5,宣统二年江楚编译局刊本。

② 郝懿行:《答外舅王金田太守书》(1808),《晒书堂外集》卷上,页 22,光绪十年《郝氏遗书》刻本。

③ 郝懿行:《答族外舅王复园学博书》,《晒书堂外集》卷上,页 28。

④ 郝懿行:《祠财神文》(1818.10),《晒书堂外集》卷下,页 53;并参王照圆:《家人祭财神率尔有作》(1811.9),郝懿行《和鸣集》附,光绪十年《郝氏遗书》刻本。

⑤ 郝懿行:《答陈恭甫侍御书》(1816)、《与马元伯书》(1816.7),《晒书堂文集》卷 2,页 9、10—11,《郝氏遗书》光绪十年刻本。

⑥ 郝懿行:《嘉庆丙子季夏刊〈宋琐语〉诸书,向友人索价因赋短章》,《晒书堂诗钞》卷下,页 52,光绪十年《郝氏遗书》刻本。

书,极承雅意,今从乞价,似涉俗情。只缘索债登门,更甚催租败兴。望垂
厚爱,俾免追呼。速惠版金,稍酬纸费。"①而郝氏著作的"销售代理人",亦
有在距京千里之遥的江浙地区者,他曾致函浙江友人索要书资,言:"前丐
销书,尚冀速济涸鳞,俾穷愁著书人无忧薪水之艰,幸甚! 感甚!"②可见他
为书籍的销售,确曾颇为费心地谋划过。

　　但尽管如此,郝懿行的生活仍窘困日甚,到嘉庆二十五年前后,年已
64 岁的他为救贫,又因其所居齐鲁会馆"地颇间旷",决定开馆授徒,结果
却是"生徒寥寥,馆金又薄",自叹"令人唤奈何也"。③ 与贫困生活相伴而
来的,还有因此遭受的侮辱,汪喜孙(1786—1848)在给友人顾莼(1765—
1832)信中,就谈到他风闻这位前辈"每与同乡公燕,人谓其来骗饭吃",并
"于公所为人推倒地上"之窘事。④

　　郝氏的经历看似有些特殊,但其 27 年小京官的生活窘况,却在某种程
度上反映了当时小京官的日常生活之困苦。不仅如此,生活困苦似乎竟是
当时筮仕京城士人的普遍境况。我们看到翰林院编修出身的鲍桂星
(1764—1826),在嘉庆十年(1805)充国史馆总纂前后致函老师姚鼐亦感叹
京师生活困苦,而姚氏则云:

> 　　贫乏乃今日士大夫所同,惟甘淡泊者则处之裕如。鄙人以此自
> 勉,亦以奉勉而已。⑤

此前,姚鼐已致函鲍氏,劝慰其"处今日而贫乏,殆无术可免,止有耐心而
已"。⑥ 是年夏,姚氏致函鲍桂星询问京师诸友的近况,亦云:"京师诸相好

---

　　①　郝懿行:《从友人索书价启》(1816 秋),《晒书堂外集》卷上,页 25。
　　②　郝懿行:《与两浙转运使方雪浦》(1820.6),《晒书堂外集》卷上,页 31。
　　③　郝懿行:《再与陈恭甫书》、《与庄杏园同年》(1820.12),《晒书堂外集》卷上,页 25、32。
　　④　汪喜孙:《与顾南雅先生书(2)》,《汪孟慈集》卷 5,杨晋龙主编《汪喜孙著作集》(上),页
156—157,台北:"中央研究院"中国文哲研究所,2003 年。
　　⑤　姚鼐:《与鲍双五(6)》,《惜抱先生尺牍》卷 4,页 12。按:姚鼐作于嘉庆乙丑(1805)正月的
《与陈硕士(38)》曾云:"衡儿竟以盘费不给,不能赴公车矣。"(《惜抱先生尺牍》卷 6,页 7)据信中
"衡儿以道费之艰,公车之行竟辍,是亦无可奈何之事也"语,知此信作于是年(1805)。并参鲍桂
星:《觉生自订年谱》"甲子四十一岁"、"乙丑四十二岁"条,北京图书馆编:《北京图书馆藏珍本年谱
丛刊》第 128 册,页 27,北京:北京图书馆出版社,1999 年。
　　⑥　姚鼐:《与鲍双五(5)》,《惜抱先生尺牍》卷 4,页 12。

想各安好,亦想各苦贫,此则惟有耐之而已。"①嘉庆十二至十三年(1807—1808),姚鼐在京任翰林院编修的另一位得意弟子陈用光因京师生活困苦,打算离京到金陵定居,姚鼐则说:"京居苦难于为资,然归后又何以为计?此不可不思一长策。南京作居,殊不易言耳。"②次年,又劝慰陈氏说:"京师贫况诚亦难处,然南来安能遂救贫哉? 且淹留以待机会,今岁或得一差遣,以少解困惫也。"③

士大夫生活贫困,几乎成为当时的天下通病,用姚鼐的话说是"今天下无不贫之士大夫",姚氏此语虽因"吾族科第尚不甚落寞,但尽累于贫耳"而发,或稍失于偏激。④ 但考诸史实,就会发现姚氏此语却在很大程度上反映了当时社会的实况。当时士大夫的贫困,已不仅仅是米珠薪桂等生活费用高昂的京师,就连素称富庶的江南亦是如此。嘉庆间的张海珊(1782—1821)对此感触颇深,曾愤然称"为江南士子,唯有饿死一法":

> 今江南田少而人浮,士不得代耕禄,又无田,势不得不出谋食。稍稍涉足,则已丧所守。为江南士子,唯有饿死一法耳!⑤

嘉庆八年(1803),翰林院编修陈用光托乃师姚鼐(1731—1815)在南京觅书院教职,姚鼐复信称:"此间觅今岁之书院,则必不可得。"劝其到扬州一试,却又说"恐亦无大济"。⑥ 两年后,姚鼐因儿子来南京,亦言"欲为谋一小馆,却未易得也"。⑦ 陈用光因京师生活困窘,欲离京南下,姚鼐便力劝其万勿放弃现任之职,称:"吾见今顷日求书院者之多,反不如在官之不争

---

① 姚鼐:《与鲍双五(18)》(1805),《惜抱先生尺牍》卷4,页18。
② 姚鼐:《与陈硕士(57)》(1807秋),《惜抱先生尺牍》卷6,页20—21。
③ 姚鼐:《与陈硕士(61)》(1808.4),《惜抱先生尺牍》卷6,页23。
④ 姚鼐:《与霞纤侄》,《惜抱先生尺牍》卷8,页1。信中还说:"伯昂想常有信来,其贫不待言,但平安便佳耳。"伯昂是姚鼐侄孙姚元之(1773—1852)的字,其在京亦为生活困窘所苦,嘉庆十八年,姚鼐致姚元之信有云:"秋冬连得书,具审佳好,惟贫窘则可耐之而已。"(《与伯昂从侄孙(5)》,《惜抱先生尺牍》卷8,页4。据信中"吾家今秋南榜虽无人,而北榜得宁远之孙获隽"语,知此信作于是年)。
⑤ 张海珊:《书沈烈妇事》,《小安乐窝文集》卷4,页20,道光辛卯(1831)刊本。
⑥ 姚鼐:《与陈硕士(34)》(1803),《惜抱先生尺牍》卷6,页4;台湾"故宫博物院"《清国史馆传包》3092—3号《陈用光列传》。
⑦ 姚鼐:《与陈硕士(39)》(1805夏),《惜抱先生尺牍》卷6,页8。

也。"①嘉庆十五年秋（1810），姚鼐又与陈用光谈到为其在江浙一带谋书院教职事，结果却是："苏州书院已为吴方伯俊所得矣，不知浙中尚有可谋邪？"②

不仅是书院教职，其他私塾、课蒙等馆职亦难觅求。姚鼐有位叫彦容的后辈，嘉庆十五年因东家张道台改职员外，家眷亦同去京师而失馆。③其再谋馆职之事，便极为不顺。两年后，姚鼐在给姚莹（1785—1852）的信中谈到这位后辈的谋职事，便说："彦容闲居几一年，汝兄至此亦半年矣，图馆甚难，殊使人闷闷。"④到十八年，馆职仍未谋到，姚鼐不得不出面帮忙，但效果亦不佳："彦容觅馆不得，今只好为荐一征比馆，然亦尚未得也。"⑤后来，馆职虽然觅得，但在姚鼐看来薪金却又颇少，喟叹"无可如何"，云："彦容顷得江浦征比之馆，岁仅六十金，无可如何，只得就之矣。"⑥一年后，情况终于有所改观，彦容获得年薪140两的"江浦教读馆"。⑦

但士人谋职困难的局面，却丝毫没有缓解。我们看到姚鼐为给后辈子弟谋职，连平日"锁居院内"友人马春田都致函相求，请多为留意，言："吾兄锁居院内，势不能于外间荐馆，然恐遇便有可为吹嘘者，亦或可偶为一延誉耳。彦容已赴盐城挂号，其束脩百金，可谓每况愈下矣。"⑧在给马氏的另

---

①　姚鼐：《与陈硕士（43）》（1805 冬），《惜抱先生尺牍》卷 6，页 12。

②　姚鼐：《与陈硕士（81）》（1810 秋），《惜抱先生尺牍》卷 7，页 1。

③　姚鼐：《与石甫侄孙（2）》，《惜抱先生尺牍》卷 8，页 10。按：姚浚昌《姚石甫先生年谱》"嘉庆十五年庚午，二十六岁"条，云："六月，赴香山，主讲榄山书院。"（北京图书馆编：《北京图书馆藏珍本年谱丛刊》第 138 册，页 530。）据信中"汝在香山，近想平安"语，此信当作于是年（1810）或稍后。

④　姚鼐：《与石甫侄孙（5）》（1812），《惜抱先生尺牍》卷 8，页 12。按：《清史列传》卷 42《姚元之传》云："（嘉庆）十七年大考一等，升侍讲。"（页 3275）据信中"今年大考，伯昂超升"语，知此信当作于是年（1812）。

⑤　姚鼐：《与石甫侄孙（7）》（1813），《惜抱先生尺牍》卷 8，页 14。据信中"今科桐城中四举，而姚氏无一人，未知北榜何如耳"及"作前书未发，得汝六月廿日从化寄来书"语与上信内容，知该信作于 1813 年。

⑥　姚鼐：《与石甫侄孙（8）》，《惜抱先生尺牍》卷 8，页 15。

⑦　姚鼐：《与石甫侄孙（9）》（1814 春），《惜抱先生尺牍》卷 8，页 15。按：姚鼐作于嘉庆十八年秋的《与陈硕士》云："刘明东决意闭户一年，用功读书，此其意可谓善矣。"（《惜抱先生尺牍》卷 7，页 15）据信中"刘明东闭户读书，今年决不出作馆"及"新年想汝平安"语，知此信作于次年（1814）春。

⑧　姚鼐：《与马雨耕（15）》，《惜抱先生尺牍补编》卷 2，页 9，《惜抱轩遗书三种》，光绪己卯春桐城徐氏刊本。

一信中,姚氏因又有亲友请其帮忙谋馆,则直叹:"觅馆者之多,安得一一安顿邪?"①对其时士人贫困、谋生困难的窘况,姚鼐慨叹:"近来世事之难,有不可以昔日之理论者矣。"又言:"此时财力消耗,不可奢望于世矣。"②

　　士大夫生活的贫困,直接导致他们为谋衣食而丧失士人应秉持的品节。对此,鲁缤(1768—1817)就有这样感同身受的感慨,称:"世方逐逐于声利,役役于富贵,岂尽生而好之哉? 彼汩没于嗜欲者有矣,不得已而为之者强半焉,室家之累,饮食百物之需,有以扰其中而乱其外也……然不得已而逐逐于声利,役役于富贵,无亦有不能自主者存耶?"③

　　盛大士(1771—1838)则称如果家庭经济条件允许,任何人都不愿意过这种争名逐利的生活,云:

> 世之名场驰逐者,非必富贵利达之见锢于其中也。家无余赀,株守必坐困,始不得已而出门,冀侥幸于万一。苟有田可耕,有书可读,有先人敝庐可息肩而容膝,亦复何求? 若其走俗抗尘,猿惊鹤怨,虽求无不得,犹且不可,况所求者不可得,而所失者不复偿乎!④

但尽管如此,士人因生活贫困造成士习日下却是不争的事实。包世臣对比当时和古代外出事"游"者的差别,称:"史言长卿故倦游,说者谓:倦,疲也,言疲厌游学,博物多能也。然近世人事游者,辄使才尽,何耶?"原因就是"今之游者"或为谋衣食,或为娱声色,云:"今之游者……贫则谋在稻粱,富则娱于声色,其善者乃能于中途流连风物,咏怀胜迹,所至则又与朋友事谈宴,逐酒食,此惟非才易尽也,而又长恶习。"⑤

　　故当天理教事件发生后,士人反思天理教事件暴露的士习、风俗等问题时,士大夫生活贫困化的问题就被郑重提出,前引龚自珍《明良论一》就是在这方面反思的集中体现。问题背后,则是暗责朝廷未负好养士之责。

---

①　姚鼐:《与马雨耕(16)》,《惜抱先生尺牍补编》卷2,页10。
②　姚鼐:《与陈硕士(82)》(1811 春)、《与陈硕士(83)》(1811.4),《惜抱先生尺牍》卷7,页2、3。
③　鲁缤:《静生书室记》,《鲁宾之文钞》,页45—46,《鲁山木先生文集》附,民国间重刻本。
④　盛大士:《可掬轩记》(1823),《蕴愫阁文集》卷3,页6—7,道光十二年《蕴愫阁诗文全集》刻本。
⑤　包世臣:《小倦游阁记》(1822),《艺舟双楫》卷2,李星点校《包世臣全集》本,页301。

二、国家法度层面的反思

如果说士人生活的贫困化,使他们因生存压力而无暇顾及家国之事,对国家、社会等方面出现的诸多弊端不能言,那么又是什么原因让他们不敢言呢?毕竟并非所有的士人都生活贫困,而且即使生活贫困的士人,亦未必都寡廉鲜耻,没有担当天下的精神。这样朝廷法度,尤其是清廷鉴于明亡针对士人所立的祖宗之法,就成为重要的反思对象。在此过程中,明朝这个被推翻的"胜朝"又重新出现在士大夫的视野,成为他们拿来比较、思考本朝那些问题的重要参照。

以管同为例,他对天理教事件的反思,便从清廷鉴于明代法度之弊而立的祖宗之法着眼。他对比明代与当时的官常、士习,云:

> 我清之兴,承明之后。明之时大臣专权,今则阁部督抚率不过奉行诏命;明之时言官争竞,今则给事御史皆不得大有论列;明之时士多讲学,今则聚徒结社者渺焉无闻;明之时士持清谈,今则一使事科举,而场屋策士之文及时政者皆不录。

认为"明之为俗,官横而士骄",但清代立法鉴于其弊而"一切矫之",又造成了当今的这种官常、士习之弊。他认为立法借鉴前代的原则应是"鉴其末流,而要必观其初意",认为"明俗敝矣",但"其初意则主于养士气、蓄人才";而"国家之于明,则鉴其末流而矫之稍过正矣。是以成为今之风俗也"。这种风俗就是臣子不任事,士人无廉耻:"大臣无权而率以畏懦,台谏不争而习为缄默。门户之祸不作于时,而天下遂不言学问;清议之持无闻于下,而务科第,营货财。节义经纶之事,漠然无与于其身。"①

管同认为"入京邑,战宫庭"的天理教事件,就是由这种疲弊的官常、士习所造成:"滑县之寇,鼠窃狗盗,何足以云哉!揭竿一呼,从者数万。入京邑,战宫庭,而内臣至于从贼。非狂寇之智足以大致吾人也,吾人漠然不知有伦理,稍诱胁之,遂相从而唯恐在后焉耳。"他提出的振奋士风之策,就是

---

① 管同:《拟言风俗书》,《因寄轩文初集》卷4,页1—3。据信中内容知此书作于天理教事件后不久。

鼓励士民上书言事,清除朝廷法度中有关士民言事的各种禁忌,以爵禄厚赏奖励上书言事者,对阿附逢迎者"必加显戮",云:

> 往者,皇上新即大位,尝命臣民率得上书矣,既而言无可采,遂一切罢去。夫言无可采者,其故有二:一曰爵之太轻,故奇伟非常之士不至;一曰禁忌未皆除,故言者多瞻顾依违,不敢尽其说。今日者,宜损益前令,言官上书,士人对策及官僚之议乎政令者,上自君身,下及国制,皆直论而无所忌讳。愈憨愈直者,愈加之荣,而阿附逢迎者,必加显戮。

他说:"夫如是,则天下皆知上之不好谀。夫上之不好谀,则劲直敢为之气作;上不嗜利,则洁清自重之风起。天子者,公卿之表率也;公卿者,士民之标式也。以天子而下化公卿,以公卿而下化士庶。有志之士固奋激而必兴,无志之徒亦随时而易于为善。不出数年,而天下之风俗不变者,未之有也。"①

在这里,清廷的祖宗之法成为重要的反思对象,这在文网严密的雍乾两朝是无法想象的。即使在嘉庆前期,管同也跟周斫一样,违反卧碑中"不许生员上书陈言"的规定,且此时又未"大开言路",故应"黜革治罪"。但管同却未遭到任何处置,这一方面表明清廷为应付严峻的统治危机,已无暇顾及控制士人思想言论的高压政策,使钳制力尽失;另一方面更与当时清廷因反思天理教事件,高度关注人心、士习、风俗等问题有关。

十二月二十四日,嘉庆颁御制《行实政论》,再次谈到当时"泄沓成风,苟且从事,悠忽度日,怠玩居心,视国事漠不相关,积陋习牢不可破"的官常士习,云:"非共奋精神,大加振作,不可问矣。"强调"勿以习俗为不足忧,勿以廉耻为不足惜",称习俗、人心为"今日刻不可缓之急务",云:

> 激天下忠良之气,挽向来玩愒之风,勿以习俗为不足忧,勿以廉耻为不足惜。民风之淳薄,轨物之废兴,实关系于吏治之勤惰也。礼教既弛于平日,人心久溺于非几。忠孝廉节,斥为腐谈;诈伪习顽,习为

---

① 管同:《拟言风俗书》,《因寄轩文初集》卷4,页1—3。

秘计。修礼明教,秉正抑邪,此实今日刻不可缓之急务也。

不同的是,嘉庆认为解决这些问题的关键在于"勤求家法,率由旧章";[①]但管同则指出,当今的官常、士习之弊是由清代的"祖宗之法"造成。

当然,管氏之所以敢如此大胆指陈清廷法度之弊,既与嘉庆此谕有关,更与天理教事件后嘉庆帝反思"叛乱"发生,频频下诏求言及颁诏谕中恳切自省的态度密不可分。这一点,可以从嘉庆二十年(1815)管氏将这篇《拟言风俗书》寄给朱桂桢(1767—1839)时所说的一段话看出,其时桂桢甫晋官郎中,且风闻将擢迁御史,云:

> 或谓同,子言则近矣,然议俗之说责难于君,使听者持子言而得祸则奈何? 靳言也,同窃以为悖矣。古之直言得祸者,皆其值主不明而所遭有不幸也。当今天子仁恕恭俭,敬天爱民,虽草茅之士,未尝亲瞻日月之余光,而不知圣质然。近者伏读官箴,则已窥见九重励精之意矣。而箴于御史实曰:敢谏不阿,忠贞常矢。然则今之求言,比于悬鞀设铎可也……无求利之思,无好名之见,本之以至诚,而陈之以恺切,持之以至正,而出之以和平。虽在中主,犹能听受,而况圣君哉?[②]

除却对当今"圣君"的谀辞,不难发现管氏之论确实让人怀有"持子言而得祸"的疑惧,而他敢为此论正是"窥见九重励精之意"之故。而管同的反思亦确为体制内的官方所难企及。

可能是受这种言论环境的影响,当时士人反思清廷针对士人立法之弊者,亦非管同一人。张海珊对当时士习士风的反思,也置于明代的背景下考察,其意亦针对清廷鉴于明代而立的相关法度。如清廷的祖宗之法是禁止士人讲学、结社,并将其视为导致明朝覆亡的重要原因;至于朋党,更为清代列帝所深恶痛绝而百般设法禁绝者,雍正帝为此特颁《御制朋党论》,

---

① 《清仁宗实录(四)》卷281,嘉庆十八年十二月丁巳,页842—843。

② 管同:《与朱幹臣书》,《因寄轩文初集》卷6,页11—12。按:朱绪曾《庄恪集跋》云,朱桂桢字幹臣,丙子(1816)授山东道监察御史(载朱桂桢《庄恪集》卷末,朱绪曾编《金陵朱氏家集》,道光庚子刊本)。又管同《答朱幹臣书》云:"去腊辱复书……又不以前言为缪妄,而采取狂直,且使常献愚瞽之见……近闻果得御史迁擢之荣。"(《因寄轩文初集》卷6,页13—14)据此,知此信于嘉庆二十年。

此论且于乾隆十年(1746)广颁天下学宫,令教官于每月朔望宣讲。① 乾隆四十六年(1781)发生以著作获罪的尹嘉铨案,尹氏之罪被乾隆帝称为"其尤甚者",即为其论朋党"显悖"雍正帝御论,言:"朋党为自古大患,我皇考世宗宪皇帝《御制朋党论》,为世道人心计,明切训谕,乃尹嘉铨竟有'朋党之说起而父师之教衰,君亦安能独尊于上哉'之语。古来以讲学为名,致开朋党之渐,如明季东林诸人讲学,以致国是日非,可为鉴戒。乃尹嘉铨反以朋党为是,颠倒是非,显悖圣制,诚不知是何肺肠!"尹氏被处绞立决。②

但张海珊却对明代的朋党、讲学极为推重,甚至誉之为"忠肝义胆之所为",是士人担当天下、心怀国家朝廷才有的行为,说:

> 不谋而共为,不契而相合,曾不意为朋党之归,而逡巡焉,一激而必至于是者,盖犹其忠义肝胆之所为……明自正、嘉以来,讲学之风炽,聚门徒,立会约,所在多有。迫熹、烈两朝,朝端之持论,草野之清议,龈龈焉必不相下者,盖皆当年讲学之遗,虽经刑狱殄灭,而国破之后,为之殉者相属也。所谓国有与存,必有与亡,讵不信与!

相反,若"举天下之人涣焉,各不相属",则"国家之事,无一可为者矣"。遗憾的是,当时盛行的就是这种士风,他说:

> 今天下非无士也,自公卿以至布衣,自一乡一邑以至四海九州之大,各怀其私,各顾其隐,泛泛焉如秦越人之相值于中途,若皆将解携以去者。一事之来,垄断而望,可左可右也;踦闾而语,可出可入也。极其阴阳向背、进退语默之术,以幸苟免于斯世。

对此,他反问道:"汉唐宋明之所谓朋党者,至今而廓然清焉。然而国家亦究何赖哉?"而对那种"苟或有以道义相劘切,相称引者,皆将加以标榜之行、朋党之目",更愤然曰:"然则士之处此世者,岂不难与!"③。

---

① 《清世宗实录(一)》卷 22,雍正二年七月丁巳,页 357—359;《清高宗实录(四)》卷 241,乾隆十年五月丁亥,页 101,北京:中华书局,1985 年影印本。

② 《清高宗实录(十五)》卷 1129,乾隆四十六年四月庚申,页 84—85。

③ 张海珊:《书魏叔子续续朋党论后》,《小安乐窝文集》卷 2,页 14。

在给友人的信中,张海珊毫不掩饰他对明代讲学所陶铸士风的推许,及对当下士风败坏的担忧,云:"(明)中叶诸儒迭起,聚徒讲学,所在多有。虽不无门户偏执之见,然至末年,死谏殉国之徒,大抵当时讲学之遗也。百余年来,士风大不如古,圣贤之言、仁义忠信之说,甚至相讳而不欲闻。"① 张氏认为当时的风俗,远不如明代。他将历代治乱分为两种,说:"有在于政理,有在于风俗",而"在政理者视其上,在风俗者视其下"。根据这一标准,他对明代和当代的判断是:"明之季上乱而下治,今则上治而下乱。"而"乱在上则一旦而可复,乱在下则常更数世而未息",可见对时局忧虑之深。②

与张氏持类似观点的,还有宗室昭梿(1776—1829)。他嘉庆二十年(1815)前后成书的《啸亭杂录》中,批评当时知识界流行的"明人讲学导致亡国"论,称:

> 近日訾议理学者,皆云:"明人徒知讲学,不知大体,以致亡国。"何不察之甚也! 按明末君主昏庸,貂璫擅政,其国之势,已岌岌不保者数矣。赖臣下克明大义,遇事敢言,以弥缝其过失。不然,如英宗之被虏,武宗之游荡,神宗之昏昧,其政皆足以亡国。而国未遽亡者,未必非诸君子保障之功。迨至魏阉擅政,诛戮贤臣,殆无免者。然后寇势日炽,中原土崩,与东林诸君子何与焉? 及夫唐、桂诸王奔窜海上,其势万无可救者,而诸臣日谋恢复,蹈死如饴,是明人之报主,亦云至矣。而今犹噢咻不已者,何哉?③

尽管明代的士习、风俗,远没有他们描述的这样美好。④ 但他们却因反思

---

①　张海珊:《与费循陔书》,《小安乐窝文集》卷3,页4。

②　张海珊:《答某书》,《小安乐窝文集》卷4,页15—16。该信开头云"卯冬,得手教",按张海珊生于乾隆四十七年(1782),卒于道光元年(1821),其成年的"卯"岁有26岁时的丁卯(嘉庆十二年,1807)、38岁时的己卯(嘉庆二十四年,1819)。据信中内容及张氏生平履历,此"卯冬"似为己卯(1819)。又,根据这些标准,张氏把历朝治乱情况作了这样的划分,称:"战国、六朝、五季之世,上与下交乱者也;两汉之季,上乱而下治者也;唐之世,上则治多于乱,下则乱多于治也。南宋、金、元之际,亦上乱而下治者也。"

③　昭梿:《啸亭杂录》卷10"明非亡于党人"条,页326—327,页550。

④　赵园:《制度·言论·心态——〈明清之际士大夫研究〉续编》,页237—256、242—248,北京:北京大学出版社,2006年。

士风之弊,进而溯及清廷的祖宗立法,对明代的士习、风俗重新发掘和想象,给予重新的历史定位和评价,进而以此作为批评和变革当下士习、风俗的重要背景和取法资源。目的很明显,就是争取士人在国家地位中的真正提升。

三、学术形态方面的探讨

任何一种士习、士风都与当时的主流学术形态及科举考试中盛行的文风,有密不可分的关系。至少,在当时人看来是如此。因为就前者而言,它是士人的安身立命所在;就后者而论,则是他们的登进之途,更是朝廷培育士人的重要方式。这样,当士习、士风等方面出现问题后,主流的学术形态及科举考试的制度与内容,就成为重要的反思对象,而且在他们看来,这更是问题的关键和根源所在。

当时的主流学术形态是汉学考据,这种自乾隆三十八年(1773)因《四库全书》馆开馆而由野入朝的学术形态,到嘉庆前期更如日中天,达至极盛。[①] 故当士习风俗出现问题时,这种学术形态也被首当其冲地指责为士习、士风败坏的根源。如张海珊就说汉学考据是班固所讥的"利禄之途",因为在这种学术形态下培养出的汉学考据者多"鄙躬行为陈言,斥廉耻为小节,唯知嗜货利、竞功名,以便其耳目口鼻四支之欲"。[②] 不仅如此,在他看来,这些汉学考据者还抨击宋儒学,导致风气"大不如古":"百年以来,学者夸尚汉唐,抨击宋人,而风气遂大不如古……当其登场相见,笑语秩然,升降跪拜,不得有尺寸之逾;及其解携以去,纷纷焉面目各不相识矣。"[③]

张海珊描述汉学考据者的嗜利、无行,与前引包世臣的观察,颇有相似之处。张氏认为这是汉学考据者贬斥宋儒理学所致,天理教事件后,持这种观点者颇多,如姚莹探讨乾隆四十年以后三十余年间士风日益变坏,就以朱子《小学》是否受重视作为重要标尺,概叹此前"犹以《小学》教者,使知有本根也。今则拔其本而掘其根",称"今之教弟子者,皆非学也,取利禄之

---

① 　梁启超:《清代学术概论》,页66—67,上海:上海古籍出版社,1998年;梁启超:《中国近三百年学术史》,页115;张瑞龙:《论十九世纪上半期理学在知识界的状况》,《清史研究》2013年第1期,页33—43。

② 　张海珊:《记收书目录后》,贺长龄《皇朝经世文编》卷2,页22—23,北京:中华书局,1992年影印光绪十二年思补楼重校本。

③ 　张海珊:《答某书》,《小安乐窝文集》卷4,页15—16。

术而已",云:

> 乾隆四十年前,士大夫皆爱惜廉耻,辨名分,衣冠容仪有法度。教子弟必先授朱子《小学》,谈先儒名讳如道父师,其诚厚可想也。数十年来,世风凡三变矣,其初好博闻强记,薄先儒身心性命之学为空迂,而好华美骄侈;既乃尚通达,骋宏辩,讥讪礼法之士如寇仇;近日并通达宏辩者亦少,惟事苟便而已。士大夫聚会至解衣露体,嬉笑诟骂相娱,或齿高位尊而与少年为轻薄。所见所闻,无不可惊愕者,举世方恬然不为怪也。

> 余曰:风俗系乎人心,人心系乎学术。今之教弟子者,皆非学也,取利禄之术而已。先世父兄望其子弟,未尝去利禄,而犹以《小学》教者,使知有本根也。今则拔其本而掘其根,人心日以偷薄,风俗乌得无坏乎![1]

联系到乾隆三十八年四库全书馆开馆导致汉学考据由野入朝,则姚氏以乾隆四十年为界,其目的即针对此后日益盛行的汉学考据亦不言自明。[2]

关于天理教事件后知识界对批评汉学考据、提倡理学的学术倾向,本书有专章探讨,此不赘述。值得注意的是,知识界对汉学考据者品行的攻讦——嗜利、无行,与清末刘师培等对清代学者尤其是嘉道间士人嗜利、趋势的批评极为类似。这就提醒我们不应简单地将其视为当时学派纷争的攻讦或后世反满革命的现实需要,而是应该考虑它是否也反映了汉学考据兴盛时,汉学考据学者以著述谋稻粱这一职业化或半职业化的社会生活实况?

---

① 姚莹:《赠朱澉园序》,《东溟文集》卷2,页15—16,同治丁卯八月《中复堂全集》刻本。据该《序》内容,为姚莹在广东从化县时所作。据施立业《姚莹年谱》,姚氏于嘉庆十七年至十九年(1812—1814)在从化,故该文当作于这期间(页56—68)。

② 姚莹在《钱白渠七经概叙》中,已直接批评汉学考据导致士习士风日坏,说:"近代二三妄人,乃又竞立门户,倒乱是非,取先儒删弃踌驳不经之说,搜而出之,以为异宝,炫博矜奇,毫发无益实用。末学空疏为所摇惑,群而趋之,咸以身心性命之说为迂疏,惟日事搜辑古书奇字,以相标榜。博高名,掇科第,莫不由此,是以圣贤立训垂示之苦心纷然。射利争名,风俗人心孰有敝于此者哉?"并引钱氏"近日名流大都,口耳之外无学,名利之外无事,妻子之外无人"之言,说:"此语不啻流涕而道。学者由先生之书而识先生之心,然后六经为人心世道有用之书,而非如周鼎商彝,徒以古器争重于天下,其于圣贤垂训之微义,或有瘳乎!"(《东溟文集》卷2,页7)惜未能考知此文的写作时间。

对清代学者尤其是汉学考据的学术职业化，艾尔曼有精彩研究。[①] 不过，由于其研究注重考察清代汉学考据的整体状况，对生活在具体历史场景中个体职业者的情况极少涉及。这就使我们很难对汉学考据学者的具体谋生状况，有较为清楚的了解。[②] 由于汉学考据者以学术谋生的材料，相当琐碎、分散，难以做集中系统的研究。我们找到了三个典型的人物，分别是嘉庆初年的章学诚和道光十二年前后的张际亮、沈垚，虽然二者相隔三十余年，但其时士人的社会职业需求，不像现代那样变化剧烈，故可以用来说明嘉道间汉学考据者的职业化状况。

嘉庆二年(1797)，章学诚欲藉杭州文澜阁《四库全书》的图书资料之便，纂修《史籍考》。他致函朱珪，请其帮忙谋职。信中对当时江浙间士人所谋的各种职业，有这样的描述和评论，称：

> 浙中当道，好事有余，而解囊多涩，往往借公济私，如荐空名书院（自注：本无其缺，坐派州县酿资延请），或荐看试卷，或延请经理四库藏书（自注：此最美缺，可以终身），或荐为商家挂名教学（自注：并无生徒，仍可办书）。[③]

不过这些职位很难求得，我们经常看到这位拥有进士功名，且自称有"文墨之长"，"屈折用之，以为糊口计"的职业化学者的生活境况，真可谓困苦至极。[④] 窘困落魄几乎成为生活常态。这年他给朱氏的另一封求援信说："现有所祈者，家中嗷嗷已久，此间所获，随身将归，如沃焦釜。前日已于少白书中，嘱其转达，未知到否？今沈桐城君正赴灵壁，舍侄正知灵稿，作书向渠索助，并嘱沈君为之面言此时窘迫。如得阁下为之谕意，则彼正于散赈之时，穷途族叔，又旧托知交，或稍从优厚，未可知也。"[⑤]

---

① 艾尔曼著、赵刚译：《从理学到朴学》第三章"江南学者的职业化"，页60—98，南京：江苏人民出版社，1995年。

② 最近的研究，参见张瑞龙、谭红艳：《著书都为稻粱谋——社会生活史视野下的清中叶学者职业化研究》，《中国社会历史评论》第13卷，页207—221，天津：天津古籍出版社，2012年6月。

③ 章学诚：《又上朱大司马书》(1797.1)，《章学诚遗书》"补遗"，页609。并参胡适《章实斋先生年谱》，耿云志编《胡适传记作品全编》第2卷，页88。

④ 章学诚：《上韩城相公书》，《章学诚遗书》卷29，页328。

⑤ 章学诚：《上朱大司马书》(1797)，《章学诚遗书》"补遗"，页608。

　　在此情况下，即使章学诚在学术上如何目空一世，可生活的困窘又如何让他保持所谓的士人尊严？何况一年前，其生活境遇早已是"借贷俱竭，典质皆空，万难再支"。为此，他甚至自比僧丐，称："只得沿途托钵，往来青、徐、梁、宋之间，惘惘待傥来之馆谷，可谓惫矣！"①生活窘迫到这步田地，无论是嗜利，还是干禄、附势，都只是为了能活下去的生存需要。"饿死事小，失节事大"的严厉道德主义标准，不应用来要求整个时代的学者。

　　因而有人便对这些才华横溢，却又出门游幕，乞食于人的行为表示不解。张际亮（1799—1843）就因刘开（1781—1821）自言"少时蒋砺堂、韩桂舲、曾宾谷，以国士待吾，诸公贵人多相向慕也。今久困佗傺而情势一变矣，吾亦自是倦于游"，"此言未几"竟"客死于濠"的遭遇，批评说："孟涂既苦贫，何不负耒荷薪以养其母？乃欲求始终于诸公贵人，何邪？"②但尽管张氏有此困惑，他本人却仍摆脱不了这样的宿命，亦因生计问题，设法入幕谋生。

　　道光十一年（1831），张际亮因多次乡试落第，所负之债加上高昂的利息，已逾千两，他致函甫任河道总督的林则徐（1785—1850），请求其资助银一千两，云：

　　　　亮试京兆，荐而被黜，教习补缺需时，遂遁迹西山僧寺，敝裘蔬食，屏绝人事，非有乐焉，不得已也……己丑（1829）复以家累南归，连岁往还之费，约五百金耳，而每月加三之子息，积至今遂逾千金。家既贫，且素负性气，不善求乞，索逋者临试期犹在门也。觊幸即得科第，稍自振奋，岂知天固穷之，垂得复失……今之所重困者，特千金耳，而入无所告，出无所投，彷徨日夜，无所为计。虽海内富足固不如乾隆朝，中外好士之风亦稍衰矣。然此千金者，在贵人则数燕游之费，在富家儿则一玩好博塞之资耳。昔陈汤贷乞无节，为乡里所薄，今者丐贷且无

----

　　①　章学诚：《上朱中堂世叔》（1796.9），《章学诚遗书》卷28，页315。并参胡适《章实斋先生年谱》，耿云志编《胡适传记作品全编》第2卷，页87。又，章氏在另一篇《上朱先生》（很可能是朱珪之兄朱筠）的信中称办官书谋生，需三四门，方可自活，看来纂修官书所得亦不会太多，云："腐儒素米长安，计非官书三四门，不能自活。吾师许之有日矣，而到手者乃无一处，此直生死之关，夫子大人当有以援之，乞勿迟迟，待西江决而后索涸鲋于枯肆也。"（《章学诚遗书》"补遗"，页608）

　　②　张际亮：《刘孟涂诗稿书后》，《张亨甫文集》卷4，页27—28，同治丁卯（1867）《张亨甫全集》刻本。

门,轻薄何足计邪?

回报是帮其纂辑类似靳辅《治河方略》之类的书籍,称此书不仅将助于其莅任施政,且可进献朝廷,博取圣宠:

> 亮少而读书,壮而游四方,于当世利弊得失,能详言之……昔靳文襄著《治河方略》,皆详南河而略东河,今若仿而为之,于东河前后治河之迹,勒为一书,使得操笔墨以从事,于诸公之勤劳,亦有以垂久远也。虽执事驻节之始,必先整饬旧俗,树之风矩。然诚博采前人之论列,审于今日之情形,核修守,综工料,于春汛后举之,其书正有益。即成,其入奏,无不可也。似不至滋物议,耗经费,此在执事之一言耳。并著书之体,惟执事裁定,成书之速,亮可自信也。①

这是一封典型的试图以著述谋稻粱的"干禄"书,其中张氏的自我介绍与对著述选题的说明和预期效果的估量,简直无异于现在一项简短的课题论证。后虽因林氏升迁作罢,但其自称"丐贷且无门,轻薄何足计"的生活境遇和心态,则与章学诚以僧丐自处无太大差别。

值得注意的是,张际亮信中还提到当时士人谋职的热门地区——广东和河工,称:"以今日海内既非富足,岂为士者皆有恒产?然游履所争趋之区,粤东耳、河上耳","今之游履多趋河上,河上诸公其醵千金以从助人者,非一日一事矣"。可以帮助我们进一步了解当时士人的谋职情况。只是这样的好职业并非易得,必须有相当强的官场人脉资源,用张际亮的话说是:"此皆必厚有所凭藉,非世贵公子,则王公大臣之弟子、亲故也,不则缙绅先生也。今以一诸生而贸然之粤东、之河上,无论千金不可得,必至流落摈辱,为世怪笑,或遂馁毙不得归。"②士人谋生之难,于此可见。而其大的时代背景,则是"今日海内"不富足。

尽管如此,很多人仍对游幕生活充满了向往。道光十二年(1832),沈垚(1798—1840)接到安徽学政沈维锛(1778—1849)专函聘其校阅试卷时,

---

① 张际亮:《与林少穆河帅书》(1831冬),《张亨甫文集》卷3,页18—21。
② 张际亮:《与林少穆河帅书》,《张亨甫文集》卷3,页20、21。

虽自谦"校文事重,深惧不克胜任",却以入幕不仅可谋生计,且能藉此增广交游,学术上获攻错之益等因由,欣然前往,云:

> 顾自念夙具四方之志,久欲以钝质与海内豪杰相砥砺,今幸得奉教于贤士大夫,深惬素愿。况随使车游历,南淅江而北汝颖……考地形于历阳、寿阳,究湮渎于东迤北会安丰大别,证《汉志》之非讹姑孰当涂,笑唐贤之多误,尤足摅怀古之蓄念,释读史之前疑。是以承命不辞,谨俟使到就道。[①]

但待其入幕校文后,却发现情况远没有想象得那么称心。首先是薪水太少,不足以赡养身家。为此,他在给友人的信中抱怨说:"出纳之吝,乃近日通习,垚亦安得以所获之少,遽不满于主人?然归未十日,囊已钱空,亦殊可叹矣。"其次,非但未能藉此增广交游,反因书生习气,与同事龃龉不断,称"迂拙之状,任情使气之习,见疾于同事。而主人仍加意相容,此颇可感"。而更令其不堪的是,幕职校文繁重,对学业非但没有助益,反而多有荒废,自言"风雨驰驱,旧业无暇温习","久不读书,笔底颇觉结辖,到考棚后,校文少暇,舍田耘田,深以学业荒废为惧"。不仅如此,据他观察,谋职人数之多,亦超出想象,称:"主人会客处,亲故托荐馆地者相属",慨叹"谋食之苦,出世之难",甚至有"吾见天下之寒士,将尽转于沟壑"的忧叹![②]

两年后,沈垚从浙江学政陈用光(1768—1835)入京城,先后馆于徐松(1781—1848)、刑部侍郎姚元之(1773—1852)府第,自言"藉考证以自给",仍过着以著述谋稻粱的生活。[③] 但在他看来,可谋职或谋生的学问却相当有限,只是《说文》等少数几种学问,沈氏且以此转告乡亲故友,说:"里中故人如欲出门,而才具与时下不相宜者,惟有读《说文解字》一书,差犹可吃饭"。[④]并殷劝友人"细观《说文》",称"至要! 至要!"且提醒其"留心时贤之

---

① 沈垚:《答王亮生书》(1832),《落帆楼文集》卷7,页21,吴兴刘氏嘉业堂刊本。
② 沈垚:《与许海樵(2)》、《与许海樵(3)》,《落帆楼文集》卷9,页2、3;据沈宗涵、沈宗济《鼎甫府君年谱》"道光十三年癸巳"条(《北京图书馆藏珍本年谱丛刊》第136册,页388—391),此信作于是年。
③ 沈垚:《与吴半峰(2)》,《落帆楼文集》卷10,页4。
④ 沈垚:《与许海樵(30)》,《落帆楼文集》卷9,页29。

所撰"，并谈及其与友人遭遇之别，说："半虔之所以饿死，垚之所以仅免"，皆因此。① 又因"天下尚朴学者之少也"，竟自称"时怀饿死之忧"。②

沈垚极为庆幸有此专长可以谋生，曾多次谈及其当年研习此学，遭友人反对之事。友人以"士不当为藻饰无用之言"，称其从事《说文》、音韵之学，虽"意欲免俗，不知此正俗学也"。但这位反对他从事此"俗学"，且言"天无厄人之事，不可效小人之戚戚以自厄"的友人，竟困厄而死。③ 因而自称："使垚畣从半虔之言，薄故训而不为，则垚之骨枯已久矣。"④

或许由于这种原因，沈垚对谋生的态度，较诸同辈友人便颇为务实，曾直言："衣食之急，急于科名，人须衣食粗给，方不至为苟且耳"，称"凡好谈好游之习，昔日以为方雅者，一切惩戒；或者得免于饿死，不致为半虔之续耳"。⑤这里的"半虔"，就是沈氏的挚友纪庆曾。纪氏家境贫寒，授徒自给，后屡以族累，境况愈加窘迫，不得已，"北游山东五年"，却"无所遇"。在其往山东期间，"妻子时困乏，又丧其次子"，后因思家欲归，却因行装典当一空，只得在酷寒的严冬，身穿单薄的衣衫而归，最终竟以伤寒病卒。⑥

故沈垚对挚友张履让儿子习钱谷的决定，极其赞赏，誉为"因材而笃之道"。而对另一位友人纪磊因张履此举而"大为致怪"，批评说："习此为常，而求不饿死，难矣！"因而对这位朋友能否找到谋生的差事，极为忧心。沈氏曾为此致函友人，说："石斋（作者按：纪磊）明年不在山，而为渠谋栖止地，甚难。"⑦其后，沈氏虽多方设法努力，仍未能为其觅得幕职。对此，他备感愧愤，称："垚展转为石斋谋一襄校之席，竟无一能成，愧甚！愤甚！人心之不古，世风之变，有非可一言尽者！"⑧但这时他可能忘了其曾推荐谋职的两位友人，尽管有获聘和被拒的不同，却在其推荐前后，先后故世的怪事："前荐山甫（作者按：金锡桂）于沈学使，学使欲延之，而山甫已先卒；后

　① 沈垚：《与许海樵(22)》，《落帆楼文集》卷9，页26—27。
　② 沈垚：《与许海樵(23)》，《落帆楼文集》卷9，页27。
　③ 沈垚：《书盛眉庵〈唐述山房日录〉后》、《与许海樵(16)》，《落帆楼文集》卷4，页12；卷9，页19。
　④ 沈垚：《与许海樵(29)》，《落帆楼文集》卷9，页29。
　⑤ 沈垚：《与许海樵(11)》，《落帆楼文集》卷9，页14。
　⑥ 沈垚：《纪思治事略》，《落帆楼文集》卷4，页22、24。
　⑦ 沈垚：《与许海樵(11)》，《落帆楼文集》卷9，页14。
　⑧ 沈垚：《与许海樵(30)》，《落帆楼文集》卷9，页29。

荐半虔于学使,不延而半虔亦逝。"就连他本人都有"亦可怪矣"的感叹。①故这对沈氏推荐的纪磊而言,未必是坏事。

学术研究职业化的另一面,意味着士人以其从事的学术研究谋取生活费用,作为生计来源,这就使自幼受"罕言利"之教的士人,不但要言利,而且要谋利。在此状况下,龚自珍所谓"著书都为稻粱谋",就不只是通常所称的,因为政治高压,士子被迫回避政治而从事单纯的学术研究,而是为谋生计而不得不把学术作为"谋稻粱"的手段,以致漠视儒家传统中轻功利的传统。故许多人批评士人的嗜利之风,将其视为严重的士习、士风问题。如鲁缤致函陈用光就说"今日士君子半皆为利欲所蔽锢",言"救之之术,惟使日厉其廉隅,日生其愧耻,使之偏重于此,则必离于彼矣",云:"今日正欲得辞爵禄、蹈白刃之人,以激励士大夫之贪靡者耳,无暇与言中庸也。"②这样,因士习士风问题所涉及的学术形态的论争,在社会现实层面,仍是嘉道间士人生活普遍贫困化暴露的实实在在的生计问题。

四、科举取士方面的讨论

除学术因素外,士习士风之坏与科举考试的关系,也是当时士人反思的重要内容。天理教事件发生次年(1814),姚莹对比古今学者之志,感叹"今之学者"所学之非,便称:"古之学者志在道,故以忠信则学,以孝弟则学,以事君敬长、明礼而通其义则学;今之学者志在文,苟可以为荣则学,苟可以为利则学,故文非文也,务为浮薄诡谲以悦人而已。"在他看来,正是这种志在"荣利"的为学取向,造就一种"浮薄诡谲"的文风,这种文风在科举考试中盛行,又反过来导致士人品行的进一步恶化,于是有了这样的恶性循环:"世之主司顾为浮薄诡谲之文是取,则士之务为浮薄诡谲也,固宜。然则倡天下之人以趋浮薄诡谲者,有司之过也……夫充浮薄诡谲之心,其不为夆陋猥琐几希矣;以浮薄诡谲之心,得志于功名富贵,其不为盗又几希矣。"何况"今之学者""荣利本切于中","又且主司倡之于上,父兄驱之于

---

① 沈垚:《与孙愈愚(1)》(1835),《落帆楼文集》卷8,页19。按:纪半虔卒于道光十五年(卷4,页22—25),信中言半虔之卒及其遗稿事,据此知此信当作于是年。又沈垚推荐纪磊入沈维峤幕之信,见其《与沈小湖学使书》(1834),《落帆楼文集》卷7,页19—21。

② 鲁缤:《复陈硕士书》,《鲁宾之文钞》,页38。

下"呢?[①]

　　姚氏的批评侧重对科举考试中盛行的文风,对士人心术、品行潜移默化的影响,所谓"日讲诵于浮薄诡谲之文,又至于三年、五年或七、八年之专久,如是业成,欲其心之无害,岂可得哉?"但这只是问题的一面,问题的另一面就是何以参加科举考试的士人竟会如此好利? 因为这在自幼深受"罕言利"之教的他们来说,已不是价值判断上的问题。这就需要从社会现实生活层面寻找原因。

　　我们看到嘉道间的社会实况是,不仅物价上涨——所谓"物货腾跃,数倍于昔",[②]就连参加各级科举考试所需的费用也涨了五到十倍。嘉庆十五年(1810),江苏青浦人诸联(1765—?)谈到县试、府试、院试及乡试等各级科举考试费用的上涨情况,云:

> 　　金陵之行,盘费日增。见昔人旧账,所用约三、四金耳。予初试时,只加其半,今则非二三十金不能行矣。寒士馆谷一年所入几何,何所持作破浪想也? 若童生小考县试,买结单百二十文,台凳、纳卷各百余文,覆试递增之。府院试又添舟楫之费,及寄寓、饭食,每日二百余文,廪生保结馈一、二钱不等。总核亦在数两左右,所以人皆不愿读而愿贾。[③]

科举费用过高,竟导致"人皆不愿读而愿贾"的局面,委实令人难以想象。何况参加科举考试不但耽误赚钱谋生,反而有更多的花费呢?

　　道光五年(1825)前后,邓传密(1795—1870)赴京参加科举考试失利,

---

　　① 　姚莹:《赠王栻序》(1814),《东溟文集》卷2,页14—15;并参施立业《姚莹年谱》,页68。
　　② 　郝懿行:《书缝衣者言》,《晒书堂文集》卷5,页21。郝氏该文讲述了一位京师成衣局老裁缝观察到的近二三十年衣衫长短变化的故事,说:"吾前游吴越间,所见官人多卑而短,后来都下,所见皆倨而长。近二三十年来,长者大抵皆短矣。吾疑之,尝询诸卖估衣者,而语吾云,近年物货腾跃数倍于昔,达官惜财,而衣喜短,以便送迎;卑官慕效,其衣尤短而利走趋。今局中所用裁衣尺,减于往时数分矣。"
　　③ 　诸联:《明斋小识》卷11"考试盘费"条,页2,《笔记小说大观》第28册影印民国上海进步书局本,扬州:广陵古籍刻印社,1983年。按:据卷1"五圣庙"条下识语:"凡不著年代者,缘以岁月为次,前已见过其年,后皆从省。"(页4)知此书内容按时间先后编次。据卷11第二条"元旦立春"、三条"黄沙"均记嘉庆庚午年事(页1),知此条作于嘉庆十五年庚午。又,诸联字星如,号晦香,其生平状况,见陈琮、魏容分别为该书所作之《序》,卷首,页1—2。

想留在京师，明年再考。其师李兆洛（1769—1841）获知后，致函力劝其回乡，便最能说明这一情况，云：

> 都中人还，接信知小试又失利，且已不能在石士先生处。鏖恼辛苦，一时愁瘁，念念……至于明年下场之说，则又出位之思矣。自信其文可以取科第耶？抑侥幸耶？侥幸固不足言矣，即自信能取科第，而今年不进学，即天之不以科第相许者，可知矣。乃欲以贫人而为富人之勉强，无乃不安分乎？果能成人，不中举人何损？即不作秀才何损？此吾子向来志气也。此等好志气，乃反不能守耶？愚意为吾子计，此时不如南归，写字、刻印，何处不可卖钱，而必京师耶？诚能用功，何处不可入学，而必京师耶？[①]

所谓"欲以贫人而为富人之勉强，无乃不安分乎"，所谓"写字、刻印，何处不可卖钱"，都是因科举考试花费日昂及由此耽误的谋生问题。

高昂的花费，竟导致许多人因参加科举考试而破产。如鲁缤自言三次赴京参加会试的花费，已将其继承的先人遗产耗去过半，云："自得科以来，三试礼部，舟车行旅之费，所遗先业已耗其半，重以无能，屡为罢黜。"自称沦落到这种境地，"犹言遗外声华，脱弃势利，不亦恶乎！"尽管如此，他仍然打算"明岁冬间，拟入都会试"，目的很简单，就是为了生活，云："倘天悯其阨困，俾侥幸获一第，居内得一闲散冗秩，居外得一校官，窃升斗之禄以自养，使得遂其为学之志，亦足以为悦己。"[②]

张际亮有位以八股文名噪一时的前辈何青芝（1781—1820），嘉庆间何氏开馆授徒，一年有数百两银子的收入，但除去日常生活费用和资助族人、友朋往来等基本花费外，节衣缩食的积蓄，尚不敷三年一度赴京参加一次会试的费用，以致年甫四十，以"贫不能屡试礼部，不第而卒"。[③]

---

　　① 李兆洛：《又与邓生守之》，《养一斋文集》卷18，页30—31，光绪戊寅年夏重刊本。按：李氏此前有《与邓生守之》，云："知石士先生（陈用光）相待甚厚，方图小试之利，此时未知试已过否？"（《养一斋文集》卷18，页29）据李瑚先生考证，此信作于道光四年（《魏源事迹系年》（增补本），收入其《魏源研究》，页291，北京：朝华出版社，2002年）。据信中"都中人还，接信知小试又失利，且不能在石士先生处"语，知其当作于次年。

　　② 鲁缤：《与陈硕士编修书》，《鲁宾之文钞》，页36—37。

　　③ 张际亮：《书何希修先生诗后》，《张亨甫文集》卷1，页12。

　　沈垚为此愤言称："近日读书人之穷困,非由一端,而开科之数,实亦耗财之一道。"①言:"当今钱神为贵,儒术道消,知几之士,可以闭户不出矣。"原因是,贫者"上无以贽主司,中无以通房考,下并无以货誉录"。并对友人们已多次落第,犹且参加乡试感到不解:"徒竭仰事俯育犹不足之资,抛掷于矮屋之中,则真不可解耳。"感叹:"既不可谓知几,人不可谓有守,而又一无所得,则亦何苦而如此也。人生当为之事甚多,及早知非,尚恐不能尽,岂可以有限之精神,销磨于矮屋之苦海哉?"②但他本人虽有此觉悟,却真是"医者不自医",十次参加乡试,皆落第。③

　　不过,这种境遇却使沈垚观察考索历史,提出了独特的见解:"古者士之子恒为士,后世商之子方能为士。"原因就是:"宋太宗乃尽收天下之利权归于官,于是士大夫始必兼农桑之业,方得赡家,一切与古异矣……于是货殖之事益急,商贾之势益重,非父兄先营事业于前,子弟即无由读书以致身通显。"④并对宋元以降儒者生活境遇的变迁,有精辟的对比、概括,称:"宋时可不言治生,元时不可不言治生……明人读书却不多费钱,今人读书断不能不多费钱。"⑤

　　科举考试费用的高涨,加上士人谋生的困难,使此前士人视为行道救民的入仕,也变成救贫谋生的手段,张海珊致函多次参加会试而皆落第的张士元(1755—1824),就谈到当时的这一现象,云:

　　　　古之仕者,曰行道也,救民也。外此,则为贫而仕者,亦有之,然不过抱关耳、击柝耳。今所求者,非抱关、击柝也,然而今之仕,往往以为贫而仕者望其上,而上之人亦即以为贫而仕臆其下,于是天下之士势积轻。势积轻则天下之事遂不能一听士之为,而行道救民之说,始无所行于后世。⑥

────────────

① 沈垚:《与丁子香(5)》,《落帆楼文集》卷10,页25。
② 沈垚:《与纪石斋(3)》,《落帆楼文集》卷10,页19—20。
③ 孙燮:《沈子敦哀辞》,沈垚《落帆楼文集》卷末,页1—2。
④ 沈垚:《费席山先生七十双寿序》(1838),《落帆楼文集》卷24,页12。
⑤ 沈垚:《与许海樵(15)》,《落帆楼文集》卷9,页18。
⑥ 张海珊:《与张鲈江先生书》,《小安乐窝文集》卷3,页1—2。按:张士元,字翰宣,号鲈江,震泽澄源里人,自乾隆五十三年(1788)中举后,共七次参加会试,皆不第。参见俞树滋《张鲈江先生行状》(1825)、姚文田《张鲈江墓志铭》,张士元《嘉树山房集》卷首,道光丙戌(1826)刻本。

而这一切的背后,仍是士人生活的普遍贫困化和迫在眉睫的谋生问题。

　　与姚莹批评科举考试中盛行的文风不同,另一种批评更注重科举考试的具体内容。嘉庆二十至二十一年(1815—1816)间,龚自珍批评朝廷的取士制度,使士人"生不荷穧耡,长不习吏事,故书雅记,十窥三四,昭代功德,瞠目未睹,上不与君处,下不与民处",造成"国有养士之赀,士无报国之日"的局面,称"终必有受其患者,而非士之谓夫!"①

　　嘉庆二十二年(1817)前后,张海珊反思"名实之不核"的"今天下大弊"时,亦将弊病归咎于朝廷"有试之之法,而无教之之法"、"禁言时事"的取士制度,云:

　　　　制举一事,人才之所从出,而国家制治之源也……而汉唐对策之制,则命之第三场,使士子得切劘于时事,而有以自见其才,其所以试之者如此其详也。然今天下之取士,有试之之法,而无教之之法。学使秩尊,与士既暌绝,而国家之文法,务使之暌隔不相通。其三场之策,疑可以展所欲言,则又恐主试、学使与士子之得以潜通也,而禁之言时事。由是上未尝以素教也,士亦未尝以素学也。如是则虽尧舜之知人,我恐其无以得士矣!若夫学校之官,阘茸猥琐,无一能举其职者,而顽钝嗜利者比比也。

造成这种局面的原因,则是"文法密,忌讳多"的朝廷法度,禁止士人议政,云:

　　　　虽然,国家固亦有使之然者矣:一在文法密,一在忌讳多。天下之事,自六曹以下至州县,一老吏居于中,钩考审比,则虽命世之才,悉被钳制而无能转手运足,稍稍一试所欲为。今有备位九列,以疏文小小违式而镌级矣,求之于古有诸乎?虽有殊能绝特之士,将汲汲焉救过不遑,而有余力谋国家事乎?故方其为士也,以忌讳之故,不使一言之得及于时事,及其任事,又不使一事稍轶于格令之外。一或不然,吏议随之,不以为好事,则以为躁进。

----

① 龚自珍:《乙丙之际箸议第六》(又题《治学》),《龚自珍全集》,页5。

指出"为今之治,首在省虚文而核名实",而"制治之源,尤在制举一事",教士之法,则当摒弃禁言时事的政治忌讳,"自四子六经外,必于天下之务使相讲求",如此方可"一旦居其位,不至眩掉迷罔,而为吏胥之所制"。①

在另一篇题为《原弊》的文章中,张海珊批评士人"以时事为忌讳",并对比古代与当代取士之策对时事的态度,说:

> 夫古人之言治详矣,君之求其臣也,方其进身,即策以事,以观其才能与否,而臣之进说于君,亦且累千百言而未已。盖尝以一事之利害,而举朝争之,累世争之,贤智之士,皆得用其意于法令之外。今之为士者则不然,其试于有司也,以时事为忌讳,瘖哑而不敢言,而所为穷日夜、较工拙,斤斤焉求以当主司一日之知者,则我不知其所言之云何也。

而"权不在卿大夫士,而在胥吏"的局面,便由此造成:"卿大夫士之所学者,非其所为治;其所为治者,非始之所学。而胥吏则终其身于法之中,其力能持法而不变,能变法而上不觉,能上下出入乎法,而法且为所用。"称这种现象为"大不治,而且有大隐患者"。②

在批评清廷禁止士人议政、关注时事的科举取士制度外,还有对当下朝廷用人制度及士人进取之途狭窄的批评。秉持"士大夫之居官,当思有补于国家,非可徒以高洁为名"信念的张士元,自言因所为时文"终不能合有司之意","七试礼部不得一遇,年逾五十,犹皇皇焉奔走南北",且为"众人之所共嗤笑",虽"年力就衰",但"犹出应试",原因就是"思有补于国家"。③ 在这种情况下,他们一方面批评禁止士人关注现实的取士制度,另

---

① 张海珊:《送张少渊试礼部序》,贺长龄辑《皇朝经世文编》卷2"学术二·儒行",页80。按:张氏《小安乐窝文集》亦收录此文,题作《制举论》(卷1,页20—21),文字颇有异同,《文集》本删去《文编》本中言辞较激烈的文字。又,《文编》本中"张少渊",《制举论》作"张渊甫",云:"我友张渊甫盖亦未尝切劘于世事者,于时计偕北上,恐其得一第而以政学犹夫世之人也,作《制举论》以赠之。"渊甫乃张履(原名生洲)之字,据文意此序似为张履初次赴京会试时所作。张履于嘉庆丙子(1816)举人(汤纪尚:《张学博传》,缪荃孙辑《续碑传集》卷71,页12)。此序当作于是年冬或次年(1817)春。

② 张海珊:《原弊》,《小安乐窝文集》卷1,页14—15。

③ 张士元:《送少司寇秦公致仕南还序》、《与秦小岘先生书》,《嘉树山房集》卷4,页5—7;卷9,页4—5。据王钟翰点校《清史列传》卷32《秦瀛传》,秦氏于嘉庆十五年十二月,因目疾解任回籍(页2513)。据文中"及今春再至京师,则公归有日矣",知此序当作于次年(1811)春。

一方面则对明代用人制度极为"艳羡",都表达了这种意见,如张士元便称:"明季朝廷用人之柄,处士得与其间,岂盛世所共有者哉!"①

我们经常看到有经世致用之志,却因科举落第,而无其他登进之途得以施展的无奈。如"自农田、河渠、兵制、天下形胜所在及当世漕粮、胥吏诸利弊,无不悉心讨论",甚至还研究过各种制粪、用粪之法及其利弊的张海珊,就曾有过这样无奈的自白,他说:"仆少不知学,继略识古人读书门径,踽踽独行,苦赋质屡甚,年四十尚不能有所立,以食贫之故,佣为童子师。然尝据案自笑,谓若此未知于古所谓经师人师者,何当也?"②

这些批评已触及清廷关于士人的祖宗之法,清代汉人士子进取之途颇狭。③ 在职官制度设计上,清代设旗、民缺(主要是汉人),旗人缺多于民缺。尽管中央各部院寺监长官,多为满汉复职,缺额相同。但其属官,则多满汉参用,远非等额,且旗人缺多于汉人缺,而数量庞大的笔帖式更属旗人专缺。以六部主事为例,清代六部设主事额缺 140 人,其中满蒙缺 85 人,亦即 60% 的主事缺竟为旗人垄断。至于宗人府、内务府、理藩院等机构,则不但长官均为满人,属官亦多属旗人。④ 由于清代官缺额数较之明代并无太大增加,旗人缺的存在,使汉人可谋的官缺减少。而清中叶人口数量激增,使这一矛盾更加尖锐。据何炳棣研究,从乾隆四十四年至道光三十年(1779—1850)的七十余年间,清帝国人口从两亿七千五百万,骤增至四亿三千万,净增人口一亿五千五百万,增幅达 56%。⑤

天理教事件后,龚自珍建议清廷实行积极的"自改革",言:"无八百年不夷之天下……一祖之法无不敝,千夫之议无不靡,与其赠来者以劲改革,

---

① 张士元:《纪言》,《嘉树山房集》卷 11,页 2。

② 张海珊:《与张渊甫书》,《小安乐窝文集》卷 4,页 12。张氏生于乾隆四十七年(1782),卒年四十,据信中"年四十尚不能有所立"语,知其作于道光元年(1821)。关于张氏生平志业、学术的评论,见张生洲:《张先生海珊行状》,钱仪吉纂《碑传集》卷 141,页 4198—4199。张海珊:《说粪(友人以担粪图嘱题因作此)》,载贺长龄编《皇朝经世文编》卷 36"户政十一农政上"。

③ 赵怀玉有位庄姓友人,嘉庆元年举孝廉方正,"有司交荐",庄氏"以疾辞"。赵氏言及此事时,谈到当时士人的进取情况,云:"是时进取之途甚狭,人咸惜之。"(《书庄达甫摄山采药图后》,《亦有生斋文钞》卷 9,页 25)。

④ 赵尔巽等:《清史稿》卷 110"选举志五",页 3213—3214,北京:中华书局,1977 年;杜家骥:《八旗与清朝政治论稿》,页 419—428,北京:人民出版社,2008 年。

⑤ 何炳棣著、葛剑雄译:《明初以降人口及其相关问题:1368—1953》,页 75,北京:三联书店,2000 年。

孰若自改革。"①而改革更法的重要内容之一,就是消泯朝廷行政用人的满汉畛域。他说:"一姓不再产圣……其开国同姓魁杰寿耇,易尽也","宾也者,异姓之圣智魁杰寿耇也",改变"祖宗之兵谋,有不尽欲宾知者矣;燕私之禄,有不尽欲与宾共者矣;宿卫之武勇,有不欲受宾之节制者矣;一姓之家法,有不欲受宾之论议者矣"等现状,向汉人全面开放政权。② 故人们经常称颂的龚自珍诗:"我劝天公重抖擞,不拘一格降人材。"③其中的"格",应是清廷用人的满汉之别。

第三节　解决方案及问题在道光朝的延续

批评本身往往就包含了解决问题的意见。天理教事件后,士人关于士习、人心、风俗等各种问题的反思,也是如此。但随着时间推移,这些问题非但未得到有效解决,反而更为严重,且引起知识界的持续关注,成为此后道光间士人继续讨论的重要话题。

一、主张士人自我谋生

嘉庆间,鲁缤著《治生说》,就称世间儒者只要不否认自己是五伦之中的"人",且有口腹之欲,就必须自谋生计,有独立的经济来源,以尽人伦之责:

> 今将使天下之儒生,无父母之养,无妻子之畜,无婚姻死葬之事,无宾客往来之礼,口不必食,体不必衣,则可以不治其生。若犹是人也,犹是口体也,不能无父母之养、妻子之畜,婚姻死葬、宾客一切之费也,又乌能以不治其生哉?

否则,在朝廷关于士人出路日窄的情况下,势必因谋求衣食,导致品节丧失:

---

① 龚自珍:《乙丙之际箸议第七》,《龚自珍全集》,页5—6。
② 龚自珍:《古史钩沉论四》,《龚自珍全集》,页27。
③ 龚自珍:《己亥杂诗》,《龚自珍全集》,页521。

夫不能治其生,必将有求于人,吾见天下之为士者,奔走道路,汲汲不得暇日,往来公卿大夫之门,挟其所得,惟恐不当其意。公卿大夫之贤者悯其穷,而衣食之,爱其才而礼貌之,则欣欣然如遇知己,如蒙拔擢;公卿大夫之不贤者,虽终日叫号大呼,究若弗闻,曾不得一接其音容,又乌得蒙其周恤? 然士之为此者,亦戚戚然有所不得已,曰:"吾儒生也,吾不能治生,而又不能饿而死也,虽劳苦,若之何?"若夫卑污下贱之士,不惟不病之,而且乐之;不惟不耻之,而且利之。

遂造成"有粗粝不给之称,而其口日饫肥甘也;有衣敝履穿之名,而其体日被纨绮也;有不能治生之号,而其获利十伯于勤苦治生之人"的吊诡之局,导致整个社会风气的败坏。[①]

与鲁氏持同样观点的,还有道光间的夏炘(1795—1846),夏氏亦著有《治生说》,将治生作为儒者之"学"的首要之务,称:"学莫要于治生,生理不足,势必不暇读书。"否则,"上焉者,张皇学问,谋集生徒,如班固所称利禄之徒是也;次焉者,干求知交,假贷故旧,至再至三,令人生厌;下焉者,则出入公门,包揽词讼,人品心术之坏,靡有底止"的局面,而其原因则"皆由于家计日窘,室人交谪,迫而所为"。他说:"人皆有良,未必衣食饶足,而肯甘冒无耻也。"关键在于士人能否自食其力。[②]

夏炘对士人可从事的各种职业做过分析,而对处馆授徒,情有独钟,称:"若恒产全无,专靠处馆授徒为生活,则亦有可以长久之道。盖延师之权虽属人,而令人有必延之柄则在我……如倚馆为生者,守陈氏之说(陈定宇《授徒帖》),以学为教,即教即学,不接闲人,不与闲事,学生日有长进,东人愈敬事之,又焉肯辞而不请,是馆虽非恒产,而真能以馆为事,则亦未始非恒产也。倚馆为生者,须是有馆且坐,勿嫌束脩之薄。若嫌薄而不就,则机会一失,并薄者而不得矣。"原因就是与衙门幕宾相比,处馆授徒尚能保持书生本色,云:"大抵居乡教蒙,脩脯总啬,有志之士不得不处困以待亨。若艳羡衙门幕宾,厌弃训蒙景况,无论未必能得,即得矣,而日与此辈浸淫渐渍,染成恶劣之习,束脩虽多,又何济事? 徒添一种可憎面目耳。"[③]

---

① 鲁缤:《治生说》,《鲁宾之文钞》,页5—6。
② 夏炘:《治生说》,《夏仲子集》卷6,页9,民国十四年刻本。
③ 夏炘:《治生说》,《夏仲子集》卷6,页10—11。

　　这一点,从游幕学人的个人阅历、观感与期许来看,亦颇为相符。道光十六年(1836),沈垚致函友人言其欲归故里谋求馆职,却因谋馆太难,滞留京师以著述谋稻粱,说:"相知而能为垚谋馆者甚少,非勉成所撰之书(《国史地理志》)不可,是故久留不去。"尽管确如沈垚自言,其所遇已是知己之遇,所学亦为达官贵人所需,甚至将此形容为世间难得一见的"景星庆云"之福。但其所得,却不足以维持家计,用他自己的话说,竟是"仅免饿死"而已,云:"垚之所遇,不可谓世竟无知者,所持之具,亦时出为公卿大夫之用,而仰不足以事父母,俯不足以畜妻子。"以至有"恐夭年寿"之惧,却又无可奈何,称:"疲精竭神以为不惬于心之作,日复如此,窃恐更夭年寿,无可奈何。"①

　　故当沈垚在京入幕四年,以著述所得还清多年负累后,本以为可速归故里,不意其妻却以沈氏多年在外不归,举债百余两,为纳一小妾,冀其早日还家。结果此举不但使沈垚"急欲南归"的夙愿落空,反因偿还此债,须继续做幕方可南归。对此,沈垚极为震怒,专函致友人哭诉其事,说:"垚之清前债,原为速归之计,今因置妾复举债,是非速其归,乃令其不得归也……垚非有恋于红尘而不归,实以养亲无资,里中无所得食……非真以在外为乐,竟不思朝夕侍亲之侧也。"并请其将此信遍示亲友,体谅其处境,暂勿催索此欠。② 因而沈垚对元儒许衡"儒者以治生为急"之论,推崇备至,一则言:"鲁斋治生之言,则实儒者之急务,能躬耕则躬耕,不能躬耕则择一艺,以为食力之计。宋儒复生于今,亦无以易斯言。"③再则云:"窃谓斯时当以治生为急。"④

二、减少生员录取名额

　　嘉庆间,张海珊针对当时士人的游幕之风,作《游说》,言:"自天下兼并,民无常产,百姓交驰横骛,若鸟兽散。上之人不得问焉,而其尤不肖者,则莫甚于士。"但生员增多,朝廷给予的登进之途太狭,又加重了士人的"不

---

　　① 沈垚:《与张秋水》,《落帆楼文集》卷8,页1—2;并参张继文编《先伯石州公年谱》"道光十六年丙申"条,《北京图书馆藏珍本年谱丛刊》第152册影印民国十年石印本,页35。

　　② 沈垚:《与许海樵(13)》,《落帆楼文集》卷9,页15—17。

　　③ 沈垚:《与许海樵》(7)、(15),《落帆楼文集》卷9,页7、18。

　　④ 沈垚:《与丁子香(4)》,《落帆楼文集》卷10,页23。

肖",云:"学校之员既增,一县之数,无虑数百。天子之科目既无以容,又其人大都游手空食,更不能自为生计,则皆从事于游",慨叹"游之途日广,而游之事愈下"。主张减少生员录取名额。①

道光二年(1822),管同作《说士》,痛斥当今士习之坏,称"历观史传以来,士习之衰,未有甚于今日者也",并将其时士人的志业分为三类,而其品行则多卑下,云:"今之士,不外乎三等:上者为诗文,次者取科第,下者营货财。为诗文者,猎古人之辞华,而学圣希贤,无其志也;取科第者,志一身之富贵,而尊主庇民,建立功业,无其心也;至若营货财,则轻者兼商,重者兼吏,甚者导争讼,事欺诈,挟制官府,武断乡曲,民之畏之若虎狼毒螫。"②

管同提到时人关于士习败坏的两种观点,说:"或曰教之无其具也,或曰养先于教,今士无以养,虽善教,若之何?"这确实是问题的症结所在。但管氏认为"二者皆得其一端,而未知其原本",问题关键就是生员太多,称:

> 今夫士之为物也,其名甚贵,而其品甚尊。其名贵则其实不得以多,其品尊则其选不可以滥……考诸汉史,太学之士及所谓郡文学博士弟子员者,合海内而计之,其为人盖无几,是以士风之美莫如汉世。至唐太宗增广生员,沿及宋元,其人益众。循至有明,遂开以赀入监之例。迄今日而府州县学,间岁所入,少者十余人,多者至二三十人,盖不待十年而一县之号称为士者,数百十人矣。呜呼!何其多也……今取士者,间岁之间,一县辄增数十。夫一县之大,安得间岁辄有数十人足以当士名而无惭士品者?上昧昧而求之,则下混混而应之。士之所以杂出不伦,无所不至者,由此故也。而世之人,不深维其原本,辄切齿痛恨,归咎于士习之衰。

为此,他主张裁减生员名额,使士之品名"尊贵",则"其风必变",云:"故为今之计,莫若寡取士,裁其额,远其期。使一学不过数十人,则士尊贵,而其风必变,士风变而益于国家者多矣。古之名臣有言曰:'陛下十年不行科举,则天下太平。'曩尝疑其过言,以今思之盖信……有国家者多获

---

①　张海珊:《游说》,《小安乐窝文集》卷1,页22—23。

②　管同:《说士上》(1822),《因寄轩文二集》卷1,页7,光绪己卯重刻本。

一贤,不若少收一不肖。故取士者,与其广其额而贤不肖之皆多,不若减其额而贤不肖之皆少。"①

这样就可将国家"养士"的有限资源,集中到少数人身上,使士人生活有所保障,进而可以养廉耻,培养出良好的士风,曰:"广士之额,不惟多收不肖,而教养皆虚;减士之额,不为少收不肖,而教养之皆实……然则养士者,与其广额而人人使不足,不若减额而人人使有余。人人使有余,斯养归于实,可以责其不为非矣……士额益多,则择人而养。夫择人而养,不惟无以敦士风,而实足以坏士习。"②

持这种观点的,并非仅张、管二人。潘德舆(1785—1839)与鲁一同(1805—1863)讨论变革科举取士之法,便持类似意见,其"减士额"一策,云:"额广则取必滥,滥则人不贵士,而仕途躁竞拥阆之病丛出。减旧三之一,亦足以待用,承学者愈知自重矣。"③但又与前面提到的清中叶人口骤增的现实相矛盾。

三、改革科举取士的内容

天理教事件前后张海珊、姚莹因反思士习士风方面的问题,批评科举考试,其中已包含了变革科举考试内容的意见。龚自珍甚至批评现行以经义取士的科举考试内容,使天下士子"心术坏而义理锢",主张用汉代的"讽书射策"取士,具体方式为:"射策兼策本朝事,十事中十者,甲科;中七者,乙科;中三四者,丙科;不及三,摈之。其言不得呫嗫不定,唱叹蔓衍,以避正的。宜酌定每条毋逾若干言以为式,其不能对,则庄书'未闻'二字以为式。"龚氏称:"如此则功令不绺,有司不眩,心术不欺,言语不伪。"有益于端正士人的心术、品行。他说:"至于说经,则老年教学之先生为之,成人有德者为之,髫卯姑毋庸;私家著述,藏名山者为之,大廷姑毋庸。"④

随着统治危机日益严峻,这种变革科举考试内容的主张亦屡见不鲜,道光十二年(1832),包世臣第 12 次会试落第后,致函该科主考官、时任刑部尚书戴敦元(1768—1834),便专谈其全面改革科举考试内容的意见,原

---

① 管同:《说士上》,《因寄轩文二集》卷 1,页 7—8。
② 管同:《说士下》(1822),《因寄轩文二集》卷 1,页 8—9。
③ 潘德舆:《与鲁通甫书》,《养一斋集》卷 22,页 21,道光间刻本。
④ 龚自珍:《述思古子议》,《龚自珍全集》,页 123—124。

因就是现行的科举考试,不能拔取真材,云:"夫科目之设,所以网罗天下人材,分资治理,而仅决以一日之文,是虽使前明名家,自黄子澄迄黄淳耀皆登道光壬辰(十二年,1832,即该科会试)之榜,于治道何增? 即获隽诸君子,文尽尘腐佻薄,于治道复又何损?"

但现实统治却又如此岌岌可危:"方今幅员万里,治安且二百年,而人心岌岌常若无以自存,岁计常凛凛若难乎为继,其病果安在哉?"他说:"民生之所以日蹙,国用之所以不支者,凡皆廉耻道消、见利忘义之所致也。"而这又与国家科举取士有关:"假令每试得有耻之士四之一,约以十年,则中外有司能自爱者,且数百人矣,君子之道有不长? 仁圣之泽有不究者乎?"①

但现行的科举考试却是"怀挟坊本,规模时墨"的"丑行"盛行,故选拔出的人才,也必是"唯利是趋,不愧不怍,甘从丑行","廉耻较薄焉者也",异日或"剥民以肥家",或"亏帑以要上"。包世臣称科举考试是关乎国家兴亡的大事,"衡文得失,有关治道隆污者,凡以国维之所系者深故也"。而怀挟之风又与乾隆中叶以降崇尚经学考据的学术风气有关,云:

> 至于怀挟之风,实由乾隆中陋儒妄以士兼《五经》为文物之盛,于是删摘蜂起,驯至士人不读本经,主试又以怀挟终不可禁,试二三场为虚车。夫诵《诗》三百,明著圣训;《论语》半部,章在史册。孟子亚圣,尤长《诗》、《书》;荀子老师,只明《诗》、《礼》;汉儒兼通《五经》,不过数人,况在晚近?

包世臣建议戴氏"于从容造膝之时,详陈利病",全面变革科举考试内容:头场经义,"以复五百年专经之旧";其后场则以史学与当下经世时务为主,以《通鉴》、《通典》为主要考试文本:"专以史事疑义与时务有比附者发问。治乱兴衰,唯主《通鉴》;制度文为,唯主《通典》,使学者有所法守",并"集馆阁诸公之有经术者,依江都《贤良策》意,各守所长之一经,精心撰作进呈,选其尤数十首,详加校订,刊布以为策式。除搜检之令,听士子自择

---

① 包世臣:《却寄戴大司寇书》(1832.6),潘竟翰点校《齐民四术》卷第五"礼二",页186.北京:中华书局,2001年。按:戴敦元字士旋,又字金簘,浙江开化人,时任刑部尚书。据该信开头"金簘先生司寇阁下"语,知其为戴敦元。戴氏生平履历,见潘谘《戴司寇别传》,缪荃孙:《续碑传集》卷8,页23—24;并参钱实甫《清代职官年表》"会试考官年表",页2846。

所处"。他说："如是，则绩学之士必可得，波靡之习必可挽。"因"吏出于士，士为民望，廉耻之道不昌，而非伤肌刻肤之所能奏效也"，"三数科间，有耻之士日出，寡廉之迹渐远，集群材以维国是，其为用顾不大哉！"①

在此前后，潘德舆与鲁一同讨论当下人才、人心之弊，亦将其归咎于学术之弊，云："夫合四海之众，数十年之久，争为考据、词章与八股文之皆异乎圣人之心者，士大夫夷然视之，不以为怪，以如此之学术，而求其心之必恶利，必嗜义，是犹射鱼而指天也。"主张："欲救人事恃人才，欲救人才恃人心，欲救人心，则必恃学术，欲救学术，则非重定取士之制不可。"而其"重定取士之制"，亦是全面变革科举考试的内容，云：

> 其初场校以经义。而经义不仅扫除有明所制八股文诸琐法也，命之多述汉至有明儒者之成说，至约者必三四说，亦无汉宋儒之专主，而终必陈己意。折之于经，以定其是非，则人必多观儒先书，以探求圣人之本意，而不敢以浮浅之词塞责矣。
>
> 其二场以史论。论或一人或一事，或数人数事，一国天下。衡其博识与刳断之得失，则人必习史，而不敢以空疏钓名矣。
>
> 其三场以时务策。专问时事，审利弊。不远征古典，徒富考证者不录；必取其深切有经济，足备当事采择者。虽极言时弊，无所忌斥，则人必通世务，无迂阔泥古之失，且作其敢言之气。上之听闻，将亦无所壅矣。
>
> 三场合校皆可录，则登前列；两场可录者，附焉；一场则否。则亦不虑其剿袭，而不必如唐人帖经，以孤僻纤仄标题，徒害经之大义，而不足以得士矣。②

特别值得注意的是，潘氏主张第三场"时务策"，"专问时事，审利弊，不远征古典，徒富考证者不录"，"必取其深切有经济，足备当事采择者，虽极言时弊，无所忌斥"，已是从科举考试这一国家制度层面，彻底否定清廷祖宗之法中禁止书生议政的规定，所谓"军民一切利病，不许生员上书陈言，如有

---

① 包世臣：《却寄戴大司寇书》，潘竟翰点校《齐民四术》卷第五"礼二"，页 187—189。
② 潘德舆：《与鲁通甫书》，《养一斋集》卷 22，页 18—19。

一言建白,以违制论,黜革治罪",意图通过科举考试鼓励士人关心时政,议论时政。

潘德舆说"命题之书之事宽且繁",士人就无从揣测,进而"搜检怀挟之令可除,其他糊名易书亲党回避诸条,一切罢去",朝廷便可"以宽大坦易礼士,而养其廉耻,且以崇政体"。如此则"取士之制一定,天下之学术争向之":

> 学术始于经为本,中于史为辅,终于时务为验。无浮浅空疏迁执缄默者,无剿袭怀幸心欲速苟且与苦畏之者,而士不以小史自为,风雅且丕振。诚如是也,心术将日归于淳实而不自知,而人才人事必均受治。纵校士者未必咸得人,不能合校良楛,怀挟之令除,人或以剿袭得,然此惟大无耻之徒,非人人然者。

潘氏认为,拯救士习士风之弊,振兴人才之法,关键在于学术:"盖学术不明,天下之高材生亦将靡焉;学术明,则中材孰忍自绝于善。不变者,独矢志居下流人耳。"[1]

夏炯探讨拯救目下吏治败坏、士人品行卑劣之弊,也认为莫过于变革科举取士之法,云:

> 吏治之坏,非一日矣。千百人之中,无一二实心为百姓者,大抵全躯保妻子之辈居其半,蚑法行贿赂之人居其半。以农桑学校为迂谈,视断狱明刑为利薮,人品之卑污无底止,赤子之涂炭无虚日,其弊将无由返乎? 欲返其弊,莫如举选法而变更之。

他说:"资格不限,则在籍人员咸争自濯磨为有体有用之学,以待当事之推荐;道途不困,则到官之后,无所谓弥缝之计,自能洁己奉公,进退绰有余裕,而百姓不受其福者,亦罕也。"如此一来,"使天下之士灼然知朝廷必拔擢有用之才,而又使之官在近地,一切不至掣肘","稍能读书自爱,岂有不

---

① 潘德舆:《与鲁通甫书》,《养一斋集》卷22,页18—20。

思竭力图报,又何患农桑之不兴,学校之不盛,刑狱之不日就减省哉?"①天下亦可因此实现大治。

四、效法明代,培养重士气、厚风俗的风气

推重明代,重新评价明代士习、士风及其培养士人的制度,几乎成为天理教事件后士林反思的潮流。嘉庆后期和道光间日益严峻的统治危机,更使这一潮流得以持续和蔓延。② 而当士人关注自身社会地位和升迁途径时,其对明代的推重更到了一种不可思议的地步。

龚自珍对比本朝和明代学术,曾提出这样的问题:"近儒学术精严,十倍明儒,动讥明人为兔园、为鼠壤矣。然三代先秦之书,悉恃明人刻本而存,设明人无刻本,其书必亡,何欤?"他提示说:"或曰:明人学术虽陋,而好古好事,不可埋没,抑何近世士大夫不好事,不好古欤? 昔之士大夫,何其从容而多暇日,商及刻书? 今之士大夫,何其瘁而不暇欤?"言此为"上下古今之士,所宜求索厥故者也"。③ 他的答案是"有明中叶,嘉靖及万历之世,朝政不纲",但"江左承平,斗米七钱",故生活在那里的士大夫,可以从容刻书:"士大夫多暇日,以科名归养望者,风气渊雅,其故家巨族谱系多闻人,或剞一书,或刻一帖,其小小异同,小小源流,动成掌故。"④而对明人的刻书之举,此前四库馆臣则动辄斥为"以刻书而致亡书"者。⑤

龚自珍批评那种"徒见明中叶气运不振,以为衰世无足留意"之说,是"俗士耳食"之见,言:"其实尔时优伶之见闻,商贾之气习,有后世士大夫所必不能攀跻者。"⑥所谓优伶、商贾之习气,正是传统社会中最令人鄙夷者,龚氏却称其"有后世士大夫所必不能攀跻者",其所谓"后世",不言而喻是

---

① 夏炘:《选法私议》,《夏仲子集》卷 6,页 1—2。

② 关于嘉道间的统治危机,参见萧一山,《清代通史》卷中,页 879—905,北京:中华书局,1986 年;费正清、刘广京编,《剑桥中国晚清史(1800—1911)》上卷,页 109—140,北京:中国社会科学出版社,2007 年。

③ 龚自珍:《家塾策问二》,《龚自珍全集》,页 122。

④ 龚自珍:《江左小辨序》,《龚自珍全集》,页 200。

⑤ 如卷 3《杨氏易传提要》,云:"明人凡刻古书,多以私意窜乱之,万历以后尤甚。"卷 101《韩子迂评提要》,称:"盖明人好窜改古书,以就己意,动辄失其本来,万历以后,刻版皆然。"永瑢等撰:《四库全书总目》,页 13 上、页 850 上;并参卷 134《左传国语国策评苑提要》,页 1136 上,北京:中华书局,1965 年影印乾隆六十年杭州刻本。

⑥ 龚自珍:《江左小辨序》,《龚自珍全集》,页 200。

对当代的指称，可见其对明代士气、风俗的推许之重及对当下士习、风俗的不满。

如果说龚自珍对明代的推重，还仅是就士人社会生活层面而论，那么他那位称作"江南生"的友人，已从制度层面对比"胜朝"与"昭代"的不同，且直言："本朝纠虔士大夫甚密，纠民甚疏，视前代矫枉而过其正。"①

道光十七年（1837），魏源（1794—1856）对比明代与本朝用人制度、士人学术及进取之途等方面的异同利弊及由此产生的不同后果，称"明代之得，在于清仕途，培士气"，具体表现是：

> 举天下仕进一出于科目，无他途杂乎其间，无色目人分占其间，无论甲乙一第，未有终身不沾一禄者；内而部曹，外而守令，未有需次数年、十数年始补一缺者。遇铨选乏人，则辄起废田间，旋踵录用，士之得官也易，复官也易，则其视去官也不难。又，士自成进士释褐以后，则不复以声律点画为重，士得以讲求有用之学。故中材之士，往往磨厉奋发，危言危行，无所瞻顾。凡本兵吏部文武之任，往往有非常豪杰出乎其间，虽佚君乱政屡作，相与维持匡救而不遽亡。

而与此相比，目下之弊却是：

> 黄河无事，岁修数百万，有事塞决千百万，无一岁不虞河患，无一岁不筹河费，此前代所无也；夷烟蔓宇内，货币漏海外，漕鹾以此日敝，官民以此日困，此前代所无也；士之穷而在下者，自科举则以声音诂训相高，达而在上者，翰林则以书艺工敏、部曹则以胥史案例为才，举天下人才尽出于无用之一途，此前代所无也。

故明代虽遭"宗禄、土木、神仙之耗蠹，中珰、廷杖之摧折"，但"司农柄兵者臣，得以随弊随治，病患迭出，人材亦迭出，不至有仰屋呼庚之虞，不至有拊髀乏材之叹"，原因就是"内外既无两漏卮，仕途又无两滥竽，无漏卮则国储财，无滥竽则士储才"的取士用人制度。主张取法明代"清仕途，培士气"的

---

① 龚自珍：《江南生橐笔集序》，《龚自珍全集》，页 205。

相关法度,以救治时弊。①

　　同样,道光间张际亮(1799—1843)更从朝廷待士与士人回报的关系,称许"明之待士厚,故士之报明忠"。但熟悉明代史事的人都知道:"明之士忠谏受廷杖或至死,甚者死于厂狱,其凌虐摧折之也,亦甚矣,何厚哉?"他辩解说:"有明一代,尽天下仕进之途归之于士,而束之以公议,故不言重士而士气自伸。其始也,清议之是非所在,赏罚因之;迨其后,风气既成,虽赏罚差忒于上,而是非已大白于天下,则赴汤蹈刃而其名益著,皆乐受之而不辞。况乎廷杖者,且夕召用矣;死厂狱者,且夕庙祀矣。君之智虽昏于一时,臣之气常直于千载。士获千载之名,而君甘冒不智之实,非其厚欤!"他说:"明自太祖以来,士屡经凌虐摧折,而其气愈奋者,其名在也。此所以国亡之日,忠义奋发之士不一而足,生与死无二致也。"原因就是明代在用人及参政等方面,对天下士子广为开放。故对侯登岸所辑《胜国遗民录》推重不已,称其"激扬忠义,网罗旧闻","览者可以推见一朝士气之所始终焉"。②

　　尽管在制度层面,清廷并未就士子培养、士人议政以及取士用人等方面做出变革,有负士林期望,但对讲学的态度,似有所转变。这一点表现在道光初以大儒名臣从祀文庙,便多有晚明清初以讲学著称的名儒。道光二年(1822)闰三月,清廷以理学名臣刘宗周(1578—1645)从祀文庙西庑。这是清廷自乾隆二年(1737)复元儒吴澄(1249—1333)文庙之祀后,八十五年来的首次增祀之举。③ 而论证刘氏应从祀文庙的因由之一,就是讲学。如马步蟾原奏称其"在朝服官之日少,在野讲学之日多",上谕中亦言其"讲学论心,著书立说,粹然一出于正"。④ 五年(1825)四月,清廷以明臣黄道周(1585—1646)从祀文庙东庑,其中亦有对讲学行为的称许,如云"其讲学闽浙,罔非以明道翼经,崇正辟邪为己任",或称"其讲学闽浙,以格致为宗而

　　① 魏源:《明代食兵二政录序》(1837),《魏源集》,页161—164,北京:中华书局,1976年。
　　② 张际亮:《胜国遗民录序》,《张亨甫文集》卷2,页22—24。
　　③ 张瑞龙:《天理教事件与清中叶文化政策的转变——以嘉庆朝为中心的考察》,《"中央研究院"近代史研究所集刊》第71期,页80—87,2011年3月。
　　④ 《明臣刘宗周从祀文庙上谕》,辑自《水澄刘氏家谱》,吴光主编:《刘宗周全集》第6册,页638—639,杭州:浙江古籍出版社,2007年;《清宣宗实录(一)》卷32,道光二年壬午闰三月辛卯,页576,北京:中华书局,1986年影印本。

归宿于至善"。① 八年(1828)二月,清廷以本朝理学名儒孙奇逢(1584—1675)从祀文庙西庑,上谕亦称许其"讲学著书,以慎独存诚阐明道德,实足扶持名教,不愧先儒"。② 这些朝廷对从祀文庙名儒讲学行为的肯定和称许,无疑表示了朝廷某种动向,会对士林产生相应影响。

此外,道光朝三十年从祀孔庙的八位名儒中,亦有文天祥(1236—1283)、刘宗周、黄道周等多位忠烈死节之士。③ 文庙从祀的礼部议奏和上谕对此亦极为称许,如称文天祥"从容就戮,大节弥光",刘宗周"致命逐志,完名全节,有明末叶称为皦皦完人",黄道周"致命成仁,完名全节"。④ 这也促使知识界重新关注,并编撰、辑刊有关这类士人的著作,以激励当下疲敝顽钝的士习风俗,这在此前却是因朝廷禁毁书籍而刻意回避者。 如道光十八年(1838),顾沅刊刻史可法《史忠正集》、左光斗《左忠毅集》,并将历代忠烈之士遗集编为《乾坤正气集》。其中仅所编"遗诗"就有 20 卷,明代独占 12 卷。⑤ 侯登岸辑《胜国遗民录》,张际亮对其推重不已,称其"激扬忠义",并发表前引"明之待士厚,故士之报明忠"的一番议论。

迨至鸦片战争爆发,暴露严重的汉奸问题,更使推重明季忠烈死节之风,成为救时良药。 如姚莹就说"本朝书籍之盛,远迈前代,人才学问文章皆甚盛,独气节之士靡焉",至于"忠孝气节之行",更"罕能卓然自立"。而救治之策,用他的话说是:"莫如举前代忠孝气节之人,其生平所为文章事业载见书册者,重刊而广布之,俾家有其书,披览寻求,动其固有之良。 有志者莘然奋兴,益坚其志,不肖者亦有以生其愧耻,而知所自立。"⑥故道光二十三年(1843),姚氏便致函河道总督潘锡恩(? —1867)请其资助刊刻《乾坤正气集》,称"是集也,人皆忠孝节义,身际艰难,不贪富贵,杀身成

---

① 《闽浙总督赵、福建巡抚孙奏为请以明儒从祀文庙恭折》、《礼部奏请黄道周从祀文庙咨文》、陈寿祺:《请以明儒黄石斋先生从祀孔庙状》,《左海文集》卷 1,页 29—34;《清宣宗实录(二)》卷 78,道光五年乙酉正月乙卯,页 264。

② 《孙奇逢从祀文庙上谕》,转引自王锺翰点校:《清史列传》卷 66《孙奇逢传》,页 5241;《清宣宗实录(三)》卷 133,道光八年二月丙申,页 38。

③ 其他五人分别是:道光三年汤斌、六年陆贽、吕坤、二十三年文天祥、二十九年谢良佐。参见昆冈等修、刘启端等纂:《(光绪)钦定大清会典事例》卷 436,《续修四库全书》第 804 册影印光绪间石印本,页 833—836;陈康祺:《郎潜纪闻初笔》卷 3,页 60,北京:中华书局,1984 年。

④ 庞钟璐:《文庙祀典考》卷 49,页 27、16、20,光绪戊寅(1878)常熟庞氏刻本。

⑤ 姚莹:《与潘河帅书》,《东溟文后集》卷 8,页 4—5。

⑥ 姚莹:《谢陈子农送刻〈逊志斋集〉书》,《东溟文后集》卷 8,页 14—15。

仁"，言士人"见其事咨嗟而涕泗，闻其风感奋而兴起，世之媢嫉奸佞谄谀，苟且阴狠诈伪者流，对之泚然内愧。可潜消其邪慝之心，邪心消则其气沮，正气自申，而纲常名教可扶，乾坤定矣"。① 五年后(1848)，辑录历代忠烈之士诗文的《乾坤正气集》刊刻，共收录 101 种 575 卷，其中明代就有 72 种 409 卷，无论种类还是卷帙，皆占 70％强。②

为直观显示嘉道间知识界重新关注明代的状况，笔者曾以谢国桢编著《增订晚明史籍考》(上海古籍出版社，1981 年)为样本，统计嘉道间(1796—1850)有关晚明史资料及著述的刊印出版状况，并与时间稍前且时长大致相同的乾隆朝(1736—1795)做对比。

结果为乾隆朝共刊印出版晚明史籍 35 种 773 卷零 8 册，嘉道间刊印出版 225 种 859 卷零 3 册。尽管两个时期出版的著作在卷数上大致相近，但考虑到官方敕撰与民间刊撰的区别，则乾隆朝敕撰 8 种 574 卷，民间刊撰 27 种 119 卷零 8 册；嘉道间刊印敕撰 2 种 36 卷，民间刊撰 223 种 823 卷零 3 册。而最能体现知识界状况的，恰是民间刊撰的著作。以此相较，在种类上，嘉道间是乾隆朝的 8.25 倍，卷数上亦为 4.1 倍，这一相差悬殊的对比，正可说明嘉道间知识界对明代的重新关注。③

但编撰、刊印这些明代典籍尤其是晚明史籍，却是一把双刃剑，在激励忠烈死节之风的同时，也使清廷曾试图努力抹杀的明清鼎革历史记忆与民间不绝如缕的汉民族主义思想，藉机兴起。如辑录王秀楚《扬州十日记》、韩菼《江阴城守纪》等关于明清鼎革惨痛记忆的丛书《荆驼逸史》等的出版，便是典型之例。道咸之际，太平天国起义揭橥汉民族主义，并以反满复汉为号召，与此不无关系。④

五、正学术及其他

天理教事件后，知识界反思士习士风之坏的一种主流观点，就是将其

---

① 姚莹：《与潘河帅书》，《东溟文后集》卷 8，页 4—5。
② 姚莹、顾沅、潘锡恩辑：《乾坤正气集》，道光戊申(1848)泾县潘氏袁江节署刻本。
③ 参见张瑞龙：《从鉴戒到取法——清嘉道间对明代士习风俗的评论与再定位》，香港《中国文化研究所学报》第 58 期，页 218—226，2014 年 1 月。
④ 杨秀清等：《奉天讨胡檄》，中国史学会编：《中国近代史资料丛刊·太平天国》第 1 册，页 161—164，上海：上海人民出版社，1957 年。又，关于晚明禁书在道咸以降复出的状况及在思想史上的意义，参见王汎森：《道咸以降思想界的新现象——禁书复出及其意义》，氏著《权力的毛细管作用：清代的思想、学术与心态》，页 603—643，台北：联经出版事业股份有限公司，2013 年。

归咎于当时盛行的汉学考据，采取的对策，主要是提倡理学。关于这一点，有专章讨论，此不赘述。但在理学之外，还包含了其他更多的内容。

嘉庆二十三年（1818）前后，姚莹探讨当今士习之坏，称："士之不振于天下也，非一日矣。道德废，功业薄，气节丧，文章衰。礼义廉耻何物乎？不得而知也。"他说："国家之养士也，亦非一日矣。具科条，明法令，教之有长，进之有阶，乃欲正人心而人心日敝，欲端士习而士习日非。"原因何在？"不究其本，徒恃一二俗吏以区区尺寸之法绳之，此岂有得哉？"姚氏认为，问题的关键在于"师道"，他说："教士之责，君与师均，而今日之势，师道尤重。"并引扬雄的话说："扬子曰：'师道立则善人多。'此人心学术之所由来也。"①主张重师道以正人心学术。

陈寿祺（1771—1834）则主张崇尚经学，且必须秉持、践行宋儒的义利之辨，意欲调和汉宋之学。道光三年（1823），陈氏就任鳌峰书院山长，欲藉此机会，拯救当下弊坏的士习、士风，说："比十数年以来，士习衰恶甚矣。行险侥幸者众，则变而弱肉强食；毁方瓦合者多，则变而恶直丑正。浮浇轻薄，机械侏张，蛙黾和声，不悟其悖。将求庠序中好学有志、不屑不洁之士不已易得，何论通经耆古、砥行守道者乎？"他主张"厉行义、崇经学"，称："受聘之始，以为善风俗在正人心，正人心在厉行义、崇经学。因条具规程十余事，大略访学行以汰浮诡，建课所以严防闲，择监院以谨稽察，屏蠹士以儆放恣。"②在陈氏与福建巡抚叶世倬拟定的整顿士习细则中，其关乎学术者，则曰"重廉耻"、"尚经学"，云："昔陆象山来白鹿洞书院讲'君子小人喻义喻利'章，朱子以为切中学者隐微深锢之病，言之痛快，至有流涕者。不肖虽驽钝，愿与诸生首明此指也。"③并作《义利辨》，"冀有以正人心而挽风俗"；作《科举论》，称"后世天下之溺于利者，莫烈于庠序科举之士，而农工商贾不与焉"。④

嘉庆二十五年（1820），龚自珍在其完成的《西域置行省议》中，主张移民实边，开拓西陲边疆。他谈到当时朝廷统治面临的政治、社会、风俗等各

---

① 姚莹：《师说上》，《东溟文集》卷1，页14—16。

② 陈寿祺：《上仪征公夫子书》，《左海文集》卷5，页29；据王章涛考证，此信撰于1823年正月（氏著《阮元年谱》，页732）。

③ 陈寿祺：《与叶健庵巡抚书》，《左海文集》卷5，页41—42。

④ 陈寿祺：《科举论》，《左海文集》卷3，页22—25。

种严峻问题,说:"今中国生齿日益繁,气象日益隘,黄河日益为患,大官非不忧,主上非不谙,而不外乎开捐例、加赋、加盐价之议。譬如割臀以肥脑,自啖自肉,无受代者。自乾隆末年以来,官吏士民,狼艰狈蹙,不士、不农、不工、不商之人,十将五六;又或飧烟草,习邪教,取诛戮,或冻馁以死;终不肯治一寸之丝、一粒之饭以益人。承乾隆六十载太平之盛,人心惯于泰侈,风俗习于游荡,京师其尤甚者。自京师始,概乎四方,大抵富户变贫户,贫户变饿者,四民之首,奔走下贱,岌岌乎皆不可以支月日,奚暇问年岁?"[1]

龚自珍提出的应对之策,就是移民实边,在新疆建立行省,称虽然"现在所费极厚,所建极繁,所更张极大",但"所收之效在二十年以后,利且万倍",云:"夫二十年,非朝廷必不肯待之事,又非四海臣民望治者不及待之事,然则一损一益之道,一出一入之政,国运盛益盛,国基固益固,民生风俗厚益厚,官事办益办,必由是也,无其次也。"[2]在此,我们看到嘉道之际逐渐兴盛的西北史地学,与当时日益严峻的统治危机的内在关联。

其他诸如此类的观点尚多,其根本则是为挽救当下士习、士风之弊及应对现实统治危机等具体问题。亦即知识界因关注现实问题,导致学术发展的多元趋向。

第四节　结语

孟森解释嘉道两朝的士习士风所以异于雍乾两朝时,将其归因于嘉庆皇帝"天资长厚"的个人性格,称:"仁宗天资长厚,尽失两朝钳制之意,历二十余年之久,后生新进,顾忌渐忘。"[3]这当然有相当的道理。的确,嘉庆在亲政之初,通过释放前朝文字狱案中的缘坐犯人,结束前朝那种"以言语文字罪人"的政治高压政策。但随着时局危机的加深及嘉庆亲政初颁《求言诏》的影响,使士人议政几乎成为士林风尚。议政的主要内容则是新朝施政"从宽"还是"尚严"的争论,很多人认为"今上"应像雍正帝整顿康熙末年积弊那样,解决目前面临的统治危机。但无论议政之风还是所议内容,都

---

①　龚自珍:《西域置行省议》,《龚自珍全集》,页106。
②　龚自珍:《西域置行省议》,《龚自珍全集》,页111。
③　孟森:《道光朝士习之转移》,《清史讲义》,页366—367。

引起嘉庆的高度关注和严重不满,认为这是"人心士习所关"。

为避免"蹈明末声气陋习"以致覆亡的前车之鉴,嘉庆开始沿用前朝钳制思想言论的政治高压政策,藉处置洪亮吉案对此风气"示以惩戒"。尽管洪亮吉案引起士林舆论的强烈反弹,嘉庆甚至为此被迫下一类似罪己诏的谕旨平息此事,但它却表明清廷并非自愿放弃钳制士人思想言论的高压政策,故孟森的解释稍嫌简单。与此同时,它也透露出由于统治危机的加剧,朝廷力图沿用前朝以文字狱高压钳制思想言论的政策,已不那么奏效。于是,士人的言论环境便在此夹缝中出现某种程度的松弛。

真正迫使清廷放弃钳制士人思想言论高压政策的,是嘉庆十八年发生的天理教事件。天理教事件的发生促使朝野上下反思事件发生的原因,并因此高度关注和反思士习、士风出现的问题:首先,就民众而言,何以胆敢在光天化日之下进攻皇宫? 其次,就官吏而言,是如何导致了民众要进攻皇宫,并让他们得逞? 何况士人是官吏的主要来源,又有教化民众、移风易俗之责,故作为表征一代士林风气的士习士风,便成为朝野上下共同关注的焦点。天理教事件后,知识界对士习、人心、风俗等问题的反思,不仅从最基本的社会生活层面着眼,更进一步反省朝廷关于士人的国家法度,以及与士人息息相关的科举考试、学术形态等等。

关于士人社会生活层面的反思,使我们充分注意到嘉道时期士人生活普遍贫困化的严重性,它不仅使士人遑遑于生计而无暇顾及家国大事,同时也使原本用以培养士人操守、品节的学术成为谋生工具,这是导致嘉道间士习士风败坏的社会根源,而其背后则隐约透露出清廷对汉人士子的猜忌、严苛及其包藏祸心的统治术——使他们为维持基本的生活温饱遑遑不暇,无形中消磨其担当天下的精神,以防生反侧之心。时人在这一层面反思士习士风败坏的原因时,已在不同程度上窥见此点,故一方面呼吁清廷应负起"养士"之责,保障士人的基本社会生活;另一方面则主张士人要学会自我谋生,以"治生"为第一要务。

国家法度方面的反思,则不仅溢出了朝廷法度允许的范围,更直接针对清廷关于士人的祖宗之法,称正是朝廷禁止士人讲学、关注时事的法律和制度,造成当下这种仅顾一己私利,不关心时事,不关心家国天下的疲弊士风。同时,还对清代关于士人立法所鉴戒的明代学术、士习和风俗,予以新的历史定位和评价,正面肯定其价值和意义,并以之作为批评和变革当下士习、风俗的重要背景和历史资源。在这背后则与士人的具体社会生活及登进、升迁之途等密切相关,是当时士人某些现实愿望的变相表达,如改善士人的基本生活状况,提高士人的国家和社会地位,加强汉人士子的政治参与等。

在学术形态及科举取士层面的反思,则强调士人对现实的担当,强调科举取士制度在培养士子、培育优良的士习、士风及选拔人才方面担负的责任,而不应起相反作用。故对学术形态和科举取士制度提出各种变革建议,以期实现学术经世,并通过科举考试培养和强化士人的现实责任感,关心和议论朝政。

天理教事件后,因讨论和反思士习、人心、风俗等问题,使关注当下,议论朝政,成为知识界的热门话题,这是嘉庆后期不同于此前知识界的重要风气。道光间,随着统治危机的加剧和各种社会问题的丛聚出现,使这一风气得以持续,并愈演愈烈。清人称道光后期是"处士横议"的时代,孟森也说这个时代"议论蜂起"。①

其实,早在道光五年(1825)龚自珍已在诗中直斥本朝盛行的文字狱高压政策,曰:"避席畏闻文字狱,著书都为稻粱谋。"②若非言论环境已相当宽松,很难出现这样的诗作,何况作诗者对此政策的意图有非常明确的认知呢?道光十三年(1833),李祖陶(1776—1858)亦抨击本朝的文字狱高压政策,称导致士人为远祸而回避现实问题,云:"其初由一二公之忌克,借语言文字以倾人,其后遂积为千万人之心传,各思敛笔惜墨以避祸,士之负聪明才力者,无以发抒,遂各爬梳经义,将古人成说已定者,仍复颠之倒之,甚至旁引博征,说'曰若稽古'至三万字,而应酬之文不可无以塞白,遂各骈四俪六以相夸。"一旦涉及,则如惊弓之鸟,造成今日"文运"大衰,且于世道人心大有关系:

---

① 金安清:《水窗春呓》卷下"禁烟疏"条,云:"自来处士横议,不独战国为然。道光十五六年后,都门以诗文提倡者陈石士、程春海、姚伯昂三侍郎;谏垣中则徐廉峰、黄树斋、朱伯韩、苏赓堂、陈颂南;翰林则何子贞、吴子序;中书则梅伯言、宗涤楼;公车中则孔宥涵、潘四农、臧牧庵、江龙门、张亨甫,一时文章议论,掉鞅京洛,宰执亦畏其锋。禁烟之疏,实子序、牧庵、龙门三人夜谈蓺烛,无意及之,遂成一稿,而黄树斋亟上之。其词危悚,宣宗阅之大动,遂决计施行。其折大意,乃以纹银出洋太多,银价昂贵,地方钱漕河工皆病为言,而非重于民命。其命意已近乎霸术而非王道也,故边衅开而患气乘之。"(谢兴尧点校本,页80,北京:中华书局,1984年)孟森:《清史讲义》,页367。

② 龚自珍:《咏史》(1825),《龚自珍全集》,页471。

　　盖古人之文,一涉笔必有关系于天下国家;今人之文,一涉笔惟恐触碍于天下国家。此非功令实然,皆人情望风觇景,畏避太甚。见鳝而以为蛇,遇鼠而以为虎,消刚正之气,长柔媚之风,此于世道人心实有关系,鄙人心窃忧之久矣。夫为文而或讪上或傲世,此其不自爱惜,灾必及身者也;若乃抱惓惓之衷,指陈时弊,欲天下争自濯磨以返于古,亦言者无罪闻者足戒,而今人皆不能然,不可慨哉![①]

由此可见道光前期的舆论环境亦已相当宽松,联系到本章讨论的天理教事件后士林言论环境的变化,则天理教事件后的嘉道时期,其言论环境之宽松,当为清代此前所无。如夏炘便直言因时政日弊,故士人不得不言。在这里,我们看到孔子“天下有道,则庶人不议”的翻版,正是因为天下无道,故庶人多有“议天下”者,他说:“大政日敝矣,当事者不肯设法变通矣,举生民而将涂炭之,有心世者亦所不忍也。故梼昧之见,不嫌妄发。”[②]

　　最后,回到本章开头的问题,刘师培在肯定明代士习、士风的背景下,对清代士习、士风多持贬抑态度,联系到文章的写作时间及其本人的反满革命立场,这当然可视作因现实关怀而发的“有为之言”。但经过研究却发现,这并非是对研究对象的刻意扭曲,而是真实揭露了清中叶学术思想的另一面相。刘氏从“嗜利”、“附势”等角度对清代士人的批评,也为我们从社会生活史角度考察嘉道间士人的生活状况与士习士风的关系,提供了颇为有益的线索。不仅如此,刘师培以明代为背景贬抑清代士习、士风,无论是研究思路还是具体内容,皆源自天理教事件后知识界对士习、士风的反思和讨论。不同的是,这些在清末刘师培那里已变成反满革命的重要资源,其对明代的肯定却被视为近乎客观的历史认识。历史认识与不同时代的历史现实间的微妙互动,值得治史者仔细探究。

---

　　① 李祖陶:《与杨蓉渚明府书》,《迈堂文略》卷1,页27,同治戊辰敦阳尚友楼刻本。李氏比信主要讨论其所选《后八家古文》。考《迈堂诗稿自序》有“辛卯家居,锐意选文,壬辰至金陵谒陶文毅公,以所选古文呈政”等语(李祖陶:《迈堂诗存》卷首,《清代诗文集汇编》第519册影印稿本,页275),据信中“去秋质之陶云汀先生,亦谓议论太直”语,知此信作于“壬辰”之次年,即道光十三年癸巳。

　　② 夏炘:《河事私议》,《夏仲子集》卷6,页4。

第七章　天理教事件与嘉道之际学术转向（下）
——提倡理学、批评汉学考据及其他

第一节　汉学考据,学术中的"邪教"?
——从嘉庆间一则攻讦汉学考据的材料说起

嘉庆十六年(1811),51 岁的甘泉老名士江藩(1761—1830)总结本朝汉学成就、建立汉学谱系的《国朝汉学师承记》完成。该书表彰本朝汉学将"一坏于东西晋之清谈,再坏于南北宋之道学,元明以来此道益晦"的经术"一朝复旦",称其时为经术大明的"千载一时"。[①] 同样是对本朝汉学,大约在同一年,81 岁的桐城耆宿姚鼐(1731—1815)却将其诋为"衣冠中之邪教"。是年,姚氏致函老友、新任闽浙总督汪志伊(1742—1818),称:

> 近士大夫侈言汉学,只是考证一事耳! 考证固不可废,然安得与宋大儒所得者并论? 世之君子欲以该博取名,遂敢于轻蔑闽洛,此当今大患,是亦衣冠中之邪教也![②]

姚鼐此言很少有人注意,但乍听来却有些熟悉。不错,这种声音就来自十三年后他的弟子方东树。

道光四年(1824),方东树(1772—1851)在其甫完成的《汉学商兑》中称

---

① 江藩著、钟哲整理:《国朝汉学师承记》卷 1,页 6,北京:中华书局,1983 年;参见漆永祥:《江藩与〈汉学师承记〉研究》,页 249,上海:上海古籍出版社,2006 年。

② 姚鼐:《与汪稼门(15)》,《惜抱先生尺牍》卷 1,页 20,咸丰五年杨氏海源阁刻本。按:据信中"滇海波平"语,可推定此信写作时间。闽浙"海盗"平定在嘉庆十四年,汪志伊由湖广总督改任闽浙总督在嘉庆十五年九月(钱实甫《清代职官年表》,页 1446,北京:中华书局,1980 年),如此则此信应为汪氏任闽浙总督任时撰。又据"新年惟起居万福,计旌麾当于元宵间抵治所"语,此信可能撰于嘉庆十六年正月。

本朝汉学考据之害甚于杨墨佛老、洪水猛兽,说:

> 今汉学家首以言理为厉禁,是率天下而从于昏也。拔本塞源,邪说横议,较之杨墨佛老而更陋,拟之洪水猛兽而更凶。何者? 洪水猛兽害野人,此害专及学士大夫。学士大夫学术昧,则生心害政,而野人无噍类矣。[①]

这种攻击,较乃师学术中之"邪教"的诽诋有过之而无不及,其一脉相承的关系亦明白可见。

问题是,姚鼐何以称汉学考据为学术中的"邪教"? 是"邪教"与汉学考据有内在联吗? 但汉学考据既非"邪教"的教义来源,亦未提供相应理论支持,那么他为什么要做这种近乎不伦的类比?

熟悉嘉庆朝史事的人都知道,这是一个"邪教""叛乱"频繁发生的时代,嘉庆即位那年爆发的川楚白莲教起义,蔓延五省、绵延八年之久;嘉庆十八年的天理教事件,更使皇宫遭到"邪教"徒的进攻,使朝廷颜面丧尽。不过,姚鼐排诋汉学考据为学术中之"邪教"时,天理教事件并没有发生。但这种类比却在表明"邪教"为患日烈的同时,也说明汉学、宋学之争已臻白热化。如果再考虑到收信人汪志伊在甫卸任的湖广总督任内,因查拿白莲教残余势力而颇受嘉庆帝称许的政绩,则不难看出姚氏不惜将汉宋之争"政治化"的险恶意图。[②]

姚鼐关于汉学考据是学术中"邪教"的攻讦是否伦类,暂且不论。不过,它已提醒我们注意汉、宋之争这一表面上看似纯学术性的论争,在其出现的历史场景涵盖了很多学术以外的内容。如果再注意到早在姚鼐做出这种攻讦的三年前,年逾七旬的汉学巨擘段玉裁(1735—1815)致函王念孙(1744—1832),谈"今日之弊",将其时盛行的汉学考据比作"河患",意欲与王氏共同提倡理学,[③]则更提醒我们注意知识界出现的提倡理学、批评汉

---

① 方东树:《汉学商兑》卷下,江藩等《汉学师承记(外二种)》本,页401,北京:三联书店,1998年;郑福照辑《方仪卫先生年谱》,页6,方东树《仪卫轩文集》附,同治七年(1868)五月刻本。

② 李桓:《国朝耆献类徵(初编)》卷189《汪志伊传》,页10,湘阴李氏板;《清仁宗实录(三)》卷205,嘉庆十三年十二月丁未,页734—735,北京:中华书局,1986年。

③ 段玉裁:《致王念孙》,转引自陈鸿森:《〈段玉裁年谱〉订补》,《"中央研究院"历史语言研究所集刊》第60本第3分,页638,1989年。

学考据之风，实与当时政治、社会等现实问题密切相关。

近年王汎森先生在讨论方东树批判汉学考据及其在晚清思想史中的意义时，提出一个重要问题："近代思想变化的起点究竟是什么时候？"他对长期以来学界将鸦片战争作为中国近代思想开端的观点提出质疑，主张上溯至道光十一年（1831）方东树《汉学商兑》的出版，认为近代思想从汉学到新学的转变，其间应有第三种思想力量，这就是方氏主张的宋学（理学）复兴，它代表了新时代的动向，是晚清内部思潮变动的开始。方东树对汉学考据的攻击，凸显了其与现实世界的断裂，汉学考据与现实致用非但不是相辅相成，反而互相排斥。相比之下，宋学对现实的关照性则远胜于汉学考据。正是基于鸦片战争前后中国面临的那些内部困局和外来挑战，方东树抨击汉学考据倡导理学，才因其"现实性"成为此后思想发展的重要潮流。①

但上述材料则提醒我们早在方东树《汉学商兑》出版前，已有人将汉学考据与当下现实做比附，攻击考据，提倡理学。且这样的学者既有一贯秉持宋学立场者，也有汉学考据的大师级人物。如此，则1831年《汉学商兑》的出版，就很难称得上是中国近代思想变化的起点，那么，在此之前是否也存在一个类似鸦片战争那样导致学术转向的标志性或象征性事件呢？

循此思路，我们发现嘉庆十八年爆发的震惊朝野的天理教事件，正是这样的触媒。它不仅使此前知识界那些批评汉学考据、提倡理学等不太受关注的意见，逐渐被彰显、扩大，成为重要的学术潮流；其对处于独尊之势的汉学考据的批评，也开启了学术多元发展的趋向。理学在此过程中一方面是批评汉学考据的标准、资源和提倡对象，另一方面其批评精神则拉近了学问与现实的距离，强调学问对现实的承担和应对，强调经世致用。因而就中国近代思想变化的起点而言，作为一个标志性或象征性事件，天理教事件似乎比鸦片战争或《汉学商兑》的出版更为合适。

批评汉学考据、提倡理学，传统上属于清中叶汉宋之争的话题，鉴于现

---

① 王汎森：《中国近代思想与学术的系谱》，页3—22，30；"自序"，页2，长春：吉林出版集团有限责任公司，2011年。

有研究在学术史的梳理和义理层面的探讨已取得丰硕成果，[①]本章将从政治史和社会史的角度，系统发掘学者的意见与观感、国家政策的调整与实施、图书的刊印售卖、学政等地方官员的作为等资料，将这一问题的讨论置于更为具体的历史场景，探讨中国传统学术思想向近代转变的开启过程。时段上，将天理教事件发生前的嘉庆朝前十七年（1796—1812）作为一个时期，将天理教事件发生至《汉学商兑》出版的前一年（1830）作为另一学术时段——嘉道之际（1813—1830），使时长大致相同，具有可比性。

第二节　嘉庆前期汉学与理学在知识界的状况
——汉学极盛与理学衰微

　　由于乾隆中后期《四库全书》馆开馆等清廷奖掖汉学考据措施的实施，以及乾隆帝有意贬损理学等文化政策的展开，尤其是乾隆晚年以帝王之尊亲撰考证性文字的影响，到乾嘉之际汉学考据已然成为知识界的"显学"。[②] 一种学术在知识界引起普通学者的跟风、效仿，并产生一定的沉弊，并不一定表明这种学术开始走向衰微，相反它很可能标志着其在知识界的流行和普及程度。乾隆末年凌廷堪（1755—1809）对汉学考据流弊的贬斥，正是这种现象的最好说明。凌氏批评当下"风会之所趋而学者之所蔽"的学术正是汉学考据，称"目前侈谈康成、高言叔重者，皆风气使然，容有缘之以饰陋，借之以窃名"，"浮慕之者，袭其名而忘其实，得其似而遗其真"，

---

　　① 　如：胡思庸：《鸦片战争前夕的"汉宋之争"》（《史学月刊》1981 年第 4 期，页 49—53）、黄爱平：《〈汉学师承记〉与〈汉学商兑〉——兼论清代中叶的汉宋之争》（《中国文化研究》1996 年第 4 期，页 44—49）、尚小明：《门户之争，还是汉宋兼采？——析方东树〈汉学商兑〉之立意》（《思想战线》2001 年第 1 期，页 139—140）、张淑红：《〈汉学商兑〉与清中叶的汉、宋之争》（《南开学报（哲学社会科学版）》2004 年第 1 期，页 37—45）、李帆：《论清代嘉道之际的汉宋之争与汉宋兼采》（《求是学刊》2006 年第 5 期，页 124—131）、陈祖武：《关于乾嘉学派研究的几个问题》（《文史哲》2007 年第 2 期，页 79—83）、张循：《汉学的内在紧张：清代思想史上"汉宋之争"的一个新解释》（《"中央研究院"近代史研究所集刊》第 63 期，2009 年 3 月，页 49—96）等。其中朱维铮《汉学与反汉学》（载氏著《求索真文明——晚清学术史论》，页 13—43，上海：上海古籍出版社，1996 年）一文充分注意到清廷文化政策的变化对汉宋之争的影响，尤其值得关注。

　　② 　参见王达敏：《从尊宋到崇汉——论姚鼐建立桐城派时清廷学术宗尚的潜移》（《中国文化》第 19、20 期，页 281—287，北京：三联书店，2002 年）、夏长朴《乾隆皇帝与汉宋之学》（载彭林主编：《清代经学与文化》，页 156—192，北京：北京大学出版社，2005 年）、陈祖武、朱彤窗：《乾嘉学派研究》（页 6—13，石家庄：河北人民出版社，2005 年）等。

或"搜断碑半通,刺佚书数简,为之考同异,校偏旁,而语以古今成败,若坐雾霭之中",或"读《易》未终,即谓王、韩可废;诵《诗》未竟,即以毛、郑为宗;《左氏》之句读未分,已言服虔胜杜预;《尚书》之篇次未悉,已云梅赜伪古文。甚至挟许慎一编,置《九经》而不习;忆《说文》数字,改六籍而不疑"。①

当一种学问需要为它"立名"和"正名"时,恰恰说明这种新兴学问的兴盛程度和规模。乾嘉之际,关于汉学考据成立与否的论争恰成为知识界的重要话题,很多身在不同地域的学者卷入了这场讨论。乾隆六十年(1795)三月,时在山东的焦循(1763—1820)因孙星衍(1753—1818)新刊《问字堂集》收有与袁枚论考据、著作之分的讨论,致函孙氏辨"考据"名目之非,称本朝经学"均异乎补苴掇拾者之所为,是直当以经学名之","无端设一考据之目……不独考据之称有未明,即著作之名亦未深考也"。② 次年,也就是嘉庆元年(1796),焦氏(时在浙江)又致函时在江苏丹徒的刘台拱(1751—1805),谈其与孙氏的这一争论,坚决主张摒弃"考据"名目,并请刘氏为此学正名,云:

> 盖儒者束发学经,长而游于胶庠,以至登乡荐,入词馆,无不由于经者……于经或精或否,皆谓之学经,何考据之云然? 先生当世大儒,后学之所宗仰,出一言以正其名;俾共知儒者之学,有浅深,无同异,则不致以虚声漫附,亦不致视为艰途,以阻其功力也。③

巧合的是,在此前后,刘氏也收到另一位学者吴蔚光(1743—1803)同样反对其时学界"又添考据一家"的信,据吴氏称他还就此与王鸣盛(时在苏州)有过深入的讨论:

> 弟尝与西庄纵谈,向来朴学、词章,分道扬镳,兹则又添考据一家。前辈颇韪之,以为未发。然弟私意犹谓,朴学兼经史而言也,若穿凿武

---

① 凌廷堪:《大梁与牛次原书》、《与胡敬仲书》,王文锦点校《校礼堂文集》卷23,页203、206、200,北京:中华书局,1998年;葛兆光:《中国思想史》第二卷《七至十九世纪中国的知识、思想与信仰》,页536—537,上海:复旦大学出版社,2000年。

② 焦循:《与孙渊如观察论考据著作书》,《雕菰集》卷13,页24,道光四年岭南节署刻本。

③ 焦循:《致刘台拱》,转引自刘文兴编:《刘端临先生年谱》,页56,香港:崇文书店,1975年。

断，沿袭附会，而不切于义理，非真朴学也。词章兼诗文而言也，若支离驳难，混入仙释，而不切于义理，非真词章也。至于考据，则可以助朴学、词章之用，若细小名物，无关轻重，亦殚精竭力，而专务焉，岂不闻道形而上，器形而下乎？①

嘉庆三年（1798）三月，焦循（时在扬州）又为此"考据"之名致函北京的王引之（1766—1834），称"尝怪为学之士自立一考据名目……凡郑许一言一字，皆奉为圭璧，而不敢少加疑辞"，表示"欲芟此考据之名目，以绝门户声气之习"，否则"此风日炽，非失之愚，即失之伪。必使古人之语言皆佶厥聱牙而不可通，古人之制度皆委曲繁重而失其便"。② 参与讨论的这些学者所在的地域涉及北京、山东、丹徒、苏州、扬州等地，可谓为波及南北知识界的大讨论。

一、汉学考据极盛、理学衰微至极的状况

到嘉庆前期，汉学考据兴盛的状况有增无减，其生存环境及在知识界的地位，又有明显的改善和提高。

首先，就图书资料的利用和流通而言，士林期待已久的江南三阁《四库全书》已投入使用，士人也获准到阁抄阅所需的资料。③ 而"备载时、地、姓名及作书大旨"、"津逮《全书》"的《四库全书总目提要》，也有浙本和殿本两个不同的刻本在南北书肆销售。且这两个刻本的印行量都很大，浙刻本的目的是"士林传播，家有一编"；殿本也通过"京城各书坊领售"，"俾得家有其书"。而在此前，到阁抄录此书者，已出现"毫楮丛集，求者不给"的状况。④ 从而使《四库全书》在知识界的影响更为具体、广泛，因为它不仅为

---

① 吴荭甫：《致刘台拱》，转引自刘文兴编：《刘端临先生年谱》，页 57，北平：燕京大学国学研究所，1931 年。荭甫为吴蔚光之字，见法式善：《例授奉直大夫礼部主事吴君墓表》，闵尔昌《碑传集补》卷 11，页 5—7。

② 焦循：《致王引之书（一）》，赖贵三编著：《昭代经师手简笺释——清儒致高邮二王论学书》，页 201，台北：里仁书局，1999 年。

③ 乾隆五十二年，南三阁《四库全书》分缮完毕。五十五年五月，乾隆再次颁谕重申俟江南三阁《四库全书》排架完竣后，"许士子到阁钞阅"。中国第一历史档案馆编：《纂修四库全书档案》，页 2189—2190，上海：上海古籍出版社，1997 年。

④ 这两个刻本都于乾隆六十年刊刻完竣，参见阮元：《浙江刻〈四库全书提要〉恭跋》，《揅经室二集》卷 7，页 565，北京：中华书局，1993 年；中国第一历史档案馆编：《纂修四库全书档案》，页 2374—2375；崔富章：《〈四库全书总目〉武英殿本刊竣年月考实——"浙本翻刻殿本"论批判》，《浙江大学学报（人文社会科学版）》2006 年第 1 期，页 104—109。

学术研究者(尤其是汉学考据家)提供了具体的图书资料,也使《四库全书总目》所倡导的学风及秉承的学术理念在知识界广泛传播。另外,当时公认的集汉学考据之大成的戴震(1723—1777)的著作,也继曲阜孔氏微波榭所刻的十五种《戴氏遗书》后,又在江南出现了一种将戴氏"论音韵、论六书转注、论义理之学诸大篇"补入的十二卷本《戴东原集》,据编刻者段玉裁说,自该书刊印后,"近日江东人颇得家弦户诵"。①

其次,为汉学考据建立学术系谱或从汉学考据的立场撰写本朝学术史,已成为知识界的重要话题。嘉庆八年(1803),60 岁的钱坫(1744—1806)在与包世臣(1775—1855)初识的晤谈中,就称:"国朝当倡《经学传》,自唐以来,治经无盛于本朝者。"②四年后(1807),江藩已着手编纂《国朝汉学师承记》,并于嘉庆十六年成书,这是当时系统构建本朝汉学考据学术系谱的首次尝试。③ 与此同时,另一种以官方形式、从汉学考据立场撰写本朝学术史的努力也正在展开。嘉庆十五年十月,阮元(1764—1849)自愿兼国史馆总裁,纂辑《国史儒林传》。其书虽标举清代列帝"崇宋学之性道而以汉儒经义实之"的学术宗旨,且对汉、宋二学之"蔽"的批评,亦看似不分轩轾,如称:

> 综而论之,圣人之道,譬若宫墙,文字训诂,其门径也。门径苟误,跬步皆歧,安能升堂入室乎? 学人求道太高,卑视章句,譬犹天际之翔,出于丰屋之上,高则高矣,户奥之间未实窥也。或者但求名物,不论圣道,又若终年寝馈于门庑之间,无复知有堂室矣。是故正衣尊视,恶难从易,但立宗旨,即居大名,此一蔽也;精校博考,经义确然,虽不逾闲,德便出入,此又一蔽也。④

---

① 段玉裁编:《戴东原先生年谱》,赵玉新点校《戴震文集》附录,页 245—246,北京:中华书局,1980 年;余英时,《论戴震与章学诚》,页 40 注②,北京:三联书店,2000 年。

② 包世臣:《钱献之传》,《艺舟双楫》卷 8,李星点校:《包世臣全集》,页 482—483,合肥:黄山书社,1993 年。

③ 漆永祥:《江藩与〈汉学师承记〉研究》,页 249。

④ 阮元:《拟国史儒林传序》,《揅经室一集》卷 2,页 37—38;并参王章涛:《阮元年谱》,页 528,合肥:黄山书社,2003 年。又,方东树亦称阮元该书"志业表章,仍宗汉学一派"(方东树《汉学商兑》卷上,页 252)。

但考虑到宋学(理学)在帝国统治思想处于独尊地位,则此举无疑以一种官方形式将汉学考据抬高到与理学并崇的位置,从独尊到并崇,对理学而言就是地位的下降。

　　这一"崇汉贬宋"的倾向在实际编撰中更加明显,其时同在史馆的董桂敷(1772—1829)为崇尚理学的汪绂(1692—1759)立专传,力请于阮元而不得,即是明证。① 该书于十七年八月完稿,交付国史馆。② 但其较重的汉学考据色彩,使它虽未正式刊行,就在甫问世的两年间,遭到宋学家不同程度的批评。十八年秋,姚鼐致函侄孙姚莹,评论凌廷堪入传事,称:"吾昨得《凌仲子集》阅之,其所论多谬,漫无可取,而当局者以私交入之《儒林》,此宁足以信后世哉?"③同年冬,他又致函姚元之批评该书取舍标准,说:"馆上事想总未定,即如前者,芸台先生所定,岂必遽允公论乎?"④十九年,翁方纲(1733—1818)因国史馆总裁曹振镛以此《儒林传》目属相商定,函称"博综马、郑而勿畔程朱,乃今日士林之大闲也",主张"宁慎取,勿滥收",建议将入传的江声剔出,原因是其《尚书注疏》"不用旧疏一字也,直是自己另作注,又于每条下以小字另自为疏,注与疏皆此君一手写,杂仿六书体,非篆非隶,自成一部注疏,乃自刊板行世",称"此人若入《儒林传》,将必开嗜异者自撰注疏之渐,即使其中无诞妄不经语,而此风亦不可长,诚恐使天下学者自外于传注,渐渐自外于程朱,开无数矜奇嗜博之流弊,不可不防也"。⑤

　　最后,将汉学考据上升为国家学说的努力也正在展开。尽管在乾隆后期的知识界已有一种舆论气候,认为汉学考据之兴可与当时的统治学说——理学争道统,如章学诚就听到"表表于人望"的"通人"说:"异日戴氏学昌,斥朱子如拉朽。"⑥但这种争取汉学考据成为国家学说的努力,到嘉

----

　　① 沈维鐈:《诰授奉政大夫翰林院编修董君墓志铭》,沈曾樾编:《补读书斋集外稿》,页3,沈维鐈:《补读书斋遗稿》卷末,光绪二十五年补刻本。

　　② 王章涛:《阮元年谱》,页554。

　　③ 姚鼐:《与石甫侄孙(7)》,《惜抱先生尺牍》卷8,页14。据信中"今科桐城中四举,而姚氏无一人,未知北榜何如耳"及"作前书未发,得汝六月廿日从化寄来书"语,及上信内容,知该信作于嘉庆十八年(1813)。

　　④ 姚鼐:《与伯昂从侄孙(5)》,《惜抱先生尺牍》卷8,页4。

　　⑤ 翁方纲:《与曹中堂论儒林传目书》,《复初斋文集》卷11,页2—4,李彦章校刻本;陈祖武、朱彤窗:《乾嘉学术编年》,页755,石家庄:河北人民出版社,2005年。

　　⑥ 章学诚:《答邵二云书》,《章学诚遗书》"佚篇",页645,北京:文物出版社,1985年。

庆朝才真正展开。嘉庆七年（1802）四月，嘉庆帝特旨议准口授尚书的秦博士伏生后裔世袭五经博士。① 发起人孙星衍称此举为"千古未有之旷典"，洵非虚言。② 因为二十多年后的道光三年（1823），福建巡抚叶世倬（1752—1823）奏请以宋儒李侗后裔世袭五经博士，即遭礼部驳斥，称："世袭博士，自汉唐至本朝，惟伏氏胜、韩氏愈、周子敦颐、邵子雍、程子颢、程子颐、张子载、朱子熹八人，此外均不得与，即十哲中宰我、冉有尚未议及，何论其余？"③可见五经博士地位之尊崇，故时人颇将伏生立为五经博士，视为朝廷崇尚汉学考据的重要象征："有汉一代，诸儒请立博士，且不及伏生，数千年阙典，待发于国朝……以彰一代兴废继绝之盛治。"④

与汉学极盛相反，理学则处于衰微至极的境地。这在图书刊印、销售方面表现得尤为明显，当时一些常见理学书籍在南北书肆都很难找到。对此，余英时先生曾引乾嘉之际昭梿（1776—1829）在北京书肆购求薛瑄《读书记（录）》等理学书而无所获的见闻，加以讨论。⑤ 昭梿云：

> 自于、和当权后，朝士习为奔竞，弃置正道。黠者诟詈正人，以文己过，迂者株守考订，訾议宋儒，遂将濂、洛、关、闽之书束之高阁，无读之者。余尝购求薛文清《读书记》（又作《读书录》）及胡居仁《居业录》诸书于书坊中，贾者云："近二十余年，坊中久不贮此种书，恐其无人市易，徒伤赀本耳！"伤哉是言，主文衡者可不省欤？⑥

由于余先生用的只是这条孤证，故其判断颇令人生疑。⑦ 不过，笔者现在又找到其他几条与此类似的史料，其中一例就与昭梿的遭遇极为相似。

---

① 昆冈等修、刘启端等纂：《（光绪）钦定大清会典事例》卷438"礼部·中祀·先圣先贤先儒后裔世袭五经博士"，《续修四库全书》第805册，页29。

② 孙星衍：《增立郑氏博士议》，载《平津馆文稿》卷上，页5，光绪乙酉（1885）长沙王氏刊本。

③ 《清宣宗实录（一）》卷49，道光三年癸未三月辛未，页886—887，北京：中华书局影印本，1986年。

④ 孙星衍：《建立伏生博士始末序》，王重民辑：《孙渊如外集》卷3，页12，北平：国立北平图书馆，1932年；张瑞龙：《天理教事件与清中叶文化政策的转变——以嘉庆朝为中心的考察》，《"中央研究院"近代史研究所集刊》第71期，页60—61，2011年3月。

⑤ 余英时：《曾国藩与"士大夫之学"》，载氏著《士与中国文化》（新版），页580，上海：上海人民出版社，2003年。

⑥ 昭梿：《啸亭杂录》卷10"书贾语"，页317—318，北京：中华书局，1980年。

⑦ 葛兆光：《中国思想史》第二卷《七至十九世纪中国的知识、思想与信仰》，页535。

嘉庆六年(1801)春夏之际,朝鲜使臣柳得恭(1749—?)于赴京次日拜访纪昀(1724—1805),询问请其帮忙在京购买《朱子语类》及薛瑄《读书记》等理学书的情况,云:

> 余曰:生为购朱子书而来,大约《语类》、《类编》等帙,外此如《读书纪(记)》载在《简明书目》,此来可见否?
>
> 答:此皆通行之书,而迩来风气趋《尔雅》、《说文》一派,此等书遂为坊间所无。久为贵副使四处托人购之,略有着落矣。

对于像北京这样的帝国文化中心,竟连处当朝学术正统地位的理学常见书籍都难以找到。柳氏慨叹说:

> 此行为购朱子书,书肆中既未见善本,纪公曾求诸江南,云亦无所得。纪公所云迩来风气趋《尔雅》、《说文》一派者,似指时流。而其实汉学、宋学、考古家、讲学家等标目,未必非自晓岚倡之也,见《简明书目》论断可知也。多见南方诸子所究心者六书,所尊慕者郑康成,相誉必曰通儒,曰通人。程朱之学不讲,似已久矣。中国学术之如此,良可叹也。[①]

柳氏是域外人士,并不属于当时清帝国汉学考据或尊崇理学中的任何一派,"异域之眼"看到的有时尽管只是管中窥豹,但这种观察似乎要比中二人士这些"当事人"的记载,更为冷静、客观。

其实,当时江南并非没有这类理学书籍,只是因长期无人问津,常被当作废纸卖掉。嘉庆初,居住在苏州府震泽县的张海珊(1782—1821)购买理学书籍的经历,便是这种状况的最好说明,据其回忆称:

> 海珊自十七八岁,始知诵读。家无书籍,稍稍从贾客购取,则宋人著作极廉,而时贤解经之书,往往兼金不能得。自某年迄某年,约所收

---

① 柳得恭:《燕台再游录》(1801),《燕行录全集》第60卷,页270。

数百卷,皆贾人之以为陈年故纸,而无人过问者也。①

考海珊生于乾隆四十七年(1782),其十七八岁当在嘉庆三、四年(1798—1799)前后。② 故其描述的购书状况,当为嘉庆初年以降的情形。其中"宋人著作极廉,而时贤解经之书,往往兼金不能得",不但可与柳得恭的观察、判断相印证,还可从汉学考据书籍的售卖状况得到佐证。

嘉庆四年,段玉裁致函刘台拱,就抱怨王念孙甫刊行的《广雅疏证》,"发价甚昂"。③ 高昂的销售价格,确能从某种程度上反映这种学术的"前沿"和"时尚"程度。而次年段氏之子因参加江南乡试费用不敷,带其所著《周礼汉读考》二十本赴金陵售卖,又颇能透露出汉学考据著作在参加科考士子中的受欢迎程度。④ 理学书的销售状况则与此恰恰相反,与张海珊购买理学书的情况相似,嘉庆元年前后,江南一位以舂米为生却好读书的佣工,在很长一段时间,以每年工价所得,悉以购书。据说其选购标准是"无所择",但所得之书却"大约理学居多"。⑤ 考虑到这位佣工的实际收入,与其扣除基本生活所需后的购买力,以及只要是书就买的选购态度,价格低廉的滞销书往往成为首选。在此情况下,所购之书竟以理学居多,则理学在知识界的境遇可见一斑。

同样,嘉庆十九年(1814)在江宁钟山书院任山长的姚鼐,因劝诸生读朱子《四书或问》、《朱子语类》等理学书,但"坊间书贾至无此书",而且即使设法谋刻此类书籍亦非易事。⑥ 而以前刊刻的这类书版则被廉价处理,嘉庆四年焦循就遇有市卖康熙间张伯行所刊《正谊堂四书》书板者,且"价亦甚廉",不禁慨叹"近日学者不好宋儒书,故不甚宝惜"。⑦

---

① 张海珊:《记收书目录后》,贺长龄编:《皇朝经世文编》卷2,页22—23,总页75—76,北京:中华书局,1992年影印光绪十二年思补楼重校本。

② 张生洲:《张先生海珊行状》,钱仪吉纂、靳斯标点:《碑传集》卷141,页4199,北京:中华书局,1993年。

③ 段玉裁:《致刘台拱》(1799),转引自刘文兴编:《刘端临先生年谱》,页62。

④ 段玉裁:《与刘端临第二十四书》(1800),刘盼遂编:《经韵楼集补编》卷下,页15,北京:来薰阁书店,1936年;刘文兴:《刘端临先生年谱》,页62—63。

⑤ 诸联:《明斋小识》卷6"舂人读书"条,页5,《笔记小说大观》第28册影印民国上海进步书局本,扬州:广陵古籍刻印社,1983年。

⑥ 姚鼐:《与陈硕士(102)》(1814),《惜抱先生尺牍》卷7,页20。

⑦ 焦循:《里堂书跋》卷1,刘建臻点校:《焦循诗文集》,页572,扬州:广陵书社,2009年。

当时南北书肆极少有卖理学书者,反映的直接情况就是读理学书人极少。这一点,还可从其他例子得到证实。一是嘉庆前期成学的汪喜孙(1786—1848),汪氏自言其"生平于程、朱书,用力甚浅",平日所读的程朱之书,也仅是"《论》、《孟》、《大学》、《中庸》注"而已。① 二是嘉庆末年,陈用光回忆其二十余年的师友交游及游宦所历,亦称:"廿余年间,人多称汉儒,无及宋儒者。"②而这段时间,恰好就是嘉庆年间。另外,昭梿也特别注意到"近日士大夫皆不尚友宋儒"的学术风气。③

不仅是读理学书的人少,理学人才更是缺乏。据昭梿观察,其时从政者中颇乏理学人才,连素有"文士渊薮"之称的江浙亦不例外。故他对当时酷好理学的两位八旗人士——松筠和唐嵩龄,多所致意,誉为"知道之君子",称:"于举世不为之时,尚能笃于伊、洛,非知道之君子不能为也。"④又对康雍两朝多理学名臣艳羡不已:"本朝崇尚正道,康熙、雍正间,理学大臣颇不乏人。"在举出多位以理学"扬名于一时"的名臣后,他诘问说:"谁谓理学果无益于国也?"⑤显然,当时"理学无益于国"之说颇为盛行。

嘉庆前期贬抑理学的风气,还可从抨击理学书籍的刊印、销售情况窥见一二。这一时期被余英时称为纪昀(1724—1805)用来排诋程朱所谓"明枪"的《四库全书总目》,如前所述已有两个不同的版本在南北书肆销售,其印行量也因清廷的刻意提倡,远超出其他同类书籍;所谓"暗箭"的《阅微草堂笔记》,更因其诙谐、通俗在知识界广为传布,如《笔记》所收《滦阳消夏录》等五书,自乾隆五十四年至嘉庆三年(1789—1798)陆续问世的近十年间,就"梨枣屡镌",且"翻刻者众"。嘉庆五年(1800),盛时彦更将五书合为一编,在北京刊行。据盛氏自称,合刻本印行后,"购者甚繁",为此还于十四年(1809)春将书板送入书坊,以便刷印销售。⑥

在学术地位方面,程朱理学的道统地位,更因汉学考据家的明争暗夺

---

① 汪喜孙:《与戚蓉台书(3)》(1826),《汪孟慈集》卷5,杨晋龙主编《汪喜孙著作集》(上).页152,台北:"中央研究院"中国文哲研究所,2003年。

② 陈用光:《马一斋先生家传》,《太乙舟文集》卷3,页41,道光癸卯(1843)孝友堂重刊本。

③ 昭梿:《啸亭杂录》卷10"满洲二理学之士"条,页318。

④ 昭梿:《啸亭杂录》卷10"满洲二理学之士"条,页318—319。

⑤ 昭梿:《啸亭杂录》卷10"本朝理学大臣"条,页318。

⑥ 分别见余英时:《论戴震与章学诚》,页120;汪贤度:《阅微草堂笔记·前言》,页1;盛时彦:《阅微草堂笔记·序》(纪昀著、汪贤度点校《阅微草堂笔记》,页568,上海:上海古籍出版社,1982年);李永忠、赵立新:《〈阅微草堂笔记〉版本考略》,《文献》1999年第3期,页277。

变得岌岌可危。对争夺程朱理学的道统之席，汉学考据的代表人物戴震
（1723—1777）并不讳言，据与他有过几次晤谈的章学诚（1738—1801）说，
戴氏"丑贬朱子，至斥以悖谬，诋以妄作。且云：'自戴氏出，而朱子侥幸为
世所宗，已五百年，其运亦当渐替。'"①后来章氏在给邵晋涵（1743—1796）
的信中，又专门讨论戴氏自称以"《原善》之书欲希两庑牲牢"事，说戴氏"丑
詈程、朱，诋侮董、韩，自许孟子后之一人，可谓无忌惮矣"。②戴震贬诋朱
子的这些言论，在当时产生了广泛的影响。据章氏说，当时"听戴口说而加
厉者滔滔未已。至今徽、歙之间，自命通经服古之流，不薄朱子，则不得为
通人"；而士林"表表于人望"的"通人"，也有"异日戴氏学昌，斥朱子如拉
朽"之说，更有"著书辟宋理学，以谓六经、《论语》无理字"者。③

　　乾隆五十八年（1793），凌廷堪致函友人，也批评当时崇尚汉学考据导
致的贬抑理学之风："但以讥弹宋儒为能事。"④这种风气到嘉庆初年更有
增无减，嘉庆二年章学诚致函朱锡庚（1761—?），再次谈到戴震贬诋朱子对
后起士子的影响，说："至今休、歙之间，少年英俊，不骂程朱不得谓之通
人。"⑤姚鼐也注意到戴震对程朱理学"彼可取而代之"的野心，嘉庆十二年
（1807），他致函陈用光抨击说："戴东原言考证岂不佳？而欲言义理，以夺
洛闽之席，可谓愚妄不自量之甚矣。"⑥

　　剥极而复，当一种学术衰微至极时，往往会引起反弹。的确，理学在嘉
庆初年知识界的这种状况，便引起知识界少数有识之士的忧虑和关注。尽
管这种声音早在汉学考据尚未成为知识界的主流时就已出现，但其逐渐成
为一种"意见气候"，则是在嘉庆朝。巧合的是，嘉庆朝又是民变、邪教频繁
发生的时期。嘉庆十八年（1813）发生的天理教事件，促使清廷在文化政策

---

　　①　章学诚：《书朱陆篇后》，叶瑛校注：《文史通义校注》，页276，北京：中华书局，1985年。据
胡适《章实斋先生年谱》（耿云志编《胡适传记作品全编》第二卷，页60，上海：东方出版中心，1999
年），《书朱陆篇后》作于乾隆五十五（1790）。又，钱穆《实斋文字编年要目》认为《书朱陆篇后》作于
乾隆五十四年（1789）（钱穆：《中国近三百年学术史》，页466，北京：商务印书馆，1997年）。

　　②　章学诚：《答邵二云书》，《章学诚遗书》"佚篇"，页644—645。

　　③　章学诚：《书朱陆篇后》，叶瑛校注：《文史通义校注》，页276；章学诚：《答邵二云书》，《章学
诚遗书》"佚篇"，页645。

　　④　凌廷堪：《与胡敬仲书》（1793），王文锦点校《校礼堂文集》卷23，页206。

　　⑤　章学诚：《又与朱少白书》（1797.3），《章学诚遗书》"补遗"，页611；并参胡适《章实斋先生
年谱》，页89。

　　⑥　姚鼐：《与陈硕士（59）》（1807冬），《惜抱先生尺牍》卷6，页22。

方面作出重大调整，由崇尚汉学转而提倡理学。① 在这些因素的综合作用下，理学在嘉道之际也从衰微至极的境地逐渐恢复生机。

二、士林对汉学盛行、理学衰微的反应

对汉学盛行、理学衰微至极的状况，确有少数学者意识到其弊病，并力图挽救。如嘉庆元年章学诚选刻《文史通义》，就因"颓风日甚，学者相与离跂攘臂于桎梏之间，纷争门户，势将不可已也"，取十余年前旧稿，"急取订正付刊"，以期对当时的学风有所是正："得吾说而通之，或有以开其枳棘，靖其噬毒，而由坦易以进窥天地之纯，古人之大体也。或于风俗人心不无小补欤！"②

姚鼐则一贯秉持其乾隆后期以来的做法，一则对其时盛行的汉学考据之风严厉批评。嘉庆四年，姚氏致函胡虔（1753—1804）抨击纪昀所编《四库全书总目》，"持论大不公平"，且"为世道忧"，称："去秋始得《四库全书总目》一部阅之，其持论大不公平。鼐在京时，尚未见纪晓岚猖獗若此之甚。今观此，则略无忌惮矣！岂不为世道忧邪？鼐老矣，望海内诸贤尚能救其敝也。"③十二年（1807），77岁的姚鼐又因弟子陈用光谈及翁方纲"劝人卖宋儒之书"，批评其时为汉学者"偏徇而不论理之是非，琐碎而不识事之大小"，说："覃谿先生劝人读宋儒书，真有识之言。夫汉儒之学非不佳也，而今之为汉学乃不佳。偏徇而不论理之是非，琐碎而不识事之大小，哓哓呫呫，道听途说，正使人厌恶耳。且读书者欲有益于吾身心也，程子以记史书

---

① 参见孟森：《清史讲义》，页327—366，北京：中华书局，2006年；张瑞龙：《天理教事件与清中叶文化政策的转变——以嘉庆朝为中心的考察》，台北《近代史研究所集刊》第71期，页51—37，2011年3月。

② 关于章学诚选刻《文史通义》之事，参见章氏《与汪龙庄书》（1796.3），《章学诚遗书》卷9，页82，并参钱穆《实斋文字编年要目》"嘉庆元年"条（氏著《中国近三百年学术史》，页469）。引文见章学诚：《又与朱少白》，《章学诚遗书》"佚篇"，页643。按：该信未标注年月。信中提及为邵晋涵作传事，邵氏卒于嘉庆元年（1796），则写信时间当在此后。信中自注有"去岁游维扬，晤兰泉先生，游苏州，晤钱辛楣先生"语及"姚江赴杭至郡，又过门不入"语，考胡适《章实斋先生年谱》"嘉庆三年戊午"条，是年，章学诚在杭州，五月曾到苏州，冬在扬州（耿云志编《胡适传记作品全编》第二卷，页98—99）。则章氏是年行迹与信中自注所言"去岁"行迹合。复检严荣《述庵先生年谱》"嘉庆三年戊午"条，是年秋，王昶闻曾宾谷以俸满入都，赴扬州为其送行，"宾谷屡集名流招饮，赋诗联句，五日而归"（严荣编《述庵先生年谱》，《北京图书馆藏珍本年谱丛刊》第105册，页180—181）。则此信当作于嘉庆四年（1799）。

③ 姚鼐：《与胡雒君（15）》（1799），《惜抱先生尺牍》卷3，页10。

为玩物丧志,若今之为汉学者,以探残举碎,人所少见者为功,其为玩物,不弥甚邪?"①

　　嘉庆十四年(1809),姚鼐又藉为汪德钺撰墓志铭,痛诋汉学考据者"不务讲明服习圣道,行天下之公是,而求一己之私名。搜取隐僻为异,而不必其中;辨晰琐碎为博,而不必其当;好恶党仇,乖隔错迕,是失圣人所以作经之本意,而以博闻强识滋其非者也"。②并将其时盛行的丑诋程朱之风,视为"今日之患",称:"近时阳明之焰熄,而异道又兴。学者稍有志于勤学法古之美,则相率而竞于考证训诂之途,自名汉学,穿凿琐屑,驳难猥杂。其行曾不能望见象山、阳明之伦,其识解更卑于永嘉,而辄敢上诋程朱,岂非今日之患哉?"③而在此前,姚氏攻击汉学考据家如毛奇龄、戴震等人,更辱及身后,称此数人"为天之所恶",皆因诋毁程朱而绝嗣,云:

　　　　儒者生程、朱之后,得程、朱而明孔、孟之旨,程、朱犹吾父师也。然程、朱言或有失,吾岂必曲从之哉?程、朱亦岂不欲后人为论而正之哉?正之可也,正之而诋毁之,讪笑之,是诋讪父师也。且其人生平不能为程、朱之行,而其意乃欲与程、朱争名,安得不为天之所恶。故毛大可、李刚主、程绵庄、戴东原,率皆身灭嗣绝,此殆未可以为偶然也。④

十六年,姚鼐在给汪志伊的信中,更将汉学考据诋为"衣冠中之邪教"。⑤

　　二是积极提倡理学。嘉庆三年,姚鼐致函胡虔,讨论朱子《小学》。并对"近世论学,喜抑宋而扬汉"之风,表示"大不以为然",称:"前所议小学事,鼐殊不以班《志》所定为是。朱子所定《小学》,其识自高于古。朱彝尊辈欲返而从汉,其所评不为是也。"认为"宋儒所云小学,则是切于日用,学

---

　　①　姚鼐:《与陈硕士(53)》(1807春),《惜抱先生尺牍》卷6,页17。

　　②　姚鼐:《礼部员外郎怀宁汪君墓志铭并序》,《惜抱轩文集后集》卷8,刘季高点校:《惜抱轩诗文集》,页361,上海:上海古籍出版社,1992年。

　　③　姚鼐:《安庆府重修儒学记(代)》,《惜抱轩文集后集》卷8,《惜抱轩诗文集》,页396—397。

　　④　姚鼐:《再复简斋书》,《惜抱轩文集》卷6,《惜抱轩诗文集》,页102;据郑福照辑:《姚惜抱先生年谱》附"文目编年",该信作于姚氏六十至七十岁间,即乾隆五十六至嘉庆六年(1791—1801)间(《北京图书馆藏珍本年谱丛刊》第107册,页635)。又,袁枚卒于嘉庆二年(1797),则此信当作于1791—1797间。

　　⑤　姚鼐:《与汪稼门(15)》,《惜抱先生尺牍》卷1,页20。

者必不可缺者"。① 次年,当他得知方东树"近大用功心性之学",更将其誉
为"今日第一等豪杰"。② 十四年,姚氏又在其代撰《安庆府重修儒学记》中
号召诸生:"一遵程、朱之法,以是为学,毋迁异说。"③十八年,姚氏又因弟
子陈用光求教程朱《易》学与汉《易》何者为主时,纵论汉、宋优劣,劝其用功
程朱理学,说:

> 班固所云:"少穷一经,白首始能言也。"及能言,而却于圣人之旨
> 未当。不若读程朱之书,用功之劳同,而所得者大且多也。近世为汉
> 学者,初以人所鲜闻而吾知之,以该博自喜,及久入其中,自喜之甚,而
> 坚据之,以至迂谬纷乱,不能自解。④

大约在同时,又力劝江宁钟山书院的肄业诸生,读朱子《四书或问》、《朱子
语类》等书。⑤

　　在汉学阵营内部,也有一些汉学家鉴于汉学极盛产生的流弊,开始提
倡理学,以救其偏。嘉庆三年(1798),阮元撰《曾子十篇注释》,称:"近人考
证经史小学之书则愈精,发明圣贤言行之书则甚少,否则专以攻驳程朱为
事,于颜、曾纯笃之学未之深究。兹注释五卷,不敢存昔人门户之见,而实
以济近时流派之偏也。"⑥曾子、颜回之学为宋儒最倾慕者,也是宋代理学
的重要渊源。这种回到源头、以免因直接提倡程朱理学与攻驳程朱的汉学
者发生冲突,无疑是汉学阵营内提倡理学最审慎的方式。

　　与此不同,戴震的嫡传弟子段玉裁便直接提倡理学。嘉庆十三年,段
氏致函给王念孙,特别谈到"今日之弊",称"不尚品行政事,而尚剿说汉
学,亦与河患相同",意欲与王氏共同提倡讲理学,云:"然则理学不可不

---

　　① 姚鼐:《与胡雒君(5)》,《惜抱先生尺牍》卷3,页3—4。按:姚鼐作于嘉庆三年十月的《与
陈硕士(19)》云:"鼐于八月后携衡儿游吴中,遂至西湖。"(卷5,页22)据此信中"西湖之游,吾未知
能果此缘不耳"之语,知此信当作于是年。
　　② 姚鼐:《与胡雒君(12)》(1799),《惜抱先生尺牍》卷3,页8;并参郑福照编:《方仪卫先生年
谱》,页3。
　　③ 姚鼐:《安庆府重修儒学记(代)》,《惜抱轩文集后集》卷8,《惜抱轩诗文集》,页397。
　　④ 姚鼐:《与陈硕士(91)》(1813),《惜抱先生尺牍》卷7,页11。
　　⑤ 姚鼐:《与陈硕士(102)》(1814),《惜抱先生尺牍》卷7,页20。
　　⑥ 阮亨:《瀛舟笔谈》卷7,页1,嘉庆庚辰刻本;并参张鉴等撰:《雷塘庵主弟子记》(即黄爱平
点校本《阮元年谱》)卷1"嘉庆三年"条,页18,北京:中华书局,1995年。

讲也,执事其有意乎?"①而三年前,段氏致函王氏已称其"时观理学之书"。② 其时,玉裁已年逾七旬,其一生精力所萃的《说文解字注》也即将成书,段氏以一著名汉学家而"时观理学书",故尤当注意。用前引昭梿的标准,段玉裁亦可谓"知道之君子",在姚鼐的评论中,亦可称为"第一等豪杰"。

　　当然,段玉裁提倡的理学并非是对宋代理学的简单重提,嘉庆十四年正月,段氏发挥其"义理、文章未有不由考核而得"之说,称"考核者,学问之全体,学者所以学为人也"。而所谓"考核之大"者,就是"考核在身心、性命、伦理、族类之间,而以读书之考核辅之"。指出当时盛行的贬抑理学之风,正是"吾辈所当大为之防者",云:"今之言学者,身心、伦理之不务,谓宋之理学不足言,谓汉之气节不足尚,别为异说,簧鼓后生,此又吾辈所当大为之防者。"③三月,段玉裁又反省其平生"所读之书,又喜言训故、考核",追悔"寻其枝叶,略其本根,老大无成",对朱子《小学》,推许备至,认为"二千年贤圣之可法者,胥于是乎在",远超出汉人所言"小学"者,言:"或又谓汉人之言小学,谓六书耳,非朱子所云也。此言尤悖。夫言各有当,汉人之小学,一艺也;朱子之小学,蒙养之全功也。"称"朱子之教童蒙者,本末兼赅,未尝异孔子教弟子之法",表示要"敬谨翻阅,绎其旨趣,以省平生之过,以求晚节末路之自全",并"以训吾子孙,敬观熟读,习为孝弟恭敬,以告天下之教子孙者,必培其根而后可达其支,勿使以时义、辞章、科第自画也"。④

　　但作为戴震之学传人的段玉裁,显然没有忘记乃师对宋儒理学的批判。一年后(1810),段氏致函王念孙,拟刊戴震《孟子字义疏证》,称此书"实实见得宋儒说理字,其流弊甚大"。尽管如此,但这并非表示他不再提倡讲理学,从其"拟刻此书以广其传,俾言义理者,有所折衷"语,可知仍要

---

　　①　段玉裁:《致王念孙》,转引自陈鸿森:《〈段玉裁年谱〉订补》,《"中央研究院"历史语言研究所集刊》第60本第3分,页638,1989年。

　　②　段玉裁:《致王念孙书(2)》,赖贵三编著:《昭代经师手简笺释——清儒致高邮二王论学书》,页17。据陈鸿森先生考证,此札作于1805年,见陈鸿森:《〈段玉裁年谱〉订补》,《"中央研究院"历史语言研究所集刊》第60本第3分,页633,1989年。

　　③　段玉裁:《娱亲雅言序》,《经韵楼集》卷8,页12,道光元年刊本。

　　④　段玉裁:《博陵尹师所赐朱子小学恭跋》,《经韵楼集》卷8,页14—15。

讲理学。① 只是这时他提倡的理学,既非昔日宋儒之义理,亦非戴震之义理,而是二者折中后的义理。

嘉庆前期虽有这些学者批评汉学盛行、理学衰微之风,并力图有所挽救,但他们只是少数,这种意见也是一种潜流。尽管我们从天理教事件发生前夕姚鼐给姚莹的信中,注意到已有人接受他抨击汉学之说,其形势亦与此前稍异:"吾孤立于世,与今日所云汉学诸贤异趣,然近亦颇有知吾说之为是者矣。"②但真正引起更多学者关注和反思这种学术风气,则是天理教事件发生后,此触媒性事件促使这一学术潮流由潜到显。

第三节　天理教事件与嘉道之际学术转向
——批评汉学考据与提倡理学

嘉庆十八年(1813)九月十五日爆发的天理教事件,是清朝开国以来紫禁城首次遭到攻击,嘉庆帝为此特颁《遇变罪己诏》,称其为"汉、唐、宋、明未有之事",痛言"我大清以前何等强盛,今乃致有此事!"③并为此展开长达两年之久的吏治整顿,进行文化教育、社会控制等全方位的统治政策调整。但无论是反思天理教事件发生而实施的吏治整顿,还是为根除"邪教"开展的民众教化,其背后都指向士人这一所谓根本问题。毕竟对前者而言,士人是官员的主要来源;就后者而论,士人则有型范表率、教化民众之责。用嘉庆帝的话说,就是:"士也者,民之坊也,亦官之朴也。士而端心术,治性情,砥砺廉隅,不亏儒行,则其乡人薰而善良,不入于奇衺,不蹈于

---

① 段玉裁:《致王念孙书(6)》,赖贵三编著:《昭代经师手简笺释——清儒致高邮二王论学书》,页 29—30。按:钱穆《读段懋堂〈经韵楼集〉》据此判断说:"懋堂为《朱子小学跋》以后,心终不安,又再熟覆东原之《疏证》,乃终觉宋儒说理学之流弊……窃疑懋堂思想转变专主东原,殆始于是。"(钱穆:《中国学术思想史论丛》卷 8,页 267,合肥:安徽教育出版社,2004 年)此论似凿之过深,因嘉庆十九年(1814)九月,段氏致函陈寿祺,再次提倡宋儒理学,而非专主戴震的立场,且言语较此前更为激烈,云:"愚谓今日大病在弃洛闽关中之学不讲,谓之庸腐而立身苟简,气节败,政事芜,天下皆君子而无真君子,未必非表率之过也。故专言汉学,不治宋学乃真人心世道之忧,而况所谓汉学者如同画饼乎?"并劝陈氏在书院主讲任提倡理学:"宜与诸生讲求正学气节,以培真才,以翼气运。"(段玉裁:《致陈寿祺》(1814.9),载《左海经辨》卷首,道光癸未秋刻本)。钱氏误判,或因未见此资料。

② 姚鼐:《与石甫侄孙(7)》(1813),《惜抱先生尺牍》卷 8,页 14。

③ 《清仁宗实录(四)》卷 274,嘉庆十八年九月庚辰,页 722—723;昭梿:《啸亭杂录》卷 6,页169。

匪僻,否则,民何型焉? 一旦出而服官,士廉则不为贪夫,士良则不为酷吏,士勤则不为旷官,皆以章缝为圭臬也。"①于是,培养士人的学术形态、士人生存濡染的学术风气等都成为重要的反思对象。何况,天理教事件早已震撼朝野,事件背后所暴露的政治、社会、学术等一系列问题,都已成为知识界广泛关注的话题。②

这是因为就学术而言,天理教事件在某种程度上标志着"汉学郅治"理想的破灭。对这种理想,乾隆中后期汉学考据的代表人物戴震、钱大昕都表达过类似的愿望。③戴震之后的汉学家对此也充满信心,就在天理教事件发生的前一年,江藩在其甫完成的《国朝汉学师承记》中对历代经学有过整体的点评,其对本朝经学的评价,可以说极为自豪——甚至自负:"经术一坏于东、西晋之清谈,再坏于南、北宋之道学,元明以来,此道益晦。至本朝,三惠之学盛于吴中,江永、戴震诸君继起于歙,从此汉学昌明,千载沈霾,一朝复旦。"④这也在很大程度上代表了当时多数汉学考据家的乐观心情。

的确,在嘉庆前期的政坛上,无论学术还是事功,汉学家都有可夸耀的地方。⑤为此,他们对当朝尊崇的理学,不仅萌生"彼可取而代之"的出位之思,其与理学争衡的心情和姿态,更随处可见。如乾隆末年孙星衍刊刻其论学著作《问字堂集》,阮元即致函建议"兄所作骈俪文并当刊入",目的是"勿使后人谓贾、许无文章",为汉学考据争"能文章"之名。⑥嘉庆四年,

---

① 《清仁宗实录(二)》,卷 97,嘉庆七年四月辛酉,页 299。

② 张瑞龙:《九州生气恃风雷——天理教事件消息的传播与士人议政风潮的兴起》,《汉学研究》第 31 卷第 2 期,页 251—282,2013 年 6 月。

③ 如戴震致函段玉裁称:"仆自十七岁时有志闻道,谓非求之六经孔孟不得,非从事于字义、制度、名物,无由以通其语言。宋儒讥训诂之学,轻语言文字,是欲渡江河而弃舟楫,欲登高而无阶梯也。为之卅余年,灼热知古今治乱之源在是。"(戴震:《与段若膺论理书》,《戴震全集》第 1 册,页 213,北京:清华大学出版社,1991 年)言下之意,探求到古今治乱之源,即可在此基础上建立有治无乱的社会/政治秩序,而达成这一理想的学术工具则是汉学考据。钱大昕对音韵、训诂等所谓小学对士习、学术的作用,亦有"学术正而士习端,其必由是"的论断(钱大昕:《经籍籑诂序》,阮元:《经籍籑诂》卷首,页 1—2,嘉庆间仪征阮氏琅嬛仙馆刊本)。

④ 江藩著、钟哲整理:《国朝汉学师承记》卷 1,页 5—6。

⑤ 正如朱维铮先生所指出的:"乾嘉政权更迭之际,首攻前朝权相和珅的王念孙,首揭乾隆末季弊病的洪亮吉,都号称汉学名家又都以事功著称。于是汉学家的形象顿时改变,似乎通经足以致用。"氏著《求索真文明——晚清学术史论》,页 25。

⑥ 阮元:《与孙渊如书》,陈鸿森辑:《阮元揅经室遗文辑存》(增订本),杨晋龙主编:《清代扬州学术》,页 753,台北:"中央研究院"中国文哲研究所,2005 年;王章涛:《阮元年谱》,页 62—63。

王引之中该科探花,孙星衍致函谓:"同辈以朴学受上知,一时必多弃华就实之士。"①四年后,王氏获大考一等第三名,擢侍讲,陈寿祺则云:"此自名儒分内事,不足为不朽千秋者异,特以是鼓舞天下学人,使不疑贾、许无文章,亦吾道之仔肩也。"②

但天理教事件的发生,无疑使汉学家的美梦破碎无遗。让他们倍感尴尬的是,类似天理教事件这样竟在光天化日之下直犯宫阙的"叛乱",既未在"不究礼乐之源"、"率履则有余,考镜则不足"的宋代发生,也没有在经学处于"长夜悠悠,视天梦梦"之境的元、明出现,却偏偏在他们引以为豪的使经学"千载沈霾,一朝复旦"、"千载一时"的国朝爆发。③ 类似这样的疑问,不禁在他们的心头浮现:以"通经致用"垂范后世的汉代经学,何以在"汉学昌明"的当代却未起到它应有的作用? 现在"昌明"的这种汉学考据,其自身是否存在难以克服的弊病? 同样,对提倡理学的人而言,天理教事件无疑为他们抨击汉学、提倡理学提供了极好的口实。何况,早在天理教事件发生前,他们已将"近士大夫侈言"的"汉学"与"邪教"相提并论呢?

这样知识界盛行的汉学考据,就首当其冲地成为反思或批评对象,而理学也因其作为批判汉学的标准、资源和提倡对象而再度受到关注。这种转变恰与天理教事件前知识界已若隐若现的学术转向合流。

一、嘉道之际,士人提倡理学、批评汉学的言论与作为

最能说明天理教事件对知识界提倡理学、批评汉学考据这一学术转向影响的,就是事件发生后士人因反省此事件发表的这类言论。如福建著名汉学研究者陈寿祺(1771—1834)致函段玉裁,便谈到其对当下士风、士习之弊的反思,称:"窃怪近日学者文藻日兴而经术日浅,才华益茂而气节益衰,固倡率者稀,亦由所处日蹙,无以安其身,此人心世道之忧也。"④而段

① 孙星衍:《致王引之书(4)》,载赖贵三编著:《昭代经师手简笺释——清儒致高邮二王论学书》,页146。

② 陈寿祺:《致王引之书(4)》,载赖贵三编著:《昭代经师手简笺释》,页303;并参汪喜孙:《光禄大夫工部尚书王文简公行状》,《汪孟慈集》卷4,杨晋龙主编:《汪喜孙著作集》(上),页84—85。

③ 江藩著,钟哲整理:《国朝汉学师承记》卷1,页4—6。

④ 陈寿祺:《答段懋堂先生书》,《左海文集》卷4,页48—49,三山陈氏家刻《左海全集》本。按:此为陈氏答癸酉十一月的《懋堂先生书》(由江沅赴闽时转交,载《左海经辨》卷首),故知此信作于1813年11月以后。

氏早在天理教事件发生前五年，就称"剿说汉学"之弊与"河患相同"，他本人还为纠正此弊深刻思考过，并致函同仁设法挽救。现在天理教事件为患之烈，较诸河患不啻百倍，其先见之明也得到同仁桴鼓相应的反应，其心情可以想见。

嘉庆十九年九月，段玉裁复函陈寿祺，对其反思极为赞同，且特别强调当下病根就是"专言汉学，不治宋学"，云：

> 愚谓今日大病在弃洛闽关中之学不讲，谓之庸腐而立身苟简，气节败，政事芜，天下皆君子而无真君子，未必非表率之过也。故专言汉学，不治宋学乃真人心世道之忧，而况所谓汉学者如同画饼乎？

力劝陈氏与书院诸生"讲求正学气节，以培真才，以翼气运"。[①]

更令人注意的是，被后人誉为"汉学护法"的阮元，此时也致函陈寿祺反思当下崇尚汉学、贬抑宋学的流弊，言："近之言汉学者，知宋人虚妄之病，而于圣贤修身立行之大节略而不谈，以遂其不矜细行，乃害于其心其事。"直接提倡理学。对此，陈氏感叹说：

> 窃慨乡国百年以来，学者始溺于科举之业，而难与道古。近则俊颖之才，知好古矣，然本之不立，学与行乃离而二。其究也，学其所学，弊与不学均。甚则以廉孝为奸谋，以朋徒为利饵，以诗礼为发冢，以文笔为毒矢。口谈义利，心营悖鄙。形人行鬼，不知羞耻。

恰在此时，其师孟超然（1730—1797）《焚香录》、《求复录》、《晚闻录》等生前未尝示人的理学著作，得陈氏同门资助刊刻行世。于是，陈氏引段、阮二人信中所言，号召提倡理学，称乃师的理学著作正是救弊良药，云："二公皆当世通儒，上绍许、郑，而其言若是。然则先生是书，恶可不流布海内，以为学者针砭也？"[②]

嘉庆二十四年（1819），陈寿祺在福建官员叶世倬的支持下，重修朱子

---

①　段玉裁：《致陈寿祺》，载陈寿祺：《左海经辨》卷首。

②　陈寿祺：《孟氏八录跋》，《左海文集》卷 7，页 30—32。

祠,以期推广朱子之学,端正士习、士风,云:"抑余重有慨者,近今学者治经,多尊汉而卑宋,右郑而左朱,君子或病之。不知此好古之士,尊其所闻,未可为病也。若夫口仁义而心穿窬,辞侨肸而行仪衍,生于心,害于政,岂日诵朱子之言奚益?此余之所甚病也。闽之学者咸服其乡先贤之书矣,所患者,解经鲜敢叛紫阳,而行已或不尽宗徽国。其弊也,少陵长,智欺拙,贪毁廉,狂非狷,诈讦信薄,悖忠枉恶,直邪丑正,端起于市井而毒中于士夫。"①

与汉学家这些较为温和的批评汉学、提倡理学行为相比,提倡理学之人在天理教事件之后对于汉学的批评更为激烈,其提倡理学的态度也更为积极、切实。毕竟,天理教事件对他们而言无疑是千载良机。故此前将汉学考据诋为学术中"邪教"的姚鼐,此时又故伎重施,诋斥科举考试中盛行的汉学考据之风,称"近时闱墨风气之坏,殆与邪教相表里"。②而此"闱墨风气之坏",就是指汉学考据的盛行。因为大约在同时,姚氏致函新任江苏学政陈希曾(1766—1816),谈科举考试中日趋"不正"的"文体",即指汉学考据,称:

> 夫士诵习先儒,谨守成说者,固未必尽贤也。乃至肆然弃先儒之正学,掇拾诐陋,杂取隐僻,以眩惑浅学之夫,此其心术为何如人哉?衡文者不能鉴别,往往录取,转相仿效,日增其弊,此何怪士风之日坏也……其略能读书者,又相率不读宋儒之书,故考索虽或广博,而心胸尝不免猥鄙,行事尝不免乖谬。

认为就是这种风气导致士子不读宋儒书,人心、士习日坏,建议陈氏衡文取士"必以程朱之学为归宿之地",以正士习。③

在学仕合一的传统时代,科举考试是士子的登进首途,而诸生资格的获得又是博取科第的首要之务,由于地方学政掌握诸生的录取之权,姚鼐

① 陈寿祺:《重修建阳考亭朱子祠记》,《左海文集》卷8,页32。
② 姚鼐:《与陈硕士(95)》(1813冬),《惜抱先生尺牍》卷7,页16。
③ 姚鼐:《复陈钟溪》,《惜抱先生尺牍》卷5,页6—7。按:钟溪为陈希曾之号,考陈氏生平三任学政,其任江苏学政为嘉庆十八年八月至十九年三月(钱实甫:《清代职官年表》,页2697—2698)。据信中"迩者,阁下持节视学江东"及"冬寒,惟珍重多福"语,知此信为陈氏出任江苏学政时作,时为嘉庆十八年冬。

这种通过地方学政提倡理学的做法,无疑可以保证取中者多是尊崇理学之徒,亦可使崇尚考据、贬抑理学者在科第面前失势,或改变原有学术趋向,至少他们年复一年的获取和保持诸生资格的考试中必须如此。① 这无疑是提倡理学最切实有效的方式,对其时科举考试中盛行的汉学考据之风,也是釜底抽薪之策。

不仅如此,姚鼐还极力劝说尊崇理学者积极争取乡、会试考官之职,以期在更高级的科举考试中提倡理学,改变其时盛行的汉学考据之风。就在天理教事件后的首科会试(嘉庆十九年甲戌科)前,姚氏便致函在京的弟子、亲友争取考官之职,如致函江南道监察御史陈用光,云:"春闱或当分校,文风衰极,此士习人心之征也,岂不可忧? 能使反正,良为佳耳。"但也担心找不到志同道合者:"然恐闱中同心者,未易得也。"② 致任礼部侍郎的弟子鲍桂星(1764—1826),称:"今春望双五总裁会闱。文体之坏甚矣,能反之以正,乃士流之所望也。"③ 致在翰林院任职的从侄孙姚元之(1773—1852)也说:"会闱近矣,若得分校,佳事也。"④ 而当他获知陈用光将任会试同考官后,即致函陈氏力言"为学不可执汉、宋疆域之见,但须择善而从",云:

> 知分校礼闱,想必得佳士也。天下非无可为之善策,而得为之者难……夫为学不可执汉宋疆域之见,但须择善而从,此心澄空,自得恬适。鼐时以此语学者,亦颇有信向吾说者。但其人才力不能宏大,又

---

① 诸生即生员身份的取得,经县试、府试后,最后由学政主持的院试决定。而诸生身份的维持和乡试资格的获取,也都需要参加学政主持的岁考、科考或录科、录遗等考试。而且生员必须参加学政主持的岁考,如果欠考超过三次(后宽限为五次),将遭到黜革生员身份的处罚。参见商衍鎏:《清代科举考试述录及有关著作》,页 10—24、28—31,天津:百花文艺出版社,2003 年。

② 姚鼐:《与陈硕士(98)》(1814 春),《惜抱先生尺牍》卷 7,页 18;王钟翰点校:《清史列传》卷 34《陈用光传》,页 2676—2677。

③ 姚鼐:《与鲍双五(17)》(1814 春),《惜抱先生尺牍》卷 4,页 18;王钟翰点校:《清史列传》卷 32《鲍桂星传》,页 2514。

④ 姚鼐:《与伯昂从侄孙(6)》,《惜抱先生尺牍》卷 8,页 5。按:姚鼐作于嘉庆十八年冬的《与陈硕士(95)》云:"衡儿署江都,军兴日办兵差,将来必有大累。"(《惜抱先生尺牍》卷 7,页 16)据信中"衡儿暂署江都,未谢事,而已有身累矣"语,知此信当作于此后,又据"新岁惟动定佳好"及"会闱近矣,若得分校,佳事也"语,知是年有会试,姚鼐卒于嘉庆二十年(1815),此间有会试年份为嘉庆十九年,故知此信作于是年春。

多以境遇艰窘,不能专肆力于学,故人才不见振起,兹为可怅耳。①

其所从之"善",揆诸姚鼐一贯的学术立场,自是理学无疑。不仅如此,在姚鼐看来,提倡理学还是振起人才的"善策"。

与此同时,姚鼐也积极谋刻理学书籍,并想通过出任学政的友人助成此事。嘉庆十九年(1814),姚氏致函陈用光,云:

> 吾在此劝诸生看朱子《或问》《语类》,而坊间书贾至无此书。意欲俟少寇按临时,劝其镌版颁学,惜其内任去此,此后殆未可语此事。若石士在京中,遇相知出为学政者,勖以此事,或尚可也。②

一年后(嘉庆二十年,1815),姚鼐以 85 岁高龄去世,尽管他生前没有看到其提倡理学措施的实施情况及实际效果。但稍后清廷便因天理教事件的刺激,改变文化政策,积极提倡理学,采取的措施,大都不出姚氏所说之范围。

不仅如此,姚鼐通过地方学政提倡理学的方式,也为后来的提倡理学者继承。道光间,夏炘(1795—1846)亦从地方学政着眼提倡理学,称:"学政之责,重在衡文,真知文者,乃为名学政⋯⋯学政有学校重任,故以端本风化、造就人才为上,衡文次之。"③而所谓"端本风化,造就人才",则在督抚、学政能否讲明正学(即理学)、剔除汉学考据的琐碎支离之弊:

> 夫督抚学政者,风化之本也。督抚学政能讲明正学,登高而呼,则世道人心学术,必蒸蒸日上,隆古之治可复也。近百余年来,理学歇绝,相率而攻声音文字之书,钜公好之于上,儒者和之于下,稍通章句、句读,窥见许郑一斑,便欲肆诋程朱,厌薄义理,学术如此,世道人心安得不波靡日下? 使清恪生于今日,必当大声疾呼,拨云雾而见天日,举所谓考据训诂之支离,一扫而空,以归本于濂洛关闽有体有用之学。其廓清摧陷,又当如何矣。④

---

① 姚鼐:《与陈硕士(101)》(1814),《惜抱先生尺牍》卷 7,页 19—20。
② 姚鼐:《与陈硕士(102)》(1814),《惜抱先生尺牍》卷 7,页 20。
③ 夏炘:《答友人论学政》,《夏仲子集》卷 6,页 13,民国十四年(1925)刻本。
④ 夏炘:《读张清恪各种》,《夏仲子集》卷 2,页 19。

学者的意见与观感有时尽管只是一种个人观点的表达，未必具有特别的代表性，但当身处不同地域的不同学者几乎在同一时期发表类似的意见，则往往成为知识界出现某种学术趋向的表征。而当这些相似的意见，却来自具有不同学术倾向的人时，便更具有代表性。天理教事件后，士林出现的这些倡导理学意见，便是如此——它们分别来自汉学家内部和汉学阵营外部一贯倡导理学的理学者。

这些身处不同地域的不同学者在同一时期提出倡导理学的意见，造成一种"意见气候"，而那些来自汉学家内部倡导理学的声音，更表明这一发展趋势的现实迫切性。至于理学家的意见，他们不仅自己身体力行，将观念付诸实践，而其力图通过地方学政倡导理学的方式，则成为此后官方提倡理学的重要形式。

二、嘉道之际，清廷提倡理学的作为及对知识界的影响

天理教事件发生后，清廷采取思想、文化方面的措施，力图根除"邪教"，同时更注重对士子的培养和教育。文化政策上，一改乾隆后期以来尊崇汉学考据的文化政策，转而提倡理学。[①] 清廷这一文化政策的转变，不仅与天理教事件后知识界提倡理学、批评汉学考据的趋向相应，更促进了这一学术转向的发展。

嘉庆二十一年（1816）十一月，新任湖北学政沈维鐈（1778—1849）赴任前请训，帝即谕以"教士以圣贤五伦之道为主，不使入于邪僻"。[②] 沈氏因思："四子五经，载道之文也，有宋大儒表章发明，不留余蕴。外是而求道，皆为异端；舍是而言文，皆为俗学。"到任后，即重刊元儒程端礼的《读书分年日程》，颁发各地，表示"乐与此邦多士共读洛闽之书，则是编其先路之导也"。[③] 且力图使承学之士"家置一编"，在全省提倡理学。[④]

如果说这种地方学政通过刊印理学书籍来提倡理学，仅是某位地方学

---

① 张瑞龙：《天理教事件与清中叶文化政策的转变——以嘉庆朝为中心的考察》，台北《"中央研究院"近代史研究所集刊》第 71 期，页 51—87。

② 沈宗涵、沈宗济：《鼎甫府君年谱》"嘉庆二十一年丙子，三十九岁"条，《北京图书馆藏珍本年谱丛刊》第 136 册，页 352—354。

③ 沈维鐈：《校刊读书分年日程跋》（1816.12），《补读书斋遗稿》卷 6，页 1，光绪二十五年（1899）补刻本。

④ 沈维鐈：《湖北试牍序》（1818.3），《补读书斋遗稿》卷 5，页 19。

政因皇帝某句话出现的个别行为。那么，一年后通过地方学政刊刻、宣讲理学书提倡理学，已是国家行为，成为全国各地学政必须遵行的要务。嘉庆二十二年（1817），湖广道监察御史卿祖培（1776—1822）上疏，请敕下各省学政以《朱子全书》化导诸生，云：

> 向来学臣按试，未有以其书直切指示，乡曲之士终身或不得一见。乞敕下各省学政，将此书化导诸生，举其要义，往复申论。①

疏入，帝颁谕通饬遵行，且将讲明朱子之学的对象扩大到各省大小官吏，云：

> 教化为立政之本，以正人心，以厚风俗，非特各省学政，当讲明正学，以端士习，即督抚藩臬，以至道府州县，各有治民之责，皆应随时化导，俾小民迁善远恶，力返淳风。宋儒《朱子全书》固足以阐明经术，而五经及四子书，炳若日星，若在官者，各能身体力行，以为编氓倡率，亦何不可收世道人心之益。②

这是嘉庆朝《实录》中仅见的明确要求讲明朱子学的材料，其对朱子著作在全国大规模的重新刊行及理学在知识界再度受到关注，具有重要影响。卿氏本人因此颇获时誉，其疏被誉为"朝阳凤鸣"，其人则被赞作"今之古人"。③

　　笔者有幸找到一则反映此谕在各地学政那里实施情况的资料，次年时任四川学政的俞恒泽为蜀地重刻朱子《小学》作《序》，谈到此谕在各地的执行情况，说："近日我皇上申命天下学校之官，每月召集诸生宣讲《朱子全书》，诚欲使天下之人尽知辟邪说以崇正学，其为化民成俗之意，至深远也。"其重刻朱子《小学》，就是该地执行此谕的结果，据称此前蜀中人士诵

---

① 转引自陶澍：《太常寺卿卿公墓表》，《陶文毅公全集》卷46，页3，道光二十年（1840）两淮淮北士民刻本。

② 嘉庆二十二年十月十五日上谕，中国第一历史档案馆编：《嘉庆道光两朝上谕档》第22册，页398—399，桂林：广西师范大学出版社，2000年；《清仁宗实录（五）》卷335，嘉庆二十二年十月乙酉，页420—421，北京：中华书局，1986年。

③ 陶澍：《太常寺卿卿公墓表》，《陶文毅公全集》卷46，页4。

习此书者寥寥无几。① 在此稍前，江南的姚椿（1777—1853）校刊《近思录》，亦称是受此谕影响：“今天子敦重儒术，方表章《朱子全书》，以风厉学者。草茅之士，所以仰承德化，其意恉亦未尝不窃取于斯。”②

受此影响，理学书籍也一改天理教事件前难觅或被视为废纸的尴尬境遇，再度受到关注，官方和民间颇多致力于刊刻理学书籍。这方面最突出的是各地学政刊刻理学书籍。如嘉庆十八至十九年（1813—1814），江西学政王鼎（1768—1842）与江西巡抚先福、布政使袁秉直等共同出资刊刻江永《近思录集注》，且“按学大小而周布之”。③ 嘉庆二十三年（1818），湖北学政沈维鐈校刊罗钦顺《困知记》、祝洤《淑艾录》、汪烜《读近思录》、《儒先晬语》等理学书。④ 二十二至二十四年（1817—1819），贺长龄（1785—1848）任山西学政，也谋刻《近思录集注》、《高子讲义》、《松阳讲义》等理学书，并因此与他省学政互通声气，如嘉庆二十二年董桂敷致函魏源商量贺氏所刻诸书时，就谈及湖北学政沈氏与其商酌刻理学书事，云：“前者，沈鼎甫学使行时亦见商刻书，已与酌定《困知记》、《读困知记》合刻，借有底本带去矣。”⑤

在民间，理学著作的刊刻情况，也大有改观。如嘉庆十九年姚江学者重刊明末理学名儒刘宗周《人谱》，该刻本传到四川后，即有嘉庆二十一年陆成本的翻刻本。⑥ 二十二年，屈何炯（芥舟）将其父校勘、订补的《杨园集》朱氏刻板“布诸烟墨”，刷印、销售清初理学家张履祥的各种著作。⑦ 次

---

① 俞恒泽：《重刊小学序》，高愈：《小学纂注》卷首，嘉庆二十三年（1818）蜀刻本；又，俞恒泽于嘉庆二十一至二十四年任四川学政，见钱实甫：《清代职官年表》，页 2699—2701。

② 转引自程水龙：《〈近思录〉版本与传播研究》，页 52，上海：上海古籍出版社，2008 年。

③ 参见先福：《重刻近思录序》、王鼎：《朱子原订近思录序》，均载江永《朱子原订近思录集注》卷首，嘉庆甲戌（1814）江西藩署刻本。

④ 沈宗涵、沈宗济：《鼎甫府君年谱》，《北京图书馆藏珍本年谱丛刊》第 136 册，页 358。

⑤ 董桂敷：《与魏默深书》，《自知室文集》卷 1，页 12。信中又称：“贺藕庚学使处，但令先刻《近思录集注》，或如尊旨，增以四先生志状及遗事，并附刻《朱子行状》合言行为一书，再刻《高子讲义》、《松阳讲义》各种，亦足以副足下惓惓之雅意矣。”据李瑚《魏源事迹系年》（增补本），该信作于嘉庆二十二年（1817）（氏著《魏源研究》，页 261，北京：朝华出版社，2002 年）；又据王钟翰点校《清史列传》卷 38《贺长龄传》，贺氏于嘉庆二十一至二十四年在山西学政任（页 2954）。

⑥ 莫晋：《刘蕺山先生人谱序》（1814），《来雨轩存稿》卷 3，页 30—31，道光丙午（1846）刻本；陆成本：《重刊刘蕺山先生人谱类记序》（1816），《人谱》卷首，嘉庆丙子（1816）重刻本。

⑦ 李宗传：《杨园集序》（1817.7），张履祥著、陈祖武点校：《杨园先生全集》，页 14—15，北京：中华书局，2002 年。

年，徐鼎、李文熙等四川官员在蜀地重刻朱子《小学》，而在此前蜀中人士诵习此书者却属"寥寥"。[1]　道光元年（1821），莫晋重刊《明儒学案》，言："学贵真修实悟，不外虚实两机，病实者救之以虚，病虚者救之以实。"称此举是使学者"务求自得之真，向身心性命上作印证"，"由诸儒上溯濂洛关闽，以寻源洙泗"。[2]　道光间，洪中翰出资刊行《四书诠义》、《汪双池文集》、《理学逢原》等书以表彰理学。[3]

　　与此相应，则是提倡读理学书。如张海珊在给友人信中，称《春秋》难治，劝其"且置《春秋》，而从事于《近思》、《四子》"。[4]　在给另一位朋友的信中，则直言"为学之道，舍朱子无从"。对朱子《小学》、《四书》推崇备至，批评其时汉学考据家贬低朱子《小学》的做法，称："今博辨之徒，必以为古小学唯六书训故，敢于疑孔门孝弟谨信一定之成法，于是朱子之《小学》为一家杜撰之书，自号博雅者，或终其身未曾一读。"[5]嘉庆十五年至道光九年（1810—1829），夏銮（1760—1829）在任贵池县教谕及徽州府学训导的十九年间，不但本人"专嗜程朱之书，语默动静，造次必于儒者"，且"训士子必以笃信朱子，躬行《小学》为宗"。[6]　道光元年前后，豫章书院山长董桂敷则训诫诸生谨守程朱之学，勿自诩汉学，云："若乃穷义理之精微，抒身心之实得，则程朱之学，体用兼该，其遗书无可复议……今之学者或未尝研究其书，辄欲搜求琐碎，夸新炫异，自诩汉学以相诋讥，不亦惧乎！"提醒诸生"有擅博洽之才者"，"宜先屏浮嚣之气，斯学问一归于醇正矣"。[7]　张履（1792—1851）则指导友人读理学书的先后次第，云："足下既从事薛、胡，此后宜看《近思录》，渐及五子全书，以上溯六经。若兼看陆王，则必以景逸、念台继之，以二子学王而能救其失者也。"[8]

---

　　①　分别见徐鼎、李文熙、俞恒泽各自所作《重刊小学序》，均载高愈《小学纂注》卷首，嘉庆二十三年蜀刻本。

　　②　莫晋：《重刻明儒学案序》（1821），《来雨轩存稿》卷3，页27。

　　③　沈维鐈：《汪双池文集序》（1833.1）、《理学逢原序》（1838.12），分别见《补读书斋遗稿》卷5，页1—2；卷4，页12—13。

　　④　张海珊：《与黄北山书》，《小安乐窝文集》卷3，页12，道光辛卯（1831）刊本。

　　⑤　张海珊：《与施濂夫书》，《小安乐窝文集》卷3，页19—20。

　　⑥　方宗诚：《夏先生传》，缪荃孙辑《续碑传集》卷46，页3；胡培翚：《徽州府训导夏先生墓志铭》，缪荃孙辑《续碑传集》卷71，页6，宣统二年（1910）江楚编译局刊本。

　　⑦　董桂敷：《豫章书院示诸生》，《自知室文集》卷1，页1—2。

　　⑧　张履：《复陈铜士书》，《积石文稿》卷9，页20，光绪甲午（1894）刻本。

　　这些刊刻理学书籍及提倡读理学书的行为,在道光朝不仅得以继续,且因道光帝本人尊崇理学的学术倾向及清廷提倡理学政策的展开,在更大范围产生持续影响。作为当年在天理教事件中身与其役,并因此彻底巩固其皇位继承人地位的道光帝,当然深谙天理教事件后清廷文化政策转向提倡理学的意图,故当他即位后便加强朝廷尊崇理学的力度。最突出的表现,就是道光二年以理学名臣刘宗周从祀文庙西庑,这是自乾隆二年(1737)复元儒吴澄文庙之祀后,八十五年来清廷首次增祀文庙之举,其从祀对象是理学名臣刘宗周,则显然表明其时朝廷刻意提倡理学的鲜明意图。此后,道光三年以汤斌从祀文庙东庑,五年以明臣黄道周从祀东庑,六年以明儒吕坤从祀文庙西庑,八年以理学名儒孙奇逢从祀文庙西庑。[①]

　　此外,奏请以理学名儒崇祀未获允准的,还有道光三年礼部驳福建巡抚叶世倬请以宋儒李侗立五经博士;九年十二月,道光帝驳礼部已议准的以本朝理学家李容(颙)从祀文庙。[②] 这些议奏尽管未获允准,但也反映出其时在清廷尊崇理学等举措的影响下,各地官员及知识界倡导理学的风气和努力。

　　在这些提倡理学政策的影响下,各省学政按试各地,录取生员时,理学也成为倡导、表彰的对象。如道光元年,贵州学政戚人镜(1784—1830)在仅有数月的任职期间,不但向士子“讲明义利,示以体用”,还刊印朱子《小学》、刘宗周《人谱》等理学书,“使知所趋向”。[③] 道光三年(1824)四月,福建学政沈维轿为《凤池书院课艺》作序,即提倡以宋五子之书为归宿的学问,称:“多士诚取朱子《读书法》而奉为准绳,其于文也,思过半矣。”批评“以文字语言为功夫,声名利禄为归趣”者,言其“失皮而露质,被褐而丧珠,欲求一言之合于道,岂可得哉?”[④]次年,沈氏又遴选福建士子岁试文之优者,“刊板以式多士”,在全省提倡朱子学,并申述国家以程朱理学取士的意图,云:“国家以四书文取士,一以朱子《章句集注》为宗,所以一有司之绳尺而端学者之趣向,非漫然也。”批评汉学考据“训诂名物,专意考订,甚且党枯仇朽,聚讼纷呶”,“不切于身心之务”。指出学习朱子学的方法及效

<hr>

①　张瑞龙:《天理教事件与清中叶文化政策的转变——以嘉庆朝为中心的考察》,《“中央研究院”近代史研究所集刊》第 71 期,页 80—81。

②　《清宣宗实录(一)》卷 49,道光三年癸未三月辛未,页 886—887;《大清宣宗成皇帝圣训》卷 51《崇祀典》,页 8,《十朝圣训》,清刻本。

③　唐鉴:《朝议大夫司经局洗马戚君墓志铭》,缪荃孙辑:《续碑传集》卷 18,页 11。

④　沈维轿:《凤池书院课艺序》(1823.4),《补读书斋遗稿》卷 5,页 20。

用:"循朱子《读书法》六条,而沉潜反复于《章句集注》,以上溯洙泗之大义微言,又博观《文集》、《语类》诸书,循其本末先后之序,而实致其功,即凡修己之实,处事之方,居官型俗之要,无不讲明切究,实践躬行。庶乎理与心相融,身与道相习。"①

道光八至十年(1828—1830),陈用光在福建学政任,重新订正、刊刻程氏《读书分年日程》,又刻陆陇其《一隅集》以训士,并"附录顾亭林《日知录》二则,以使学者知所戒;录韩理堂《会文约》一首,以使学者知所慕"。② 同时还将访得的宋儒陈石堂遗书刊刻行世,并因石堂曾作《勉学诗》勖其邦人,乃以"勉学"题福宁试院匾额,且将《勉学诗》刻石,撰《勉学堂记》,"以勖为宋学者",言:"愿天下士皆勉为先生之学,庶不愧说约自得之旨,不独为闽士言之,而于闽士尤三致意云。"③道光十二年至十七年(1832—1837),沈维鐈在两任安徽学政的六年间,于十四年刊刻《张杨园先生年谱》、陈瑚《圣学入门书》,十七年校刊陆世仪《思辨录辑要前集》二十二卷、《后集》十三卷等。④ 十九年,祁寯藻(1793—1866)在江苏学政任,刊朱子《小学》。⑤二十九年(1849),龙启瑞(1814—1858)任湖北学政,亦重刊朱子《小学》,并张贴告示,称生童面试时如能"默写《小学》数段,或作《小学论》一通,必加优奖",⑥同时还谋刻《近思录》等。⑦

与此同时,道光前期清廷频繁以理学名儒从祀文庙,更直接促成相关理学书籍的广泛刊刻。如道光二年十月,萧山、山阴、会稽、上虞等地士绅集资谋刻刘宗周《刘子全书》,即因刘氏从祀两庑,"闻风兴起者,咸思由文章以考见其道德"。⑧ 沈复粲(1779—1850)不但与同里友人辑录《蕺山刘子全书》四十卷,且以个人之力辑录《刘子书补遗》二十四卷,刊刻行世。⑨

---

① 沈维鐈:《闽中校士录序》,《补读书斋遗稿》卷5,页22—23。

② 陈用光:《重订读书分年日程序》、《重刻一隅集序》,《太乙舟文集》卷6,页36—37、52—53;并参钱实甫《清代职官年表》"学政年表",页2708—2709。

③ 陈用光:《勉学堂记》(1830),《太乙舟文集》卷4,页13。

④ 沈宗涵、沈宗济:《鼎甫府君年谱》,《北京图书馆藏珍本年谱丛刊》第136册,页392—393、397。

⑤ 祁寯藻编、祁世长续编:《观斋行年自记》,《北京图书馆藏珍本年谱丛刊》第146册,页561。

⑥ 龙启瑞:《留任告示》,《经德堂文别集》卷下,页12,光绪戊寅(1878)腊月刊本。

⑦ 龙启瑞:《致杜继园书》,《经德堂文集》卷6,页3,光绪四年(1878)六月京师刊本。

⑧ 王宗炎:《征刻刘子全书启》(1822.10)、《刘子全书校刻姓氏》,吴光主编《刘宗周全集》第6册,页692—693。

⑨ 宗稷辰:《沈霞西墓表》,缪荃孙辑:《续碑传集》卷78,页10。

不仅如此，刘氏从祀文庙的《上谕》及《礼部议奏原疏》，更成了其著作的销售"广告"，前面提及的嘉庆二十一年蜀地翻刻浙本《人谱》，道光间重印本的卷首便增刻从祀上谕和奏疏。① 其他如道光六年（1826）福建人士重新编刻黄道周《黄漳浦遗集》，亦与黄氏从祀文庙直接相关。② 道光七年（1827），开封知府栗毓美（1778—1840）等以吕坤上年从祀文庙，竭十余月之力校刻《吕子遗书》。③ 道光十年（1830），衡山县令汪霨原亦以吕氏从祀文庙，重刊吕坤《新吾粹语》，此书与《吕子遗书》相同，卷首均刻有奏请吕坤从祀文庙的奏折、礼部议奏稿及上谕等。而在此前，汪氏已因刘宗周从祀文庙，重刊其《人谱》。④ 李颙虽未获从祀，但道光八年河南官员亦因此重刊《李二曲先生全集》。⑤

　　这时乾嘉之际难觅的薛瑄《读书录》，也因"旧版已漫漶，传世者少"，有了新的刻本。道光七年（1827），梁敦怀便将薛瑄《读书录》十一卷、《续录》十二卷重刊，"以广之于世"，称"有志斯道者，幸勿以其近而忽之也"。⑥ 此外，嘉庆十三年至咸丰三年间，还至少出现了《读书录》及《读书续录》的四种摘录刊本，卷数则自二卷至八卷不等。⑦

　　最后，理学著作的辑录和撰述，也渐有起色。与嘉庆初年倡导理学仅是读理学书相比，嘉庆后期及道光间，已有从事辑录和撰述理学著作者。

---

　　① 陆成本：《重刊刘蕺山先生人谱类记序》（1816），《人谱》卷首，嘉庆丙子重刻本。又，该书内封面上题"嘉庆丙子重镌"，右题"山阴刘蕺山先生著"，中题"人谱"。卷首有道光二年闰三月十六日刘宗周从祀文庙的《上谕》及《礼部议奏原疏》，知其为刘氏从祀文庙后所增刻。

　　② 陈寿祺：《重编黄漳浦遗集序》（1826.4），《左海文集》卷6，页25—27。

　　③ 程祖洛、杨国桢、栗毓美等：《〈吕子遗书〉序》，均载《吕子遗书》卷首，道光丁亥（1827）开封府署刻本。并参解扬：《治政与事君：吕坤〈实政录〉及其经世思想研究》，页6—7、101—102，北京：三联书店，2011年。

　　④ 裕泰：《〈新吾粹语〉序》、汪霨原《〈新吾粹语〉跋》，分别见吕坤著、汪霨原重订：《新吾粹语》卷首、卷末，道光十年（1830）衡山县署刻本。

　　⑤ 完颜恽珠：《重梓李二曲先生全集序》、麟庆：《二曲集跋》，载《李二曲先生全集》卷首、卷末，道光戊子（1828）夏四月刊本，云荫堂藏板。

　　⑥ 梁敦怀：《识语》，薛瑄《读书录》卷首，道光七年（1827）刻本。

　　⑦ 分别为：纪大奎辑《薛文清公读书录钞》一卷、《读书续录钞》一卷，嘉庆十三年（1808）《纪慎斋先生全集》刊本；郑绪章《读书录摘要》二卷，道光五年（1825）龙万育编《敷文阁汇钞》成都龙氏敷文阁刻本；潘世璜辑《薛子读书录钞》四卷，道光十八年（1838）《不远复斋遗书》刊本；苏源生辑《薛文清公读书录》八卷，咸丰三年《记过斋丛书》鄢陵苏氏刊本。参见上海图书馆：《中国丛书综录（一）》，页511、516、534，上海：上海古籍出版社，1982年；阳海清编撰：《中国丛书广录》上册，页173，武汉：湖北人民出版社，1999年。

嘉庆二十二年,魏源因《近思录》注家未有善本,劝董桂敷作《近思录集注》。① 沈复粲在辑录《蕺山刘子全书》、《刘子书补遗》等书外,还校刊《忠惠文集》,并辑录《王门弟子渊源录》、《忠愍集》等书。② 道光间,方坰(1792—1834)则有"择宋元以来诸儒最纯粹者,为《学准》一书"的打算。③ 陈沆(1785—1826)作《近思录补注》十四卷,并刊行于世。④ 何鸿器、鲍桂星以十数年之力辑录《续近思录》十四卷,并于道光十四年刊刻行世。⑤ 道光末,黄奭(1790—1860)辑元明以来诸儒发明《近思录》者,成《近思录集说》四十卷,并谋刊行。⑥

　　在理学著作的系统撰述方面,如果说道光四年方东树完成的《汉学商兑》仅是抨击汉学、提倡理学的破旧之举,⑦那么,道光二十五年唐鉴(1778—1861)完成并于同年在京刊行的《国朝学案小识》,则是表彰本朝理学名家,全面提倡理学的立新之作。⑧ 其间又有道光二年潘世恩(1769—1854)纂《正学编》十卷,二十五年(1845)何桂珍(1817—1855)纂辑《续理学正宗》四卷等。⑨

　　为使这一时期理学书籍的刊刻与撰述状况有更直观的呈现,我们将这一时期理学书籍刊刻的状况置于一较长的时段,并与其他时段作对比。选取时段是乾隆三十八年至咸丰二年(1773—1852)的八十年间,以恰处中间的嘉庆十八年作为分界点,分为乾隆三十八年至嘉庆十七年(1773—1812)和嘉庆十八年至咸丰二年(1813—1852)两个四十年。 所以如此选取和划分,主要是考虑到这样三个标志性的年份或事件:

　　① 董桂敷:《再与魏默深书》,《自知室文集》卷1,页15;并参李瑚《魏源事迹系年》(增补本)"嘉庆二十二年"条,《魏源研究》,页261。

　　② 宗稷辰:《沈霞西墓表》,缪荃孙辑:《续碑传集》卷78,页10。

　　③ 张履:《生斋全稿·序》(1837),方坰:《生斋全稿》卷首,页1,咸丰七年(1857)刻本。

　　④ 陈沆:《近思录补注》,道光间刻本。

　　⑤ 沈维鐈:《续近思录序》(1834.8),《补读书斋遗稿》卷4,页16—17;鲍桂星、何鸿器辑《续近思录》,道光甲午年(1834)金陵何流春堂刻本。

　　⑥ 姚莹:《黄右爰近思录集说序》,《中复堂遗稿》卷1,页10—12,同治丁卯(1867)八月《中复堂全集》刻本。按:此书有钞本存世,参见程水龙:《〈近思录〉版本与传播研究》,页85—86。

　　⑦ 郑福照:《方仪卫先生年谱》"道光四年,五十三岁"条,是年著《汉学商兑》四卷(方东树《仪卫轩文集》附,页6)。

　　⑧ 沈维鐈:《国朝学案小识序》、曾国藩:《书学案小识后》,载唐鉴:《国朝学案小识》卷首、卷末,道光二十五年(1845)刻本。

　　⑨ 潘世恩:《正学编》,同治五年(1866)潘氏刻本;何桂珍:《续理学正宗》,民国三年(1914)《云南丛书》刊本。

一、乾隆三十八年四库开馆，这是被誉为康熙中叶以来的汉宋之争，汉学派由野入朝，"完全占胜利"的标志性事件。[①] 以此为始统计理学书籍的刊刻状况，可为我们考察汉学鼎盛时期理学在知识界的状况提供直观参考。

二、咸丰二年是太平天国定都南京的前一年，此后战火蔓延，江南文献多遭兵燹之厄。以此为下限，可在最大程度上将这一外在因素的影响忽略，因统计者皆为此劫后余存。

三、嘉庆十八年是导致清廷在文化政策方面做出重大调整的天理教事件发生之年，巧合的是，这一年也正是这八十年的中间点。这两个前后时长相同且社会外部环境均无重大变化的时期，为我们客观地对比理学书籍的刊印状况提供了可能。

选取的统计样本是孙殿起《贩书偶记（附续编）》（简称《贩》或《贩续》）和邵懿辰撰、邵章续录《增订四库简明目录标注》"子部·儒家类·理学之属"（简称《简目标注》）著录的理学书籍，因二书皆旨在搜罗、著录《四库全书》未收书，尤其是《四库全书》纂修之后陆续出版的各种书籍。

表 1·乾隆三十八年至嘉庆十七年(1773—1812)理学书籍刊刻表

编撰者	书名	版本	出处及说明
博陵尹嘉铨撰	小学义疏六卷	乾隆四十年（乙未，1775)刊袖珍本	《贩》，页217
宋史□□朴夫撰	史子朴语十卷	乾隆辛丑（四十六年，1781)八行堂刊	《贩》，页217
仁和关槐	士林彝训八卷	乾隆五十四年(1789)刊	《贩续》，页104
南通州钱保撰	为学纲目三卷，首一卷	乾隆辛亥（五十六年，1791)宝斯堂精刊	《贩续》，页104
宋袁采撰	袁氏世范三卷	乾隆甲寅（五十九年，1794)吴氏刊本	《简目标注》，页389
关中李颙撰	二曲悔过自新说一卷	嘉庆元年(1796)抄本	《贩续》，页104
富平杨国杰撰	温溪寻源集三卷，退闲录一卷	嘉庆元年刊	《贩续》，页105

① 梁启超：《中国近三百年学术史》，朱维铮校注《梁启超论清学史二种》，页115。

续表

编撰者	书名	版本	出处及说明
同官郝平撰	一斋识学四卷,小学或问一卷,家规一卷,附郝正阳语录一卷	嘉庆元年时习堂刊	《贩续》,页105
元程端礼撰	读书分年日程三卷	嘉庆丙辰(1796)宋玉诏重刊本	《简目标注》,页399
明吕柟撰	泾野子内篇二十七卷	嘉庆三年(1798)刊本	《简目标注》,页403
江宁朱性坦编	岩斋学记十卷	嘉庆三年刊	《贩续》,页105
蓉城刘一峰撰	秘书三种五卷	嘉庆丙寅(1806)重刊	《贩续》,页105
宋张载撰	张子全书十四卷,附录一卷	嘉庆十一年(1806)上元叶世倬补刊本	《简目标注》,页387
江永撰	近思录集注十四卷	嘉庆丁卯(1807)京师刊本	《简目标注》,页391
总计	14种,117卷		
丛书			
宋刘敞撰	公是先生弟子记一卷	《知不足斋丛书》"第二集"乾隆四十年刊	《简目标注》,页388。丛书刊印时间据《中国丛书综录》,下同
宋袁采撰	袁氏世范三卷	《知不足斋丛书》"第十四集"乾隆五十五年刊	《简目标注》,页389
明章懋撰	枫山语录一卷	《借月山房汇钞》嘉庆十三年(1808)刊本	《简目标注》,页402
宋李邦献撰	省心杂言一卷	《函海》嘉庆十四年(1809)李鼎元重校印本	《简目标注》,页389
宋赵鼎撰	家训笔录一卷	《函海》嘉庆十四年李鼎元重校印本	《简目标注》,页393
丛书总计	5种,7卷		
共计(含丛书)	19种,124卷		

表 2 · 嘉庆十八年至咸丰二年(1813—1852)理学书籍刊刻表

编撰者	书名	版本	出处及说明
宜黄余寅止编	志学编二卷	嘉庆癸酉(1813)刊	《贩续》,页 105
江永撰	近思录集注十四卷	嘉庆甲戌(1814)江西刊本	《简目标注》,页 391;嘉庆壬申(1812)江西督学王鼎刊本即为此本
五山孙中行辑	成教约编一卷,儒学源流考二卷,附录一卷	底稿本,首有嘉庆岁次丙子(1816)自序	《贩续》,页 105
元程端礼撰	读书分年日程三卷	嘉庆丙子沈维铎重刊本	《简目标注》,页 399
明罗钦顺撰	困知记二卷,续记二卷,附录一卷	嘉庆二十三年(1818)沈维铎刊本	《简目标注》,页 402
宝应朱泽沄撰	合意编五卷	道光元年辛巳(1821)刊	《贩续》,页 104
河间纪□□荫田撰	痴说八卷	道光辛巳仲冬怀清堂刊	《贩续》,页 105
元程端礼撰	读书分年日程三卷	道光癸未(1823)毛式郇刊本	《简目标注》,页 399
归安茅星来撰	近思录集注十四卷	道光三年(1823)刊	《贩附》,页 354
宝应朱泽沄撰	阳明朱子晚年定论辨一卷	道光四年(1824)刊	《贩》,页 218
偃师段嘉谟辑	幼基一卷	道光七年(1827)如见斋刊	《贩》,页 220
安康王玉树撰	存心宗旨浅说一卷	道光辛卯(1831)刊	《贩续》,页 105
桐城方东树撰	汉学商兑三卷	道光辛卯冬刊	《贩》,页 219
歙县鲍桂星、南州何鸿器辑	续近思录十四卷	道光甲午(1834)金陵何流春堂刊	《贩》,页 220
宋杨与立编	朱子语略二十卷	道光十四年(1834)金陵甘福刊本	《简目标注》,页 392

续表

编撰者	书名	版本	出处及说明
益阳胡达源撰	弟子箴言十六卷	道光乙未(1835)闻妙香轩刊	《贩续》,页106
仁和陆向荣撰	瘦石山房笔记一卷	道光丙申（1836）秋仲刊	《贩续》,页105
天津沈峻撰	资镜录二卷	道光丙申刊	《贩》,页219
泾县赵大铺撰	颂轩悟言二卷　附问答一卷	道光丁酉(1837)面湖草堂刊	《贩》,页219
陆世仪撰	思辨录辑要三十五卷	道光十七年(1837)沈维矫刊本	《简目标注》,页406
震泽张履撰	容山教事录一卷	道光戊戌(1838)华阳精舍刊	《贩》,页219
张履祥撰	杨园全书三十四卷	道光辛丑(1841)独山莫氏影山草堂刊本	《简目标注》,页406
平湖陆陇其撰	陆清献公日记十卷	道光辛丑吴江柳树芳校刊	《贩续》,页104
锡山秦坊辑	范家集略六卷	道光辛丑重刊	《贩续》,页106
武进李兆洛口授,蒋彤录	暨阳答问四卷	道光二十二年（1842）洗心玩易之室刊木活字本	《贩》,页219
鄞陈僅撰	文莫书屋詹詹言二卷	道光乙巳（1845）仲冬月思明继雅堂刊	《贩续》,页105
鄞县全祖望撰	宋元学案一百卷	道光二十五至二十六年(1846)何绍基刊	《贩》,页219
婺源朱锡珍辑	忍字辑略五卷	道光二十七年(1847)刊	《贩续》,页105
东莞邓淳撰	主一斋随笔十二卷	道光二十七年水云山房刊	《贩》,页219
元苏天爵撰	治世龟鉴一卷	道光戊申(1848)瓶花书屋刊本	《简目标注》,页400
福山王德瑛撰	日省吾斋日录	道光间刊	《贩续》,页105

续表

编撰者	书名	版本	出处及说明
元谢应芳撰	辨惑编四卷，附录一卷	道光刊本	《简目标注》，页399
安康王玉树撰	志学录四卷	道光间芳椶堂刊	《贩》，页219
明陈选	小学集注六卷	道光间安岳王莲洲先生刊本	《简目标注》，页391
婺源汪烜撰	理学逢源十二卷	道光间敬业堂刊	《贩》，页219
明刘宗周撰	刘子全书四十卷	道光中山阴刊本	《简目标注》，页404
明刘宗周撰	人谱一卷，人谱类记二卷	道光教忠堂刊本	《简目标注》，页404
胡承诺撰	绎志十九卷	道光间李兆洛刊本	《简目标注》，页406
归安宋懿修撰	安溪四种书注五卷	道光间刊	《贩》，页219
顺德闻汝适撰	咫闻录二卷	约道光间刊	《贩续》，页105
南海何文绮撰	课余汇钞八卷	咸丰元年辛亥（1851）孟秋刊	《贩续》，页105
婺源余元遴撰	庸言四卷	咸丰元年辛亥露萧草堂刊	《贩续》，页105
山阴何思永辑	理学图说汇编三卷	咸丰二年（1852）刊	《贩续》，页106
总计	42种，441卷		
丛书			
李光地撰	注解正蒙二卷	《榕村全书》道光九年（1829）李维迪刊本	《简目标注》，页387 丛书刊印时间据《中国丛书综录》，下同
李光地撰	榕村语录三十卷	同上	《简目标注》，页408
明徐问撰	读书劄记八卷	《得月簃丛书》道光十一年（1831）刊本	《简目标注》，页403
明刘宗周撰	人谱一卷	《学海类编》本，道光十一年排印本	《简目标注》，页404

续表

编撰者	书名	版本	出处及说明
宋李邦献撰	省心杂言一卷	同上	《简目标注》,页389
宋晁说之撰	儒言一卷	同上	《简目标注》,页389
明章懋撰	枫山语录一卷	《指海》道光二十二年(1842)刊本	《简目标注》,页402
宋陈淳撰	北溪字义二卷	《惜阴轩丛书》本,道光二十六年(1846)宏道书院刊	《简目标注》,页397
明吕柟撰	周子钞释三卷	同上	《简目标注》,页403
明吕柟撰	张子钞释六卷	同上	《简目标注》,页403
明吕柟撰	二程子钞释十卷	同上	《简目标注》,页403
明吕柟撰	朱子钞释二卷	同上	《简目标注》,页403
宋胡宏撰	知言六卷,疑义一卷,附录一卷	《粤雅堂丛书》道光三十年(1850)刊本	《简目标注》,页393
丛书总计	13 种,75 卷		
共计(含丛书)	54 种,516 卷		

　　所据版本:《贩书偶记(附续编)》,上海:上海古籍出版社,1999 年 5 月第 1 版,2000 年 4 月第 2 次印刷,含附录,其中《续编》页码另起,并与附录页码连续;《增订四库简明目录标注》,上海:上海古籍出版社,1979 年 7 月新 1 版,2000 年 7 月第 2 次印刷。

　　需要说明的是,上述统计并不包括制义等科举用书,因而具有较强的代表性,颇能反映理学在不同时期的状况。根据统计,不计各种丛书中所收的理学书籍,前一时期理学书籍的刊刻数量为 14 种 117 卷,后一时期为 42 种 441 卷。以种类论,后者是前者的 3 倍;以卷数论,后者则是前者的 3.77 倍。如果将丛书统计在内,则前者为 19 种 124 卷,后者为 54 种 516 卷,以种类论,后者是前者的 2.8 倍;以卷数论,后者则是前者的 4.16 倍。考虑到上述已讨论的嘉道间官方和民间所刊理学书籍,多在此二书著录范围之外,则前后两个时期刊刻数量的比率,要远超过以上数字。

不仅如此,在这时长完全相同的两个时段,理学书籍的刊刻数量竟有3倍左右的差距,则不但证明后一时段理学书籍的流行和受关注程度,还可与前引乾嘉之际关于理学书籍销售状况的描述和评论相印证,即其时理学鲜被关注的尴尬境遇,并非夸张之词。此外,通过这些数量不等的理学书籍的刊刻、辑录与撰述,还可以看出在嘉庆后期及道光朝,理学逐渐被重新关注,出现复兴之势。

嘉道之际,随着清廷提倡理学政策和措施的展开,嘉庆前期汉学考据盛行、理学衰微至极的状况,终于有了相当的改观。道光初年,昭梿对当朝大员有这样的观察,云:"在朝大吏,无不屏声色,灭驺从,深衣布袍,遽以理学自命矣。如李侍郎宗昉、黄给谏中模,往昔皆以声色自娱者,近乃绝口不谈乐律。芝岩会客,必更易布袍,然后出见,以自诩其节俭,亦一时风气然也。"[①]昭梿卒于道光九年,他所说的当朝大吏"遽以理学自命",当是道光初年的官场风气。在此,我们看到理学竟从嘉庆前期被人斥为"无益于国"的尴尬境地,变成达官贵族装点门面的时髦学问。尽管这一政策造就了诸多假道学,但其对知识界的影响实不可低估。

三、《汉学商兑》与嘉道之际士人对汉学考据的批评

道光十一年(1831)出版的方东树《汉学商兑》,因其对汉学考据全面而系统的攻击及并非学术性的毒詈、谩骂,格外引人注目。多数研究清代汉宋之争者,往往将方氏此书作为宋学家抨击汉学考据、提倡理学的开端。其实,这在很大程度上是受方氏本人误导所致。方东树在书中称汉学考据者欲"祧宋而去之,使永远万世,有宋不得为代,程朱不得为人,然后为快足于心","而程朱之门,独寂然不闻出一应兵",其意即以该书为改变这种状况的首次应战之作。[②] 事实真是这样吗?如果我们注意到它成书于道光四年,[③]便不难发现其时恰在道光朝首次以理学名儒从祀文庙的两年后,那么其写作动机是否为迎合其时朝廷的文化政策,便值得怀疑。如果再注

---

①　昭梿:《啸亭续录》卷4"理学盛衰"条,页503。
②　方东树:《汉学商兑》卷下,页385。
③　郑福照:《方仪卫先生年谱》,页6。

意到嘉庆二十二年以来清廷在全国推行提倡程朱理学的政策,并通过各地学政有效展开,再加上方氏本人自乾隆五十九年到道光八年(1794—1828)的三十余年间,十次参加乡试、屡试不中的这一老诸生身份,则其对这三十年间科举考试中透露出朝廷文化政策的变化,应当有切身体会,那么这种怀疑就并非无据。①

不仅如此,《汉学商兑》的内容,也远非是方东树的孤发之明。且不说方氏对汉学考据的攻击,如琐碎、不适于用(无益于身心家国)、欲取代程朱理学的道统地位等,多为章学诚及乃师姚鼐所已言。即其中批评汉学考据的具体言论,亦与嘉庆间的另一位学者张海珊相似。如方东树言汉学者不检点身心,品节有亏:

> 汉学者矜其谀闻,邪说横议,利本之颠,共寻斧斤焉。痛斥穷理,力辟克己反心之学……考其律身行己,修整者故多,败行者亦不乏。恣欲任情,逾闲荡检,惟以有著述为藏身之固,天下亦遂以此恕之。贪黩卑污者有之,淫纵邪行者有之,愎忿忮克者有之,举无妨于经学通儒之名。

张海珊则称:

> 西河之徒犹妄挟其泛滥之所得,集矢于紫阳……自时厥后,谈经训者,遂分汉宋门户,而争以攻宋人以为博洽,浸淫至今日,而其祸烈矣。穿凿于故训文字之微,张皇于名物器数之末,拾前人之唾余,谬述为家法。及进询以本经之大义,则瞢然莫知也。于是鄙躬行为陈言,斥廉耻为小节,唯知嗜货利、竞功名,以便其耳目口鼻四支之欲,班氏所呼为利禄之途然者,岂不信欤!②

甚至方氏譬喻汉学与宋学是"耕而耘"与"获而春"的关系,亦为海珊所已言。方氏说:

---

① 郑福照:《方仪卫先生年谱》,页2。又,朱维铮先生特别注意到方氏的政治嗅觉非常灵敏,可为此推论添一佐证(朱维铮:《求索真文明——晚清学术史论》,页31)。
② 方东树:《汉学商兑》卷下,页406;张海珊:《记收书目录后》,贺长龄编:《皇朝经世文编》卷2,页22—23。

经者,良苗也。汉儒者,农夫之勤菑畲者也,耕而耘之,以殖其禾稼;宋儒者,获而舂之,蒸而食之,以资其性命,养其躯体,益其精神也。非汉儒耕之,则宋儒不得食;宋儒不舂而食,则禾稼蔽亩,弃于无用,而群生无以资其性命。今之为汉学者,则取其遗秉滞穗,而复殖之,因以笑舂食者之非……卒其所殖,不能用以置五升之饭。

张氏云:

夫汉人功诚不可没,然固以其抱残守缺,而有以待乎后之人,是故宋人之功,汉人之功也,尊宋乃以尊汉也。譬之稽田,汉任其开垦,而宋任其敛获。今乃舍粒食之功,而卤莽灭裂,日求所为开垦者事之,亦可怪甚矣!

且基于这种类比对汉学考据的攻击,亦有异曲同工之处,方氏云:"毕世治经,无一言几于道,无一念及于用,以为经之事尽于此耳矣,经之意尽于此耳矣。其生也勤,其死也虚,其求在外,使人狂,使人昏,荡天下之心,而不得其所本。"张氏则直将汉学盛行称为"厉阶之报",云:"呜呼!谁生厉阶,浸昌浸炽,而致此燎原之势!则信乎!俗学功利之习深锢于人心,故一唱而和者易众,惟其有以便人之私也。"①

值得注意的是,张海珊卒于道光元年,其抨击汉学考据的上述言论,均收录在《皇朝经世文编》中,该书出版于道光七年,较《汉学商兑》早了四年。② 则方氏刊行《汉学商兑》前,是否参考过张氏著作,亦未可知。

此外,早在天理教事件之前,姚鼐就提到其抨击汉学考据、提倡理学之说开始受到关注。③ 天理教事件后,随着清廷倡导理学政策的展开及知识界基于自身反省转而提倡理学,也无疑使批评汉学考据成为知识界的重要话题。如嘉庆十九年春,姚莹就因张聪咸称誉其曾祖姚范之学可与阎若

---

① 方东树:《汉学商兑·重序》,《汉学商兑》,页411;张海珊:《记收书目录后》,贺长龄编:《皇朝经世文编》卷2,页22—23。
② 张生洲:《张先生海珊行状》,钱仪吉纂:《碑传集》卷141,页4199;龚来国:《清"经世文编"研究——以编纂学为中心》,页1,复旦大学博士论文,2004年。
③ 姚鼐:《与石甫侄孙(7)》(1813),《惜抱先生尺牍》卷8,页14。

璩、惠栋诸人比肩,复函表示"窃以为骇",云:"阎君断断博辩,以摘发前人
自喜;惠君凿凿训故,以搜求古义专门。二君精博均不可及,然其于圣人之
道也,曾未望其藩篱,乃与宋儒为难,欲以寸莛破巨钟。"称其曾祖之学"其
大者在笃信程朱,以为非考证不足以多闻,舍身心亦无以为学","以考博佐
其义理,于程朱之学,见之真而守之笃","固与二君大异",认为张氏的比拟
"非所敢安",耻与当时盛称的汉学家为伍。其解释姚鼐请将姚范入《国史
文苑传》,谓"或别有微意",就是明证。姚莹认为宋儒之学"其道在守先待
后,其功在风俗人心",言"学者当识其大,以体其微,去其矜心与其昏气,乃
可以为学",批评"俗儒务毁人以成己,名邪说好立异以乱是非。卮言日出,
贻害人心,亦何异乱法舞文之吏耶?"这种批评无疑将汉学考据比作"俗儒
邪说",其害则与"乱法舞文之吏"等。①

同样,嘉庆二十一年,梅曾亮(1786—1856)在与姚椿的学术通信中,则
从致用的角度批评经学研究不能施于用,称:"考证、性命之学,类不能别出
汉唐宋儒之外,率皆予夺前人,迭为奴主,缴绕其异,引申其同,屈世就人,
越今即古,多言于易辨,抵巇于小疵。其疏引鸿博,动摇人心,使学者日曜
刃于离析破碎之域,而忘其为兴亡治乱之要最、尊主庇民之成法也,岂不悖
哉!"②梅氏所说的"考证、性命之学",虽将汉学和宋学同置于批评之列,然
详味其言,则针对汉学考据者为多。在他看来,汉学考据不但不能致用,即
使单纯的学术研究,也只是好与宋儒立异,非但没有什么发现,反而将经学
研究变得"迂怪破碎"。道光四年,梅氏就做了这样的批评,说:"百年以来,
名儒老师相逐于训诂、名物、象数之学,凡宋儒说经空虚道术之谈,变之惟
恐不尽。至《春秋》一书,褒贬善恶,贵取其义,无可肆其捃摭,则又杂出于
谶纬之诬、科例之烦苦,迂怪破碎,难知其说之穷而屡变者,不胜其词之遁
也。彼岂以是为人心之所安哉?亦好与宋儒为异而已。"③

尽管这些汉学考据的批评者大多为姚鼐弟子,其批评亦与姚氏无大
异,但数量的增加,也在某种程度上表明提倡理学、批评汉学考据之风在知
识界的扩散及姚鼐抨击汉学考据等学说影响的扩大。这方面最典型的例

---

①　姚莹:《与张阮林论家学书》,《东溟文集》卷3,页4—5,同治丁卯八月《中复堂全集》刻本。
②　梅曾亮:《复姚春木书》,《柏枧山房文集》卷2,彭国忠、胡晓明校点:《柏枧山房诗文集》,页
22,上海:上海古籍出版社,2005年。
③　梅曾亮:《春秋溯志序》,《柏枧山房文集》卷4,页94。

子就是方苞、姚鼐等毒詈汉学考据家毛奇龄、戴震因诋程朱而身后绝嗣的言论,得到嘉道间胡虔、张海珊、方东树等人的附和。嘉庆间,张海珊在给一位"痛诋程朱"友人的信中谈攻诋朱子之人,说:

> 然如黄晦木、毛大可、戴东原辈争在经义可也,李刚主则争在理道矣,至吾丈又争在事功矣。向尝阅望溪与刚主之言,与近日姬传先生《与简斋书》,未尝不为之悚然而心动。[①]

而令其"悚然心动"的姬传先生《与简斋书》,原文是:"其人生平不能为程、朱之行,而其意乃欲与程、朱争名,安得不为天之所恶? 故毛大可、李刚主、程绵庄、戴东原,率皆身灭嗣绝,此殆未可以为偶然也。"[②]

道光五年,方东树在《书林扬觯·著书伤物篇》引胡虔《柿叶轩笔记》云:

> 《太平御览》引刘义庆《幽明录》载:王嗣辅注《易》,讥诋康成,郑降神大言责之,王遂畏恶,得厉疾而死。以为此郑学者恶王党郑之言。方望溪侍郎又谓:人之诋朱子者,必受冥谪,多绝嗣。夫是非得失,天下万世之公,郑朱有知,必以后人补正其阙为幸。

此处胡氏将诋毁郑康成及朱子者同置于遭诅咒之列,但方氏的分析却将诅咒专施诸批评朱子者,云:

> 此说甚正。然亦须分别详之:如意在补正,纵不得是,亦为公心;若如焦竑、杨慎、毛奇龄及近世戴震、汪中等之诋朱子,诐邪诬肆,将害及学术,人心世道亦可幸乎? 郑朱固断无地下修怨,降神报复妖妄之异。但义理公心所不许者,即天地神祇,昭布森列,宜有惩谪之理。[③]

---

① 张海珊:《答某书》,《小安乐窝文集》卷4,页15、16。

② 姚鼐:《再复简斋书》,《惜抱轩文集》卷6,《惜抱轩诗文集》,页102。

③ 方东树:《书林扬觯·著书伤物第八》,页30,乙丑(1925)七月中国书店据仪卫轩刻本校印;郑福照:《方仪卫先生年谱》,页8。

同样值得注意的,还有道光前期一些学者因批评汉学考据更将矛头直指前朝的"隆文盛举"——《四库全书》及"钦定"《四库全书总目》。如道光五年,魏源(1794—1856)批评《四库全书总目》说:"乾隆中修《四库书》,纪文达公以侍读学士总纂。文达故不喜宋儒,其《总目》多所发挥。"[①]其批评虽特别针对纪昀,但该书毕竟冠以"钦定"二字,这样的批评在雍、乾等思想钳制严重、文字狱盛行的年代是难以想象的。而且这种批评也并非只是某位学者的特立之举,而是几乎成为一种时代意见。

另一位学者夏炘在道光九至十四年(1829—1834)间陆续完成的表彰理学、批判汉学考据诸文中,对《四库全书》及《四库全书总目》的批评,便屡见不一。如批评《四库全书》失收理学书颇多,云:"乾隆年间,开四库馆,搜罗天下之书,并分储江浙,嘉惠士林。士生今日,不患无书可读,惜其时风气争尚汉学,故所有经史及声音文字之书,采访殆尽,而理学诸儒之书,未经录入者颇不少,是亦一憾也。"[②]进而据此抨击四库馆臣深负朝廷重望,称:"朝廷乐育人才,千古旷举。惜乎一时纂修诸公,不知体要。《全书》中经史外,所有天文舆地、佛经道藏、医卜堪舆、诗文词曲、艺术小说,皆网罗殆尽。而理学经济之书,只宋元明以来诸钜公,收其文集语录之一二,而其未及取者甚多……然考据家之书与理学诸儒之书,孰为有用,孰为无用,不待智者而后能辨。其时纂修诸公,皆称通人,何其昧昧至此也……殊令读《四库全书》者不能不为诸儒抱憾,且又不得不深咎当时在馆诸公有负朝廷委任之责也。"

值得注意的,还有夏炘发表这些评时,所持的标准:"人才之盛衰,视乎学术,学术正则人人知读有用之书,学成之后,自然为有体有用之彦,上可以宣力国家,下亦不失为廉顽立懦之士……若但狃于口耳,侈谈博洽,以性理为迂言,鄙讲说为多事,则身心何由而束,品行何由而端,经济何由而裕?异日出身通籍,居官治民,何以能比绩名臣,希踪循吏?"[③]

不仅如此,在他看来四库馆臣辜负朝廷重望,未将各种理学书搜罗殆

---

①　魏源:《书宋名臣言行录后》,《魏源集》,页 217,北京:中华书局,1976 年;李瑚:《魏源研究》,页 510;并参钱穆:《四库提要与汉宋门户》,《中国学术思想史论丛(八)》,《钱宾四先生全集》第 22 册,页 581—588,台北:联经,1998 年。

②　夏炘:《书程后议序》,《夏仲子集》卷 1,页 22。

③　夏炘:《读四库全书提要》,《夏仲子集》卷 3,页 1。夏氏还有"欲天下后世人才之盛,必先自表彰宋儒始"的议论(《读康斋日录》,《夏仲子集》卷 2,页 8)。

尽,并非是客观条件所限,而是他们"有意尊崇考据,而不满于宋贤"的刻意作为。最明显的证据,就是《四库全书简明目录》于"所采国朝汉学诸家,若黄宗羲、顾炎武、阎若璩、胡渭、毛奇龄、朱彝尊、陈启源、惠栋、江永等著述,皆极口赞叹,许其博洽精详。至宋儒之书,与夫有关宋儒之学之册,则有心轩轾,眩惑来学……其他各门类之书,议论一涉宋儒,即有微词讽语。至程朱诸儒所训各经,昭然不朽,颁在学宫者,则仅详其意义卷什,不置一词,盖抑之则恐违众论,称之则复乖本衷也"。为此,夏炯再三慨叹四库馆臣不仅违背本朝"重道崇儒"的基本国策,更深负朝廷重望:"我朝重道崇儒,迈轶前代。仁庙特升朱子于十哲之次,永定万世公论。而四库馆诸公竟专与宋儒为怼,不惟学识浅陋,亦且无以仰答圣朝敦尚正学之至意也。"①

类似的批评,还有姚椿。他批评《四库全书总目》说:"纪氏之《总目》,殊致不满于宋儒,略其大美而责其小疵。其于朱子,特以圣祖尊崇之故,不敢显相龃龉。然其阳奉而阴诋之者,不可胜数矣。"②

这些针对《四库全书》、《四库全书总目》及《简明目录》的批评,一方面固然表明朝廷对士林思想言论钳制的松弛,但同时也表明嘉道之际这种提倡理学、批评汉学考据学术转向的各种面相及其影响的广泛程度。同时,更应注意的是,这些批评大约都发生在道光十一年方东树《汉学商兑》出版之前。且在此书出版前后,夏炯提倡理学、抨击汉学考据的一系列著作,大多亦已完成。这些著作不仅将本朝汉学考据分为八个流派,分别总结其特点,还对顾炎武、毛奇龄、朱彝尊、阎若璩、臧琳、惠栋、纪昀、戴震、钱大昕、卢文弨、江声、王念孙、王引之、阮元、凌廷堪、段玉裁等本朝著名汉学考据家及其著作,进行全面而系统的批评。其全面性与系统性及批判的深刻程度,亦不逊于《汉学商兑》。③ 如此,则王汎森先生称《商兑》一书的出版是"石破天惊之举",无疑夸大了该书的影响。④ 当然,方氏此书确为第一部

---

① 夏炯:《读四库全书简明目录》,《夏仲子集》卷3,页2—3。

② 姚椿:《书〈读史管见〉后》,《晚学斋文集》卷2,页6,咸丰二年刻本。

③ 参见夏炯:《乾隆以后诸君学术论》、《学术有用无用辨》(《夏仲子集》卷1,页10、11—12)及卷3《读四库全书提要》、《读四库全书简明目录》、《书亭林遗书后》、《书毛西河全集后》、《书曝书亭集后》、《书阎百诗尚书古文疏证后》、《书臧玉林经义杂记后》、《书惠定宇九经古义后》、《书戴氏遗书后》、《书潜研堂文集后》、《书卢抱经丛书后》、《书江艮庭尚书集注音疏后》、《书高邮王氏各书后》、《书仪征阮氏各种后》、《书礼经释例后》、《书经韵楼丛书后》诸文。

④ 王汎森:《方东树与汉学的衰退》,《中国近代思想与学术的系谱》,页12。

系统而全面批评汉学考据的著作,而且一些批评也确能切中汉学考据的隐微,使汉学考据的痼疾及一些不可讳言的弊端大白于世。但此书并非嘉道时期批评汉学考据、提倡理学的开端,而是嘉道之际这种学术转向的结果。

第四节　余论

王汎森先生在考察道光以降汉学走向衰落时,曾提出这样的问题:

> 当时知识分子有一个疑问:为何考证学如此发达,出版的书这么多,而现实世界如此龌龊混乱? 这个现象显然与清初大儒的主张相违背。清初大儒说,研求圣经贤传的最终目的是为了能再返三代之治。但是清季学者开始质疑这个大前提:将三代社会的真相弄得愈清楚,好像也愈不可能把三代的理想付诸实行? ……人们怀疑当时居学术界主流地位的汉学考据,究竟与现实政术及道德风俗有何关联? 这一门学问是不是完全失去了现实关照性,以致于学术自学术、社会自社会,汗牛充栋的考据学著作非但不能为现实世界带来一尺一寸的进步,反倒有恶劣的影响?

对此,王先生判断说:

> 在《商兑》出版之后,清朝便面临了巨大的困局,对照现实的变局,汉学的无用性愈发明显,而宋学虽不一定是理想的选择,但当时复兴宋学的人大多尝试着把学问与现实互相扣联,而且发生过相当的效果,道光以后许许多多在经世致用上有重大本领的人,都与宋学复兴有关,则二者之间的消长之势遂逐渐形成。①

从以上关于天理教事件与嘉道之际学术转向的讨论不难看出,王先生所说的这种从汉学到宋学的转变,早在汉学如日中天的嘉庆中后期,就因天理教事件这一触媒性事件,由潜到显,渐成潮流,而远非在《汉学商兑》出版的

---

① 王汎森:《方东树与汉学的衰退》,《中国近代思想与学术的系谱》,页3—4、21。

道光十一年之后。且《汉学商兑》也是这一转变的产物,亦非方氏一人的孤明先发。至于汉学考据的现实关照性,是否也因天理教事件成为士人的普遍疑问,虽不可确知,但上述讨论则表明其时已有相当数量的士人产生了类似的疑问。

对汉学考据"纯学术化"后应对现实时面临的种种窘境,除转向理学以外,另一种途径就是从汉学内部寻找"致用"的资源。道光初年,从西汉经学"通经致用"的角度批评当下汉学考据的声音已经出现。道光二年前后,魏源对比"通经致用"的汉代经学与其时盛行的汉学考据,便称许前者"以经术为治术",通经致用;抨击后者"毕生治经,无一言益己,无一事可验诸治者",强调经学本质是治事用世和经世致用而非纯粹学术研究的对象,云:

> 道形诸事谓之治;以其事笔之方策,俾天下后世得以求道而制事,谓之经……士之能九年通经者,以淑其身,以形为事业,则能以《周易》决疑,以《洪范》占变,以《春秋》断事,以《礼》、《乐》服制兴教化,以《周官》致太平,以《禹贡》行河,以三百五篇当谏书,以出使专对,谓之以经术为治术。曾有以通经致用为诟厉者乎? 以诂训音声蔽小学,以名物器服蔽《三礼》,以象数蔽《易》,以鸟兽草木蔽《诗》,毕生治经,无一言益己,无一事可验诸治者乎? 乌乎! 古此方策,今亦此方策;古此学校,今亦此学校;宾宾焉以为先王之道在是,吾不谓先王之道不在是也,如国家何?[①]

道光四年,汪喜孙(1786—1848)致函刘文淇,也从致用的角度批评当下盛行的汉学考据无益于身心家国,云:"昔孔氏教人学礼、学《诗》,乐正造士……今乐已失传,言《书》者只辩古今文,而于二帝三王之道未尝发明,无裨于家国天下,何以经明行修、通经致用耶?"[②]十三年末,汪氏与泾川书院

---

① 魏源:《默觚上·学篇九》,《魏源集》,页 23—24;据李瑚考证,此文撰于道光二年(1822)(《魏源诗文系年》(增补本),氏著《魏源研究》,页 498—499)。

② 汪喜孙:《与刘孟瞻书(2)》,《汪孟慈集》卷 5,杨晋龙主编:《汪喜孙著作集》(上),页 165。据信中"近楚桢于《毛诗》有成书否? 前年叩之,答云'未成'"语,可推知此信的大致时间,考刘文兴编《清刘楚桢先生宝楠年谱》(台北:台湾商务印书馆,1986 年),刘氏撰《毛诗详注》始于嘉庆二十二年,然终未成稿;刘氏曾于道光二年赴京师,馆于汪喜孙家(页 15,17),则汪氏所云"前年叩之,答云'未成'",应在是年。据此,此信当作于道光四年。

学生讨论"读书之道",便称当时盛行的汉学考据非"古圣贤教学之本义"，云："近人读书，从事章句、训诂、名物、象数，而大义不存，非古圣贤教学之本义也。"①次年，汪氏又从士习、品行角度批评汉学之弊，云："《礼》、《乐》、《诗》、《书》之不为考据而作"，批评"今人乃以古人小学六书九数，日有孜孜，以终其身。考其生平行事，与不读书者等，且有草野之所不为者"，言"汉唐以来，未有张名博利，如今日之甚者也！"②同年五月，他再次抨击汉学考据无益于学者身心、品行，说："自《礼》废、《乐》亡以后，学者讲论礼制，考证礼器，而于礼之大义，则杳冥莫知其原。终身肄《礼》，著书考《礼》，而所言所行，多有出于礼之外者。"③这种批评的结果，就是转向今文经学。

当然，天理教事件后知识界对汉学考据的这些批评和反思，未必都与天理教事件直接相关，但这一触媒性事件的象征意义就在于造成知识界对其时几成独尊之势的汉学考据的整体反思和批评，并在某种程度上开启了学术发展的多元之途：提倡理学者当然会藉此难得"际遇"倡导理学、抨击汉学；汉学家则或在反思汉学考据的同时接纳或转向理学，或虽批评汉学考据，但仍坚持汉学，并从汉学内部寻找补救的资源。其结果除理学复兴外，还有两股潮流就是汉宋调和和今文经学的兴起。尽管学术流派不同，但其总的精神是一致的，即学问要致用，强调学问对当下现实的"承担"和应对，注重学术在"致用"层面的价值和意义。这样一来，学术与现实的距离开始拉近，从这种意义上说经世致用作为一种时代精神的发轫，当始于嘉道之际天理教事件导致的知识界对现实问题的关注。

长期以来，学界通常将鸦片战争作为一个标志性或象征性事件，视为中国近代学术和思想史的起点，内容上也主要是西学和今文经学，以及在此基础上的变法维新思想。④ 前者是对西方列强侵略的回应；后者则主要受梁启超对其维新变法理论学说追溯和建构的影响，将龚自珍、魏源及其

---

① 汪喜孙：《示泾川讲院左生》，《从政录》卷1，杨晋龙主编：《汪喜孙著作集》（中），页416。

② 汪喜孙：《书示宝晋讲院秦生》，《从政录》卷1，杨晋龙主编：《汪喜孙著作集》（中），页419—420。

③ 汪喜孙：《甲午五月宝晋讲院课程》，《从政录》卷1，杨晋龙主编：《汪喜孙著作集》（中），页423。

④ 这一领域最具代表性的几部论著，如李泽厚《中国近代思想史论》（北京：人民出版社，1979年）、王尔敏《中国近代思想史论》及《续集》（北京：社会科学文献出版社，2003年；2005年）、韦政通《中国十九世纪思想史》（台北：东大图书，1991年）等均是如此。

今文经学作为开端。① 近年王汎森先生的研究则指出在此之外,还有第三种学术和思想,这就是理学的复兴。而且从中国思想传统的内部考察近代思想的变化,理学复兴不但是近代思想的重要内容,近代思想变化的起点也是 1831 年方东树出版的《汉学商兑》所倡导的反汉学兴宋学之风。

　　本章在此基础上讨论了方东树《汉学商兑》出版前的近 20 年间,因天理教事件这一触媒性事件的刺激,知识界批评汉学考据、提倡理学的思想潮流由潜到显的演变历程,进而指出对汉学考据的批评及这种批评精神凸显的关照现实和经世致用,导致学术发展的多元趋向——理学复兴、今文经学的兴起、汉宋调和思想等。在此,我们看到中国近代学术和思想的主要内容和精神,均已在天理教事件前后肇端。中国学术思想由传统向近代思想转变的起点固然难以清楚界定,过程亦缓慢复杂,但嘉庆十八年爆发的天理教事件无疑起到某种触媒作用,该事件或可视作这一转变的象征性标志。

---

① 艾尔曼著、赵刚译:《经学、政治和宗族——中华帝国晚期常州今文学派研究》"序论",页 1—3,南京:江苏人民出版社,1998 年。

第八章 结语

由于任何历史事件在具体历史场景中都作为整体出现,故本书在研究方法上也试图运用政治史、社会史、学术史和思想史等多种方法,力图从不同侧面呈现天理教事件在各个领域引起的反应。如:运用政治史、社会史和学术思想史的方法考察天理教事件消息的传播及其对朝野的震撼;运用政治史和思想文化史的方法研究天理教事件导致清廷如何调整统治政策,并由此开展一系列整顿统治秩序的措施,以及这些措施如何影响了清中叶文化政策的转变;用政治史、社会史、学术史和思想史相结合的方法,综合考察天理教事件对嘉道之际学术转向的影响等。

这些不同方法的运用,使重大历史事件与政治、社会和学术、思想的关联、因应与互动,可以得到具体而微的呈现,从而避免就学术思想史论学术思想史,而忽略学术和思想生存、发展的具体社会历史环境的局限;或即使注重学术史、思想史与政治史、社会史研究相结合,但通常却把对外部政治、社会环境的研究,变成对社会性质的定位或对历史背景的宏大叙述,不能揭示二者间具体而复杂的关联。

本书关于天理教事件与清中叶政治、学术和思想的研究,就是立足于回到历史场景的研究意识和运用多种研究方法的初步尝试。力图使本书无论是关于天理教事件本身的研究,还是对清中叶政治、学术和思想史的研究,都呈现出与以往研究不同的面貌。

第一节 天理教事件的象征意义

关于天理教事件本身的研究,本书主要考察天理教事件消息的传播及其对朝野的震撼。首先,从天理教事件发生期间京城的天气状况着眼,逐日考察天理教事件发生后,消息在京师地区的传播和随之产生的各种谣言,以及清军进驻紫禁城、京城戒严和持续五天挨家逐户的搜索等,呈现其给当时处于历史未知之幕下的人引发的恐慌。其次,从天理教事件自身的特殊性,嘉庆为此特颁罪己诏,以及皇次子绵宁因立首功晋封智亲王,透露出皇位继承人的敏感信息等,考察天理教事件消息在各地迅速传播及引起的各方关注。并通过朝廷诏谕的频繁颁布,例行乡会试的举行以及军队的调动、朝廷对关帝封号的变更等,考察天理教事件消息传播的不同渠道。最后,讨论士人对天理教事件的关注与反思,以及由此出现的士人议政之风,进而使清廷鉴于明亡而立的朝廷法度成为反思和变革对象。朝廷下诏求言等相关政令和两次殿试策论有关天理教事件的考题,使士人议政出现相当活跃的局面。

天理教事件与清中叶的政治部分,主要考察天理教事件后,清廷为解决事件暴露的各种问题,展开统治秩序的整顿和统治政策的调整,集中探讨了以下三个相互关联的问题:

一、就官员而言,天理教教徒何以能够进攻皇宫?是因吏治问题,官员不任事,因循怠顽,故整顿吏治,反思官员的升迁、培养方式。

二、就民众而言,天理教教徒何以胆敢进攻皇宫?是由于民众信仰"邪教",导致人心风俗出现大问题,故清廷一方面制定惩处"邪教"的法律政策,另一方面注重加强对民众的教化。

三、士人是官员的主要来源,又有教化民众、移风易俗之责。现在吏治和风俗两方面都出现了问题,因而反思朝廷的文化政策及当时主流的学术形态。

主要结论如下:一、吏治整顿方面,尽管嘉庆在亲政后曾有刷新吏治之举,但因稳定政局等因素的考虑,结果不了了之。以"官逼民反"为号召的白莲教起义,虽使嘉庆接受了这一口号,但对他而言毋宁是种平叛策略,故镇压起义后嘉庆对吏治问题虽有所警觉,但并未展开大规模的整顿。正是天理教事件的发生促使嘉庆从吏治方面寻找事件发生的原因,并着手全面整肃吏治。为此,嘉庆明确提出"中兴之治"的目标。① 而所谓"中兴",无疑是对当下已非盛世的变相默认,也是对可能步入衰世或乱世的无奈承认。这场为期两年的吏治整顿,不仅是嘉庆朝惟一的一次全面吏治整肃,

---

① 嘉庆帝:《御制行实政论》,《清仁宗实录(四)》卷 281,嘉庆十八年十二月丁巳,页 842—843,北京:中华书局,1986 年。

也是对乾隆后期以来吏治问题的全面刷新。主要包括两方面内容：（一）朝廷自身对官僚行政系统的整饬；（二）为彻底根除"邪教"、端正风俗，更好地推行教化政策而展开的吏治整顿。其结果尽管以失败和嘉庆对臣子的彻底绝望告终，但它却促使清廷对官吏主要来源——士人的培养方式加以反省，进而触及到朝廷的文化政策；同时还引起士林舆论对吏治问题的广泛关注和深刻思考。

　　二、根除"邪教"方面，嘉庆初年爆发的白莲教起义，在嘉庆看来更多的是一场军事平叛，故"邪教"问题并未引起清廷太大的关注和重视，镇压白莲教起义后也未采取相应根除"邪教"的措施。天理教事件直接导致清廷对待"邪教"政策的转变。为彻底根除"邪教"，清廷采取了包括政治方面整饬吏治、社会方面严格保甲制度，以及法律方面重申和制定严惩传习"邪教"者的法律、规定等一系列措施。清廷从思想文化方面根除"邪教"的举措，如禁毁书词小说及"邪教"经卷，强化宣讲《圣谕广训》制度，加强针对"邪教"问题的宣传教育和思想控制，重视对民众的教化等，也标志着嘉庆朝文化政策的转变，高度关注此前忽视的民众教化问题。

　　三、清廷文化政策方面，嘉庆虽然早在亲政之初试图结束雍乾两朝钳制士人思想言论的文字狱政策，但学术思想上仍延续和发扬乾隆中后期崇尚汉学考据的文化政策，并力图有所建树。但天理教事件的发生，促使清廷反思人心风俗、士习士风等方面出现的问题，转而积极提倡理学，以《朱子全书》化导士子和地方官员，这不仅是嘉庆朝在文化政策方面的重大转折，也是清中叶朝廷文化政策的重大变化。在天理教事件中身与其役，并因此彻底巩固其皇位继承人地位的道光皇帝深谙这一政策转变的隐衷，故其即位后保证了这一政策的实施和延续。道光二年（1822），清廷以理学名臣刘宗周从祀文庙，这继乾隆二年（1737）以吴澄复祀文庙后八十五年来的首次增祀之举，不难发现其时清廷刻意提倡理学的鲜明意图。道光前十年共有五次六人从祀文庙，其中仅一人不是理学名儒，与乾嘉八十余年间无一人从祀相比，更可见其时清廷提倡理学之迫切。

　　天理教事件与清中叶的学术、思想部分，主要探讨天理教事件对嘉道之际学术、思想转向的影响。嘉道间的士习士风迥异于雍乾两朝，这是学界长期关注的问题，但促成这种转变的因由，则或以帝王个人性格，或以嘉道间日益严峻的统治危机等笼统论之，鲜有将其置于具体历史场景，切实讨论其与当时政治、社会等的关联、因应与互动。本书第六章以嘉庆亲政和天理教事件等重大历史事件为切入点,讨论此问题。嘉庆亲政之初,由于时局危机的加深和颁布《求言诏》的影响,使士人议政几乎成为士林风尚,主要内容则是新朝施政"从宽"还是"尚严"。但无论议政之风还是所议内容,都引起嘉庆帝的高度关注和严重不满,认为是"人心士习所关",且有"蹈明末声气陋习"以致覆亡之虞。故藉处置洪亮吉案对此风气"示以惩戒"。但天理教事件的发生,使作为表征一代士林风气的士习士风,成为朝野上下共同关注和反思的焦点。知识界对士习、人心、风俗等问题的反思,不仅从最基本的社会生活层面着眼,更进一步反省朝廷关于士人的国家法度,以及与士人息息相关的科举考试、学术形态等等。

关于士人社会生活层面的反思,则严重暴露出嘉道间士人生活的普遍贫困化,它不仅使士人为谋生计而无暇顾及家国大事,同时也使原本用以培养士人操守、品节的学术成为谋生工具。故士人一方面呼吁清廷应负起"养士"之责,另一方面则主张士人以"治生"为第一要务。在国家法度方面的反思,则不仅溢出了朝廷法度允许的范围,更直接针对清朝的祖宗之法,称正是朝廷禁止士人讲学、关注时事的法律和制度,造成当下这种仅顾一己私利,不关心时事,不关心家国天下的疲弊士风。同时,还对明代学术、士习和风俗,予以新的历史定位和评价,肯定其正面价值和意义,并以之作为批评和变革当下士习、风俗的重要背景和历史资源。在学术形态及科举取士层面的反思,则强调士人对现实的担当,强调科举取士制度在培养优良的士习、士风及选拔人才方面担负的重任,进而对学术形态和科举取士制度提出各种变革建议,以期实现学术经世,并通过科举考试培养和强化士人的现实责任感,关心和议论朝政。

清朝中期理学和汉学考据的消长和论争,是清代学术史和思想史研究中的另一焦点。不同于长期以来学界将此问题置于汉宋之争的脉络下,着重学术史的梳理和义理层面的探讨。本书第七章从政治史和社会史的角度,系统发据学者的意见与观感、国家政策的调整与实施、图书的刊印售卖、学政等地方官员的作为等资料,将这一问题置于更为具体的历史场景,探讨中国传统学术思想向近代转变的开启过程。认为汉学考据在嘉庆前期达至鼎盛,理学则衰微至极;但天理教事件的爆发却标志着"汉学郅治"理想的破灭,汉学考据首当其冲地成为反思或批评对象。它不仅使此前那些批评汉学考据、提倡理学等不太受关注的意见，逐渐被彰显、扩大，成为重要的学术潮流；其对处于独尊之势的汉学考据的批评，也开启了学术发展的多元之途：提倡理学者当然会藉此难得"际遇"倡导理学、抨击汉学；汉学家则或在反思汉学考据的同时接纳或转向理学，或虽批评汉学考据，但仍坚持汉学，并从汉学内部寻找补救的资源。其结果除理学复兴外，还有两股潮流就是汉宋调和和今文经学的兴起。尽管学术流派不同，但其总的精神是一致的，即学问要致用，强调学问对当下现实的"承担"和应对，注重学术在"致用"层面的价值和意义。这样一来，学术与现实的距离开始拉近，从这种意义上说经世致用作为一种时代精神的发轫，当始于嘉道之际天理教事件导致士人对现实问题的关注。中国学术思想由传统向近代转变的肇端固然难以清楚界定，演进过程亦复杂缓慢，但天理教事件无疑起到某种触媒作用，成为象征性的标志。

第二节　作为学术时段的"嘉道之际"

其实，如果嘉道时期的清代社会不是积弊丛生、危机四现，那么天理教事件或许就如昙花一现，在清代政治史或军事史上留下轻描淡写的一笔。然而事实却非如此，它的象征意义就在于使当时朝野上下开始明确地意识到一个充满各种矛盾和危机的衰微之世的到来。此后日益严峻的河患、漕运、盐政等问题，使这种危机感得以延续和加强。嘉道之际出现的边疆危机，又使天理教事件引发的这种危机感，由对内地统治的"内忧"扩展到对边疆四裔控制的"外患"。

早在嘉庆末年就蠢蠢欲动的张格尔，终于在道光六年（1826）举行大规模叛乱，攻陷南疆喀什噶尔、叶尔羌、英吉沙尔和和阗四城，参赞大臣庆祥自杀。[①]　这次西北边疆的战事，震动天下，并直接促使一门学问——西北史地学的兴盛。时在广州的马礼逊对时局有这样的描述和评论，云："中国目前的形势正在发生剧烈变动，主要是西部回族发生叛乱。我想时候快到了，这个朝廷的统治将被震得粉碎……各省的盗匪都甚为猖獗，苗族也在造反，回族在西部已公开叛乱，清朝的官兵正在耗费大量国库的钱前往各

---

① 参见魏源：《道光重定回疆记》，《圣武记》卷4，页182—191，北京：中华书局，1984年。

地镇压。台湾在过去数月也发生起义,广州已拨款 1 200 000 两银子作为弭平叛乱的费用。"①其时僻处江南山中的沈垚,也致函友人密切关注这场战事:"垚僻处山中,不见邸钞,民间喧传回逆之起以镇守大臣之淫掠,又言四城既失,寇氛甚恶,大臣有议弃四城者,有此事否?"②并针对放弃西四城的"捐西守东"议,作《新疆私议》加以反驳,云:"自古制戎狄之道,无不以通西域为事……论者或谓竭内地以事外夷,散有用以资无用。不知外夷不守,防守将移在内地,而费益不赀……诚广行屯田积粟之法,即有军兴,可无须中国馈运。"③

道光十年(1830),张格尔余党博巴克等重入喀什噶尔,魏源自请随大学士长龄赴新疆从军,考察西北形势,后因其父病重,行至嘉峪关而返。是年魏源因友人之问,作《答人问西北边域书》,批驳那种"耗中事边,有损无益"的言论是"里闬鄙儒眉睫之见",建议经营西北边疆,以解决人口众多等现实统治危机,云:"国家醲酿孳生,中国土满人满。独新疆人寥地旷,牛羊麦面蔬蓏之贱,播植浇灌,毡裘贸易之利,金矿之旺,徭役赋税之轻且稀,又皆什倍内地……是天留未辟之鸿荒,以为盛世消息尾闾者也……奈何狃近安,忘昔祸,惜涓涘之费,昧溟渤之利,以甘里闬鄙儒眉睫之见?"④

与此同时,东南海疆的鸦片走私与白银漏卮对国家、社会的危害,也引起有识之士的深刻忧虑。道光二年(1822),陈寿祺(1771—1834)致函乃师阮元(1764—1849)云:"闻夷人互市,驾驭颇难,西洋此辈,桀骜狡黠,常有轻易中国之心。内地商贾又往往弃谌义于彼,故益长其骄。抚之不可失怀柔,然亦不可失威重也。"称:"寿祺尝深思天下事,重有忧者,如鸦片一物。夷人贩运,既以戕中国之人,又以耗中国之财,用心叵测,流毒无穷。计二十年间,天下之甘其酰,而倾其赀者,何啻累千亿万。编甿陷之,十二三焉;庠序陷之,十四五焉;纨绔陷之,十八九焉;冠弁陷之,十一二焉,其势方日炽而未有止。不识再复二三十年,其为戕耗又将何若?荡而不反,得无如

---

①　马礼逊夫人编、顾长声译:《马礼逊回忆录》,页 256,桂林:广西师范大学出版社,2004 年。

②　沈垚:《与张渊甫(4)》,《落帆楼文集》卷 8,页 4,吴兴刘氏嘉业堂刊本。

③　沈垚:《新疆私议》(1828 夏),《落帆楼文集》卷 1,页 3—4。

④　魏源:《答人问西北边域书》,贺长龄辑《皇朝经世文编》卷 80"兵政十一·塞防上",页 2,光绪十二年思补楼重校本;并参李瑚:《魏源事迹系年》(增补本),载氏著《魏源研究》,页 323,北京:朝华出版社,2002 年;王家俭:《魏源年谱》,页 49,台北:"中央研究院"近代史研究所,1981 年。

狂国之驱不狂者而饮于狂泉耶？"慨叹："未知苍苍者之悔祸，何日也！"①

　　道光三年，江西巡抚程含章(1763—1832)且以鸦片问题考试本省孝廉方正，称鸦片为"今日大害"，"天下之大利在洋，而大害亦在洋"，"外夷之流毒中国，破耗财源者，莫鸦片若也"，鸦片走私造成中国白银外流，导致银价日昂。程氏并对当时流行的主张封关罢市以禁绝鸦片的意见，表示反对，认为这可能引发中国与外夷的战争，云："彼诸番之与中国交易，已数百年矣。一旦绝之，则必同心合力与我为难，兵连祸结，非数十年不定。而沿海奸民，素食其利，且将阴为彼用，海滨僻静，不可胜防。且胜负兵家之常，但令中国小有挫败，则谣诼纷乘，群起而攻之矣……岂可以兵为戏，而浪开边衅哉？"表示："为今之计，止可严谕各国不许夹带鸦片……姑俟之异日，以待其几之可乘者。"②

　　道光初年，英国人占据新加坡，驻军、移民，进行长期统治的消息，更引起士人对东南海防的警觉。也是在道光六年，萧令裕致函包世臣谈论"英夷之祸"，便称："十年之后，患必中于江浙。恐前明倭祸，复见今日。"③两年后，包世臣(1775—1855)为此上书广东按察使姚祖同(1762—1842)，极言如不对此及时采取对策(如将新加坡华人移往内地，或仿台湾例，实行驻军、设置郡县等)，"十数年后，虽求如目前之苟安而不能，必至以忧患贻君父"，原因是"乾隆、嘉庆之末，英夷两次蓦至天津入贡，骄倨殊甚，是固有主之者。而乾隆中，饬由直隶、山东、江苏、浙江、福建内地，至厦门放洋回国。嘉庆中，饬由安徽、江西、广东内地，至虎门放洋回国，使之目验内地形势"。而东南沿海各省的崇"洋"之风，更堪忧虑，曰："凡物之精好贵重者，皆加'洋'称，江淮之间，见祸事将起，辄云要'闹西洋'。"④

　　值得注意的是，清廷对西洋外患的警觉，似乎又与天理教事件之间存

---

① 陈寿祺：《上宫保尚书仪真公书》，《左海文集》卷5，页11—12，三山陈氏家刻《左海全集》本。据王章涛考证，此信撰于1822年春，时阮元自两广总督卸任京途中(《阮元年谱》，页711，合肥：黄山书社，2003年)。

② 程含章：《考孝廉方正策问》、《谕孝廉方正》，《程月川先生遗集》卷11《江右集》，页17，20—21，民国3年(1914)昆明云南图书馆刻本；并参王钟翰点校《清史列传》卷35《程含章传》，页2727。

③ 包世臣：《答萧枚生书》，《齐民四术》卷第十一，页373，北京：中华书局，2001年。

④ 包世臣：《致广东按察使姚中丞书》(1828.4)，《齐民四术》卷第十一"兵三"，页376—377。亮甫为姚祖同(1762—1842)之字，姚氏生平，详见张履《诰授资政大夫都察院副都御史姚公神道碑铭》，缪荃孙辑《续碑传集》卷10，页2—5，宣统二年江楚编译局刊本。

在某种关联。尽管在天理教事件前清廷已对天主教实行严禁,并于十六年(1811)五月制定、颁布《西洋人传教治罪专条》。[①] 但在天理教事件发生后的第二(1814)三月,嘉庆批示两广总督蒋攸铦等《覆奏粤省查办匪徒情形折》时,却特别就内地民人传习天主教问题,提到居住在澳门的"洋人",称:"天主教本传自外洋,该夷人居住澳门,自习其教,原可不必过问。惟该夷人若向内地民人传授,则恐其煽惑流毒,此不可不严切申禁。一经查出,不但将内地习教之人,按律惩办,其传教之西洋人,亦一并严惩。"[②] 五月,又因广东贡生卢赞跟随仆人张四携带鸦片烟案,谕斥天主教为"国家之隐忧",其害"比白莲教为尤甚",云:"天主教绝灭伦理,乃异端为害之尤者。此在西洋人自习其教,原可置之不问。若传习内地民人,不止大干例禁,为国家之隐忧,贻害最大,比白莲教为尤甚,岂可不思深虑远乎?"[③] 为嘉庆一朝历次所颁禁天主教谕旨中,措辞最严厉者。这种突然加强的厉禁,令人颇感突兀和不解。居住在广州、澳门两地的传教士马礼逊提供了一种可能的解释,即当年参与进攻紫禁城的天理教教徒中,有一位是信仰天主教的,据他招供天理教事件由罗马天主教的神父们策划。这种说法引起清廷的关注,两广总督蒋攸铦(1766—1830)并为此专门派人到澳门密查。尽管此说法已难以再从档案或口供中得以证实,但马礼逊坚称"这是一位在此调查的官员对我说的",则这一出自虔诚基督教徒的记载,当有相当的可信性。[④] 两年后(嘉庆二十一年,1816),英国使臣阿美士德访华。与二十三年前他的前辈马戛尔尼尚能觐见乾隆相比,阿美士德等连嘉庆皇帝的"天颜"亦未得睹,即被驱逐出京。[⑤]

　　嘉道之交的1820年,有名士之称的龚自珍完成的两篇政论文——《西域置行省议》和《东南罢番舶议》,据称"有谋合刊之者",似乎颇能体现知识界对上述两个领域的关注。[⑥] 而道光六年魏源受贺长龄之托编辑完成的

① 《清仁宗实录(四)》卷243,嘉庆十六年五月丙午,页288—289;并参郭慧选:《嘉庆十六年严禁西洋人传教史料》,《历史档案》2004年第1期,页23—32。

② 《清仁宗实录(四)》卷288,嘉庆十九年三月癸丑,页939。

③ 《清仁宗实录(四)》卷290,嘉庆十九年五月甲午,页966。

④ 马礼逊夫人编、顾长声译:《马礼逊回忆录》,页93。

⑤ 黄一农:《印象与真相:清朝中英两国觐礼之争新探》,《"中央研究院"历史语言研究所集刊》第78本第1分,页57—69,2007年3月。

⑥ 龚自珍:《己亥杂诗》第七十六首自注,《龚自珍全集》,页516,上海:上海人民出版社,1975年。

《皇朝经世文编》，又似乎宣告了一个讲求经世之学时代的到来。① 如此则天理教事件与张格尔叛乱，是否可作为两个标志性事件，划出一个考察清中叶政治、学术和思想的历史时段——亦即作为学术时段的"嘉道之际"呢？

鸦片战争爆发前，48 岁的龚自珍辞官离京南下，写有一组《己亥杂诗》，其中一首云："九州生气恃风雷，万马齐暗究可哀！我劝天公重抖擞，不拘一格降人材。"②可能是他觉得官常士习太过沉闷，需要一种新的刺激促其振作。鸦片战争来了，但真正惊醒国人的已是二十多年后的庚申之役（1860），英法联军侵入北京，咸丰帝弃都而逃。或许，他们忘了，数十年前这种刺激也曾有过，而且也因皇宫遭到攻击而震撼朝野，其时年甫弱冠的龚自珍还著有《明良四论》、《乙丙之际箸议》等名作，建议朝廷实行自改革。不同的是，此时的进犯者已非清帝统治下的"乱臣贼子"，而是来自技术、制度、文化等各方面都不亚于中国的"化外夷人"。

---

① 王家俭:《魏源年谱》，页 31，台北:"中央研究院"近代史研究所，1981 年。

② 龚自珍:《己亥杂诗》，《龚自珍全集》，页 521。

附录:天理教起义与闰八月不祥之说析探①

由于天人感应思想的笼罩,中国古代的天文历算等看似纯粹的自然知识,一直被许多人视为拥有预卜吉凶的神秘能力,从而在一些特殊的历史事件中产生深刻影响。② 有些民变或起义,便凭借带有天文历法色彩的谶谣来号召民众,以强调其"受命于天"的合法性和神秘性。如在东汉末年张角所领导的黄巾起义中,其所创"太平道"之所以能聚众数十万,原因之一就是散传"苍天已死,黄天当立,岁在甲子,天下大吉"的谶言,并以白土书"甲子"字于京城寺门及州郡官府。且张角、张宝、张梁兄弟自称"天公将军"、"地公将军"、"人公将军",以应"天地人"三才之兆。③

1994 年,有一名为郑浪平者在台湾出版《一九九五·闰八月》一书,书中预言 1995 年台海两岸将发生军事冲突,故不到一年该书就创下 35 万册的销售纪录! 通常,这类预言很少有人理会,但作者提出的"历史证据"却吸引很多人不能不正视。他指称 20 世纪每逢闰八月之年,即有大不吉的事件发生:第一次是 1900 年的八国联军侵华,第二次是 1957 年中国大陆展开的大规模批右整风运动,第三次是 1976 年,发生唐山大地震,造成数十万人伤亡。④ 故作者推判当时关系紧张的两岸,将于 1995 年闰八月爆发战争,这一预言曾引发台湾社会很大恐慌。

现在我们知道,在 20 世纪最后的这次闰八月之年,两岸并未发生"大不吉"之事。然而,郑氏所举这些史实与闰八月之间究竟有无必然的关联?历史上是否每逢闰八月之年就发生不吉利的大事? 这种说法出现于何时?

---

① 本文承北京故宫博物院图书馆鲁颖女士、南开大学张建博士、台湾大学黄丽君博士提示相关资料,清华大学黄振萍先生提出宝贵的修改意见,特此致谢!

② 参见黄一农:《社会天文学史十讲》,页 74—92,上海:复旦大学出版社,2004 年。

③ 范晔:《后汉书》卷 71《皇甫嵩传》,页 2299—2300,北京:中华书局,1965 年;司马光:《资治通鉴》卷 58,页 1684—1686,北京:中华书局,1956 年。按:"三才"之说,在《周易·说卦》中已出现,所谓:"立天之道曰阴与阳,立地之道曰柔与刚,立人之道曰仁与义。兼三才而两之,故《易》六画而成卦。"《十三经注疏·周易正义》,杭州:浙江古籍出版社 1998 年影印阮刻本,页 93—94。

④ 郑浪平:《一九九五·闰八月——中共武力犯台白皮书》,页 314—318,台北:商周文化事业公司,1994 年 10 月第四版。

　　经查清朝以前的典籍中,并无类似"闰八月不祥"的说法。相反,且多以闰八月为幸事,如唐人黄滔《闰八月》诗:"无人不爱今年闰,月看中秋两度圆。"宋赵大成《闰中秋》:"桂影中秋特地圆,况当余闰魄澄鲜。因怀胜赏初经月,免使诗人叹隔年。"明王鏊:"一年最好中秋月,岂谓今年两见之。"清世宗胤禛为皇子时,亦有"一年最是中秋好,八月欣逢两度过"之句。①

　　"闰八月不祥"之说似始于清嘉庆朝发生的天理教起事。嘉庆十六年(1811),天理教首领林清因其宗奉的宝卷中有"八月中秋,中秋八月,黄花满地开放"及"白洋劫"等谶语,便据历法推定"白洋劫"的时间及方位。于是据嘉庆即位时编印的《御定万年书》,选定于十八年的闰八月十五日起事以应此劫数。然而,清廷于十七年十月初一日正式颁行的这年《时宪书》中竟没有闰八月! 于是,只得改于九月十五日起事。

　　然而,就是这七十余名天理教徒的起事应劫之举,竟成功地打进紫禁城! 这是清朝开国以来唯一一次紫禁城被侵入的事件,它促使其时尚处在盛世余辉中的清朝统治者,被迫意识到衰世征兆已出现的严酷现实。嘉庆帝为此特颁《遇变罪己诏》,称其为"汉、唐、宋、明未有之事",痛言"我大清以前何等强盛,今乃致有此事!"②且由此力图开创"中兴之治"之宏业,屡开长达两年之久的吏治整顿,并进行文化统治、社会控制等全方位的政策调整。如提升汉人在省级地方行政的权力,缓解政治高压,放松对士林舆论的钳制,严格保甲制度,加强对基层民众的思想控制和宣传教育,制定和重申严惩传习"邪教"律例等,其幅度和范围堪称鸦片战争前中国传统内最大的一次变革。③ 后世研究者亦视此事件为前承川、楚白莲教起义,后接太平天国运动的秘密教门起事,甚至有称其为"有清一代兴亡关键"。④ 天

---

　　① 　分别见《御定全唐诗》卷 706,《影印文渊阁四库全书》,台北:台湾商务印书馆,1982—1983年,第 1430 册,页 148 下;宋谢维新:《古今合璧事类备要》前集卷 17,《影印文渊阁四库全书》第 939 册,页 152 上;王鏊《震泽集》卷 7,《影印文渊阁四库全书》第 1256 册,页 222 下;胤禛:《闰中秋》,《世宗宪皇帝御制文集》卷 25,《影印文渊阁四库全书》第 1300 册,页 189 上。

　　② 　托津等纂:《钦定平定教匪纪略》卷 2,页 27—29,嘉庆二十一年武英殿刊本;《清仁宗实录(四)》卷 274,嘉庆十八年九月庚辰,页 722—723,北京:中华书局,1986 年;昭梿《啸亭杂录》卷 6"癸酉之变",页 169,北京:中华书局,1980 年。

　　③ 　参见费正清、刘广京编《剑桥中国晚清史(1800—1911)》上卷,页 125,北京:中国社会科学出版社,1996 年;张瑞龙:《天理教事件与嘉道之际学术转向》,页 41—112,清华大学博士学位论文,2008 年 6 月。

　　④ 　孟森:《清史讲义》,页 361,北京:中华书局,2006 年;铢庵(瞿兑之):《枙庐所闻录·林清之变》,《申报月刊》第 4 卷第 12 期,页 106,1935 年 12 月 15 日。

理教起义很快就被扑灭,但由于起事者极为看重其据宗教宝卷谶语择定的起事时间,而这一时间又因清廷的改闰而被迫调整,于是天理教起事后,闰八月对清朝不利的谣言便开始流传,并演变为"闰八月不祥"的谶谣。

但对此"闰八月不祥"之说及其与天理教起事间的关联,除庄吉发先生在《三教应劫:清代弥勒信仰与劫变思想的盛行》一文的"闰八月的宗教末劫思想"一节,对正德十五年(1520)至光绪二十六年(1900)380 年间的十次闰八月加以统计并罗列该年史事,称并非闰八月之年即有不祥之事发生外①,此后陈学霖先生考溯 20 世纪流传极广的元明鼎革之际"八月十五杀鞑子"的著名传说时,曾指出其与天理教起事后"闰八月不祥"的谣言有关,但其对后者的讨论,则多引据庄先生研究,并未有新的拓展。② 其他研究天理教起事的诸多论著对此多是简单涉及,未作深入探讨,甚至存在人云亦云的讹误。③ 至于天理教徒据以推定嘉庆十八年闰八月起事的《(嘉庆)御定万年书》以及后来对起事时间产生重要影响的《嘉庆十八年岁次癸酉时宪书》等文献,更未见有人使用。

有鉴于此,本文将对"闰八月不祥"俗忌的起源与演变,试作考证。首先考察闰八月与天理教起事间的关联;其次,从历法角度讨论清代的置闰之法与嘉庆十八年不闰八月的真相,并利用新发现的《(嘉庆)御定万年书》的不同版本,探讨该书后来被改刻等情况;最后,讨论天理教事件后闰八月不祥之说的流传及影响。希望为社会天文学史领域提供一极有意义的个案研究,并引发学界对民间秘密宗教、结社中有关天文、历法等知识参与状况的探讨。

---

① 庄吉发:《清史论集》(十四),页 161—164,台北:文史哲出版社,2004 年。

② 陈学霖:《刘伯温与"八月十五杀鞑子"故事考溯》,《"中央研究院"近代史研究所集刊》第 46 期,页 1—52,2004 年 12 月,后收入氏著《明初的人物、史事与传说》,页 144—182,北京:北京大学出版社,2010 年。

③ 如关于清廷改闰嘉庆十八年八月于次年二月,便多沿用天理教徒众的说法,称因十六年彗星出现的缘故,参见 Susan Naquin, *Millenarian Rebellion in China: The Eight Trigrams Uprising of* 1813 (New Haven: Yale University Press, 1976), pp. 112, 321—322;李祖德:《林清与京畿天理教暴动》,中国农民战争史研究会编:《中国农民战争史研究集刊》第 3 辑,页 148—168,上海:上海人民出版社,1983 年;喻松青:《明清白莲教研究》,页 99—100,成都:四川人民出版社,1987 年;马西沙:《清代八卦教》,北京:中国人民大学出版社,1989 年;李尚英:《紫禁城之变》,页 29,北京:紫禁城出版社,1990 年;李尚英:《清代政治与民间宗教》,页 109,北京:中国工人出版社,2002 年。实则并非如此,详见后文。

第一节　闰八月与嘉庆十八年天理教起事

天理教又称荣华会、八卦教或白阳教,是与白莲教渊源极深的民间宗教,嘉庆十三年(1808)林清出任掌教后,将其改称天理教。此后林清又提出"十字归一"的口号,将京畿地区的八卦各卦教统一起来,并联络直鲁豫三省的各卦教,将其统属于天理教。① 尽管林清早就对其信徒宣传每日朝拜太阳、念诵"真空家乡,无生父母"八字经语,可免"刀兵水火之厄",且有"如遇荒乱,并可图谋大事"的打算,但他真正决定造反,则在嘉庆十六年夏②,起因是受到此时其从于克敬处所获天理教宝卷《三佛应劫书》(全称《三佛应劫统观通书》)的启发。③ 起事决定即与宝卷中的谶语直接相关,因其中有"十八子明道"及"八月中秋,中秋八月,黄花满地开放"等语,为应此谶言与其中提及的两次中秋,林清与河南滑县李文成结拜,以李氏之姓应"十八子"之谶。④ 又据经上所言天盘、地盘和人盘,以林清为天王,李文成为人王,李氏表弟且武功高强的冯克善为地王因应之。⑤ 同时还据嘉庆即位时颁行的《(嘉庆)御定万年书》中预推的历日,择定于十八年的闰八月

① 喻松青:《天理教探析》,氏著《明清白莲教研究》,页163—198;李尚英:《清代政治与民间宗教》,页9—14,28—32。

② 托津等纂:《钦定平定教匪纪略》卷首,页2;嘉庆十八年十月二十八日上谕,中国第一历史档案馆编:《嘉庆道光两朝上谕档》第18册,页359—360,桂林:广西师范大学出版社,2000年;《清仁宗实录(四)》卷277,嘉庆十八年十月辛酉,页786—787。

③ 牛亮臣供词,军机处录副奏折·农民运动类·秘密结社项(以下简称录副档),档案号3—8806—52;托津等纂:《钦定平定教匪纪略》卷26,页24;董帼太又供词,《故宫周刊》第221期,页361—363。

④ 林清供词,《故宫周刊》第202期,页285;兰簪外史(盛大士别号):《靖逆记》卷5"李文成",页10,嘉庆庚辰(1820)春正道堂刻本。按:《三佛应劫统观通书》又称《三教应劫总观通书》等,因此次起事,该书为清廷厉禁销毁,存世无多(参见姚祖同等纂《钦定平定教匪纪略》卷31,页39—41)。1995年,李世瑜先生在山东宁津县发现了此经卷的两种不同抄本,并就其与天理教起事间的关联做了研究(氏著《"三教应劫总观通书"初探》,《台湾宗教研究通讯》第6期,页261—282,台北:兰台出版社,2003年9月。该经卷原文,附录于此文,页283—318)。然细考其内容,则与林清据以起事之本仍有较大差异,很多关键内容如此处所引"中秋八月,八月中秋,黄花遍地开放"等,在这两个抄本中都未出现。由于这类经卷多以抄本流传,内容上可轻易改动或增减,故差异较多,因而林清等据以起事的经卷抄本仍待查找。

⑤ 林清供词、董帼太又供词,分别见《故宫周刊》第202期,页285;第221期,页362。冯克善供词、牛亮臣供词,录副档,档案号3—8806—20、41。

十五日举事。①

　　林清等人又据《三佛应劫书》中所说的弥勒佛有青洋、红洋和白洋三劫（"洋"字亦作"阳"或"羊"），推算当时仍属红洋劫，由释迦佛掌教；②由于《（嘉庆）御定万年书》中的嘉庆十八年九月有三气（霜降、立冬和小雪），称此属白洋劫露头，此后便由未来佛即弥勒佛掌教。因而该年应是白洋当兴、弥勒降生之年，林清且宣称自己为太白金星下凡，故旗帜皆尚白。③ 他们认为白洋劫主"兵荒马乱"，劫数一到，正是起事的好时机。④ 此前，林清等劝说教众向其输送"种福钱"或"根基钱"时，曾有"一倍还十倍"及"每钱百文许地一顷，粮食数石许给官职"等承诺，且在河南滑县等地给 3800 余人填注号簿、订立合同，交与本人作凭据。⑤ 鼓吹白洋劫已到，事成后这些承诺便可兑现，因而号召教众起事。

　　其时，天理教统属的八卦各卦教势力，广泛分布在直隶、山东、河南、山西、江南、湖南、湖北、甘肃、陕西等省。他们认定"白洋劫"的方位——"山西是洋头，河南是洋肚，山东是洋尾"，故计划"先收山西，次收河南，后收山东"⑥，起事地点便据此选在河南、直隶和山东三地（山西因准备不足，未举

---

　　① 顾家相：《闰八月无关吉凶辨》，收入氏著《勴堂文集》卷 2，页 4—5，《近代中国史料丛刊初编》第 828 册影印民国十三年刊本，台北：文海出版社；钦天监编：《（嘉庆）御定万年书》，页 95，嘉庆九年（1804）武英殿刻本，故宫博物院图书馆普通线装书部藏。

　　② 《嘉庆二十年十二月十四日那彦成奏拿滦州卢龙县王姓宗族讯供情形折》（宫中朱批奏折）、《嘉庆二十年十二月十六日谕那彦成将石佛口王姓为首传教者照律问拟》（军机处上谕档），故宫博物院明清档案部编：《清代档案史料丛编》第 3 册，页 28—29、36，北京：中华书局，1979年。

　　③ 参见林清供词，《故宫周刊》第 202 期，页 285；兰簃外史：《靖逆记》卷 1，页 1；卷 5，页 21；张见木（即张建谟）、李照远、赵成元供词，录副档，档案号均为 3—8808—17。按：张见木供称，十八年二月徐安帼曾言："今年本应闰八月，如今不闰八月，推到十月是一个月三个节气，就是白洋劫。"知十六年所推定白洋劫在九月（是月有三个节气），是据《（嘉庆）御定万年书》（页 95，故宫博物院图书馆藏）。当十八年《时宪书》颁下后，因其中并无闰八月，故此有三个节气之月也由原来的九月顺延为十月。故称白洋劫在十月者，乃据十八年《时宪书》而言（钦天监编：《大清嘉庆十八年岁次癸酉时宪书》"十月"，无页码，武英殿刻本）。

　　④ 李允和、李照远、杨霭行、周廷林供词，录副档奏折，档案号均为 3—8808—17。

　　⑤ 董帼太又供词，《故宫周刊》第 221 期，页 362；托津等纂：《钦定平定教匪纪略》卷 25，页 8—9；卷 28，页 12—13。

　　⑥ 张见木供词，录副档，档案号 3—8808—17；嘉庆十八年九月十五日同兴奏折，托津等纂：《钦定平定教匪纪略》卷 1，页 30—32。同兴在此奏折中还称，天理教教徒后来在各地的起事情况，即与此无异。

事),其他不在此劫数范围内的各卦卦主及教众则赴上述各地支援起事。[①]无疑,其据谶言及历法推定的白洋劫与对白洋劫指涉方位的解释,对举事地点的选择有决定性影响。

　　巧合的是,到了十六年秋,又有光芒丈余(即尾巴长约十余度)的彗星见于紫微垣。[②] 此在星占学上主兵象,可以解释成是除旧布新之兆,又因紫微垣代表皇帝,彗星入紫微垣,表示将要改朝换代,所谓"彗孛紫微,天下易主"是也。[③] 这些对素习天文历算、旁涉星相占验术数,且自诩"推演颇验"的李文成来说,当然是熟知的。因而被视为一好预兆,且以此作宣传,增强教众起事的信心。[④]

　　不料,当十七年十月初一日颁下翌年的《时宪书》后,教众们发现嘉庆十八年竟然未置闰! 亦即他们已确定的闰八月十五日的起事日期,根本不存在这年的历日中![⑤] 原来钦天监已于先前奏请改闰在十九年二月。因而教内便有将清廷的改闰之举,与十六年秋彗星见于紫微垣的天象联系起来,附会称钦天监官员因此天象不吉而奏请改闰。似乎清廷此举,专为破其将据以起事的"八月中秋,中秋八月,黄花满地开放"之谶而为。[⑥] 在举事日期引发极端惶惑的情形下,李文成于十七年十一月赴京,深夜造访林清,林清后来亦再赴滑县,与李文成等人商量新的起事日期。[⑦] 但直到次年二月,林清与冯克善商定出起义口号的明号为"奉天开道"等具体事宜

---

　　① 冯克善供词,录副档,档案号3—8806—18、23、25、33;托津等纂:《钦定平定教匪纪略》卷24,页23—26;秦理供词,录副档,档案号3—8810—4、9、14;李尚英:《紫禁城之变》,页39—40。

　　② 相关的观测记录,参见北京天文台主编:《中国古代天象记录总集》,页501—503,南京:江苏科学技术出版社,1988年。时人对此颇为关注,如姚元之、郝懿行、冯右椿等都留下了他们的记载及对此天象征兆的疑虑。参见姚元之:《竹叶亭杂记》卷7,页143,北京:中华书局,1982年;郝懿行:《奉答阮芸台先生书》,《晒书堂外集》卷上,页19—20,《郝氏遗书》,光绪十年刻本;冯右椿:《客世行年》,《北京图书馆藏珍本年谱丛刊》第136册,页683—684。

　　③ 司马迁:《史记》卷27《天官书》"三月生彗星"条张守节《正义》,页1316—1317,北京:中华书局点校本,1963年;沈约:《宋书》卷27"符瑞上",页785,北京:中华书局,1974年;魏源:《嘉庆畿辅靖变记》,《圣武记》卷10,页453,北京:中华书局,1987年。并参黄一农:《中国星占学上最凶的天象:"荧惑守心"》,氏著《社会天文学史十讲》,页23—48。

　　④ 兰簃外史:《靖逆记》卷5"李文成",页10、11;昭梿:《啸亭杂录》卷6"癸酉之变",页159—160。

　　⑤ 钦天监编:《(嘉庆)御定万年书》,页95,故宫博物院图书馆藏;钦天监编:《大清嘉庆十八年岁次癸酉时宪书》八月至九月,无页码。

　　⑥ 昭梿:《啸亭杂录》卷6,页159—160。

　　⑦ 董帼太又供词,《故宫周刊》第221期,页361—363。

后,对起事日期仍犹豫未决,说:"今年该闰八月,不知道怎么又没了闰月。"甚至有将日期定于次年正月初一日的打算,称"论起来,明年正月初一日时候才到,只好定明年正月初一日",最后只得说"俟八月内到河南与牛亮臣再商量"。可见清廷的改闰之举给他们造成的莫大困扰。[1] 不仅如此,他们原先推定有三个节气的白洋劫之月,也因无闰八月,由原来的九月顺延在十月。[2]

然而,对早有"如遇荒乱,并可图谋大事"打算的林清来说,嘉庆十八年无疑是个极为难得的机会。因为就在他们预先确定起事的直隶、河南、山东三省交界的那些地区,继上年遭受旱灾后,是年又遭大旱。林清亦以此做宣传,在宋家庄等地散布"若要白面贱,除非林清做了殿"的谣言,以致附近村民不敢再种庄稼。[3] 尽管朝廷从十八年正月起已陆续开展赈济,但饥馑仍导致物价升腾,百姓难以聊生,甚至有称河南等地"几至易子而食",山东则"米一石钱二十四千,面一斤钱四十(千?),市中竟有以人肉为卖者"。[4] 其中米价已近乎平常价格的六至十倍![5]

面对此有利时机,林清最终决定坚持原议,因这年没有闰八月,《(嘉庆)御定万年书》中的闰八月十五日,就是该年《时宪书》中的九月十五日,于是决定九月十五日起事。[6] 四月,他对来访的杨遇山等人说"九月内应有劫数","约同教之人于四五月,三五日,一齐起事",其中便暗藏九月十

---

[1] 冯克善供词,录副档,档案号 3-8806-18;宋玉林供词,录副档,档案号 3-8809-26;并参托津等纂:《钦定平定教匪纪略》卷 24,页 22-23。

[2] 张见木、李照远供词,录副档奏折,档案号均为 3-8808-17。

[3] 卢沟司巡检陈绍荣供词,嘉庆十八年十月二十一日军机处录副奏折,转引自马西沙:《清代八卦教》,页 247。

[4] 赵怀玉:《收庵居士自叙年谱略》,《北京图书馆藏珍本年谱丛刊》第 117 册,页 321-322;吕小鲜:《嘉庆十八年冀鲁豫三省灾荒史料》,《历史档案》1990 年第 4 期,页 38-53。

[5] 一般情况下,米每石约钱二千文。如嘉庆十六年,四川大竹县米每石钱二千文,湖北蒲圻县稻谷市场价每石钱一千文(杜家骥主编:《清嘉庆朝刑科题本社会史料辑刊》,页 635、454,天津:天津古籍出版社,2008 年)。又嘉庆十一、二年前后,陕西三乡县、湖南龙山县的包谷,每石均为钱二千(李文治编:《中国近代农业史资料》第 1 辑,页 91,北京:三联书店,1957 年)。由于文献记载对谷、米的分别不是很清晰,但即使这些全为谷价,按照清初官方收赋所定的"一米二谷"即米谷 50%的比价来计算,即米每石钱四千,也达 6 倍之多。何况在嘉庆二十五年前后旱情严重的福州,即使在"米粟价大腾涌"时,米每石也只是钱五千三百,粟每石二千六百(陈寿祺:《与孙平叔藩伯书》,《左海文集》卷 5,页 37,三山陈氏家刻《左海全集》本。考平叔乃孙尔准之字,其任福建布政使,在嘉庆二十五年至道光元年(1820-1821)间,则该信当作于此间(参见"中央研究院"历史语言研究所内阁大库档案 056621 号)),依此价,亦为 4 倍多。

[6] 林清供词,《故宫周刊》第 202 期,页 285;冯克善供词,录副档,档案号 3-8806-20。

五日之期（"四、五"相加，"三、五"相乘），并托杨遇山带信给李文成。① 七月，林清又亲赴滑县，与李文成等明确定下九月十五日起事，并商定各自的势力范围及策应路线等。② 李文成且将这一新的起事时间与两年前彗星见于紫微垣的天象作附会，称其应在"酉之年，戌之月，寅之日，午之时"。③

关于李文成以彗星见于紫微垣的天象附会起事日期一事，无论是当时记述天理教起义的《靖逆记》、《啸亭杂录》，还是后来的相关论著，均称此"酉之年，戌之月，寅之日，午之时"的应验天象之谣是在此天象发生的十六年秋所造。然细考其时十八年时宪书尚未颁行，则其用以预推历日者，只能是《（嘉庆）御定万年书》。因闰月无月建，按其时通用的月建规则，若闰月大则十六日取用下月节，闰月小则十五日取用下月节④，《御定万年书》中嘉庆十八年闰八月是大尽，故闰八月十五日应取用上月节八月建酉，而非下月节九月建戌。故尽管该日干支日序为戊寅，但若依《御定万年书》，月序应为"酉之月"，而非"戌之月"。⑤ 且即使考虑到星相家和选择术家取月建，多以每月所对应的节气而非朔日起算（如寅之月，自立春日起算至惊蛰前一日），则"戌之月"，应自寒露日起算至立冬前一日，但《御定万年书》中嘉庆十八年的寒露日是闰八月十六日，故闰八月十五日亦应取前月月建——"酉之月"。故若在十六年秋推算十八年闰八月十五日干支，以为应验天象之谣，应是"酉之年，酉之月，寅之日，午之时"，而非"戌之月"。且十八年《时宪书》中的寒露日为九月十六日，据此则九月十五日（干支日序为戊寅）所取月建，亦应为"酉之月"，李文成取用作"戌之月"，知其取用月建之法，是按当时通用方式，而非星相家或选择术家之法，且据嘉庆十八年时宪书推定。故此"酉之年，戌之月，寅之日，午之时"的应验天象之谣，必然出现在十七年十月清廷颁行十八年时宪书之后。目的是为新定的起事时

---

① 托津等纂：《钦定平定教匪纪略》卷35，页22；盛大士：《靖逆记》卷5，页3。

② 冯克善供词、牛亮臣供词，录副档，档案号3－8806－18、41；托津等纂：《钦定平定教匪纪略》卷29，页4；卷24，页22—23。

③ 兰簃外史：《靖逆记》卷5"李文成"，页10、11；昭梿：《啸亭杂录》卷6"癸酉之变"，页159—160。

④ 参见缪之晋辑：《大清时宪书笺释》，《续修四库全书》第1040册影印雍正元年序钞本，页693。

⑤ 据《（嘉庆）御定万年书》中嘉庆十八年闰八月历日推算，页95。

间——九月十五日缘饰以大众视作玄奥莫测的天文历法知识，从而减轻清廷改闰对起事日期更改造成的冲击，且增加其因应天象的神秘色彩。

但这些起事时间与具体安排等机宜，却被多次泄密。十七年春，有台湾人高妈达因"妖言惑众"，为淡水同知查廷华（1768—1841）捕获。经审讯，获悉以林清等人为教首的天理教，将于次年闰八月十五日在京师举事，届时各地徒众亦将响应。查氏以此上奏，但主政者却以此事太荒诞不经，仅照寻常传教例论决，以传布邪教、煽惑民人之罪诛杀高妈达，并未深究其事。① 次年八月初十日，在京的五品候选员外郎安顺亦从家奴王五处闻言林清将于九月十五日造反，尽管此前他已获知王五加入林清的天理教，但对林清造反之事，则认为是王五"满口胡说"，称"现在太平之时，断无此事"，而置之未理。②

由于林清及其他天理教徒众，都十分相信天理教经卷中"八月中秋，中秋八月"的谶语，故当时就有教徒劝人尽快入教，称"现在白莲教要改天换地了，过了十五日，你后悔也迟了"。③ 对其选在九月十五日（即原闰八月十五日）的行动，更认为是"应劫"之举，故起事计划亦由此展开——约定九月十五日直隶、河南、山东三省交界的十余县同时举事，以牵制三省官兵；林清则于是日在京率人攻打紫禁城。三省各县事成后，限于半月内到京师会齐，河南滑县的李文成则于九月十七日前赴京增援。④ 林清在京师所能动用的兵力极为有限，他原计划兵分两路：一路由陈爽带领140人，与做内应的太监策应，攻打紫禁城；一路由屈四带领一二百人到烟郊，迎击从秋狝木兰围场回京途中的嘉庆皇帝銮驾，迫使其退往关东。后因屈四手中只有50余人，实在凑不够人手作罢。于是便只剩进攻紫禁城的一路，计划占领

---

① 包世臣：《皇诰授通议大夫按察使衔陕西凤邠道查公神道碑》（1844），《艺舟双楫》卷七下，李星点校《包世臣全集》本，页473，合肥：黄山书社，1993年；赵尔巽等：《清史稿》卷362《查崇华传》，页11403，北京：中华书局，1976年点校本。又，考查氏之名，此两种资料均作"崇华"，然据查氏自撰年谱《家居自述》则作"廷华"，故当以后者为准（《家居自述》有道光七年刻本，参见辛德勇《亥亥斋读书记》所载刻本书影，页96，上海：华东师范大学出版社，2001年）。并参托津等纂：《（嘉庆）钦定大清会典事例》卷610"刑部·礼律祭祀·禁止师巫邪术"，页9—10，《近代中国史料丛刊三编》第69辑影印嘉庆间刊本；田涛、郑秦点校：《大清律例》卷23"刑律·贼盗上·造妖书妖言"条，页368—369，北京：法律出版社，1999年（据乾隆五年武英殿刻本点校）。

② 安顺供词、王五供词，录副档，档案号3—8827—50、56。

③ 王有太即王辅供词，录副档，档案号3—8827—62。

④ 托津等纂《钦定平定教匪纪略》卷3，页22；卷10，页19；卷17，页6。冯克善供词，录副档，档案号3—8806—18；屈四又供词，《故宫周刊》第227期，页387。

紫禁城后，再与河南滑县来的援兵会合，于九月十七日赴烟郊进攻回京途中的嘉庆帝。①

　　尽管天理教徒众极为看重九月十五日的起事日期，但河南滑县的李文成却因赶造兵器，于当年九月初三日被查获，遭知县强克捷逮捕入狱。②初七日，其同党千余人攻陷滑县县城，救出李文成，并将强克捷及其家属俱杀害。③其他直隶长垣、山东曹县、金乡、城武等地的天理教徒也先后因头目被抓，纠约不及，皆未能待原定日期而于初十日前各自提前起事，并占领曹县、定陶两县。④

　　不过，林清攻打紫禁城的计划仍于九月十五日如期举事。是日午刻，陈爽、陈文魁等率教徒分别从东华门和西华门两路进攻紫禁城，但原计划行动的 140 人，由于沿途有人或藏匿或逃跑，到时仅剩 70 余人。⑤皇次子绵宁（即后来的道光帝宣宗）闻警后，下令紧闭宫门，并亲自用鸟枪击毙爬上养心门外西大墙上的两人。同时，又与诸王大臣将准备赴河南滑县平变之整装待发的火器营官兵一千余人，调入紫禁城剿匪。⑥在火器营及各营步兵、内廷侍卫等数千名官兵的剿捕下，70 余名天理教教徒在一天半内全部被擒杀，其中 31 人被杀，41 人被捕。⑦而清廷方面也付出了上至头等侍

---

①　参见屈四供词、屈四又供词、林清供词、林清又供词，分别见《故宫周刊》第 208 期，页 309；第 227 期，页 387；第 202 期，页 285；第 205 期，页 297。

②　强克捷：《致朱凤森书》（嘉庆十八年九月初五日），转引自朱凤森：《守濬日记》，页 2，道光壬寅（1842）刊本。

③　秦理（即秦学曾）供词、牛亮臣供词，录副档，档案号 3－8810－4、9、14，3－8806－52；托津等纂：《钦定平定教匪纪略》卷 26，页 25。

④　徐安岫供词，录副档，档案号 3－8809－2；托津等纂：《钦定平定教匪纪略》卷 10，页 19；马西沙：《清代八卦教》，页 262—268。

⑤　攻入紫禁城的天理教徒总人数，据嘉庆帝说是"七十余人"（《遇变罪己诏》及九月二十日谕诸皇子及王公大臣语，《清仁宗实录（四）》卷 274，嘉庆十八年九月庚辰、癸未，页 722、730），不过根据到九月十七日为止的多次统计、核实，总共 72 人（托津等纂：《钦定平定教匪纪略》卷 2，页 35）。马西沙先生认为进攻紫禁城的教徒加上引路的太监，总共不超过 60 名，官方统计的 72 人之说，"极不可信"，是有人"谎报求功"所致（马西沙：《清代八卦教》，页 258）。但考虑到 60 与 72 间较小的数额差及这一事件在当时的高度敏感性，谎报求功的可能性当极小。又，宋军先生根据第一历史档案馆所藏录副档中被获教徒的供词统计，共有 70 余人参加了攻打紫禁城之役（宋军：《清代弘阳教研究》，页 241—244，北京：社会科学文献出版社，2002 年），则官方统计的 72 人之说，当较为可信。

⑥　托津等纂：《钦定平定教匪纪略》卷 2，页 7—9、16；昭梿：《啸亭杂录》卷 6"癸酉之变"条，页 162。

⑦　托津等纂：《钦定平定教匪纪略》卷 2，页 18、35。

卫,下至供事茶房等 41 人被杀,60 人受伤的代价。① 绵宁则因功封为智亲王,其所用鸟枪,亦获皇帝赐号为"威烈"。②

九月十七日,林清被捕,但其对附会天理教经卷中"八月中秋,中秋八月"等闰八月及白洋劫等,仍崇信不渝。据当日审讯林清的步兵统领英和称,林氏对其谋逆事供认不讳,说:"所习天理教经内有'八月中秋,中秋八月,黄花满地,白阳出现'语句。本年应闰八月,则九月十五日,仍是闰中秋,故欲谋逆。今事不成,弃却臭皮囊,以应劫数。"③在后来的廷讯中,林清又有"此时应劫,将来另有起事之人"等语。④

稍后,林清被凌迟处死。十一月二十日,李文成在辉县西北的司寨兵败自焚而死。此前,直隶开州、长垣、山东曹县、定陶、金乡等地的起事已先后被平定。十二月初十日,滑县县城被攻克,至此天理教起义全部被平定。⑤ 然而对天理教起事的失败,有教徒便归咎于起事日期不合适,如河南等地天理教徒就有因遭官府拿获"等不得九月十五日"之说,更有甚者有称"他们早起事一百天,所以不济事,应该明年正月初一日动手才好"等说法。⑥

于是,清廷将是年八月改闰,似乎便真的成为破坏天理教经卷中的谶语之举,且颇为奏效。如顾家相后来就说,由于天理教教徒行踪诡秘,加之当时通讯条件较为落后,清廷的改闰之举,使分散在各地的天理教教众无法获得准确的起事时间。由于举事者对此"各凭己见",意见不一,称天理教起事失败,亦"《万年书》有以误之者也"。⑦ 然而,从上述讨论可知顾说有误,各地教徒事先已知晓确切的起事时间,并不存在彼此看法不一的情况。那么,嘉庆十八年的八月改闰是否真如天理教徒众所称,是因十六年秋彗星见于紫微垣的天象而为? 天理教众所推定为白洋劫的节气状况,在

---

① 托津等纂:《钦定平定教匪纪略》卷 7,页 4—6;兰簃外史:《靖逆记》卷 1,页 7。

② 《清仁宗实录(四)》卷 274,嘉庆十八年九月己卯,页 719;《清宣宗实录(一)》卷 1,嘉庆二十五年七月,页 78,北京:中华书局,1986 年。

③ 英和:《恩福堂年谱》,《北京图书馆藏珍本年谱丛刊》第 133 册,页 422—423。

④ 《嘉庆二十年十二月十四日那彦成奏拿滦州卢龙县王姓宗族讯供情形折》(宫中朱批奏折),故宫博物院明清档案部编:《清代档案史料丛编》第 3 册,页 29。

⑤ 托津等纂:《钦定平定教匪纪略》卷 22,页 2;卷 25,页 21—22;马西沙:《清代八卦教》,页 267—272。

⑥ 参见朱成珍供词、徐安帼供词、宋树得即宋树铎供词,录副档奏折,档案号 3—8803—21,3—8809—2,3—8829—17、18。

⑦ 顾家相:《闰八月无关吉凶辨》,《勘堂文集》卷 2,页 4。

清代的历法和置闰中又是怎样的情形？是否具有他们所说的那种神秘性？

第二节　清代的置闰与嘉庆十八年不闰八月的真相

清代以前，我国传统历法以"平气法"安排二十四气，并以"无中（气）置闰"的原则设置闰月。即将一回归年从冬至开始等分成二十四份，此即所谓的二十四气（俗称二十四节气），其中包含十二个中气和十二个节气，交叉排列。这样每个月最多可有一个节气和一个中气，如若某月内出现仅有节气而无中气的情形，即将该月定为闰月。

这一制历方式到满人入主中原时，受到严重挑战。顺治元年（1644），奉旨制定历法的德国籍耶稣会士汤若望（Adam Schall von Bell, 1591—1666），为突显新法较旧法优越，就更改传统的"平气法"为"定气法"，称"求真节气：旧法平节气，非真节气，今改定"。[①] 亦即将太阳从冬至点起，每在黄道上移动 15 度时，即定为一节气的日期。但由于太阳的视运动迟速不均（地球绕太阳的公转轨道为椭圆形），因此各气之间相隔的日数就不相等，以致有可能出现一月之中有三气，偶而也会出现一年之内有两个无中气之月的现象。此故，汤若望在新法中只得勉强规定：

> 求闰月，以前后两年有冬至之月为准。中积十三月者，以无中气之月，从前月置闰。一岁中两无中气者，置在前无中气之月为闰。[②]

由于两个冬至之间（含冬至所在之日），通常包含十二个朔日，但偶亦可能出现十三个朔日，因冬至均固定为十一月，故必须在此十三个月中置一闰月。一般说来，这段期间多只有一个月无中气，但有时在此十三个月当中，间亦会出现两个无中气之月的情形，依照汤若望的定义，即以头一个无中气之月为闰。

明以前因采取"平气法"，故各月置闰的概率基本相等。但在清代"定气法"的规则下，各月的置闰概率相差颇多，清初以来三百五十年间，平均每半个

---

① 赵尔巽等：《清史稿》卷 45"时宪一"，页 1661。
② 赵尔巽等：《清史稿》卷 48"时宪四"，页 1732。

世纪才发生一次的闰八月①，就在宗教的推波助澜下带有浓厚的神秘色彩。

　　入清以来，除康熙六年至八年（1667—1669）间，曾短暂使用旧法之外，均采用汤若望发明的这种"定气法"决定节气和闰月的时间，而在此法之下，有一月三气的情形，并不罕见。② 如顺治三年十一月（大雪、冬至和小寒）、顺治十八年十一月（冬至、小寒和大寒）、康熙四年十月（立冬、小雪和大雪）、康熙十九年十一月（冬至、小寒和大寒）、康熙二十三年十一月（大雪、冬至和小寒）、康熙四十二年十一月（大雪、冬至和小寒）、乾隆四十年十一月（冬至、小寒和大寒）、嘉庆三年十一月（大雪、冬至和小寒）等月即然。③ 天理教徒据《（嘉庆）御定万年书》推定为"白洋劫"的嘉庆十八年十月有三个节气（霜降、立冬和小雪），便属这种情况，并无神秘性可言。④ 至于天理教徒所称"白洋劫"主"兵荒马乱"，则是起事者制造舆论的附会。

　　清代官方颁行的历书，便由钦天监官员据汤若望发明的上述"定气法"推算。这些历书主要有万年历和时宪历两种，二者后俱因避乾隆皇帝弘历之讳，改称万年书和时宪书。⑤《万年书》主要记各年的月尽大小、朔日干支、置闰月份以及节气时刻等。清代第一部《万年历》编制于康熙五十九年，其时以六十年甲子初周，议定自康熙元年始，依次编列，定为《万年历》。⑥ 乾隆二十五年，又遵《御制历象考成后编》改正《三元甲子万年书》。

---

　　①　据《（嘉庆）御定万年书》（嘉庆十八年未闰八月者）统计，自顺治二年至嘉庆二百年（1645—1995）350年间，十一月、十二月和正月均未置闰，二月置闰11次，三月20次，四月22次，五月25次，六月21次，七月17次，八月7次，九月、十月均3次。

　　②　参见黄一农：《从汤若望所编民历试析清初中欧文化的冲突与妥协》，《清华学报》新26卷第2期，页189—220，1996年。

　　③　钦天监编：《（嘉庆）御定万年书》，页12、19、21、29、31、40、76、88，故宫博物院图书馆藏；并参张培瑜：《三千五百年历日天象》，页370—397，郑州：河南教育出版社，1990年。

　　④　钦天监编：《（嘉庆）御定万年书》，页95，故宫博物院图书馆藏；钦天监编：《大清嘉庆十八年岁次癸酉时宪书》"十月"，无页码。

　　⑤　《英祖实录》卷40，英祖十一年（1735年）十月十九日甲申，页42，《朝鲜实录》第44册，页22下，东京：东洋文化研究所，昭和四十年（1965）影印本；萧奭撰、朱南铣点校：《永宪录》卷2上，页73，北京：中华书局，1959年（据邓之诚所藏钞本排印）。

　　⑥　托津等奉敕纂：《（嘉庆）钦定大清会典事例》卷830"钦天监"，页9、11，《近代中国史料丛刊三编》第65辑影印嘉庆间武英殿刻本；昆冈等修、刘启端等纂：《（光绪）钦定大清会典事例》卷1104"钦天监·职掌·制时宪书"，《续修四库全书》第813册影印本，页317下。按：刘宝琳称清代第一本《御定万年书》编年迄于乾隆一百年，即以第一部《万年书》为乾隆《万年书》（氏编《100年（1911—2010）袖珍干支月历》"前序"，香港：商务印书馆，1993年），与此处文献记载矛盾。又，中国国家图书馆藏有康熙《御定万年书》（按：如确为康熙本，疑应为《万年历》），但因提为善本等原因，此书现不能阅览。

是书起自清太祖天命九年（即天启四年1624），亦即满人入关前的第一个甲子年，推算至乾隆一百年。此后，又续办至乾隆二百年。① 书前附"历代三元甲子编年"，上溯历元古今统会，起自"上元黄帝六十一年"，迄于在位皇帝年号纪年的三元之年，以合万年之义。② 此后，凡新帝即位，均颁布《万年书》，且俱编年至该帝年号纪年的第二百年。③

　　时宪书则每年颁布一次。清代规定，每年二月初一日即将来岁时宪书进呈御览，故时宪书须提前一年编制完成，而具体的推算编制工作更需再提前一年，即在两年前开始。④ 一般而言，时宪书中有关朔闰的资料，多与《万年书》所记无太大出入。然而当嘉庆十六年四月，钦天监官员推算编制十八年时宪书时，却发现此前颁行的《（嘉庆）御定万年书》于是年八月置闰。这是按官方的置闰规则推算得出的，且雍正、乾隆两朝的《御定万年书》亦均于该年（即雍正九十一年、乾隆七十八年）八月置闰。⑤ 但因有此闰八月之故，是年的冬至却落在十月三十日，而非通常应在的十一月。⑥ 其时清廷每年举行的郊祀大典，惯例都在十一月的冬至日举行。⑦ 所谓"国之大事，在祀与戎"，如果时宪书亦按《御定万年书》于是年八月置闰，则将使清廷极为重视的这一"大祀"，不能在惯例时间举行，这在当时是很难想象的。

　　不但如此，它还将使各月中气与历法月序不合的情形连续数月发生

　　① 托津等奉敕纂：《（嘉庆）钦定大清会典事例》卷252，页9—11；昆冈等修、刘启端等纂：《（光绪）钦定大清会典事例》卷315"礼部·授时·颁朔"，《续修四库全书》第803册，页78—80。
　　② 萧奭：《永宪录》卷2上，页74。关于三元甲子纪年说，参见李世瑜：《甲子纪年有三元说小考》，氏著《社会历史学文集》，页722—723，天津：天津古籍出版社，2007年。
　　③ 此后分别于嘉庆四年、道光四年、咸丰元年、同治元年、光绪二年、宣统二年，再续修《万年书》。参见昆冈等修、刘启端等纂：《（光绪）钦定大清会典事例》卷1104，《续修四库全书》第813册，页320；刘锦藻纂：《皇朝续文献通考》卷294，《续修四库全书》第819册，页514。
　　④ 参见昆冈等修、刘启端等纂：《（光绪）钦定大清会典事例》卷1104，《续修四库全书》第813册，页320；吴振棫撰：《养吉斋丛录》卷6，页77，北京：中华书局，2005年（据光绪间刻本点校）；顾家相：《闰八月无关吉凶辨》，《勴堂文集》卷2，页5。
　　⑤ 顾家相：《闰八月无关吉凶辨》，《勴堂文集》卷2，页5；钦天监编：《（乾隆）御定万年书》，页95，乾隆九年（1744）武英殿刻本。
　　⑥ 钦天监编：《（嘉庆）御定万年书》，页95，嘉庆九年（1804）武英殿刻本，故宫博物院图书馆普通线装书部藏。
　　⑦ 如《大清会典》有云："十一月冬至，大祀天于圜丘。"即明白将冬至系于十一月。参见尹桑阿等纂修：《（康熙）大清会典》卷62，页1，《近代中国史料丛刊三编》第72辑影印康熙二十九年序刊本，台北：文海出版社。

（如原应属于十二月中气的大寒，出现在十一月）。① 因而监臣称此状况为
"向来所未有"，奏请十八年不置闰，将稍晚亦无中气的十九年三月，改为闰
二月。钦天监在奉旨对此事再详细通查之后，回奏称：

> 溯查康熙十九年、五十七年，俱闰八月，是年冬至仍在十一月，与
> 郊祀、节气均相符合。今嘉庆十八年闰八月，冬至在十月内，则南郊大
> 祀不在仲冬之月，而次年上丁、上戊，又皆在正月，不在仲春之月，且惊
> 蛰、春分皆在正月，亦觉较早，若改为十九年闰二月，则与一切祭祀、节
> 气，均属相符。复将以后推算至二百年，其每年节气以及置闰之月，俱
> 与时宪无讹。②

其中仲春之月有无"上丁、上戊"，亦与清廷例行的祀典密切相关。因清朝
自崇德五年（1640）起，即规定每年"二月、八月上丁日"祭祀孔子③，"春、秋
仲月上戊日"祭社稷。④ "上丁日"就是该月上旬的丁日（每旬仅可能有一
丁日），"春、秋仲月上戊日"，则是二、八两月上旬的戊日。⑤ 此一仪礼流传
甚早，但有的朝代选在上戊祭武成王（指与周公共同辅佐周成王的吕
尚）。⑥ 钦天监官员所以称若于嘉庆十八年置闰，则次年的上丁和上戊，皆
会落在正月，乃因当年的春分将在正月三十日，而包含春分之月通常被视
为仲春之月，故十九年春季的上丁和上戊，将分别出现于正月的五日和六
日，此与两者皆在二月的惯例不符。⑦

　　在考虑到冬至、上丁和上戊通常应在的月份，嘉庆帝决定改闰十九年

---

① 钦天监编：《（嘉庆）御定万年书》，页 95，故宫博物院图书馆藏。

② 嘉庆十六年四月二十三日内阁奉上谕，中国第一历史档案馆编：《嘉庆道光两朝上谕档》
第 16 册，页 223，桂林：广西师范大学出版社，2000 年；中国第一历史档案馆编：《嘉庆帝起居注》第
16 册，页 217—218，桂林：广西师范大学出版社，2006 年；《清仁宗实录（四）》卷 242，嘉庆十六年四
月庚午，页 266—267。

③ 伊桑阿等纂修：《（康熙）大清会典》卷 64，页 1。

④ 伊桑阿等纂修：《（康熙）大清会典》卷 58，页 1。

⑤ 张廷玉等撰：《明史》卷 49"礼三"云："旧制：上丁释奠孔子，次日上戊祀社稷。弘治十七年
八月，上丁在初十日，上戊在朔日，礼官请以十一日祀社稷。御史金洪劾之，言：'如此，则中戊，非
上戊矣！'礼部覆奏言：'洪武二十年尝以十一日为上戊，失不始今日。'命遵旧制，仍用上戊。"（页
1267，北京：中华书局，1974 年。） 由此，知上丁和上戊均指当月朔日（含）之后的头一个丁或戊日。

⑥ 如见《新唐书》卷 15，页 372；《宋史》卷 98，页 2425；《元史》卷 12，页 251。

⑦ 钦天监编：《（嘉庆）御定万年书》，页 96，故宫博物院图书馆藏。

二月。如此,则冬至即变成在十一月三十日,而上丁和上戊则落于十九年的二月五日和六日。[①] 钦天监当时还往后推算至嘉庆第二百年(即 1995年),发现其他应闰八月之年,均不会发生类此冬至未落在十一月的特殊情形。为此,嘉庆帝奖赏校出这一"错误"的四位官员,并谕令查明从前将十八年八月率行置闰的人员奏闻治罪,且将朝臣所拟谕旨中的"交部议处"改作"候旨治罪",可见其对此问题之重视。[②] 是年九月,朝鲜观象监官员也发现《(嘉庆)御定万年书》中十八年闰八月所造成的冬至落在十月之误,称"癸酉冬至,在于十月晦日,则历法不无差误",建议于冬节遣使朝清时,依例从监官中"别遣精明干事人,期于质正历法之地"。[③]

　　然而,当笔者试图寻找这部嘉庆十八年有闰八月,且在某种程度上引发天理教事件的《(嘉庆)御定万年书》时,却惊讶地发现现存中国国家图书馆、北京大学图书馆以及故宫博物院图书馆善本部的三部《(嘉庆)御定万年书》,尽管编年均至嘉庆二百年,但于十八年八月却均未置闰!因而怀疑十六年四月嘉庆帝决定改闰十九年二月后,钦天监官员对《御定万年书》中嘉庆十八年和十九年两年的历日进行了更改。尽管笔者为此遍查藏于第一历史档案馆的嘉庆朝钦天监题本,但现存题本中对此亦无记载。幸运的是,终于在故宫博物院图书馆普通线装书部发现了嘉庆十八年八月置闰的《(嘉庆)御定万年书》,该书编年亦至嘉庆二百年,这一怀疑也终于得到证实。[④] 此更改且为此后道光至宣统各朝的《御定万年书》所沿用。[⑤]

　　或许由于钦天监改闰所根据的理由,涉及历法上的技术层面及朝廷的具体制度运作、节日礼仪安排等,以致一般人和大多数学者均少有知晓或理解者。[⑥] 这就难怪当年天理教徒会将钦天监奏改置闰之举,归因于同年

　　① 钦天监编:《大清嘉庆十八年时宪书》"十一月大"、《大清嘉庆十九年时宪书》"二月大",均无页码;并参张培瑜:《三千五百年历日天象》,页 397—398。

　　② 嘉庆十六年四月二十三日内阁奉上谕,中国第一历史档案馆编:《嘉庆道光两朝上谕档》第 16 册,页 224。

　　③ 《纯祖实录》卷 14,纯祖十一年(1811 年)九月二十三日戊戌,页 55,《朝鲜实录》第 50 册,页 381 上,东京:东洋文化研究所,昭和 41 年(1966)影印本。

　　④ 此《(嘉庆)御定万年书》在故宫博物院图书馆鲁颖女士的帮助下发现,在此谨致谢意。

　　⑤ 按:顾家相称此后各朝《御定万年书》于嘉庆十八年八月均不置闰,乃道光后据时宪书而改(顾家相:《闰八月无关吉凶辨》,《勴堂文集》卷 2,页 4)。据此,则道光后并无修改之举,只是沿用嘉庆间更改过的《(嘉庆)御定万年书》而已。

　　⑥ 俞樾:《茶香室三钞》卷 1"闰八月"条,贞凡、顾馨等点校:《茶香室丛钞》,页 1001,北京:中华书局,1995 年。

秋彗星见于紫微垣的天象。通过上述考察，可知二者其实并无关联，在时间上更是如此——钦天监奏请改闰在十六年四月二十三日，而彗星见于紫微垣已是该年七月。[①]

由此可对"清朝不宜闰八月"或"闰八月不祥"等谣言，便可作出以下推测：由于嘉庆十八年的天理教起事与闰八月间的复杂关系，故天理教起义失败后，时人便将十六年秋彗星见于紫微垣对清廷不利这一星占学上的解释（天象主兵，表示除旧布新，故曰对清廷不利），与同年钦天监将十八年八月改闰，混淆在一起，将本是对天象的解释，变成对清廷八月改闰之举的解读。而李文成等因起事日期遭清廷改闰八月被迫调整后，以新的起事时间与彗星见于紫微垣的天象作附会，更增强了这种混乱，于是便有这样的谣言。

第三节　闰八月不祥之说的流传及其影响

天理教起义失败后，由于其在当时朝野产生的巨大震撼和广泛影响，"清朝不宜闰八月"或"闰八月不祥"等说法开始流传。道光间，在安徽地方任知府的朱锦琮（1780—1860），就记下了"二八秋，国朝所忌"的传言。[②] 咸丰元年（1851），应闰八月，钦天监因受流俗的影响，曾上奏请旨改闰，咸丰帝为此请教其师傅杜受田（1787—1852）的意见，杜氏以为纯是无稽之言，遂不改。但当时民间就有传闻讹称清初二百年来，都不曾在八月置闰，因此每逢应闰八月，钦天监官员就会请旨更改。[③]

事实上，如果查阅史书，就可发现清初最早的两次闰八月（康熙十九年和五十七年），均不曾有特意改闰之举。[④] 且仅就改闰的技术层面而言，咸丰元年即使闰八月，冬至也仍落在十一月，此前嘉庆十八年八月置闰时所

---

① 据北京天文台主编《中国古代天象记录总集》收录的观测记录（页501—503），各地所能见到彗星见于西方或西北紫微垣的天象，是在七月及此后。且仅就这年能观测到的彗星而言，也主要是在六月，而非此前（页500）。时人姚元之在京观测到该彗星并向钦天监官员询问证实，亦在七月，参见《竹叶亭杂记》卷7，页143。

② 朱锦琮：《记嘉庆十八年九月十五日事》，氏著《治经堂集》卷19，页29，道光十八年序刻本。

③ 吴振棫撰《养吉斋丛录》卷6，页79。据文中"至今咸丰乙卯（1855）"语及其历数清初以来闰月亦仅至咸丰时而止，可知此条当撰写咸丰五年前后。

④ 顾家相：《闰八月无关吉凶辨》，《勴堂文集》卷2，页5。

导致的各月中气与历法月序不合的情形亦不会发生，故无改闰的必要。①
同治元年（1862），亦因此于八月置闰。然而从曾任江西萍乡县知县的顾家
相（1853—1917）的回忆来看，清朝不利闰八月之说，在咸同时已广为
流传。②

　　光绪二十六年（1900），因又逢应闰八月，此故前一年民间即哗传钦天
监已奏请改闰。其时由于帝国主义的长期侵略及天灾人祸的频繁发生，各
地民不聊生，民变屡起。这时清朝不宜闰八月之说再度受到关注，各种要
在闰八月起事的谶谣亦以仙道乩语、出土碑文等形式流传，如称"红花落地
黄花起，二八干戈二八秋"、"变（遍）地［人］死一多半，闰月秋时是大乱"、
"若问真龙主，全在二八五"、"乾坤一扫净，明主定中原；安下二八六（又作
'八二六'），定在一四三"等。所谓"二八五"、"二八六或八二六、一四三"，
均指闰八月（八指八月，二六相加为八，一、四、三相加又得八）。③　同时，民
间遍传的义和拳红灯照应劫起事等谶谣——"这苦不算苦，二四加一五；家
家红灯照，那时真是苦"④，也在北方各省广为传播，其中"二四加一五"又
作"二八加一五"，据时人解释即为闰八月十五日（二四为八，一五即十五，
二八则为闰八月），所谓"唱彻街头二四歌，从来闰八动干戈"，这类传单在
京师被挨门逐户地传送。⑤

　　实际上，清廷并未改闰，仍于是年闰八月。然而当时惶惶不安的局势，
使这一谣言传播更甚。于是，便有人起而撰文厘清此一流言。五月，顾家

---

　　①　钦天监编：《（道光）御定万年书》，页114，道光初武英殿刻本。
　　②　顾家相：《闰八月无关吉凶辨》，《勔堂文集》卷2，页4。传统关于"幼"的界定一般在15岁
以下，如《仪礼·丧服》郑玄《注》："子幼，谓年十五已下。"《礼记·曲礼上》："人生十年曰幼，学。"顾
氏自称"幼时习闻"此说，考顾氏生于咸丰三年（1853）（参见缪荃孙撰《顾辅卿同年墓志铭》，氏著
《艺风堂文漫存》之《乙丁稿》卷2，页2—4，民国间缪氏家刻本），其"幼时"当在同治六年（1867）以
前，即咸同年间。
　　③　《吕祖乩语》、《上帝今有七怒》、《宝坻县乩语》、《吕祖降坛云》，《近代史资料》编辑组编：
《近代史资料专刊·义和团史料》，页19、11、16、631，北京：中国社会科学出版社，1982年；《任丘县
八里庄碑文》、《静海七里庄碑文》，陈振江、程啸编注《义和团文献辑注与研究》，页85—89，天津：
天津人民出版社，1985年。
　　④　按："家家红灯照"中"家家"二字亦作"大路"、"满街"、"天下"等，参见《近代史资料》编辑
组编：《近代史资料专刊·义和团史料》，页12—13、15、625；陈振江、程啸编注：《义和团文献辑注
与研究》，页78—80、114—120。
　　⑤　龙顾山人（郭则沄）：《庚子诗鉴》，《近代史资料专刊·义和团史料》，页31；路遥主编：《山
东义和团调查资料选编》，页213—214，济南：齐鲁书社，1980年；并参陈振江、程啸编注：《义和团
文献辑注与研究》，页73—77。

相在《万国公报》发表的《闰八月无关吉凶辨》一文,大概是近百年来讨论闰八月最翔实的一篇文章,他从历法的角度理清嘉庆十八年改闰的原因之后,归结说"不利闰八月,乃草野流传之谬说",并称由此可使"人人知今年闰八月,在本朝已为第五次,不足为奇,庶几谣言静息,人心安谧",云:

> 考国朝定鼎以来二百五十余年,所谓闰八月者,嘉庆癸酉已改不计,此外已有四次:康熙庚申,三藩将次勘定,军务日有起色;康熙戊戌,海宇太平;咸丰辛亥,亦在粤匪起事以后;同治壬戌,则为官军得手克复安庆之岁,不三载而底定东南。然则所谓闰八月不利者,果安在耶?仆故表而出之,既以辟草野流传之谬。①

顾氏所举的康熙十九年(1680)和五十七年(1718)两例,虽然皆闰八月,但并不曾发生对清廷不利的大变。事实上,清军于康熙十九年庚申岁不仅克复成都、保宁、重庆、辰州、贵阳等地,还迫使郑经败走台湾,而康熙五十七年戊戌岁更是"海宇太平"的盛世。但顾家相或为平息谣言,对其他闰八月之年不利的事件,并未客观地据实叙述,如咸丰元年闰八月洪秀全攻克永安,登极建立太平天国一事,即未提及。

然而事有凑巧,稍后义和团运动的继续发展和接踵而来的八国联军侵华,使局势更加岌岌可危。七月,北京城沦陷,慈禧太后带光绪帝仓皇逃亡西安。闰八月,又有郑士良等革命党人在惠州起义。② 而在此前的六月,浙江衢州的刘加幅,亦因当地流行的"闰八月必反"之谶言及京津地区已发生义和团运动,在当地起事。③

这时,许多人更相信本朝不宜闰八月的流言,将这一动荡的时局附会成是闰八月所致,民心更加惶惶不安。闰八月二十九日,也就是这个月的

---

① 顾家相:《闰八月无关吉凶辨》,《万国公报》卷 137,页 4—5,庚子年五月。后收入顾氏《勴堂文集》卷 2。

② 海天孤愤生雪涕集:《京津拳匪乱事纪要之八附"各省小乱记"》,《万国公报》卷 144,页 23,庚子(1900)腊月;陈春生:《庚子惠州起义记》,《中国近代史资料丛刊·辛亥革命》第 1 册,页 236,上海:上海人民出版社,1957 年。并参庄吉发:《庚子惠州革命运动始末》,《大陆杂志》社编:《大陆杂志史学丛书》第 4 辑第 6 册《近代史·外国史研究论集》,页 94—101,台北:大陆杂志社,1975 年。

③ 詹熙:《衢州奇祸记》,郑渭川纂:《(民国)衢县志》卷 9"防卫志",页 36—37,1926 年刊本。

最后一天，一位在京城居住的人士用劫后余生的笔触，庆幸地在日记中写下这样一行文字："自去岁人人皆言闰八月难过，今幸月底，一月已完。"[1]顾家相此前撰文辟谣，欲使"谣言静息，人心安谧"的愿望显然没有达成。不过，这种努力在其他有识之士那里仍然继续。

以出版《小方壶斋舆地丛钞》闻名的王锡祺（1855—1913），亦有感于民间流言四起，有倡"本朝忌闰八月"说者，辑撰《闰八月考》一书。王氏请同乡龚穉将史书中所有的闰八月，加以整理辑录，并将各年所发生的重大事件胪列排比。据其统计，自汉武帝太初元年（前104）以迄光绪二十六年，共有六十一次闰八月，其中多数并不曾发生重大变故，而"康熙十九年庚申、五十七年戊戌，两闰八月，一则叛藩逮平，一则环宇清肃。文宗咸丰元年辛亥、穆宗同治元年壬戌，亦闰八月，一则在巨寇猖獗之后，一则居全功戡定之先"，至于光绪二十六年所发生的巨变，王锡祺则认为是"非彼苍好祸，实金谋不臧"所致！[2]

王氏在《闰八月考》的跋文中，归结称"顾列朝星变示警，或应或不应，且人力回天者，十恒六七"，其对闰八月不利清廷一说的态度，则深受顾家相的影响，王氏在《闰八月考》一书的末尾，即曾将顾氏所撰《闰八月无关吉凶辨》全文引录。[3]

江宁人陈作霖（1837—1920）亦以其生平三逢闰八月的经历——"咸丰闰中秋……幸补弟子员"；"同治闰中秋……草檄工且速"，赋诗辟谣，称："此生三值闰中秋。闰中秋亦寻常事，谁知流俗偏多忌。无端沧海竟扬尘，北望神京时陨涕。"[4]此外，这种"辟谣"的努力还见于当时的通俗小说。光绪三十一年（1905）《绣像小说》上发表的《扫迷帚》，便将这些闰八月不祥的谣言，作为迷信素材来抨击，以彰显其破除迷信以促进中国进化的小说主旨。小说借主人公壮抱之口，批评本朝不宜闰八月的流言，说：

> 闰月妨碍，自是胡说。闰八月本属常事，并无利不利之说……即

---

① 中国社会科学院近代史研究所近代史资料编辑室编：《庚子记事》，页54，北京：中华书局，1978年。

② 王锡祺：《闰八月考叙》，页1，氏著《闰八月考》卷首，台北"中央研究院"傅斯年图书馆藏光绪二十六年刊本。

③ 王锡祺：《跋》，《闰八月考》卷末，页2；卷3，页24—27。

④ 陈作霖：《闰中秋述怀》，《可园诗存》卷21，页13，清宣统己酉（1909）刻增修本。

> 本朝康熙庚申闰八月,三藩将次勘定;康熙戊戌闰八月,其时四海太平;咸丰辛亥闰八月,亦在赭寇称乱之后;同治壬戌闰八月,适值安庆克复之时,不三年而东南肃清。可见闰八月并无所妨,不必致疑。

对于"说者咸谓闰八月不利之明征"的庚子拳乱,他则直接批评是朝廷当政者失策所致,与八月是否置闰毫无关系,说:"即不称闰八月,而如此妄为,亦岂能幸免? 与闰八月全无干涉。"[①]显然,这些言论多是沿袭顾家相的观点。

吊诡的是,这些辟谣著作本身,却或多或少地受到"本朝不宜闰八月"之说的影响。如顾家相怀疑本朝不利闰八月之说乃"草野流传之谬说",称此说"监臣未必知之,即知之亦不敢形诸奏牍"。[②] 但这一推断却正受此说影响而来。因清代自乾隆始此后诸帝万年书,均推算至该帝年号纪年的第二百年,故嘉庆十八年的闰八月,已在《(乾隆)御定万年书》中出现过(即乾隆七十八年),显然此前监臣并无此忌。[③] 不仅如此,即使在改版重印的《(嘉庆)御定万年书》中,仍有嘉庆五十六、六十七、一百五、一百六十二、一百八十一、二百年共六次闰八月,亦即此时亦无此禁忌。[④] 同样,《(道光)御定万年书》亦依例编至道光二百年,其中亦有道光三十一、四十二、八十、一百三十七、一百五十六、一百七十五年等六次闰八月。[⑤] 考虑到嘉庆十六年至道光初年编纂《万年书》,仅隔十余年,若钦天监官员果有此顾虑,又有此前《(嘉庆)御定万年书》将嘉庆十八年八月置闰而获罪的前车之鉴,很难想象他们会继续冒险于八月置闰。此后,咸丰、同治、光绪三种《御定万年书》,亦按此前的置闰规则推算,于各应闰八月之年照常置闰,未作更改。因而,在钦天监并没有闰八月不祥等说之禁忌。何况据上文考察,此说尚出现于嘉庆十八年天理教起事失败后。不仅如此,甚至即使在遭逢庚子之变、饱受闰八月不祥等谣言流播之后的宣统初年,钦天监官员编制《(宣统)

---

① 壮者:《扫迷帚》第十七回"阎王请吃肉语涉诙谐 闰月屏讹言事征畴昔",《绣像小说》第51期,页24,光绪三十一年(1905)五月。单行本于光绪三十三年(1907)由商务印书馆出版。相关评论,参见阿英:《晚清小说史》,页134—138,北京:东方出版社,1996年。

② 顾家相:《闰八月无关吉凶辨》,《万国公报》卷137,页5,庚子年五月。

③ 钦天监编:《(乾隆)御定万年书》,页95,乾隆九年(1744)武英殿刻本。

④ 钦天监编:《(嘉庆)御定万年书》,页114、120、139、167、177、186。

⑤ 钦天监编:《(道光)御定万年书》,页114、120、139、167、177、186。

御定万年书》时，仍按置闰规则，于各应闰八月的六个年份——宣统四十九
（1957）、六十八（1976）、八十七（1995）、一百四十四（2052）、一百六十三
（2071）、一百八十二年（2090）照常置闰。①

　　同样，王锡祺在解释嘉庆十八年八月改闰原因时，除历法推算等技术
层面因素外，称另一考虑就是这年闰八月与王莽始建国五年癸酉闰八月的
年份干支相同，监臣因此奏请改闰。② 但这一情况是他们辑录、排比历代
闰八月资料时所发现，很难想象在闰八月尚未成为敏感话题时，钦天监官
员推算各应闰月之年，会详考历史上所有有闰月之年的相关资料，看是否
有此类"史实忌讳"而奏请改闰。显然，这也是王氏本人受当时"本朝不宜
闰八月"之说影响而有的附会。

　　然而尽管如此，闰八月不祥之说却仍在流传。如一位天津的洋行会计
在整理其"义和团在津始末日记"的卷前识语中，便引《中庸》"国家将亡必
有妖孽"语，称"信哉斯言也！光绪二十六年岁次庚子，是年闰八月也"，其
意即以是年春夏的华北大旱、天津城内屡次发生的大火及八国联军侵华、
义和团运动等诸多重大变故与闰八月有关。③

　　又如光宣之际伪造的《景善日记》，亦特将当年流行的闰八月不祥之说
写入，如光绪二十六年元旦日记云："今年有闰八月，人人皆谓不祥之兆。
盖以前每逢闰八月，则是年必有变故也。"④并以景善（1823—1900）这位 78
岁正白旗老人在这年的遭遇，佐证其"一语成谶"的征验之效——是年七月
二十一日，景善之妻、妾及子媳因联军进京皆吞烟自尽，其本人则被长子恩
珠推入井中毙命，恩珠稍后亦因藏匿身带兵器的义和团人士被英兵枪毙。⑤

　　与此同时，随着反满民族革命运动的发展，闰八月不祥的传说也被赋

────────────

　　① 钦天监编：《（宣统）御定万年书》，页 167、177、186、215、224、234，宣统初武英殿刻本。

　　② 王锡祺：《闰八月考》，"凡例"，页 2；卷 1，页 2—3。

　　③ 佚名：《遇难日记》，翦伯赞等编《中国近代史资料丛刊·义和团》第 2 册，页 161，上海：神
州国光社，1951 年。

　　④ 《景善日记》，页 2，《满清野史》三编第七种，民国九年（1920）程度昌福公司铅印本。安：
《景善日记》首先刊布于濮兰德（J·O·P·Bland）、白克浩司（E·T·Backhouse）宣统二年（1910）
出版的《慈禧外记》第 17 章，此后又有单行本问世。该日记问世后，备受中外学者关注，但经考证，
乃属伪造（参见程明洲：《所谓"景善日记"者》，《燕京学报》第 27 期，页 143—169，1940 年 6 月；丁
名楠：《景善日记是白克浩司伪造的》，《近代史研究》1983 年第 4 期，页 202—211）。不过，考虑到
其作伪时间亦在光宣之际（1900 至 1910 年间），则作为讨论这一时期闰八月不祥之说传播的资料
而言，亦不失其史料价值。

　　⑤ 《景善日记》，页 1、21。

予民族革命的色彩,这时另一场被广泛唤起的民族鼎革的历史记忆——朱元璋反元,便以"八月十五杀鞑子"的故事形式出现。1906 年,比利时籍田清波神甫(Rev. Antoine Mostaert)在鄂尔多斯地区搜集到的大批蒙文文献中,有一份蒙文钞本,就记载了元末汉人约在闰八月十五共同起事的情节,称:"当月亮一升起,大家便去杀戮管治他们的喇嘛(或蒙古人),把他们的头颅和心肝去祭月亮",然后围攻大都城。[①] 此后则有多种汉文文献或民间传说记载元末朱元璋等"八月十五杀鞑子"反元起事的传说,成为 20 世纪流传最广的故事之一。而故事源头,则是上述嘉庆十八年天理教教众原计划于闰八月十五日起事。[②]

在清廷方面,闰八月不祥之说竟影响到官员对朝廷的建言,且演变到只要闰月便不祥的境地,颇有谈"闰"色变的意味。宣统二年(1910)十二月,御史姚大荣便因清廷颁布的三年时宪书有闰六月,上折奏请停罢闰月。原因除闰月导致朝野增加一月的薪俸、军饷等开销外,另一重要理由便是本朝"因闰月酿两次巨变",所举之例,则是上文讨论的嘉庆十八年天理教起事和光绪二十六年义和团运动。他并危言耸听地说,尽管此次并非闰八月,但鉴于本朝已发生的两次巨变,若仍然置闰,将恐"难保不因闰月之故,致奸民有妄生事端"。钦天监官员将其所奏因由一一根据史实驳斥,并奏请宪政编查馆、会议政务处复议请旨,最后依议不变。[③] 然而,历史真是巧合,清王朝便亡于这有闰六月之年的辛亥革命。

清朝已亡,按说清朝不宜闰八月之说,自然也就失去了其预言未来的现实意义。然而,这一说法却以另一种方式——闰八月不祥的说法继续流传。民国八年(1929),刘声木(1878—1959)在其出版的《苌楚斋随笔》中说:"草野相传:闰八月,天下反。"且以清朝为例,称:

---

①　该文的汉文翻译、注释本,参见陈学霖:《蒙古〈永乐帝建造北京城〉故事探源》(原载《"中央研究院"历史语言研究所集刊》第 75 本第 3 分,2004 年 9 月),收入氏著《明初的人物、史事与传说》,页 254—255。又,另一份这则故事的口述本,则称起事时间是在"八月十五"。并参钟焓:《吸收、置换与整合——蒙古流传的北京建城故事形成过程考察》,《历史研究》2006 年第 4 期,页 48—50。

②　陈学霖:《刘伯温与"八月十五杀鞑子"故事考溯》,氏著《明初的人物、史事与传说》,页 144—182。

③　参见宣统二年(1910)十二月十五日《管理钦天监事务世铎等奏请旨饬议应否停罢闰月折》;刘锦藻纂:《皇朝续文献通考》卷 294,《续修四库全书》第 819 册,页 514。

我朝二百余年，仅遇三次。一在康熙□□年，三藩果起事。一在□□□□年，幸太平无事。一在光绪廿六年，八国联军入京，德宗景皇帝奉孝钦显皇后，西狩长安。①

校之前引顾家相之说，显然有明显的史实错误或疏漏——首先，清朝共五次闰八月而非三次；其次，其中的"康熙□□年"，即十九年庚申（1680），亦非三藩起事之年，而是顾氏所说的"三藩将次勘定，军务日有起色"之年。但尽管如此，闰八月不祥之说，在现代仍时有发酵。本文开头所引郑浪平的《一九九五·闰八月》，便是一例。

第四节　结语

回到本文开头提出的问题，据文中所引王锡祺的统计，自汉武帝太初元年（前104）至光绪二十六年（1900）两千余年间内共有六十一次闰八月，其中多数并未发生重大变故，故闰八月与重大历史变故之间并无必然关联。至于郑浪平所举的20世纪三次闰八月之年所发生的大事，则只是利用史实的巧合以作附会，与闰八月亦无必然联系。至于"闰八月不祥"之说，则是嘉庆十八年天理教起事失败后穿凿附会而来。

天理教教首林清等因其信奉的本教经卷中有"八月中秋，中秋八月，黄花满地开放"及"白洋劫"等谶语，便据历法加以附会，推定"白洋劫"的时间与方位，并据《（嘉庆）御定万年书》选定于嘉庆十八年闰八月十五日起事以应劫数。恰巧就在他们决定起事的十六年，又发生了彗星见于紫微垣的天象，而这在星占学上主兵象，意味着将要除旧布新，更增加了其起事的信心。也是在十六年，钦天监官员在编制十八年时宪书时发现，如果该年闰八月将不但使该年的冬至落在十月三十日，还会出现各月中气与历法月序不合的情形，加之当时清廷每年举行的郊祀大典惯例都在十一月的冬至日

① 刘声木撰、刘笃龄点校：《苌楚斋随笔》卷7"连三四月月大"条，页143—144，北京：中华书局，1998年（据1929年排印本点校）。考刘氏此书《序》作于民国八年（1929），根据序文，笔记多为其中年以后所作，而刘氏于清亡时年仅34岁，故其书多成于民国间。至引文中"我朝"之称，乃其以清朝遗老自居，非表示该条撰于清末。此笔记还有多处于清亡后仍称"本朝"者，如卷2"倪刘撰述"条、卷3"永乐大典四部"条等，分别见于该书页32、50。

举行,于是将《(嘉庆)御定万年书》中的闰八月改于十九年二月置闰。此故,当嘉庆十八年的时宪书颁下后,天理教教众发现他们据以起事的闰八月根本不存在这年的历日中!为此,天理教起事者不得不对原定起事时间加以调整,最后定于时宪书中的九月十五日起事,而李文成等则将新的起事时间与彗星见于紫微垣的天象作附会,以鼓舞教众。

由于这些复杂关系,故当天理教起事失败后,时人便将十六年秋彗星见于紫微垣对清廷不利这一星占学上的解释,与同年钦天监将十八年八月改闰混淆在一起,将本是对天象的解释变成对清廷八月改闰之举的解读,于是便有了"清朝不宜闰八月"或"闰八月不祥"等谣言,并附会称钦天监官员因此天象不吉而奏请改闰。实则改闰之举不但在动机上与此毫无关系,时间上亦在此前两个多月。

此后咸丰元年、同治元年两次闰八月,虽受"清朝不宜闰八月"等流言影响,但仍于八月置闰。光绪二十六年(1900)又逢闰八月,是年发生的义和团运动及八国联军侵华等造成的时局动荡,使许多人更加相信闰八月对清朝不利的流言,民心愈加惶恐不安。于是,一些有识之士撰文厘清此一流言,这种努力既见于学者严肃的学术考证,亦见于宣传破除迷信、旨在促进中国进化的通俗小说。清亡后,清朝不宜闰八月之说,自然失去了其预言未来的现实意义。然而,这一说法却以另一种方式——闰八月不祥继续流传、发酵。

符讖是中国民间秘密宗教的重要特征之一,藉谣讖起事则是自张角创太平道以来,中国民间秘密宗教或秘密结社的另一特色。这些讖言中,与天文、历法相关者不在少数。古代中国,天文、历法、术数等往往会蒙上浓重的神秘色彩,对传统的政治、社会产生深刻影响。这一点,在一些民间秘密宗教起事中表现得尤为突出,本文所讨论的"闰八月不祥"之说即为一例。探讨民间秘密宗教中有关天文、历法等知识的参与状况以及其与重大历史事件等之间的关联和互动,将是社会天文学史研究的另一重要内容。

　　(本文系与台湾黄一农教授合撰,原载《历史研究》2013 年第 1 期,发表稿多有删节,此为原稿。)

参考文献

一、工具书

江庆柏编著：《清代人物生卒年表》，北京：人民文学出版社，2005 年。

江庆柏编著：《清朝进士题名录》，北京：中华书局，2007 年。

姜亮夫纂、陶秋英校：《历代人物年里碑传综表》，北京：中华书局，1959 年。

柯愈春：《清代诗文集总目提要》，北京：北京古籍出版社，2001 年。

林庆彰主编：《乾嘉学术研究论著目录（1900—1993）》，台北："中央研究院"
　　中国文哲研究所，1995 年。

钱实甫：《清代职官年表》，北京：中华书局，1980 年。

上海图书馆编：《中国丛书综录》，上海：上海古籍出版社，1982 年。

邵懿辰撰、邵章续录：《增订四库简明目录标注》，上海：上海古籍出版社，
　　2000 年。

孙殿起：《贩书偶记（附续编）》，上海：上海古籍出版社，2000 年。

谢国桢编著：《增订晚明史籍考》，上海：上海古籍出版社，1981 年。

阳海清编撰：《中国丛书广录》，武汉：湖北人民出版社，1999 年。

杨廷福、杨同甫编：《清人室名别称字号索引》（增订本），上海：上海古籍出
　　版社，2001 年。

永瑢等撰：《四库全书总目》，北京：中华书局 1965 年影印乾隆六十年
　　（1795）杭州刻本。

张舜徽：《清人文集别录》，北京：中华书局，1963 年。

周骏富：《清代传记丛刊·索引》，台北：明文书局，1989 年。

二、基本文献

1.档案

军机处录副奏折·农民运动类·秘密结社项·林清教案。

嘉庆朝·军机处录副奏折，中国第一历史档案馆藏。

中国第一历史档案馆编：《嘉庆道光两朝上谕档》，桂林：广西师范大学出版社，2000 年。

故宫博物院明清档案部编：《清代档案史料丛编》第 3 册，北京：中华书局，1979 年。

杜家骥主编：《清嘉庆朝刑科题本社会史料辑刊》，天津：天津古籍出版社，2008 年。

黎青主编：《清代秘密结社档案辑印》第 8 册，北京：中国言实出版社，1999 年。

郭慧编选：《嘉庆十六年严禁西洋人传教史料》，《历史档案》2004 年第 1 期。

蒋维明编：《川湖陕白莲教起义资料辑录》，成都：四川人民出版社，1980 年。

吕小鲜编选：《嘉庆十八年冀鲁豫三省灾荒史料》，《历史档案》1990 年第 4 期。

吕小鲜编选：《嘉庆十八年京畿地区编查保甲史料》，《历史档案》1990 年第 2—3 期。

中国第一历史档案馆编：《纂修四库全书档案》，上海：上海古籍出版社，1997 年。

中国人民大学历史系、中国第一历史档案馆合编：《清代农民战争史资料选编》第五、六册，北京：中国人民大学出版社，1983，1990 年。

中国社会科学院历史研究所清史室、资料室编：《清中期五省白莲教起义资料》（共五册），南京：江苏人民出版社，1981，1982 年。

2. 史籍

中国第一历史档案馆编：《嘉庆帝起居注》，桂林：广西师范大学出版社，2006 年。

《清世祖实录》，北京：中华书局，1985 年影印本。

《清圣祖实录》，北京：中华书局，1985 年影印本。

《清世宗实录》，北京：中华书局，1985 年影印本。

《清高宗实录》，北京：中华书局，1986 年影印本。

《清仁宗实录》，北京：中华书局，1986 年影印本。

《清宣宗实录》，北京：中华书局，1986 年影印本。

《清文宗实录》,北京:中华书局,1986 年影印本。

《大清仁宗睿皇帝圣训》,《十朝圣训》,清刻本。

《大清宣宗成皇帝圣训》,《十朝圣训》,清刻本。

《朝鲜实录》第 44 册《英祖实录》,东京:东洋文化研究所,昭和 40 年(1965)
　　影印本。

吴晗:《朝鲜李朝实录中的中国史料》下编,北京:中华书局,1980 年。

伊桑阿等纂修:《(康熙)大清会典》,《近代中国史料丛刊三编》第 72—73 辑
　　影印康熙间内府刊本。

允禄等监修:《(雍正)大清会典》,《近代中国史料丛刊三编》第 77—78 辑影
　　印雍正十年(1732)序刊本。

托津等奉敕纂:《(嘉庆)钦定大清会典事例》,《近代中国史料丛刊三编》第
　　65—74 辑影印嘉庆间武英殿刊本。

昆冈等修、刘启端等纂:《(光绪)钦定大清会典事例》,《续修四库全书》第
　　798—814 册影印光绪间石印本。

刘锦藻纂:《皇朝续文献通考》,《续修四库全书》第 819 册影印民国间铅
　　印本。

杜受田等修、英汇等纂:《(咸丰)钦定科场条例》,《续修四库全书》第 830 册
　　影印咸丰二年(1852)刻本。

素尔讷等纂修:《(乾隆)钦定学政全书》,《续修四库全书》第 828 册影印乾
　　隆三十九年(1774)武英殿刊本。

托津等纂:《钦定平定教匪纪略》,嘉庆二十一年(1816)武英殿刊本。

田涛、郑秦点校:《大清律例》,北京:法律出版社,1999 年(据乾隆五年武英
　　殿刊本点校)。

庞钟璐:《文庙祀典考》,光绪戊寅(1878)常熟庞氏刻本。

《嘉庆九年甲子科顺天乡试录》,嘉庆九年(1804)刻本。

司马迁:《史记》,北京:中华书局,1963 年。

范晔:《后汉书》,北京:中华书局,1965 年。

沈约:《宋书》,北京:中华书局,1974 年。

司马光等:《资治通鉴》,北京:中华书局,1956 年。

张廷玉等撰:《明史》,北京:中华书局,1974 年。

赵尔巽等撰:《清史稿》,北京:中华书局,1977 年。

王钟翰点校:《清史列传》,北京:中华书局,1987 年。

钱仪吉纂、靳斯标点:《碑传集》,北京:中华书局,1993 年。

缪荃孙辑:《续碑传集》,宣统二年(1910)江楚编译局刊本。

闵尔昌辑:《碑传集补》,北平燕京大学国学研究所印本,1931 年。

李桓:《国朝耆献类徵(初编)》,湘阴李氏板。

徐世昌:《大清畿辅先哲传》,北京:北京古籍出版社,1993 年。

江藩著、钟哲整理:《国朝汉学师承记》,北京:中华书局,1983 年。

唐鉴:《国朝学案小识》,道光二十五年(1845)刻本。

李濬之:《清画家诗史》,民国庚午(1930)刻本。

兰簃外史:《靖逆记》,嘉庆庚辰(1820)正道堂刻本。

魏源:《圣武记》,北京:中华书局,1984 年。

欧阳英、陈衍纂修:《闽侯县志》,民国二十三年(1934)刻本。

郑渭川纂:《(民国)衢县志》,1926 年刊本。

《景善日记》,《满清野史》三编第七种,民国九年(1920)程度昌福公司铅
　　印本。

马礼逊夫人编、顾长声译:《马礼逊回忆录》,桂林:广西师范大学出版社,
　　2004 年。

佚名:《遇难日记》,载翦伯赞等编:《中国近代史资料丛刊·义和团》第 2
　　册,上海:神州国光社,1951 年。

中国社会科学院近代史研究所近代史资料编辑室编:《庚子记事》,北京:中
　　华书局,1978 年。

中山大学历史系中国近现代史教研组、研究室编:《林则徐集·日记》,北
　　京:中华书局,1962 年。

朱凤森:《守濬日记》,道光壬寅(1842)刊本。

顾家相:《闰八月无关吉凶辨》,《万国公报》卷 137,庚子年(1900)五月。

海天孤愤生雪涕集:《京津拳匪乱事纪要之八附"各省小乱记"》,《万国公
　　报》卷 144,庚子(1900)腊月。

3. 年谱

鲍桂星:《觉生自订年谱》,北京图书馆编:《北京图书馆藏珍本年谱丛刊》第
　　128 册影印清同治四年(1865)退一步斋刻《觉生诗续钞》本,北京:北京
　　图书馆出版社,1999 年。

蔡文晋:《鲍廷博年谱初稿》(上),台北《"国立中央"图书馆馆刊》新 27 卷第
　　2 期,1994 年 12 月。

蔡文晋:《鲍廷博年谱初稿》(下),台北《"国立中央"图书馆馆刊》新 28 卷第
　　1 期,1995 年 6 月。

陈鸿森:《〈段玉裁年谱〉订补》,《"中央研究院"历史语言研究所集刊》60 本
　　第 3 分,1989 年。

杜堮:《杜文端公自订年谱》,《北京图书馆藏珍本年谱丛刊》第 139 册影印
　　清咸丰九年(1859)刻本。

段玉裁编:《戴东原先生年谱》,载赵玉新点校:《戴震文集》附录,北京:中华
　　书局,1980 年。

樊克政:《龚自珍年谱考略》,北京:商务印书馆,2004 年。

冯右椿:《客世行年》,《北京图书馆藏珍本年谱丛刊》第 136 册影印清抄本。

韩崶:《韩桂舲先生自订年谱》,《北京图书馆藏珍本年谱丛刊》第 120 册影
　　印清道光间刻本。

胡适:《章实斋先生年谱》,耿云志编:《胡适传记作品全编》第 2 卷,上海:东
　　方出版中心,1999 年。

江尔维:《倪迂存先生年谱》,《北京图书馆藏珍本年谱丛刊》第 118 册影印
　　清光绪间两勉强斋刻《迂存遗文》本。

蒋彤编:《清李申耆先生兆洛年谱》,台北:台湾商务印书馆,1981 年影
　　印本。

蒋祥墀:《散樗老人自纪年谱》,《北京图书馆藏珍本年谱丛刊》第 126 册影
　　印清道光间刻本。

蒋攸铦撰、蒋霨远附注:《绳枌斋年谱》,《北京图书馆藏珍本年谱丛刊》第
　　130 册影印清道光十五年(1835)刻本。

来新夏编:《林则徐年谱新编》,天津:南开大学出版社,1997 年。

刘盼遂辑:《高邮王氏父子年谱》,《高邮王氏遗书》"附录",南京:江苏古籍
　　出版社,2000 年影印本。

刘文兴编:《刘端临先生年谱》,香港:崇文书店,1975 年。

刘文兴编:《清刘楚桢先生宝楠年谱》,台北:台湾商务印书馆,1986 年。

卢荫溥:《卢文肃公年谱》,《北京图书馆藏珍本年谱丛刊》第 122 册影印清
　　道光十九年(1839)刻本。

吕培等编次:《洪北江先生年谱》,刘德权点校:《洪亮吉集》第 5 册"附录",
　　北京:中华书局,2001 年。

闵尔昌:《王伯申先生年谱》,《北京图书馆藏珍本年谱丛刊》第 130 册影印
　　民国间刻本。

祁寯藻编、祁世长续编:《观斋行年自记》,《北京图书馆藏珍本年谱丛刊》第
　　146 册影印同治间寿阳祁氏刻本。

瞿中溶:《瞿木夫先生自订年谱》,《北京图书馆藏珍本年谱丛刊》第 131 册
　　影印民国间《嘉业堂丛书》刻本。

瑞元、瑞恩:《梅庵年谱续编》,《北京图书馆藏珍本年谱丛刊》第 119 册影印
　　道光间刻本。

沈宗涵、沈宗济:《鼎甫府君年谱》,《北京图书馆藏珍本年谱丛刊》第 136 册
　　影印道光三十年(1850)刻本。

施立业:《姚莹年谱》,合肥:黄山书社,2004 年。

眭骏:《王芑孙年谱》,上海:华东师范大学出版社,2010 年。

汤金钊等:《戴可亭相国夫子年谱》,《北京图书馆藏珍本年谱丛刊》第 116
　　册影印清道光间刻本。

王焕镳:《陶文毅公年谱》,《北京图书馆藏珍本年谱丛刊》第 136 册影印民
　　国三十七年(1948)油印本。

王家俭:《魏源年谱》,台北:"中央研究院"近代史研究所,1981 年。

王章涛:《阮元年谱》,合肥:黄山书社,2003 年。

小泽文四郎编:《仪征刘孟瞻先生年谱》,沈云龙主编:《近代中国史料丛刊
　　初编》第 804 册影印本,台北:文海出版社。

辛从益撰、辛桂云等补辑:《辛筠谷年谱》,《北京图书馆藏珍本年谱丛刊》第
　　122 册影印清咸丰元年(1851)刻《寄思斋藏稿》本。

徐保字:《阮邻自订年谱》,《北京图书馆藏珍本年谱丛刊》第 139 册影印清
　　咸丰间刻本。

许维通:《郝兰皋夫妇年谱附著述》,《清华学报》第 10 卷第 1 期,1935 年
　　1 月。

严荣:《述庵先生年谱》,《北京图书馆藏珍本年谱丛刊》第 105 册影印嘉道
　　间《春融堂集》刻本。

杨国桢:《杨国桢海梁氏自叙年谱》,《北京图书馆藏珍本年谱丛刊》第 137

册影印道光三十年(1850)刻本。

姚浚昌:《姚石甫先生年谱》,《北京图书馆藏珍本年谱丛刊》第 138 册影印
同治六年(1867)《中复堂全集》本。

英和:《恩福堂年谱》,《北京图书馆藏珍本年谱丛刊》第 133 册影印道光间
刻本。

张大镛:《鹿樵自叙年谱稿》,《北京图书馆藏珍本年谱丛刊》第 132 册影印
道光十八年(1838)刻本。

张鉴等:《雷塘庵主弟子记》(即黄爱平点校本《阮元年谱》),北京:中华书
局,1995 年。

张绍南:《孙渊如先生年谱》,《北京图书馆藏珍本年谱丛刊》第 119 册影印
清抄本。

张师诚:《一西自记年谱》,《北京图书馆藏珍本年谱丛刊》第 126 册影印清
道光间刻本。

长善、长启等:《东岩府君年谱》,《北京图书馆藏珍本年谱丛刊》第 142 册影
印清同治九年(1870)刻本。

赵怀玉:《收庵居士自叙年谱略》,《北京图书馆藏珍本年谱丛刊》第 117 册
影印道光间《亦有生斋集》刻本。

郑福照辑:《方仪卫先生年谱》,方东树《仪卫轩文集》附,同治七年(1868)五
月刻本。

郑福照辑:《姚惜抱先生年谱》,《北京图书馆藏珍本年谱丛刊》第 107 册影
印清同治七年(1868)刻本。

朱锡经:《南厓府君年谱》,朱珪《知足斋文集》附,嘉庆九年(1804)阮元刻增
修本。

4. 子部及笔记类

鲍桂星、何鸿器辑:《续近思录》,道光甲午年(1834)金陵何流春堂刻本。

陈沆:《近思录补注》,道光间刻本。

陈寿祺:《左海经辨》,道光癸未(1823)秋刻本。

方东树:《汉学商兑》,江藩等《汉学师承记(外二种)》本,北京:三联书店,
1998 年。

方东树:《书林扬觯》,乙丑(1925)七月中国书店据仪卫轩刻本校印。

高愈:《小学纂注》,嘉庆二十三年(1818)蜀刻本。

何桂珍：《续理学正宗》，民国三年（1914）《云南丛书》刊本。

江永：《朱子原订近思录集注》，嘉庆甲戌（1814）江西藩署刻本。

焦循：《里堂书跋》，刘建臻点校：《焦循诗文集》，扬州：广陵书社，2009 年。

刘宗周：《人谱》，嘉庆丙子（1816）重刻本。

吕坤著、汪霦原重订：《新吾粹语》，道光十年（1830）衡山县署刻本。

潘世恩：《正学编》，同治五年（1866）潘氏刻本。

阮元：《经籍籑诂》，嘉庆间仪征阮氏琅嬛仙馆刊本。

薛瑄：《读书录》，道光七年（1827）刻本。

章学诚著、叶瑛校注：《文史通义校注》，北京：中华书局，1985 年。

陈康祺：《郎潜纪闻初笔·二笔·三笔》，北京：中华书局，1984 年。

陈其元：《庸闲斋笔记》，北京：中华书局，1989 年。

戴璐：《藤阴杂记》，上海：上海古籍出版社，1985 年。

郝懿行：《晒书堂笔录》，光绪十年《郝氏遗书》刻本。

纪昀著、汪贤度点校：《阅微草堂笔记》，上海：上海古籍出版社，1982 年。

金安清：《水窗春呓》，北京：中华书局，1984 年。

梁章钜：《浪迹丛谈·续谈·三谈》，北京：中华书局，1981 年。

刘声木撰、刘笃龄点校：《苌楚斋随笔》，北京：中华书局，1998 年（据 1929
　　年排印本点校）。

刘禺生：《世载堂杂忆》，北京：中华书局，1960 年。

陆以湉：《冷庐杂识》，北京：中华书局，1984 年。

钱泳：《履园丛话》，北京：中华书局，1979 年。

阮亨：《瀛舟笔谈》，嘉庆庚辰（1820）刻本。

吴振棫撰：《养吉斋丛录》，北京：中华书局，2005 年（据光绪间刻本点校）。

萧奭撰、朱南铣点校：《永宪录》，北京：中华书局，1959 年。

姚莹：《识小录》，同治丁卯《中复堂全集》刻本。

姚元之：《竹叶亭杂记》，北京：中华书局，1982 年。

俞樾著、贞凡、顾馨等点校：《茶香室丛钞》，北京：中华书局，1995 年。

昭梿：《啸亭杂录·续录》，北京：中华书局，1980 年。

诸联：《明斋小识》，《笔记小说大观》第 28 册影印上海进步书局本，扬州：广
　　陵古籍刻印社，1983 年。

壮者：《扫迷帚》，《绣像小说》第 51 期，光绪三十一年（1905）五月（单行本于

光绪三十三年(1907)由商务印书馆出版)。

钦天监编:《(乾隆)御定万年书》,乾隆九年(1744)武英殿刻本。

钦天监编:《(嘉庆)御定万年书》,嘉庆间武英殿刻本,中国国家图书馆藏。

钦天监编:《(嘉庆)御定万年书》,嘉庆九年(1804)武英殿刻本,故宫博物院
图书馆普通线装书部藏。

钦天监编:《(道光)御定万年书》,道光初武英殿刻本。

钦天监编:《(宣统)御定万年书》,宣统初武英殿刻本。

钦天监编:《大清嘉庆十八年岁次癸酉时宪书》,嘉庆十七年(1812)武英殿
刻本。

钦天监编:《大清嘉庆十九年岁次甲戌时宪书》,嘉庆十八年(1813)武英殿
刻本。

缪之晋辑:《大清时宪书笺释》,《续修四库全书》第 1040 册影印雍正元年
(1723)序钞本。

王锡祺:《闰八月考》,光绪二十六年(1900)刊本,台北"中央研究院"傅斯年
图书馆藏。

5. 诗文集

《南湖文丛》编委会编:《檇李文系》选辑《宗族卷》,上海:上海辞书出版社,
2007 年。

《御定全唐诗》,《影印文渊阁四库全书》第 1430 册,台北:台湾商务印书馆,
1982—1983 年。

包世臣:《艺舟双楫》,李星点校:《包世臣全集》本,合肥:黄山书社,
1993 年。

包世臣著、潘竟翰点校:《齐民四术》,北京:中华书局,2001 年。

曾国藩:《曾国藩全集·诗文》,长沙:岳麓书社,1986 年。

陈鸿森辑:《阮元揅经室遗文辑存》(增订本),杨晋龙主编:《清代扬州学
术》,台北:"中央研究院"中国文哲研究所,2005 年。

陈寿祺:《左海文集》,三山陈氏家刻《左海全集》本。

陈用光:《太乙舟文集》,道光癸卯(1843)孝友堂重刊本。

陈作霖:《可园诗存》,清宣统己酉(1909)刻增修本。

程含章:《程月川先生遗集》,民国 3 年(1914)昆明云南图书馆刻本。

戴震著、戴震研究会等编:《戴震全集》第 1 册,北京:清华大学出版社,

　　1991 年。

董桂敷:《自知室文集》,清刻本。

段玉裁:《经韵楼集》,道光元年(1821)刊本。

段玉裁著、刘盼遂编:《经韵楼集补编》,北京:来薰阁书店,1936 年。

方东树:《考槃集文录》,光绪甲午(1894)刻本。

方坰:《生斋全稿》,咸丰七年(1857)刻本。

龚自珍:《龚自珍全集》,上海:上海人民出版社,1975 年。

顾家相:《勴堂文集》,《近代中国史料丛刊初编》第 828 册影印民国十三年
　　(1924)刊本,台北:文海出版社。

管同:《因寄轩文初集》,光绪己卯(1879)重刻本。

管同:《因寄轩文二集》,光绪己卯重刻本。

郝懿行:《晒书堂诗钞》,《郝氏遗书》本,光绪十年(1884)刻本。

郝懿行:《晒书堂外集》,《郝氏遗书》本。

郝懿行:《晒书堂文集》,《郝氏遗书》本。

贺长龄辑:《皇朝经世文编》,北京:中华书局,1992 年影印光绪十二年
　　(1886)思补楼重校本。

洪亮吉著、刘德权点校:《洪亮吉集》,北京:中华书局,2001 年。

胡培翚著、黄智明点校:《胡培翚集》,台北:“中央研究院”中国文哲研究所,
　　2005 年。

嘉庆帝(颙琰):《御制文初集》、《二集》、《余集》,故宫博物院编:《故宫珍本
　　丛刊》第 580 册影印《清仁宗御制文集》本,海口:海南出版社,2000 年。

焦循:《雕菰集》,道光四年(1824)岭南节署刻本。

赖贵三编著:《昭代经师手简笺释——清儒致高邮二王论学书》,台北:里仁
　　书局,1999 年。

李颙:《李二曲先生全集》,道光戊子(1828)夏四月云荫堂刊本。

李兆洛:《养一斋文集》,光绪戊寅年(1878)夏重刊本。

李祖陶:《迈堂诗存》,纪宝成主编:《清代诗文集汇编》第 519 册影印稿本,
　　上海:上海古籍出版社,2010 年。

李祖陶:《迈堂文略》,同治戊辰(1868)敖阳尚友楼刻本。

凌廷堪著、王文锦点校:《校礼堂文集》,北京:中华书局,1998 年。

柳得恭:《燕台再游录》,《燕行录全集》第 60 卷,韩国东国大学校韩国文学

研究所,2001 年。

龙顾山人(郭则沄):《庚子诗鉴》,《近代史资料专刊·义和团史料》,北京:
　　中国社会科学出版社,1982 年。

龙启瑞:《经德堂文别集》,光绪戊寅(1878)腊月刊本。

龙启瑞:《经德堂文集》,光绪四年(1878)六月京师刊本。

卢文弨著、王文锦点校:《抱经堂文集》,北京:中华书局,1990 年。

鲁缤:《鲁宾之文钞》,《鲁山木先生文集》附,民国间重刻本。

吕坤:《吕子遗书》,道光丁亥(1827)开封府署刻本。

吕坤:《去伪斋集》,道光丁亥开封府署刻本。

梅曾亮著、彭国忠、胡晓明校点:《柏枧山房诗文集》,上海:上海古籍出版
　　社,2005 年。

缪荃孙:《艺风堂文漫存》,民国间缪氏家刻本。

莫晋:《来雨轩存稿》,道光丙午(1846)刻本。

潘德舆:《养一斋集》,道光间刻本。

瞿中溶:《瞿木夫文集》,载《烟画东堂小品》,庚卯(1920)江阴缪氏刊本。

阮元:《揅经室集》,北京:中华书局,1993 年。

沈津:《翁方纲题跋手札集录》,桂林:广西师范大学出版社,2002 年。

沈维锈:《补读书斋遗稿》,光绪二十五年(1899)补刻本。

沈垚:《落帆楼文集》,吴兴刘氏嘉业堂刊本。

盛大士:《蕴愫阁诗集》,道光十二年(1832)《蕴愫阁诗文全集》刻本。

盛大士:《蕴愫阁文集》,道光十二年《蕴愫阁诗文全集》刻本。

孙星衍:《岱南阁集》,《孙渊如先生全集》本,光绪间湖南思贤书局刊。

孙星衍:《平津馆文稿》,光绪乙酉(1885)夏六月长沙王氏刊本。

汤斌著、范志亭等辑校:《汤斌集》,郑州:中州古籍出版社,2003 年。

陶澍:《陶澍集》,长沙:岳麓书社,1998 年。

陶澍:《陶文毅公全集》,道光二十年(1840)两淮淮北士民刻本。

汪德钺:《四一居士文钞》,嘉庆间活字印本。

汪廷珍:《实事求是斋遗稿》,道光间刻本。

王鏊:《震泽集》,《影印文渊阁四库全书》第 1256 册。

王东槐:《王文直公遗书》,光绪辛巳年(1881)中秋月刊印本。

王引之:《王文简公文集》,罗振玉辑印《高邮王氏遗书》,南京:江苏古籍出

　　版社 2000 年影印 1925 年上虞罗氏辑印本。

王照圆:《闺中文存》,郝懿行《和鸣集》附,《郝氏遗书》本。

王重民辑:《孙渊如外集》,国立北平图书馆,1932 年。

魏源:《魏源集》,北京:中华书局,1976 年。

翁方纲:《复初斋文集》,道光间李彦章校刻本。

吴光主编:《刘宗周全集》第 6 册,杭州:浙江古籍出版社,2007 年。

夏炯:《夏仲子集》,民国十四年(1925)刻本。

谢维新编:《古今合璧事类备要》,《影印文渊阁四库全书》第 939 册。

辛从益:《寄思斋藏稿》,咸丰元年(1851)江西集文斋刻本。

杨晋龙主编:《汪喜孙著作集》,台北:"中央研究院"中国文哲研究所,
　　2003 年。

姚椿:《晚学斋文集》,咸丰二年(1852)刻本。

姚鼐:《惜抱先生尺牍》,咸丰五年(1855)聊城杨氏海源阁刻本。

姚鼐:《惜抱先生尺牍补编》,《惜抱轩遗书三种》,光绪己卯(1879)春桐城徐
　　氏刊本。

姚鼐著、刘季高点校:《惜抱轩诗文集》,上海:上海古籍出版社,1992 年。

姚莹、顾沅、潘锡恩辑:《乾坤正气集》,道光戊申(1848)泾县潘氏袁江节署
　　刻本。

姚莹:《东溟外集》,同治丁卯(1867)八月《中复堂全集》刻本。

姚莹:《东溟文后集》,《中复堂全集》刻本。

姚莹:《东溟文集》,《中复堂全集》刻本。

姚莹:《中复堂遗稿》,《中复堂全集》刻本。

胤禛:《世宗宪皇帝御制文集》,《影印文渊阁四库全书》第 1300 册。

张海珊:《小安乐窝文集》,道光辛卯(1831)刊本。

张际亮:《张亨甫文集》,同治丁卯(1867)《张亨甫全集》刻本。

张鉴:《冬青馆甲集》,嘉业堂刊本。

张履:《积石文稿》,光绪甲午(1894)刻本。

张履祥著、陈祖武点校:《杨园先生全集》,北京:中华书局,2002 年。

张士元:《嘉树山房集》,道光丙戌(1826)刻本。

张廷玉等辑:《皇清文颖》,《影印文渊阁四库全书》第 1449 册。

章学诚:《章学诚遗书》,北京:文物出版社,1985 年。

赵怀玉：《亦有生斋文钞》，道光元年（1821）《亦有生斋集》刻本。

郑珍著、王锳等点校：《郑珍集·文集》，贵阳：贵州人民出版社，1994 年。

朱桂桢：《庄恪集》，载朱绪曾编：《金陵朱氏家集》，道光庚子（1840）刊本。

朱锦琮：《治经堂集》，道光十八年（1838）序刻本。

三、研究论著

Susan Naquin（韩书瑞）：*Millenarian Rebellion in China：The Eight Tri-grams Uprising of* 1813. New Haven：Yale University Press，1976.
（中译本：《千年末世之乱：1813 年八卦教起义》，陈仲丹译，南京：江苏人民出版社，2012 年）。

（美）费正清、刘广京编：《剑桥中国晚清史（1800—1911）》，北京：中国社会科学出版社，2007 年。

（美）艾尔曼著、车行健译：《学海堂与今文经学在广州的兴起》，《湖南大学学报（社会科学版）》2006 年第 2 期；原载《清史问题》第 4 卷第 2 期，1979 年 12 月。

（美）艾尔曼著、赵刚译：《从理学到朴学》，南京：江苏人民出版社，1995 年。

（美）艾尔曼著、赵刚译：《经学、政治和宗族——中华帝国晚期常州今文学派研究》，南京：江苏人民出版社，1998 年。

（日）稻叶君山：《清朝全史》，上海：上海社会科学院出版社，2006 年。

《近代史资料》编辑组编：《近代史资料专刊·义和团史料》，北京：中国社会科学出版社，1982 年。

阿英：《晚清小说史》，北京：东方出版社，1996 年。

北京天文台主编：《中国古代天象记录总集》，南京：江苏科学技术出版社，1988 年。

蔡东洲、文廷海：《关羽崇拜研究》，成都：巴蜀书社，2001 年。

蔡少卿：《中国近代会党史研究》（增订版），北京：中国人民大学出版社，2009 年。

蔡长林：《常州庄氏学术新论》，台湾大学中国文学研究所博士论文，2000 年。

蔡长林：《论常州学派研究之新方向》，《中国文哲研究集刊》第 21 期，2002 年 9 月。

蔡长林:《论清中叶常州学者对考据学的不同态度及其意义——以臧庸与李兆洛为讨论中心》,《中国文哲研究集刊》第 23 期,2003 年 9 月。

蔡长林:《评介艾尔曼〈经学、政治和宗族——中华帝国晚期常州今文学派研究〉》,《国际汉学论丛》第 1 辑,台北:学生书局,1999 年。

蔡长林:《清代今文学派发展的两条路向》,《经学研究论丛》第 1 辑,台北:圣环图书公司,1994 年。

曾光光:《桐城派与嘉道时期的经世致用思潮》,《江淮论坛》2003 年第 5 期。

陈春生:《庚子惠州起义记》,《中国近代史资料丛刊·辛亥革命》第 1 册,上海:上海人民出版社,1957 年。

陈连营:《危机与选择——嘉庆帝统治政策研究》,中国人民大学博士学位论文,1999 年 5 月。

陈连营:《论嘉道时期经世思潮的兴起》,朱诚如、王天有主编:《明清论丛》第 4 辑,北京:紫禁城出版社,2003 年。

陈鹏鸣:《宋翔凤经学思想研究》,《中华文化论坛》2001 年第 4 期。

陈鹏鸣:《宋翔凤与今文经学》,台北《中国书目季刊》第 30 卷第 3 期,1996 年 12 月。

陈其泰:《清代公羊学》,北京:东方出版社,1997 年。

陈尚君:《述〈全唐文〉成书经过》,《复旦学报(社会科学版)》1995 年第 3 期。

陈学霖:《明初的人物、史事与传说》,北京:北京大学出版社,2010 年。

陈振江、程啸编注:《义和团文献辑注与研究》,天津:天津人民出版社,1985 年。

陈祖武、朱彤窗:《乾嘉学派研究》,石家庄:河北人民出版社,2005 年。

陈祖武、朱彤窗:《乾嘉学术编年》,石家庄:河北人民出版社,2005 年。

陈祖武:《关于乾嘉学派研究的几个问题》,《文史哲》2007 年第 2 期。

程明洲:《所谓"景善日记"者》,《燕京学报》第 27 期,1940 年 6 月。

程水龙:《〈近思录〉版本与传播研究》,上海:上海古籍出版社,2008 年。

楚金:《道光学术》,《中和月刊》第 2 卷第 1 期,1941 年 1 月;《道光学术余义》,《中和月刊》第 5 卷第 9 期,1944 年 9 月;后收入存粹学社编:《中国近三百年学术思想论集》,香港:崇文书店,1971 年。

崔富章：《〈四库全书总目〉武英殿本刊竣年月考实——"浙本翻刻殿本"论批判》，《浙江大学学报（人文社会科学版）》2006 年第 1 期。

戴逸主编：《简明清史》第 2 册，北京：人民出版社，2002 年。

丁名楠：《景善日记是白克浩司伪造的》，《近代史研究》1983 年第 4 期。

董蔡时：《试论嘉道年间经世学派的崛起及其流派的思想特点》，《苏州大学学报（哲学社会科学版）》1985 年第 1 期。

杜家骥：《八旗与清朝政治论稿》，北京：人民出版社，2008 年。

段超：《陶澍与嘉道经世思想研究》，北京：中国社会科学出版社，2001 年。

冯尔康：《雍正传》，北京：人民出版社，1985 年。

冯天瑜、黄长义：《晚清经世实学》，上海：上海社会科学院出版社，2002 年。

冯天瑜：《"著书慷慨识忧时"——魏源的经世实学成就刍议》，《江汉论坛》1988 年第 3 期。

冯天瑜：《道光咸丰年间的经世实学》，《历史研究》1987 年第 4 期。

冯天瑜：《试论道咸间经世派的"开眼看世界"》，《近代史研究》1991 年第 2 期。

冯佐哲、李尚英：《嘉庆年间紫禁城里的一场战斗》，《故宫博物院院刊》1981 年第 2 期。

葛兆光：《中国思想史》第二卷《七至十九世纪中国的知识、思想与信仰》，上海：复旦大学出版社，2000 年。

龚来国：《清"经世文编"研究——以编纂学为中心》，复旦大学博士论文，2004 年。

龚书铎：《清嘉道年间的士习和经世派》，载《中华学术论文集》，北京：中华书局，1981 年。

关爱和：《清代嘉道之际学风士风的转换与文学主潮》，《中州学刊》1991 年第 3 期。

关文发：《嘉庆帝》，长春：吉林文史出版社，1993 年。

郭丽萍：《祁韵士与嘉道西北史地研究》，《北京理工大学学报（社会科学版）》2004 年第 6 期。

郭丽萍：《显学的背后：沈垚西北史地学述论》，《中国边疆史地研究》2005 年第 1 期。

郭双林：《论清代嘉道年间的西北舆地学》，《河南大学学报》1993 年第

1 期。

郭双林:《西潮激荡下的晚清地理学》,北京:北京大学出版社,2000 年。

郝治清:《清代"邪教"与清朝政府对策》,《清史论丛》2003—2004 年号,北京:中国广播电视出版社,2004 年。

何炳棣著、葛剑雄译:《明初以降人口及其相关问题,1368—1953》,北京:三联书店,2000 年。

胡大冈:《林清李文成起义》,北京:中华书局,1964 年。

胡思庸:《鸦片战争前夕的"汉宋之争"》,《史学月刊》1981 年第 4 期。

黄爱平:《〈汉学师承记〉与〈汉学商兑〉——兼论清代中叶的汉宋之争》,《中国文化研究》1996 年第 4 期。

黄爱平:《刘逢禄与清代今文经学》,《清史研究》1995 年第 1 期。

黄开国、鲁智金:《庄述祖的经学思想》,《杭州师范学院学报(社会科学版)》2006 年第 3 期。

黄克武:《经世文编与中国近代经世思想研究》,《近代中国史研究通讯》第 2 期,1986 年 9 月。

黄一农:《从汤若望所编民历试析清初中欧文化的冲突与妥协》,《清华学报》新 26 卷第 2 期,1996 年 6 月。

黄一农:《社会天文学史十讲》,上海:复旦大学出版社,2004 年。

黄一农:《印象与真相:清朝中英两国觐礼之争新探》,《"中央研究院"历史语言研究所集刊》第 78 本第 1 分,2007 年 3 月。

黄长义:《从考据到经世,嘉道之际的学术转向》,《武汉大学学报(人文社会科学版)》1999 年第 3 期。

黄长义:《嘉道之际域外史地学的兴起》,《中南民族学院学报(人文社会科学版)》2000 年第 3 期。

贾建飞:《论松筠与晚清西北史地学的兴起》,《中国边疆史地研究》2004 年第 1 期。

解扬:《治政与事君:吕坤〈实政录〉及其经世思想研究》,北京:三联书店,2011 年。

孔祥涛、孙先伟:《清代治理民间秘密教门法律政策及措施研究》,《中国人民公安大学学报(社会科学版)》2007 年第 1 期。

李帆:《论清代嘉道之际的汉宋之争与汉宋兼采》,《求是学刊》2006 年第

5 期。

李国祁:《道咸同时期我国的经世致用思想》,《"中央研究院"近代史研究所集刊》第 15 期(下),1986 年 12 月。

李瑚:《魏源诗文系年》(增补本),载氏著《魏源研究》,北京:朝华出版社,2002 年。

李瑚:《魏源事迹系年》(增补本),载氏著《魏源研究》,北京:朝华出版社,2002 年。

李妙根编:《刘师培辛亥前文选》,北京:三联书店,1998 年。

李尚英:《白莲教起义和天理教起义的比较研究》,《中国社会科学院研究生院学报》1988 年第 3 期。

李尚英:《从镇压天理教起义看清代地方行政组织的作用》,《河南大学学报》2004 年第 3 期。

李尚英:《冯克善出走考辨》,《历史档案》1981 年第 3 期。

李尚英:《嘉庆亲政》,《故宫博物院院刊》1992 年第 2 期。

李尚英:《论天理教起义的性质和目的》,《中国社会科学院研究生院学报》1985 年第 6 期。

李尚英:《清代政治与民间宗教》,北京:中国工人出版社,2002 年。

李尚英:《天理教新探》,《华南师范大学学报(社会科学版)》1981 年第 4 期。

李尚英:《紫禁城之变》,北京:紫禁城出版社,1990 年。

李世瑜:《"三教应劫总观通书"初探》,《台湾宗教研究通讯》第 6 期,台北:兰台出版社,2003 年 9 月。

李世瑜:《社会历史学文集》,天津:天津古籍出版社,2007 年。

李文治编:《中国近代农业史资料》第 1 辑,北京:三联书店,1957 年。

李喜所:《鸦片战争前的今文经学与经世致用思潮》,《社会科学研究》1998 年第 4 期。

李细珠:《试论嘉道以来经世思潮勃兴的传统思想资源》,《广东社会科学》2005 年第 3 期。

李永忠、赵立新:《〈阅微草堂笔记〉版本考略》,《文献》1999 年第 3 期。

李泽厚:《中国近代思想史论》,北京:人民出版社,1979 年。

李志茗:《清嘉道年间的经世思想》,《华中师范大学学报(人文社会科学版)》1998 年第 2 期。

李祖德:《林清与京畿天理教暴动》,中国农民战争史研究会编:《中国农民
　　战争史研究集刊》第 3 辑,上海:上海人民出版社,1983 年。

梁启超:《中国近三百年学术史》,朱维铮校注:《梁启超论清学史二种》,上
　　海:复旦大学出版社,1985 年。

梁启超撰、夏晓虹导读:《论中国学术思想变迁之大势》,上海:上海古籍出
　　版社,2001 年。

梁启超撰、朱维铮导读:《清代学术概论》,上海:上海古籍出版社,1998 年。

林满红:《古文与经世:十九世纪初叶中国两派经世思想的分殊基础》,《台
　　湾大学历史系学报》第 15 期,1990 年 12 月。

林铁钧:《木鱼石——嘉庆皇帝传奇》,北京:中国人民大学出版社,
　　1993 年。

林铁钧编:《清史编年·嘉庆朝》,北京:中国人民大学出版社,2000 年。

刘宝琳编:《100 年(1911—2010)袖珍干支月历》,香港:商务印书馆,
　　1993 年。

刘朝辉:《嘉庆四年改革初探》,《兰州学刊》2006 年第 2 期。

刘广京、周启荣:《〈皇朝经世文编〉关于"经世之学"的理论》,《"中央研究
　　院"近代史研究所集刊》第 15 期(上),1986 年 6 月。

刘广京:《十九世纪初叶中国知识分子——魏源与包世臣》,《国际汉学会议
　　论文集·历史考古组》,台北:"中央研究院",1981 年。

刘兰肖:《李兆洛与嘉道经世学风》,《西南师范大学学报(人文社会科学
　　版)》2006 年第 4 期。

刘绍春:《乾嘉交替和嘉庆皇帝挽救"盛世"的努力》,中国人民大学硕士学
　　位论文,1991 年 5 月。

刘燕:《嘉庆皇帝神武门遇刺案》,《北京档案》2006 年第 7 期。

陆宝千:《清代思想史》,台北:广文书局,1983 年。

陆振岳:《刘逢禄的公羊学》,《苏州大学学报(哲学社会科学版)》1992 年第
　　3 期。

路新生:《宋翔凤学论》,《孔孟学报》第 73 期,1997 年 3 月。

路遥主编:《山东义和团调查资料选编》,济南:齐鲁书社,1980 年。

罗检秋:《从清代汉宋关系看今文经学的兴起》,《近代史研究》2004 年第

1 期。

罗检秋:《嘉道年间京师士人修禊雅集与经世意识的觉醒》,郑大华、邹小站
　　主编:《西方思想在近代中国》,北京:社会科学文献出版社,2005 年。

罗检秋:《嘉庆以来汉学传统的衍变与传承》,北京:中国人民大学出版社,
　　2006 年。

罗振玉:《本朝学术源流概略》,《民国丛书》第一编第 6 册,据上虞罗氏《辽
　　居杂著乙编》本 1933 年版影印,上海:上海书店,1989 年。

马汝珩、张世明:《嘉道咸时期边疆史地学的繁荣与经世致用思潮的复兴》,
　　《中国边疆史地研究》1992 年第 1 期。

马西沙:《清代八卦教》,北京:中国人民大学出版社,1989 年。

孟森:《清史讲义》,北京:中华书局,2006 年。

彭明辉:《晚清的经世史学》,台北:麦田出版,2002 年。

皮锡瑞著、周予同注释:《经学历史》,北京:中华书局,2004 年。

漆永祥:《江藩与〈汉学师承记〉研究》,上海:上海古籍出版社,2006 年。

漆永祥:《乾嘉考据学研究》,北京:中国社会科学出版社,1998 年。

齐思和:《近百年来中国史学之发展》,《燕京社会学报》第 2 卷,1949 年
　　10 月。

齐思和:《中国史探研》,北京:中华书局,1981 年。

齐思和:《中国史探研》,石家庄:河北教育出版社,2000 年。

钱穆:《中国近三百年学术史》,北京:商务印书馆,1997 年。

钱穆:《中国学术思想史论丛》(八),《钱宾四先生全集》第 22 册,台北:联经
　　出版事业股份有限公司,1998 年。

钱穆:《中国学术思想史论丛》(八),合肥:安徽教育出版社,2004 年。

丘为君、张运宗:《战后台湾学界对经世问题的探讨与反省》,《新史学》第 7
　　卷第 2 期,1996 年 6 月。

商衍鎏:《清代科举考试述录及有关著作》,天津:百花文艺出版社,
　　2003 年。

尚小明:《门户之争,还是汉宋兼采?——析方东树〈汉学商兑〉之立意》,
　　《思想战线》2001 年第 1 期。

尚小明:《清代士人游幕表》,北京:中华书局,2005 年。

尚小明:《学人游幕与清代学术》,北京:社会科学文献出版社,1999 年。

沈渭滨:《论鸦片战争前后林则徐的经世思想》,《历史教学》1985 年第 9 期。

师道刚:《西北地志学研究的开创者——祁韵士》,《晋阳学刊》1980 年第 1 期。

宋军:《嘉庆"癸酉之变"后京畿地区流言浅析》,《清史论丛》1999 年号,石家庄:河北教育出版社,2001 年。

宋军:《清代弘阳教研究》,北京:社会科学文献出版社,2002 年。

汤志钧:《近代经学与政治》,北京:中华书局,1989 年。

汪林茂:《论道光朝经世思潮的不同流派》,《学术研究》1989 年第 5 期。

王达敏:《从尊宋到崇汉——论姚鼐建立桐城派时清廷学术宗尚的潜移》,《中国文化》第 19、20 期,北京:三联书店,2002 年。

王德昭:《清代科举制度研究》,北京:中华书局,1984 年。

王尔敏:《中国近代思想史论》,北京:社会科学文献出版社,2003 年。

王尔敏:《中国近代思想史论续集》,北京:社会科学文献出版社,2005 年。

王汎森:《中国近代思想与学术的系谱》,石家庄:河北教育出版社,2001 年。

王汎森:《中国近代思想与学术的系谱》,长春:吉林出版集团有限责任公司,2011 年。

王汎森:《中国近代思想文化史研究的若干思考》,《新史学》第 14 卷第 4 期,2003 年 12 月。

王汎森:《晚明清初思想十论》,上海:复旦大学出版社,2004 年。

王汎森:《权力的毛细管作用:清代的思想、学术与心态》,台北:联经出版事业股份有限公司,2013 年。

王国维:《观堂集林》,谢维扬等主编:《王国维全集》第 8 卷,杭州:浙江教育出版社,2010 年。

王开玺:《嘉道年间的京城保甲制度与社会治安》,《历史档案》2002 年第 2 期。

王聿均:《清代中叶士大夫之忧患意识》,《"中央研究院"近代史研究所集刊》第 11 期,1982 年 7 月。

韦政通:《中国十九世纪思想史》,台北:东大图书公司,1991 年。

魏泉:《"宣南诗社"与嘉道之际的士风》,陈平原、王德威编:《北京:都市想象与文化记忆》,北京:北京大学出版社,2005年。

夏长朴:《乾隆皇帝与汉宋之学》,彭林主编:《清代经学与文化》,北京:北京
　　大学出版社,2005年。

萧一山:《清代通史》卷中,北京:中华书局,1986年。

辛德勇:《未亥斋读书记》,上海:华东师范大学出版社,2001年。

辛德勇:《盛大士〈靖逆记〉版本源流之判别》,《故宫博物院院刊》2006年第
　　2期。

徐复观:《"清代汉学"衡论》,《大陆杂志》第54卷第4期,1977年4月。

严寿澂:《道光朝士风与学术转向——读沈垚〈落帆楼文集〉》,《中华文史论
　　丛》第71辑,上海:上海古籍出版社,2003年。

杨向奎:《清代的今文经学》,《绎史斋学术论文集》,上海:上海人民出版社,
　　1983年。

杨向奎:《清儒学案新编》第4卷,济南:山东人民出版社,1994年。

余英时:《论戴震与章学诚》,北京:三联书店,2000年。

余英时:《士与中国文化》(新版),上海:上海人民出版社,2003年。

余英时:《中国思想传统的现代诠释》,南京:江苏人民出版社,1998年。

喻松青:《明清白莲教研究》,成都:四川人民出版社,1987年。

张循:《汉学的内在紧张:清代思想史上"汉宋之争"的一个新解释》,《"中央
　　研究院"近代史研究所集刊》第63期,2009年3月。

张培瑜:《三千五百年历日天象》,郑州:河南教育出版社,1990年。

张瑞龙:《评王汎森〈晚明清初思想十论〉》,《学术界》2006年第3期。

张瑞龙:《天理教事件与嘉道之际学术转向》,清华大学博士学位论文,2008
　　年6月。

张瑞龙:《书信往来与清代学术——以清中叶学者书信往来为中心的考
　　察》,香港《九州学林》第7卷第2期,2009年夏季。

张瑞龙:《天理教事件与清中叶文化政策的转变——以嘉庆朝为中心的考
　　察》,《"中央研究院"近代史研究所集刊》第71期,2011年3月。

张瑞龙、谭红艳:《著书都为稻粱谋——社会生活史视野下的清中叶学者职
　　业化研究》,《中国社会历史评论》第13卷,天津:天津古籍出版社,
　　2012年6月。

张瑞龙、黄一农:《天理教起义与闰八月不祥之说析探》,《历史研究》2013

年第 1 期。

张瑞龙:《论十九世纪上半期理学在知识界的状况》,《清史研究》2013 年第 1 期。

张瑞龙:《九州生气恃风雷——天理教事件消息的传播与士人议政风潮的兴起》,《汉学研究》第 31 卷第 2 期,2013 年 6 月。

张瑞龙:《从鉴戒到取法——清嘉道间对明代士习风俗的评论与再定位》,香港《中国文化研究所学报》第 58 期,2014 年 1 月。

张寿安:《以礼代理:凌廷堪与清中叶儒学思想之转变》,台北:"中央研究院"近代史所,1994 年。

张书才:《陈德行刺嘉庆考》,《故宫博物院院刊》1981 年第 1 期。

张淑红:《〈汉学商兑〉与清中叶的汉、宋之争》,《南开学报(哲学社会科学版)》2004 年第 1 期。

张玉芬:《嘉庆朝政述评》,《明清论丛》第 1 辑,北京:紫禁城出版社,1999 年。

张玉芬主编:《清朝通史·嘉庆朝分卷》,北京:紫禁城出版社,2003 年。

张仲礼著、李荣昌译:《中国绅士——关于其在 19 世纪中国社会中作用的研究》,上海:上海社会科学院出版社,1991 年。

章太炎:《訄书》(重订本),《章太炎全集》(三),上海:上海人民出版社,1984 年。

章太炎:《检论》,《章太炎全集》(三),上海:上海人民出版社,1984 年。

章太炎:《章太炎全集》(四),上海:上海人民出版社,1985 年。

赵园:《制度·言论·心态——〈明清之际士大夫研究〉续编》,北京:北京大学出版社,2006 年。

赵俪生:《试略论清代农民起义中神秘主义的加重》,《文史哲》1955 年第 9 期。

郑浪平:《一九九五·闰八月——中共武力犯台白皮书》,台北:商周文化事业公司,1994 年。

中国史学会编:《中国近代史资料丛刊·太平天国》第 1 册,上海:上海人民出版社,1957 年。

"中央研究院"近代史研究所编:《近世中国经世思想研讨会论文集》,台北:"中央研究院"近代史研究所,1984 年。

钟彩钧:《宋翔凤学术及思想概述》,《清代经学国际研讨会论文集》,台北:"中央研究院"中国文哲所,1992 年。

钟焓:《吸收、置换与整合——蒙古流传的北京建城故事形成过程考察》,《历史研究》2006 年第 4 期。

钟玉发:《阮元与清代今文经学》,《史学月刊》2004 年第 9 期。

周振鹤撰集、顾美华点校:《圣谕广训:集解与研究》,上海:上海书店出版社,2006 年。

朱维铮:《求索真文明——晚清学术史论》,上海:上海古籍出版社,1996 年。

朱维铮:《音调未定的传统》,沈阳:辽宁教育出版社,1995 年。

朱维铮:《走出中世纪》(增订本),上海:复旦大学出版社,2007 年。

朱维铮、龙应台编著:《旧梦维新录》,北京:三联书店,2000 年。

朱新镛:《论鸦片战争前夕广东的经世致用学派》,《广东社会科学》1987 年第 3 期。

铢庵(瞿兑之):《杶庐所闻录·林清之变》,《申报月刊》第 4 卷第 12 期,1935 年 12 月。

庄吉发:《庚子惠州革命运动始末》,《大陆杂志》社编:《大陆杂志史学丛书》第 4 辑第 6 册《近代史·外国史研究论集》,台北:大陆杂志社,1975 年。

庄吉发:《清史论集》(四)、(五)、(七)、(九),台北:文史哲出版社,2000 年。

庄吉发:《真空家乡:清代民间秘密宗教史研究》,台北:文史哲出版社,2002 年。

后　记

　　清朝中叶嘉道间的学术思想是清代学术史和思想史中的薄弱环节。通常,嘉庆朝的学术和思想被视为乾隆朝学术和思想的延续,道光朝则成为道咸以降之学追溯的对象。嘉道两朝共半个多世纪的学术和思想,在学术史和思想史的研究中竟"被丧失"其因应时代的主体性,以及所以成为这个时代的学术和思想的独特性。

　　2004 年秋,我考入清华大学,有幸跟随葛兆光教授攻读中国思想史的博士学位,葛老师鉴于我对清代学术思想的兴趣,建议研究清朝嘉道间的学术和思想。在葛老师的指导下,我着手三方面的工作:

　　一是学术史的清理。系统搜集、阅读章太炎、刘师培、梁启超、胡适、钱穆等前贤和时彦研究清代学术思想史的著作,对比各家对清代学术流派与人物谱系的建构和取舍、研究内容与思想精神的界定和阐释、发展脉络与外部环境的梳理和概括、研究方法与理论典范的特色及其产生的时代环境和著者现实关怀的关联等,充分掌握研究现状。

　　二、编纂《清嘉道间学术思想编年》。主要利用各种史事年表和年谱等资料编纂,注重士人所在的地域与交游、从事的具体研究与彼此间的书信往来、研究材料的搜集与交换、学术资讯的交流与获取、研究成果的发布与相互间的征引利用,以及图书的刊印与销售等。为此,我编纂了 35 万字的编年草稿,并从中辑录出嘉道间学者往来书信编年和图书刊刻资料编年,以备专题研究之用。2009 年发表在香港《九州学林》第七卷第二期的 4.5 万字长文《书信往来与清代学术——以清中叶学者书信往来为中心的考察》,就是利用书信编年资料的"边角料"写成。相关专题研究,虽然后来未能继续展开,但这份资料编年却为我撰写博士论文时考订诸多引文资料的时间及士人所在的地域等,提供了极大便利,也使我更加"熟悉"这个时代。

　　三、系统阅读嘉道间的清人诗文集。为较彻底了解这个时代有多少值得关注的历史人物,我利用各种人物生卒年表和钱穆《中国近三百年学术史》的附表,做了一份清代学者生卒年表(其时江庆柏先生的《清代人物生

卒年表》尚未出版），以 20 岁作为有效年龄，看 20 岁以后生活在嘉道间
（1796—1850）有哪些人，生活了多少年，并按生活在这一时期的"有效年
数"排序，然后查找他们是否有诗文集和其他著作存世，其中被《续修四库
全书》收录和张舜徽《清人文集别录》著录的有哪些，哪些是清华大学图书
馆古籍部有的，哪些是柯愈春先生《清代诗文集总目提要》著录的，然后参
考其在嘉道间实际生活的年数和研究需要，系统阅读这一时期的清人诗
文集。

　　以上三项工作，我全力以赴地进行了一年半多。在此过程中，我发现
天理教事件对清代士人和学术思想产生过很大影响，而这一点，并未看到
有人讨论过，于是草拟了一篇"天理教事件与嘉道之际学术转向"的章节提
纲，发给其时已在复旦大学任教的葛老师，葛老师建议可将此提纲扩充成
博士论文，系统考察天理教事件对当时政治、学术和思想的影响。

　　此后，我将注意力转移到天理教事件对清廷政治层面的影响，细读嘉
庆一朝和道光朝前十余年的实录，结果大大出乎预料——天理教事件在当
时竟引起清廷统治政策和统治秩序的全方位调整。为实现所谓"中兴之
治"，嘉庆皇帝推行了整饬吏治、调整文化政策、严格法律和社会控制等一
系列变革举措。但检索相关研究，并未发现太多关于这方面的成果。于是
调整思路，全力进行上述专题的探讨。好在先前阅读实录时，已系统辑录
白莲教起义对清中叶政治、文化和社会影响的各类材料，故在展开以天理
教事件为中心的各专题研究时，白莲教起义便成为随时存在的"背景"和可
资对比参考的"对象"，以免"扩大"天理教事件的影响，脱离历史实际。毕
竟与后者相比，天理教事件历时甚短，波及区域亦极为有限。在完成一系
列专题研究后，我相信自己的判断没有问题。天理教事件对当时的震撼确
实超过了白莲教起义，这并不是因为白莲教起义的影响不大，而是因为天
理教事件不仅勾起时人对十年前刚刚镇压的这场大乱的回忆，还引发他们
关于明亡的历史记忆——张献忠、李自成起义。

　　尽管这一系列关于天理教事件与清中叶政治与社会的研究，已不属于
先前设定的学术史和思想史的范畴，但它却使我收获颇丰。这不仅是因为
展开这些研究，需要熟悉和阅读上谕档、军机处录副等各类档案和会典、事
例等官修政书，让我对各类史料的"性质"有了进一步体会，更关键的是它
让我踏入政治史这一对我而言"全新"的研究领域。在完成属于"政治史"

的相关研究后,我终于发现自己先前曾努力设法"进入"这个时代的各种尝试,竟在这看似无心插柳的研究中实现。它不仅使我对那个时代多了一份更深入的了解,也终于开始理解先前阅读的这个时代看似纯学术和思想的各种言说中指涉的对象及其现实针对性,无论它在后世看来是"先进"抑或"迂腐"。至于从档案、实录、官书等传统政治史的史料中寻找和扩充学术史和思想史的资料,从政治史和社会史的角度观察和探讨学术史和思想史的问题,既是我学习和研究中的最大收获,也是本书不太成熟的尝试。

本书的大部分章节陆续在中国大陆和港台的一些期刊上发表过,第一章绪论关于嘉道间学术思想的研究综述部分,发表在台北《汉学研究通讯》第 27 卷第 4 期(2008 年 11 月);第二章以《九州生气恃风雷——天理教事件消息的传播与士人议政风潮的兴起》为题,刊于台北《汉学研究》第 31 卷第 2 期(2013 年 6 月);第三章发表在《南京大学学报》;第四章刊在中国人民大学佛教与宗教学理论研究所主办的《宗教研究》(2013 年刊);第五章刊在台北《"中央研究院"近代史研究所集刊》第 71 期(2011 年 3 月);第六章,部分内容以《从鉴戒到取法——清嘉道间对明代士习风俗的评论与再定位》为题,刊在香港《中国文化研究所学报》第 58 期(2014 年 1 月),部分内容以《著书都为稻粱谋——社会生活史视野下的清中叶学者职业化研究》为题,载《中国社会历史评论》第 13 卷(2012 年 6 月);第七章的部分内容,以《论十九世纪上半期理学在知识界的状况》为题,发表于《清史研究》2013 年第 1 期;附录章,发表在《历史研究》2013 年第 1 期。

以上各章的发表稿在收入书稿时,均已全面改写,并核检全部引文资料。我要特别感谢以上各杂志的编委会和他们为拙文聘请的匿名审查专家,他们的意见和建议,不仅减少了文章讹误,使行文更加谨饬,也促使我更加明确问题意识,使论述更为谨严。

感谢葛兆光教授和戴燕教授的教诲,跟随葛老师研治中国思想史是我最大的心愿和莫大的荣幸。感谢本科论文指导老师孙家洲教授和硕士生导师郭双林教授,他们的鼓励和引导,使我走上学术研究的道路。感谢黄一农院士,自 2010 年夏起跟随黄教授学习海量文献时代的考据方法,使我深深享受到学术研究的"速度与激情"。感谢师兄黄振萍副教授,本书各章都是跟黄师兄深入讨论的结果,无论是章节结构、问题意识还是谋篇布局、史料运用,都凝聚了黄师兄的大量心血,而我从 2005 年起撰写和发表的每一篇论文，也几乎都承黄师兄的指导和点拨。

感谢参加过我论文选题、评审和答辩的李学勤教授、李伯重教授、张国刚教授、王晓毅教授、彭林教授、蔡乐苏教授、仲伟民教授、方朝晖教授、罗志田教授、赵世瑜教授和郭双林教授，谢谢他们的宝贵意见。

2005 年秋，我有幸获得香港城市大学中国文化中心青年学者奖助计划的资助，赴港进行三个月的研究，承蒙中国文化中心郑培凯教授、范家伟、卜永坚、屈大成、李桂芳、黎小杏、谭嘉明等中心同仁的热心指导与帮助，特此致谢。

感谢卜永坚博士和吴宣德教授，他们慷慨赠予的大批电子文献，使我的研究得以顺利展开。感谢清华大学图书馆古籍部姜红老师、中国第一历史档案馆李静老师为我查阅古籍和档案提供的诸多方便。感谢李晓菊老师、刘文远学长通读、是正全部书稿。

感谢李小树教授、黄朴民教授、刘后滨教授、李晓菊副教授、郑德香老师多年来对我学习和生活的关心；感谢黄兴涛教授和马克锋教授对本书出版的关心和督促；感谢王密涛、刘志明、周晓明、邓镇铭、沙娜、张建、解扬、张忠炜、张佳、张学谦、王水涣、游博清、陈哲、梁健聪等朋友的帮助；感谢父母的养育之恩和三位姐姐的百般呵护，感谢妻子谭红艳的陪伴和照顾。

本书稿以"民变、邪教与清中叶的政治、学术与社会——以天理教事件为中心的考察"为题，申请到 2012 年度北京市社会科学界联合会青年社科人才资助项目的资助（批准号 2012SKL011），2013 年又申请到国家社会科学基金后期资助（批准号 13FZS010）。中华书局的罗华彤先生、王水涣先生为本书出版多费辛劳，盛情高谊，在此一并致谢。

2014 年 3 月